Jörg Link / Franziska Seidl (Hrsg.)

Kundenabwanderung

Jörg Link
Franziska Seidl (Hrsg.)

Kundenabwanderung

Früherkennung, Prävention,
Kundenrückgewinnung

Mit erfolgreichen Praxisbeispielen
aus verschiedenen Branchen

Bibliografische Information der Deutschen Nationalbibliothek
Die Deutsche Nationalbibliothek verzeichnet diese Publikation in der
Deutschen Nationalbibliografie; detaillierte bibliografische Daten sind im Internet über
<http://dnb.d-nb.de> abrufbar.

Prof. Dr. Jörg Link ist Inhaber des Lehrstuhls für Controlling und Organisation an der Universität Kassel.

Franziska Seidl ist Doktorandin und Wissenschaftliche Mitarbeiterin am selbigen Lehrstuhl.

1. Auflage 2009

Alle Rechte vorbehalten
© Gabler | GWV Fachverlage GmbH, Wiesbaden 2009

Lektorat: Barbara Roscher | Jutta Hinrichsen

Gabler ist Teil der Fachverlagsgruppe Springer Science+Business Media.
www.gabler.de

Das Werk einschließlich aller seiner Teile ist urheberrechtlich geschützt. Jede Verwertung außerhalb der engen Grenzen des Urheberrechtsgesetzes ist ohne Zustimmung des Verlags unzulässig und strafbar. Das gilt insbesondere für Vervielfältigungen, Übersetzungen, Mikroverfilmungen und die Einspeicherung und Verarbeitung in elektronischen Systemen.

Die Wiedergabe von Gebrauchsnamen, Handelsnamen, Warenbezeichnungen usw. in diesem Werk berechtigt auch ohne besondere Kennzeichnung nicht zu der Annahme, dass solche Namen im Sinne der Warenzeichen- und Markenschutz-Gesetzgebung als frei zu betrachten wären und daher von jedermann benutzt werden dürften.

Umschlaggestaltung: KünkelLopka Medienentwicklung, Heidelberg
Druck und buchbinderische Verarbeitung: Krips b.v., Meppel
Gedruckt auf säurefreiem und chlorfrei gebleichtem Papier
Printed in the Netherlands

ISBN 978-3-8349-1661-7

Vorwort

Das Thema **Kundenbindung** hat Wissenschaft und Praxis in den letzten Jahrzehnten intensiv beschäftigt. Insbesondere unter dem Stichwort Customer Relationship Management sind die verschiedensten Möglichkeiten aufgezeigt und diskutiert worden, Kunden gemäß ihres Kundenwertes an das Unternehmen zu binden.

Was aber passiert, wenn diese Kundenbindung sich aufzulösen droht, d.h. sich eine **Kundenabwanderung** abzeichnet? Welche Möglichkeiten der Früherkennung derartiger Tendenzen existieren, welche Möglichkeiten des Gegensteuerns bzw. der Prävention und – falls erfolglos – welche Möglichkeiten der Rückgewinnung bestehen? Diese Fragen sind zwar in den letzten Jahren unter unterschiedlichen Schlagworten – z.B. Customer Recovery Management – immer öfter aufgegriffen worden; es fehlt jedoch eine zusammenfassende, übergreifende Gesamtdarstellung.

Was ebenfalls noch nicht ausreichend geleistet wurde, ist eine Behandlung der Kundenabwanderung speziell aus der Sicht des **Controlling**. Auch diese Lücke soll durch das vorliegende Sammelwerk geschlossen werden. Es geht bei den vorliegenden Beiträgen also auch um die **ökonomische** Bewertung der Kundenabwanderung sowie um den Aufbau von Systemen eines Feedforward-Control. Hierzu bietet der kontributionsorientierte Ansatz des Controlling mit seiner ausgeprägten **Vorsteuerungskomponente** eine gute Grundlage.

Es war ein Anliegen der Herausgeber, die Thematik der Kundenabwanderung gleichzeitig aus der Sicht von Wissenschaft und Praxis zu behandeln. Wir sind daher sehr dankbar, dass es uns gelungen ist, namhafte WissenschaftlerInnen und Unternehmen bzw. Fachexperten für dieses Projekt zu gewinnen.

Entsprechend wendet sich das Buch gleichermaßen an interessierte Wissenschaftler und Studenten wie auch Fachleute in der betrieblichen Praxis.

Unser herzlicher **Dank** gilt in erster Linie den beteiligten Autoren. Daneben danken wir Frau Stefanie Apel, Herrn Robin Feldner, Frau Kathrin Prautzsch und Frau Brezare Tominaj für die Mitarbeit bei der Vorbereitung und Durchsicht des Manuskriptes. Ebenfalls möchten wir dem Gabler Verlag unseren Dank für die angenehme und effiziente Zusammenarbeit aussprechen.

Kassel, im Juli 2009

JÖRG LINK
FRANZISKA SEIDL

Inhaltsverzeichnis

Vorwort V

Inhaltsverzeichnis VII

Autorenverzeichnis XI

Teil 1: Kundenabwanderung als Gegenstand des Marketing-Controlling

Franziska Seidl
Customer Recovery Management und Controlling 3

Jörg Link
Die Konzeption eines Feedforward-Controlling 35

Teil 2: Früherkennung und Prävention von Kundenabwanderungen

Andrea Geile/Reinhard Hünerberg
Persönliche Kommunikation zur Abwanderungsprävention im B-to-B-Geschäft 61

Manfred Bruhn
Exit Management 91

Teil 3: Kundenrückgewinnung

Doreén Pick/Manfred Krafft
Status quo des Rückgewinnungsmanagements 119

Bernd Stauss/Wolfgang Seidel
Preiskündiger und Qualitätskündiger: Zur Segmentierung verlorener Kunden 143

Andreas Mann
Kundenrückgewinnung und Dialogmarketing 163

Inhaltsverzeichnis

Teil 4: Datenschutz

Alexander Gary
Grundlagen und rechtliche Aspekte im Customer Relationship Management 185

Teil 5: Praxisbeispiele aus verschiedenen Branchen

Versand- und Onlinehandel

Alexandra Rambold
Effizientes Kundenmanagement über den gesamten Lebenszyklus 213

Banken

Matthias Meyer
Vorbereitung eines Churn-Warnsystems bei einer Direktbank 237

Bernhard Braunmüller/Thomas Hamele
Kundenloyalitätsmanagement bei Banken 255

Telekommunikation

Alexander T. Rauchut
Churn Management bei der Deutschen Telekom 269

Energiewirtschaft

Thomas M. Zweigle
Kundenabwanderungsprävention durch ganzheitlich integratives
Vertriebsinformationsmanagement 291

Krankenkassen

Thorsten Köhler
Präventionsmaßnahmen des Beschwerdemanagements gegen
Kundenabwanderung 313

Lebensmitteleinzelhandel

Florian Kramm
Vermeidung von Kundenabwanderung mittels Kundenkartenprogrammen 331

Stichwortverzeichnis 353

Autorenverzeichnis

Dr. Bernhard Braunmüller (Diplom Informatiker, MBA)
Partner bei der ESPRiT Consulting AG. Bei der international tätigen Management- und IT Beratung liegen seine Beratungsschwerpunkte auf den Themen Customer Relationship Management (CRM), Projektmanagement sowie IT Strategie und IT Management.

Prof. Dr. Manfred Bruhn
Ordinarius für BWL, insbesondere Marketing und Unternehmensführung, an der Wirtschaftswissenschaftlichen Fakultät der Universität Basel sowie Honorarprofessor an der Technischen Universität München. Arbeitsschwerpunkte: Strategische Unternehmensführung, Dienstleistungsmanagement, Relationship Marketing, Kommunikationspolitik, Markenpolitik, Qualitätsmanagement, Nonprofit-Marketing.

Dipl.-Oec. Alexander Gary
Wissenschaftlicher Mitarbeiter am Lehrstuhl von Prof. Dr. Jörg Link an der Universität Kassel. Seine Forschungsschwerpunkte liegen in den Bereichen Business Intelligence, Datenschutz- und Wettbewerbsrecht im Customer Relationship Management, Innovations- und Krankenhauscontrolling. Nebenbei absolviert er einen wirtschaftsrechtlichen Studiengang zum Master of Laws (LL.M.) an der Universität Kassel.

Dipl.-Kff. Andrea Geile
Doktorandin und Wissenschaftliche Mitarbeiterin am Fachgebiet Marketing von Professor Dr. Hünerberg an der Universität Kassel. Ihre Forschungsschwerpunkte liegen in den Bereichen Internationales Marketing, Vertrieb und Kommunikation.

Dipl.-Kfm. Thomas Hamele
Leiter CRM & Analytics bei einem deutschen Finanzdienstleister. Dort beschäftigt er sich schwerpunktmäßig mit innovativen CRM-Strategien sowie operativem und analytischem CRM. Seit 2009 ist er zudem als Dozent an der International School of Management tätig.

Autorenverzeichnis

Prof. Dr. Reinhard Hünerberg
Leiter des Fachgebiets Marketing an der Universität Kassel. Seine Forschungsschwerpunkte liegen insbesondere in den Bereichen Internationales Marketing, Kommunikation, Direkt-Marketing, Online-Marketing, Automobilmarketing und Marktforschung.

Thorsten Köhler, M.A.
Seit zehn Jahren im Bereich Kommunikation tätig mit den Schwerpunkten telefonische Kundengewinnung, Rückgewinnung und Beschwerdemanagement bei einer Direktbank und aktuell einer gesetzlichen Krankenkasse. Seit März 2007 dort als Leiter Beschwerdemanagement im Einsatz.

Prof. Dr. Manfred Krafft
Direktor des Instituts für Marketing an der Westfälischen Wilhelms-Universität zu Münster. Seine Forschungsschwerpunkte sind Customer Relationship Management, Direktmarketing und Sales Management. Er ist zugleich Wissenschaftlicher Leiter des Center for Customer Management (CCM), des Centrum für Interaktives Marketing und Medienmanagement (CIM) sowie der Bahnforschungsstelle an der Universität Münster.

Dipl.-Oec. Florian Kramm
Mitglied der Geschäftsleitung der EDEKA-Hessenring-Gruppe und dort als Prokurist für den Regie-Einzelhandel verantwortlich. Zudem ist er externer Doktorand am Lehrstuhl für Controlling und Organisation der Universität Kassel (Prof. Dr. Jörg Link).

Prof. Dr. Jörg Link
Inhaber des Lehrstuhls für Controlling und Organisation an der Universität Kassel. Seine Forschungsschwerpunkte liegen insbesondere im Marketing-Controlling und Customer Relationship Management.

Prof. Dr. Andreas Mann
Inhaber des SVI-Stiftungslehrstuhls für Dialogmarketing und Leiter des DMCC – Dialog Marketing Competence Center an der Universität Kassel. Zu seinen Arbeits- und Forschungsgebieten gehören Dialogmarketing, Vertriebs- und Servicemanagement.

Dr. Matthias Meyer (Diplom Wirtschaftsinformatiker)
Manager bei der SHS VIVEON AG. Bei dem europaweit agierenden Business- und IT-Beratungsunternehmen für Customer Management Lösungen liegen seine Beratungsschwerpunkte in den Bereichen Customer Relationship Management und Customer Analytics. Zudem ist er Lehrbeauftragter für Data Mining am Department für Betriebswirtschaft der Ludwig-Maximilians-Universität München und Lehrbeauftragter für Customer Value Management am Lehrstuhl für Informationsmanagement der Universität Göttingen.

Prof. Dr. Doreén Pick
Juniorprofessorin für Business-to-Business-Marketing am Marketing-Department, Freie Universität Berlin. Ihre Forschungsschwerpunkte liegen in den Bereichen Kundenmanagement, im Besonderen Rückgewinnungsmanagement, Konsumentenverhalten und Business-to-Business-Marketing.

Dr. Alexandra Rambold
Leiterin der Abteilung Risikomanagement der KarstadtQuelle Information Services GmbH mit Sitz in Frankfurt. Sie ist auf die Entwicklung von Antrags-, Betrugs-, Verhaltens- und Inkasso-Scorekarten schwerpunktmäßig für den Versand- und Onlinehandel spezialisiert. Des Weiteren umfasst ihre Tätigkeit Dienstleistungen rund um Zahlungsmanagement, Risikosteuerung und Liquiditätssicherung. Frau Dr. Rambold verfügt über langjährige Beratungserfahrung im In- und Ausland in den Bereichen Credit Scoring und Pricing. Sie ist zudem akkreditierte SAS-Trainerin für Statistik des SAS Institutes Deutschland.

Dipl.-Kfm. Alexander Rauchut
Vice President Churn Management bei T-Home. Seine Verantwortlichkeiten umfassen die Absicherung des Kundenbestandes von T-Home (DSL und traditionelles Festnetz) sowie die Leitung des Programms zur Wiedergewinnung von Festnetzkunden zu T-Home. Zuvor bekleidete er verschiedene Positionen in den Bereichen Strategie, Vertriebssteuerung und Churn Management bei T-Mobile.

Dipl.-Kfm. Wolfgang Seidel
Inhaber der servmark Unternehmensberatung für Servicemarketing und Kundenmanagement mit Sitz in Eching bei München. Seine Beratungsschwerpunkte liegen in den Bereichen Beschwerde- und Kündigungsmanagement, Qualitätsmanagement, Customers-at-Risk Management und Mystery Shopping.

Autorenverzeichnis

Dipl.-Oec. Franziska Seidl
Doktorandin und Wissenschaftliche Mitarbeiterin am Lehrstuhl für Controlling und Organisation von Prof. Dr. Jörg Link an der Universität Kassel. Ihre Forschungsschwerpunkte liegen in den Bereichen Marketing-Controlling, Customer Recovery Management und Performance Measurement.

Prof. Dr. Bernd Stauss
Inhaber des Lehrstuhls für Dienstleistungsmanagement an der Ingolstadt School of Management der Katholischen Universität Eichstätt-Ingolstadt. Seine aktuellen Forschungsschwerpunkte liegen in den Feldern Dienstleistungsqualität, Service Customer Relationship Management, Kundenbindung durch Zufriedenheits- und Beschwerdemanagement sowie Business Process Outsourcing im Customer Care.

Dr. Thomas Zweigle
Steuerung des Geschäftskunden- und EVU-Segments innerhalb der RWE Vertrieb AG. Seit 2006 steuert er als Implementierungsverantwortlicher das Vertriebsberichtswesen für alle Kundensegmente und Energiesparten der RWE Rhein-Ruhr AG und entwickelt seit 2008 ein segmentspezifisches Vertriebsdatenmanagement. Bis 2006 agierte er in (projekt-) leitenden Funktionen u.a. verantwortlich für das Management von Stromprodukten und Dienstleistungen für Geschäftskunden. Zuvor führte er als Marken- und Managementberater für deutsche Konzerne der Energieversorgung und weiterer Branchen diverse CRM-Projekte.

Teil 1

Kundenabwanderung als Gegenstand des Marketing-Controlling

Franziska Seidl

Customer Recovery Management und Controlling
Erfolgsmodellierung im Rahmen der Kundenabwanderungsfrüherkennung, -prävention und Kundenrückgewinnung

1 Customer Recovery Management 5
    1.1 Kundenabwanderung als Herausforderung für das Kundenbeziehungsmanagement 5
    1.2 Customer Recovery Management Prozess 7
2 Customer Recovery Controlling 9
    2.1 Kundenmodellierung 10
    2.2 Erfolgsmodellierung 11
3 Früherkennung von Kundenabwanderungen 12
4 Prävention von Kundenabwanderungen 13
5 Rückgewinnung abgewanderter Kunden 16
6 Die Customer Recovery Scorecard als integratives Steuerungsinstrument 19
    6.1 Finanzperspektive 20
    6.2 Kundenperspektive 20
    6.3 Prozessperspektive 23
    6.4 Potenzialperspektive 24
    6.5 Wettbewerbsperspektive 26
    6.6 Die Perspektiven im Kontext der Customer Recovery Scorecard 29
7 Zusammenfassung 30

1 Customer Recovery Management

1.1 Kundenabwanderung als Herausforderung für das Kundenbeziehungsmanagement

Die langfristige Sicherung bestehender (profitabler) Kundenbeziehungen erweist sich für Unternehmen zunehmend als eine zentrale und zugleich immer schwieriger zu bewältigende Herausforderung.

Vor dem Hintergrund hoher Kosten für die Neukundengewinnung und sinkender Kundenloyalität auf gesättigten, wettbewerbsintensiven und transparenten Märkten – verbunden mit tendenziell steigenden Abwanderungsraten (vgl. Detecon 2009, S. 9; Rutsatz 2004, S. 3; Rüger 2003, S. 1) – rücken die Früherkennung und Prävention von Kundenabwanderungen sowie die Kundenrückgewinnung verstärkt in den Fokus.

Kundenfluktuation gilt als einer der größten Kostentreiber der Marktbearbeitung (vgl. Homburg/Schäfer 1999, S. 2). Verluste von Kundenbeziehungen bringen nachhaltige ökonomische Konsequenzen mit sich, d.h. mit Kundenabwanderungen gehen **hohe Profitabilitätsverluste** einher. Dabei impliziert der wirtschaftliche Schaden neben entgangenen Kundendeckungsbeiträgen und -potenzialen u.a. auch zusätzliche Kosten für die Akquisition neuer Kunden, um die bestehende Kundenbasis zu halten, sowie negative Effekte der Mund-zu-Mund-Kommunikation als mögliche „Folgekosten" (vgl. Sieben 2002, S. 2).

Studien zufolge kann bereits eine geringe Senkung der Kundenabwanderungsrate zu einer enormen Steigerung des Unternehmenserfolgs führen (vgl. Reichheld/Sasser 1990, S. 110). Angesichts dessen gewinnen abwanderungsgefährdete und abgewanderte Kunden als Zielgruppe marktorientierten Denkens und Handelns zunehmend an Bedeutung. Hier sind Anstrengungen anzustellen, Kundenabwanderungen frühzeitig zu erkennen, ihnen (proaktiv) entgegenzusteuern und Abwanderer (reaktiv) wieder zurückzugewinnen. Der Aufwand für derartige Anstrengungen muss in einem sinnvollen Verhältnis zum Ertrag stehen. Letztlich wird also für den Komplex „Kundenabwanderung" ein **ergebnisgesteuertes Gesamtsystem der Früherkennung, Prävention und Rückgewinnung** benötigt.

An dieser Stelle setzt das Customer Recovery Management (recover = wiederherstellen, stabilisieren, zurückgewinnen) als Teilgebiet des Kundenbeziehungsmanagements (Customer Relationship Management (CRM)) an. Wie aus Abbildung 1-1 hervorgeht, umfasst das CRM die Initiierung (Neukundenakquisition), Stabilisierung und Intensivierung (Kundenbindung) sowie Wiederaufnahme (Kundenrückgewinnung) profitabler Kundenbeziehungen (vgl. Bruhn 2009a, S. 10).

In diesem Kontext beinhaltet das **Customer Recovery Management** die Planung, Steuerung und Kontrolle aller Maßnahmen und Prozesse eines Unternehmens zur frühzeitigen Identifikation und Prävention von drohenden Kundenabwanderungen wie auch zur Rückgewinnung abgewanderter Kunden – stets unter Berücksichtigung von Profitabilitätsaspekten.

Abbildung 1-1: Customer Recovery Management im Rahmenkonzept des CRM

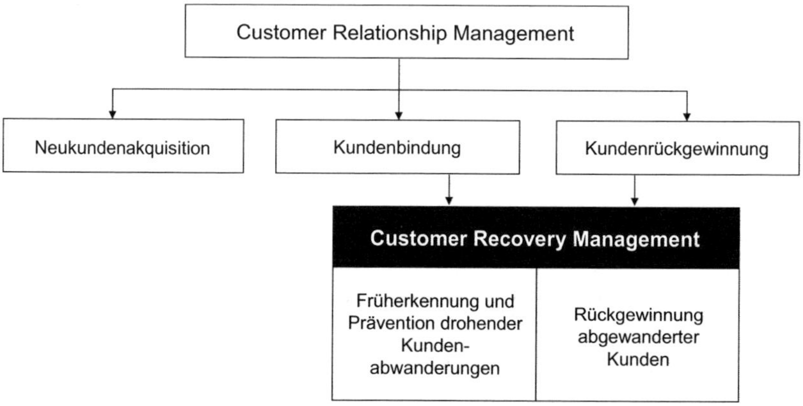

```
                    Customer Relationship Management
                                  │
          ┌───────────────────────┼───────────────────────┐
  Neukundenakquisition        Kundenbindung         Kundenrückgewinnung
                                                          │
                                          Customer Recovery Management
                                          ┌─────────────────┬─────────────────┐
                                          │ Früherkennung   │ Rückgewinnung   │
                                          │ und Prävention  │ abgewanderter   │
                                          │ drohender       │ Kunden          │
                                          │ Kunden-         │                 │
                                          │ abwanderungen   │                 │
```

Um der Forderung nach einem ergebnisgesteuerten Gesamtsystem gerecht zu werden, ist eine enge Zusammenarbeit zwischen Customer Recovery Management – als Führung vom Markt bzw. Kunden her – und Controlling – als Führung vom Ergebnis bzw. Erfolg her – unabdingbar. Der vorliegende Beitrag veranschaulicht, dass der Erfolg von Customer Recovery Maßnahmen zu einem großen Ausmaß durch die Nutzung des Synergiepotenzials von Customer Recovery Management und Controlling determiniert wird.

Nach einer Darstellung des Customer Recovery Management Prozesses (Kapitel 1.2) werden die Grundzüge der Kunden- und Erfolgsmodellierung (Kapitel 2.1 und 2.2) aufgezeigt. Im Anschluss erfolgt ein umfassender Einblick in die fundamentalen Teilkomplexe des Customer Recovery Managements, nämlich die Kundenabwanderungsfrüherkennung (Kapitel 3), -prävention (Kapitel 4) und Kundenrückgewinnung (Kapitel 5). Abschließend wird ein integratives Konzept zur ganzheitlichen Steuerung und Bewertung des Customer Recovery Managements entwickelt: die Customer Recovery Scorecard (Kapitel 6).

1.2 Customer Recovery Management Prozess

Führung bzw. Management lässt sich aus verschiedenen Perspektiven – institutional, funktional, instrumental, prozessual – betrachten (vgl. Macharzina/Wolf 2005, S. 39). Aus letzterer Perspektive vollzieht sich Führung im Rahmen eines Managementzyklus. In der nachstehenden Abbildung 1-2 ist ein idealtypischer Customer Recovery Management Prozess mit den Führungstätigkeiten der Customer Recovery Planung, Steuerung und Kontrolle dargestellt.

Abbildung 1-2: Customer Recovery Management Prozess
(Quelle: Modifikation von Hahn/Hungenberg 2001, S. 46)

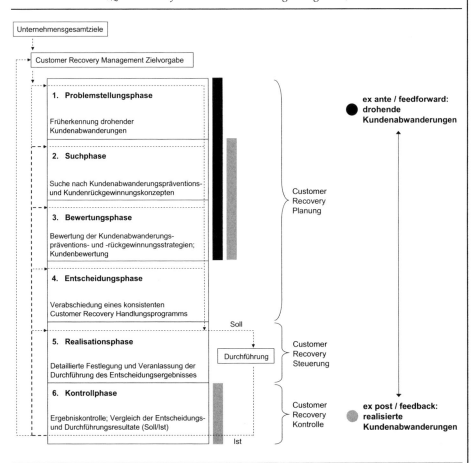

Die Entscheidungen des Managements im Rahmen der **Customer Recovery Planung** basieren auf Modellen, gewissermaßen auf Abbildern der Realität. Die Gefahr einer Fehlentscheidung ist umso geringer, je zutreffender diese Abbilder die reale Struktur der Entscheidungssituation und der Handlungsalternativen modellieren (vgl. Link/ Seidl 2008, S. 75).

In der **Problemstellungsphase** besteht für das Customer Recovery Management die Herausforderung konkret darin, drohende Kundenabwanderungen frühzeitig zu erkennen (Kapitel 3), sodass die Unternehmung noch die Möglichkeit hat, einen ungewollten Kundenverlust rechtzeitig durch Einleitung adäquater Gegenmaßnahmen zu verhindern.

Im Rahmen der Customer Recovery **Suchphase** gilt es, zweckmäßige Strategiekonzepte zur Abwehr der identifizierten Bedrohungen – Strategien zur Kundenabwanderungsprävention (Kapitel 4) – und zur Nutzung der identifizierten Chancen – Strategien zur Kundenrückgewinnung (Kapitel 5) – zu entwickeln.

Die **Bewertungsphase** im Customer Recovery Management zeichnet sich dadurch aus, dass hier zum einen die strategischen Optionen – Präventions- und Rückgewinnungsstrategien – im Hinblick auf ihren Beitrag zur Problemlösung bzw. Zielerreichung evaluiert werden. Aus ökonomischer Perspektive stellt sich die Frage nach der Erfolgswirksamkeit der Strategien. Zum anderen sind auch die Kunden hinsichtlich ihrer Investitionswürdigkeit zu bewerten.

Für das in der **Entscheidungsphase** verabschiedete Customer Recovery Handlungsprogramm folgt in der **Realisationsphase** eine Durchführungsveranlassung seitens des Managements (**Customer Recovery Steuerung**).

In Anbetracht der Tatsache, dass Kontrollen eine notwendige Ergänzung zur Planung darstellen, führt dieser enge Zusammenhang auch zu einer integrativen Verknüpfung von Customer Recovery Planung und **Customer Recovery Kontrolle** auf der Basis kybernetischer Regelkreisprinzipien. In der **Kontrollphase** findet eine Ergebniskontrolle in der Form statt, dass die Entscheidungsresultate (Plan bzw. Soll) mit den Durchführungsresultaten (Ist) verglichen werden (Plan- bzw. Soll-/Ist-Vergleich). Eventuelle Abweichungen werden einer Abweichungsanalyse unterzogen. Besonders fundiert lässt sich dies mittels Kennzahlensystemen, wie beispielsweise der Customer Recovery Scorecard (Kapitel 6), durchführen (vgl. Link/Weiser 2006, S. 199). Auf Basis der Analyse werden ggf. neue Entscheidungsprozesse ausgelöst; Customer Recovery Pläne werden fortwährend aktualisiert und korrigiert. Somit wird der Customer Recovery Planungs- und Kontrollprozess zum lernenden System (Closed Loop).

Eine **Feedback-Kontrolle**, die am Ende des Führungsprozesses kritische Entwicklungen – hier: bereits **realisierte Kundenabwanderungen** – **ex post** aufdeckt, ist im Rahmen des Customer Recovery Managements nicht ausreichend. Um **drohende Kundenabwanderungen ex ante** zu erkennen und ihnen vorbeugen zu können, sind

Feedforward-Kontrollen sowie die Schaffung und Nutzung damit verbundener Systeme (z.B. Früherkennungssysteme) für Unternehmen zwingend erforderlich.

Während die Hauptherausforderungen und -aufgaben bezüglich der feedforward gerichteten Teilkomplexe des Customer Recovery Managements vornehmlich in der Problemstellungsphase (**Früherkennung**) sowie der Such- und Bewertungsphase (**Prävention**) liegen, so liegen sie bezüglich der feedback gerichteten **Kundenrückgewinnung** überwiegend in der Kontroll-, Such- und Bewertungsphase.

Welche Rolle dem Controlling im Rahmen des Customer Recovery Managements allgemein zukommt (Kapitel 2) und welche Controllingaufgaben und -instrumente speziell bei der Kundenabwanderungsfrüherkennung (Kapitel 3), -prävention (Kapitel 4) und Kundenrückgewinnung (Kapitel 5) zu bewältigen sind bzw. zum Einsatz kommen, ist Gegenstand der nachfolgenden Ausführungen.

2 Customer Recovery Controlling

Um Effizienz und Effektivität im Rahmen des Customer Recovery Managements zu gewährleisten, bedarf es eines Controlling. Auf Basis des kontributionsorientierten Controllingansatzes kann Customer Recovery Controlling als **Unterstützung des Customer Recovery Managements – insbesondere Erfolgs-Vorsteuerung – durch Entscheidungsfundierung, Entscheidungsreflexion und Koordinationsentlastung** definiert werden (vgl. Link 2009, S. 215).

Das Customer Recovery Controlling zeichnet sich durch eine **kombinierte Markt-/Kunden- und Erfolgsorientierung** aus, wie es in der folgenden Abbildung 2-1 dargestellt ist.

Abbildung 2-1: Customer Recovery Controlling: Markt-/Kunden- und Erfolgsorientierung in Synthese

Franziska Seidl

2.1 Kundenmodellierung

Versteht man Customer Recovery Management als Führung vom Kunden her, so wird deutlich, dass **Kundenmodelle** ein zentrales Element im Customer Recovery Management darstellen. Kundenmodellierung ist die Abbildung von Kunden in ihren nachfrage- und rentabilitätsrelevanten Merkmalen (vgl. Link/Seidl 2008, S. 77). Als Basis für Customer Recovery Entscheidungen dienen sie dazu, bisheriges Kundenverhalten weitgehend realistisch darzustellen und zukünftiges Verhalten möglichst exakt zu prognostizieren (vgl. Link/Weiser 2006, S. 67). Dabei lassen sich grundsätzlich die vier Datenkategorien der Grund-, Potenzial-, Aktions- und Reaktionsdaten differenzieren (vgl. hierzu ausführlich Link/Weiser 2006, S. 65 f.). Hinzu kommen Daten wie die Kundenbonität sowie das Weiterempfehlungs-, Kooperations- oder Informationsverhalten, welche den Wert des Kunden aus Unternehmenssicht mit modellieren (vgl. Helm/Günter 2006, S. 7 f.).

Durch die kontinuierliche Erfassung, Speicherung und Aktualisierung dieser Daten in Kundendatenbanken wird im Zeitverlauf ein immer zutreffenderes Wissen über Kundenmerkmale und -verhalten angesammelt, d.h. umfassende Kundenprofile entstehen. Der Aufbau kundenorientierter Informationssysteme und insbesondere die Konzipierung von Kundendatenbanken fallen in den Zuständigkeitsbereich des Controlling. Wesentliches Kennzeichen dieser Systeme ist ein hoher Detaillierungsgrad der (Einzel-)Kundenmodellierung, was für Zwecke der Früherkennung wie auch der ökonomischen und außerökonomischen Erfolgsmodellierung von großer Bedeutung ist (vgl. Link/Weiser 2006, S. 63 f.). Durch die mit kundenorientierten Informationssystemen einhergehende Entscheidungspräzision, -sicherheit und -schnelligkeit erlangt das Controlling ein hohes Leistungsniveau, das durch besondere Genauigkeit von Planungs- und Kontrollprozessen charakterisiert ist.

Im Rahmen des Customer Recovery Managements dienen vor allem **Kundenwertmodelle** – Kundenwert zum einen im Sinne des Kundenbeitrags zum Unternehmenserfolg und zum anderen im Sinne der Investitionswürdigkeit des Kunden (vgl. Link/Weiser 2006, S. 185) – als Entscheidungsgrundlage für die Steuerung von Abwanderungspräventions- wie auch Rückgewinnungsaktionen. Zur Bewertung der Kundenprofitabilität stehen zahlreiche Controllinginstrumente zur Auswahl, wie z.B. ABC-Analyse, Kundendeckungsbeitragsrechnung, Kunden-Portfolio, Kunden-Scoring-Modell und (Second) Customer Lifetime Value (vgl. Bruhn et al. 2000). Es sollte nur so viel in eine Geschäftsbeziehung investiert werden, wie es das ökonomische Potenzial des einzelnen Kunden rechtfertigt. Je nachdem, wie profitabel ein Kunde für das Unternehmen ist oder inwieweit er zukünftige Nutzenpotenziale aufweist, ist einer (drohenden) Kundenabwanderung mit entsprechendem Aufwand entgegenzuwirken. Eine Betreuungsintensität der Kunden gemäß ihres Kundenwertes gewährleistet eine erfolgsoptimale Steuerung von Abwanderungspräventions- bzw. Rückgewinnungsmaßnahmen.

Neben Kundenwertmodellen spielen speziell im Customer Recovery Management auch **Modelle des Kundenabwanderungsprozesses** (vgl. Bansal/Taylor 1999, S. 212; Michalski 2002, S. 109 ff.; Roos 1999; Stewart 1998, S. 9) eine wichtige Rolle. In diesen Modellen werden u.a. Abwanderungsursachen und -gründe, Abwanderungsphasen (Latenz-, Wahrnehmungs-, Dialog-, Entscheidungs-, Umsetzungsphase; vgl. Michalski 2002, S. 140 ff.), Abwanderungsprozesstypen („reaktive Abwanderung", „Plan-", „Kurzschluss-", „Verzweiflungs-", „Muss-", „Wunschabwanderung"; vgl. Michalski 2002, S. 145 ff.) sowie prozessfördernde bzw. -hemmende Einflussfaktoren abgebildet.

Darüber hinaus sind in Bezug auf das Customer Recovery Management auch **Kundenfluktuationsmodelle** (Zu- und Abwanderungsbewegungen) von Bedeutung (siehe Kapitel 6.5).

2.2 Erfolgsmodellierung

Es wird grundsätzlich ein positiver Beitrag zum Unternehmenserfolg gefordert, ansonsten sind Customer Recovery Aktionen als Investitionen aus betriebswirtschaftlicher Sicht abzulehnen. Das Customer Recovery Management steht daher auf dem Prüfstand, ob und in welchem Ausmaß es mit den eingesetzten Ressourcen Beiträge zur Unternehmenswertsteigerung zu leisten vermag. Vor diesem Hintergrund kommt der ex ante wie auch der ex post Erfolgsmodellierung im Rahmen des Customer Recovery Managements eine große Bedeutung zu. Definiert man **Controlling als Führung vom Ergebnis bzw. Erfolg her**, so wird deutlich, dass die Erfolgsmodellierung eine zentrale Aufgabe des Controlling darstellt.

Dem Anspruch, Erfolgsbeiträge und Zielerreichungsgrade zu modellieren, haben sich bislang insbesondere Bereiche, die durch eine Vielzahl nichtmonetärer Erfolgsgrößen geprägt sind und in denen Sachziele dominieren, entzogen (vgl. Reinecke 2004, S. 1 f.). Dies trifft in hohem Maße auch auf das Customer Recovery Management zu. Neben monetären Zielen (z.B. Umsatz, Gewinn, Rendite) sind hier auch nichtmonetäre Zielsetzungen (z.B. Wiederaufbau von Vertrauen, Kundenzufriedenheit, Image) von Bedeutung. Insofern werden hohe Anforderungen an die Erfolgsmodellierung im Customer Recovery Management gestellt.

Während dem betrieblichen Rechnungswesen die Modellierung monetärer Erfolgsgrößen obliegt, bildet das Performance Measurement auch nichtmonetäre Erfolgsgrößen ab. Unter **Performance Measurement** ist der Einsatz von Kennzahlen unterschiedlicher Dimensionen zur Leistungsmessung und -bewertung zu verstehen (vgl. Gleich 2001, S. 11). Ohnehin kommt Kennzahlen bzw. -systemen aufgrund ihrer Abbildungsfunktion für die Modellierung eine hohe Relevanz zu. Moderne Kennzahlensysteme, wie die in Kapitel 6 dargestellte Customer Recovery Scorecard, bieten die Möglichkeit einer mehrdimensionalen Modellierung von Erfolgsgrößen.

3 Früherkennung von Kundenabwanderungen

Wie bereits dargelegt, besteht im Rahmen des Customer Recovery Managements eine wesentliche Aufgabe darin, Abwanderungsneigungen bzw. Kundenabwanderungen – im Sinne eines Verlustes von Kundenwerten – frühzeitig zu identifizieren. Das Gesetz zur Kontrolle und Transparenz im Unternehmensbereich (KonTraG) sieht vor, „geeignete Maßnahmen zu treffen, insbesondere ein internes Überwachungssystem einzurichten, damit den Fortbestand der Gesellschaft gefährdende Entwicklungen früh erkannt werden" (§ 91 Abs. 2 AktG). Vor diesem Hintergrund kommt einem System zur Früherkennung von Kundenbeziehungsrisiken eine große Bedeutung zu.

Früherkennungssysteme sind Informationssysteme, die Risiken so rechtzeitig signalisieren, dass noch ausreichend Zeit bleibt, um geeignete Maßnahmen zur Abwendung oder Minderung der Bedrohungen respektive zur Nutzung der Chancen zu ergreifen (vgl. Hahn/Krystek 2000, S. 76). Die Entwicklung derartiger Systeme fällt in den Aufgabenbereich des Controlling.

Für den Aufbau eines **Customer Recovery Früherkennungssystems** gilt es zunächst, aussagekräftige branchenspezifische oder unternehmensindividuelle Frühwarnindikatoren zu bestimmen. Dabei sind insbesondere die Fragen zu klären, welche Merkmale und Verhaltensweisen einen abwanderungsgefährdeten Kunden in Abgrenzung zu einem loyalen Kunden auszeichnen bzw. welche Indikatoren heranzuziehen sind, um die (akute) Beziehungsinstabilität anzuzeigen. Grundsätzlich können z.B. Verhaltensmuster wie Wechselandrohungen, Beschwerden, sukzessive Reduktion der Leistungsinanspruchnahme, abnehmende Transaktions- und Kontaktdichte oder Teilkündigungen als Warnsignale für eine zukünftige Kundenabwanderung interpretiert werden (vgl. Bruhn/Michalski 2003, S. 441). Ferner kann auch die Entwicklung des Kundenwertes Aufschluss über Abwanderungstendenzen geben; so kann beispielsweise die prozentuale Abnahme des Kundenwertes im Verhältnis zur allgemeinen, durchschnittlichen Volatilität des Kundenwertes als Abwanderungsindikator herangezogen werden (vgl. Bruhn et al. 2000, S. 183 f.).

Anschließend sind für jeden Risikoindikator Sollwerte, kritische Niveaus und Toleranzgrenzen zu definieren (vgl. Kreitmeier/Hartmann 2004, S. 3 f.), bei deren Unter- oder Überschreitung eine Kundenbeziehung als abwanderungsgefährdet eingestuft wird und daraufhin ggf. Gegen- bzw. Präventionsmaßnahmen einzuleiten sind.

Für die Analyse und Selektion abwanderungsgefährdeter Kunden können auch die Merkmals- und Verhaltensprofile bereits abgewanderter Kunden wertvolle Anhaltspunkte liefern (vgl. Eickbusch 2002, S. 3; Link/Weiser 2006, S. 68). Stimmen die Merkmale und das Verhalten der aktuellen Kunden mit dem typischen Abwanderer- bzw. Kündigerprofil überein, besteht ein überproportional hohes Abwanderungsrisiko.

Darüber hinaus stehen für eine Früherkennung drohender Kundenabwanderungen – systematisches **Scanning** (Suche nach schwachen Abwanderungssignalen) und **Monitoring** (vertiefende Beobachtung der identifizierten Signale) – zahlreiche weitere Controllinginstrumente zur Verfügung. Neben Ansätzen der traditionellen Statistik, wie z.B. Markov-Ketten oder Hazard-Rate-Modelle (vgl. Michalski 2002, S. 227 f.; Rüger 2003, S. 76 ff., 111 f.), kommen vermehrt Data Mining-Verfahren, wie z.B. Diskriminanzanalyse, Logistische Regressionsanalyse, Entscheidungsbaumverfahren oder Neuronale Netze, zum Einsatz (vgl. Eickbusch 2002, S. 103 ff.; Michalski 2002, S. 230 ff.; Rüger 2003, S. 105 ff.).

Die Verfahren des Data Mining lassen sich dem analytischen CRM zuordnen (vgl. Hippner/Rentzmann/Wilde 2006, S. 51 f.). Sie ermöglichen es, aus großen Datenmengen bedeutsame Abwanderungsmuster und signifikante Zusammenhänge aufzudecken, die zur Früherkennung von Abwanderungstendenzen bzw. zur Prognose von Abwanderungswahrscheinlichkeiten genutzt werden können. So werden potenzielle Abwanderer in automatisierter Form erkannt und Profile typischer Abwanderer erstellt. CRM-Softwareprogramme (z.B. mySAP CRM, SAS Enterprise Miner, prudsys Discoverer) bedienen sich dieser Verfahren. Voraussetzung hierfür ist das Vorliegen einer aktuellen und vollständigen Kundendatenbank, denn je genauer jeder einzelne Kunde modelliert ist, desto eher können Abwanderungsneigungen frühzeitig erkannt werden und desto besser können Präventionsmaßnahmen letztlich greifen.

Besondere Möglichkeiten der Früherkennung – insbesondere hinsichtlich der Erfolgs-Vorsteuerung – bieten sich auch durch den Einsatz der Customer Recovery Scorecard (siehe Kapitel 6).

4 Prävention von Kundenabwanderungen

Nachdem die abwanderungsgefährdeten Kundenbeziehungen identifiziert worden sind, gilt es in einem nächsten Schritt, den drohenden Kundenabwanderungen bzw. Kündigungen ggf. präventiv vorzubeugen, um diese zu verhindern. Über die Risikoabschätzungen bezüglich der Eintrittswahrscheinlichkeit hinaus sind im Rahmen der Abwanderungsprävention auch Risikoabschätzungen bezüglich der Eintrittsfolgen von Kundenabwanderungen vorzunehmen. Ziel ist es, unter Controllinggesichtspunkten wirtschaftlich tragfähige Präventionskonzepte zu entwickeln.

Wie bereits angedeutet, spielt der (ökonomische) Kundenwert bei der Entscheidung über den Einsatz von Abwanderungspräventions- wie auch Rückgewinnungsmaßnahmen eine zentrale Rolle (siehe Kapitel 2.1). Eine Ermittlung dieser Kennzahl ist im Hinblick auf ein effizientes und effektives Customer Recovery Management maßgebend.

Führt man nun die Dimensionen des Kundenwertes (Erfolgsindikator) und der Abwanderungs- bzw. Rückgewinnungswahrscheinlichkeit (Risikoindikator) in einem Portfolio zusammen, so lassen sich hieraus Normstrategien – **keine Prävention/ Rückgewinnung, Standard- oder Individual-Prävention/-Rückgewinnung** – ableiten, welche grobe Anhaltspunkte für Intensität und Ausmaß der kunden(segment)spezifischen Abwanderungspräventions- bzw. Rückgewinnungsinvestitionen geben (vgl. Michalski 2002, S. 199).

Wie aus dem **Customer Recovery Risikoportfolio** in Abbildung 4-1 hervorgeht, kommt den einzelnen Risiken in Form von Chancen und Bedrohungen eine unterschiedliche Bedeutung zu. Das Risikoausmaß wird durch die Wahrscheinlichkeit des Eintretens und die Höhe des damit verbundenen (ökonomischen) Erfolgs bzw. Schadens determiniert.

Abbildung 4-1:   Customer Recovery Risikoportfolio

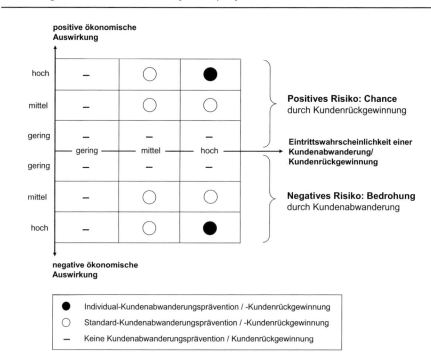

Risiken, die eine hohe Eintrittswahrscheinlichkeit mit einer hohen (negativen oder positiven) monetären Auswirkung verbinden, sollte eine verstärkte Aufmerksamkeit und Bewältigung in Form einer „Individual-Prävention/-Rückgewinnung" zukommen. Grundsätzlich sind Präventionsmaßnahmen also nur bei profitablen Kunden anzuwenden; nicht jede Kundenbeziehung sollte intensiviert bzw. revitalisiert werden.

Demgegenüber empfiehlt es sich, Kunden mit einem geringen Abwanderungsrisiko und/oder geringer Profitabilität aus Kosten-Nutzen-Aspekten prinzipiell von der Abwanderungsprävention auszuschließen. Die Beziehungen zu Verlustkunden sind seitens des Unternehmens vielmehr kritisch zu überprüfen und ggf. deren Abwanderung im Zuge einer Desinvestitions- bzw. Rückzugsstrategie sogar bewusst zu fördern – Stichwort: Exit Management (vgl. u.a. Bruhn 2009b; Lucco 2008; Tomczak/Reinecke/Finsterwalder 2000). Bei allen übrigen Konstellationen bietet sich eine Bearbeitung mittels „Standard-Prävention" an. Derartige Überlegungen können analog im Rahmen der Kundenrückgewinnung angestellt werden.

Um bei den selektierten Zielkunden eine Senkung ihrer Abwanderungsneigung zu erreichen, ist über die angemessene Präventionsstrategie und den kunden(segment)-spezifischen Einsatz präventiver Maßnahmen zu entscheiden. Dazu sind ein genaues Verstehen von Kundenabwanderungsprozessen sowie umfassende Kenntnis über die Ursachen und Gründe, die Kunden zur Beendigung einer bestehenden Geschäftsbeziehung veranlassen, zentrale Voraussetzungen (siehe Kapitel 5). Je nachdem, welche Art von Auslösern einer (potenziellen) Abwanderung vorliegt, kann das Unternehmen in unterschiedlichem Maße Einfluss auf den Abwanderungsprozess nehmen (vgl. Eickbusch 2002, S. 29 ff.). So ist eine Einflussnahme seitens des Unternehmens vornehmlich bei Abwanderungsabsichten, denen unternehmensbezogene Ursachen zugrunde liegen, möglich.

Im Kontext eines beeinflussbaren Beziehungsauflösungsprozesses – d.h. grundsätzlich vermeidbare Kundenverluste – stehen einem Unternehmen insbesondere folgende **Abwanderungspräventionsstrategien** zur Verfügung, um die jeweilige Kundenbeziehung wieder zurück an das gewohnte Zufriedenheits- bzw. Bindungsniveau zu führen (vgl. ähnlich Bruhn 2009a, S. 201; Michalski 2002, S. 188):

- **Fehlerkorrektur- und Kompensationsstrategie**: Behebung der unternehmensseitig begangenen Fehler und Wiedergutmachung des für den Kunden entstandenen Schadens (z.B. Leistungsnachbesserung, nachträgliche Preisnachlässe, Verlustausgleich, Ersatzleistung, explizite Entschuldigung, Gutscheine, Geschenke);

- **Dialog- und Überzeugungsstrategie**: Wiederaufbau von Vertrauen und Vermeidung negativer Mund-zu-Mund-Propaganda durch aktive Dialogmaßnahmen (z.B. klärendes Gespräch) sowie Überzeugung der abwanderungsgefährdeten Kunden von der Vorteilhaftigkeit der Unternehmensleistungen (z.B. Nutzenargumentation, Aufklärung über das unternehmerische Leistungsangebot, individuelle Beratung);

- **Anreizstrategie**: Offerieren von Anreizen für den Kunden zur Weiterführung der Geschäftsbeziehung (z.B. Leistungsindividualisierung, Value Added Services, Kundenintegration, Anpassung der Vertragsbedingungen, Preisnachlässe/Sonderkonditionen, Einladung zu Events).

5 Rückgewinnung abgewanderter Kunden

Im Zuge von Kundenabwanderungen wird zunehmend auch die Bedeutung der Kundenrückgewinnung hervorgehoben. Aktuelle Praxisbeispiele zeigen, dass Kundenrückgewinnungsaktivitäten in hohem Maße erfolgsrelevant für Unternehmen sein können. Empirische Studien zur Rückgewinnung abgewanderter Kunden konstatieren überwiegend hohe Rückgewinnungsquoten und belegen zudem beachtliche Renditen (vgl. Homburg/Schäfer 1999, S. 20; Sauerbrey/Henning 2000, S. 13 f., 19), wonach sich Kundenrückgewinnungsmaßnahmen als durchaus rentable Investition herausstellen.[1]

Trotz der nachgewiesenen Erfolge ist festzustellen, dass immer noch zahlreiche Unternehmen relativ gleichgültig auf vollzogene Kundenabwanderungen reagieren und das Potenzial dieses Kundensegments nicht ausreichend ausschöpfen (vgl. Detecon 2009, S. 5). Gezielte Rückgewinnungsmaßnahmen werden bis dato nur vereinzelt praktiziert und obgleich der hohen Relevanz dieser Thematik werden verhältnismäßig geringe finanzielle Mittel in die Kundenrückgewinnung investiert (vgl. Detecon 2009, S. 12 f., 14 f.). Ebenso sprechen die Ergebnisse von Untersuchungen dafür, dass ein professionelles Kundenrückgewinnungsmanagement in der Unternehmenspraxis noch weit entfernt ist von einer flächendeckenden Implementierung (vgl. Bruhn/Michalski 2001, S. 115 f.; Detecon 2009). Nur einige (Groß-)Unternehmen haben diese strategische Option des Kundenbeziehungsmanagements als Möglichkeit zur Erzielung von Wettbewerbsvorteilen bisher erkannt und systematisch erschlossen. Die Gründe dafür liegen insbesondere in kulturellen, methodischen/konzeptionellen und organisatorischen Barrieren (vgl. Rutsatz 2004, S. 4).

Analog zur Kundenabwanderungsprävention sind auch im Rahmen der Kundenrückgewinnung wirtschaftlich tragfähige Konzepte zu entwickeln, d.h. auch Rückgewinnungsmaßnahmen sind unter Profitabilitätsgesichtspunkten zu rechtfertigen. Unter Bezugnahme auf Abbildung 4-1 erweisen sich Rückgewinnungsmaßnahmen insbesondere dann als sinnvoll, wenn abzusehen ist, dass der Kunde auch in der wieder aufgenommenen Geschäftsbeziehung rentabel sein wird (Stichwort: Second Customer Lifetime Value) und die Erfolgswahrscheinlichkeit einer Rückgewinnung hoch ist. Die Rückgewinnungs(erfolgs)wahrscheinlichkeit ist wiederum u.a. abhängig vom jeweiligen Abwanderungsgrund des Kunden, der im Rahmen von **Lost-Customer-Analysen** in Erfahrung zu bringen ist.

Geht man davon aus, dass das Zustandekommen von Kundenbeziehungen die Wahrnehmung einer positiven Kosten-Nutzen-Relation des Leistungsaustauschs durch beide Beziehungspartner bedingt, so liegen die Gründe für den Abbruch einer bestehenden Kundenbeziehung in der Veränderung eines oder (oftmals) mehrerer das

---

[1] Die Kosten zur Rückgewinnung eines abgewanderten Kunden liegen deutlich unter den Kosten zur Akquisition eines Neukunden (vgl. Detecon 2009, S. 18; Sauerbrey/Henning 2000, S. 18).

Kosten-Nutzen-Verhältnis determinierender Faktoren (vgl. Fischer/Schmöller 2006, S. 486; Keaveney 1995). Zur **Systematisierung von Abwanderungsgründen** kann das „strategische Dreieck" – Kunde, Unternehmen, Wettbewerb (vgl. Michalski 2002, S. 43) – herangezogen werden:

- **Kundenbezogene Abwanderungsgründe** (z.B. Eintritt in einen neuen Lebensabschnitt bzw. Veränderung der Lebenssituation: Umzug, Arbeitsplatzwechsel, Renteneintritt, Arbeitslosigkeit/finanzieller Engpass, Hochzeit, Nachwuchs; veränderte Konsumgewohnheiten: Variety Seeking, Snob-Effekte; Tod);
Kundentypen bzw. -segmente: „ungewollt abwandernde Kunden", „Kunden mit Bedarfswegfall", „notwendigerweise ausscheidende Kunden" (vgl. Stauss/Seidel 2009, S. 146);

- **Unternehmensbezogene Abwanderungsgründe** (z.B. Defizite im Leistungsangebot, zu hohes Preis-/Konditionsniveau, Probleme bei Prozessabläufen, negatives Image, Standortlücken, Mängel im Kundenservice: fehlende Fachkompetenz oder Unfreundlichkeit der Mitarbeiter, langsame Reaktionszeiten, schlechte Erreichbarkeit, Unflexibilität, Terminuntreue, Unzufriedenheit mit der Beschwerdebearbeitung, Wechsel des Ansprechpartners);
Kundentypen bzw. -segmente: „vertriebene Kunden", „nicht mehr gewollte Kunden" (vgl. Stauss/Seidel 2009, S. 146);

- **Wettbewerbsbezogene Abwanderungsgründe** (z.B. ein aus Kundensicht attraktiveres Preis-/Leistungsverhältnis bzw. eine als besser wahrgenommene Kosten-Nutzen-Relation von Konkurrenzangeboten, aktives Abwerben oder Wegkaufen von Kunden: überlegenes Wechselangebot, Werbung der Konkurrenz);
Kundentyp bzw. -segment: „abgeworbene Kunden" (vgl. Stauss/Seidel 2009, S. 146).

Eine fundierte **Abwanderungs- bzw. Kündigungsgrundanalyse** ist eine wesentliche Grundlage für die Selektion von Zielkunden sowie die Ausgestaltung kunden(segment)spezifischer Rückgewinnungsmaßnahmen (vgl. Bruhn/Michalski 2001, S. 117; Büttgen 2003, S. 67). Nicht jedes Kundensegment eignet sich gleichermaßen für die Rückgewinnung; so ist beispielsweise bezüglich des Segments der unternehmensseitig „nicht mehr gewollten Kunden" von einer Rückgewinnung abzusehen (vgl. Stauss/Friege 2006, S. 517). Ansonsten sind für die rückgewinnungswürdigen Kunden je nach Abwanderungsgrund und Kundensituation individuelle, situationsadäquate Rückgewinnungsansprachen (z.B. persönlich, telefonisch, schriftlich) vorzunehmen und entsprechende Rückgewinnungsangebote bzw. (nicht-) materielle Rückkehranreize zu schaffen, die den Kunden zu einer Rückkehr zum Unternehmen bewegen – stets unter Beachtung von Wirtschaftlichkeitsaspekten. Auch in diesem Zusammenhang wird deutlich, dass eine realitätsgetreue Kundenmodellierung (siehe Kapitel 2.1) eine entscheidende Rolle spielt.

Während sich beispielsweise bei Kunden, die aufgrund von unternehmensbezogenen Leistungsmängeln abgewandert sind („vertriebene Kunden"), zumindest eine Entschuldigung, Problembehebung und Wiedergutmachung empfiehlt, kann es bei „abgeworbenen Kunden" vor allem angemessen sein, in einem persönlichen Gespräch mit dem Kunden die überlegene Leistungsfähigkeit des unternehmerischen Angebots zu kommunizieren. Hingegen bietet es sich für „ungewollt abwandernde Kunden", die sich beispielsweise aufgrund einer veränderten Einkommenssituation vorübergehend eine Aufrechterhaltung der Geschäftsbeziehung nicht mehr leisten können, an, eine Vertragsanpassung vorzunehmen (z.B. Stundung oder Reduzierung der Einzahlungen auf einen Sparvertrag).

Zur Erhebung der Abwanderungsgründe eignet sich insbesondere der Einsatz ereignisorientierter Abwanderungsanalysen, wie z.B. die Critical Incident Technique oder die Switching Path Analyse (vgl. Roos 1999, S. 71 f.).

Mittels der Analyse von Abwanderungsgründen erhält das Unternehmen zum einen wertvolle **Hinweise auf Defizite in der Leistungserbringung** (z.B. Qualitätsmängel, Lücken im Leistungsspektrum), **Schwachstellen im Umgang mit Kunden** (z.B. Servicefehler), **veränderte Kundenbedürfnis-/Konsumstrukturen** oder die **Aktivitäten der Wettbewerber** (vgl. Link/Weiser 2006, S. 125); zum anderen darauf, wie noch bestehende Kundenbeziehungen gefestigt und in Zukunft ungewollte Kundenverluste verhindert werden können. Sind dem Unternehmen die Gründe bekannt, lassen sich auch leichter Merkmale bzw. Merkmalsmuster zur Identifizierung abwanderungsgefährdeter Kunden erschließen.

Es ist anzustreben, die im Customer Recovery Prozess gewonnenen Informationen systematisch und wertschöpfend im Unternehmen zu nutzen (Stichwort: lernende Organisation); der Informationsnutzen gilt als zentraler Profitabilitätstreiber (vgl. Schöler 2004, S. 532). So ist es möglich, auf Basis der Erkenntnisse aus der Abwanderungsgrundanalyse eine **kundenorientierte Verbesserung des Leistungsangebots** sowie eine **Optimierung der Prozesse** herbeizuführen und somit (potenzielle) Abwanderungsauslöser zu eliminieren. Diesbezüglich besteht allerdings, wie eine aktuelle Studie zeigt, noch eine Diskrepanz zwischen Theorie und Praxis (vgl. Detecon 2009, S. 30 f.). Gemäß dieser Studie werden die erhobenen Abwanderungsgründe unternehmensintern nur unzureichend genutzt.

Zusammenfassend stellen insbesondere drei Qualitätsdimensionen der Kundenrückgewinnungsaktivität eines Unternehmens – kundenspezifisch wahrgenommene **Qualität von Rückgewinnungsangebot, -prozess und -interaktion** – wichtige Einflussfaktoren des Rückgewinnungserfolgs dar (vgl. Homburg/Sieben/Stock 2004; Sieben 2002, S. 80, 104 ff.). Darüber hinaus können auch Kundenmerkmale (Alter, Involvement, Wunsch nach Abwechslung) sowie Merkmale der Geschäftsbeziehung (Zufriedenheit mit der Beziehung) als erfolgsrelevant identifiziert werden.

6 Die Customer Recovery Scorecard als integratives Steuerungsinstrument

Wie bereits dargelegt, ist eine allein auf ökonomischen Ergebnisgrößen basierende Erfolgsmodellierung für eine ganzheitliche Steuerung des Customer Recovery Managements nicht ausreichend. Hierzu bedarf es vielmehr auch der Einbeziehung vorökonomischer Leistungsgrößen. Es besteht das Erfordernis eines **integrativen Planungs-, Steuerungs- und Kontrollkonzepts**, mit dem auf allen Leistungsebenen des Customer Recovery Managements die Performance gemessen werden kann.

Als ein derartiges Performance Measurement Konzept bietet sich im Rahmen des Customer Recovery Managements eine modifizierte Balanced Scorecard (vgl. Kaplan/Norton 1997) an: die **Customer Recovery Scorecard**.

Dieses Controllinginstrument dient der Operationalisierung bzw. Umsetzung von Zielen und Strategien. Aus den strategischen Customer Recovery Zielen werden in den erfolgsrelevanten Unternehmensperspektiven jeweils konkrete Zielvorgaben, Leistungsmaßgrößen sowie Maßnahmen abgeleitet. Ferner werden für sämtliche Kennzahlen kausale Abhängigkeiten in Form von Ursache-Wirkungs-Beziehungen innerhalb und zwischen den Perspektiven erfasst, wodurch gewissermaßen eine Modellierung der Wertschöpfungskette im Customer Recovery Management erfolgt.

Die Customer Recovery Scorecard schafft somit messbare, durchgängig aufeinander aufbauende Zielvorgaben, die es ermöglichen, den Erfolg des Customer Recovery Managements ex ante zu prognostizieren und ex post zu kontrollieren. Da die Erfolgskontrolle untrennbar mit der Erfolgsplanung verbunden ist, dienen die gemessenen Zielerreichungsgrade (retrospektivische Funktion von Erfolgsgrößen) wiederum als Grundlage für eine verbesserte Erfolgsplanung (prospektivische Funktion von Erfolgsgrößen).

Durch die Verknüpfung von Leistungstreibern mit Ergebniskennzahlen über Ursache-Wirkungs-Ketten hat die Scorecard einen **Feedforward-Charakter**, dem im Rahmen des Customer Recovery Managements – insbesondere hinsichtlich der Erfolgs-Vorsteuerung und der Früherkennung von Kundenabwanderungen – ein zentraler Stellenwert zukommt.

Im Folgenden sind die für das Customer Recovery Management erfolgsrelevanten Perspektiven zu identifizieren, die strategischen Zielvorgaben für die kritischen Erfolgsfaktoren festzulegen und zur Messung des Realisierungsgrades geeignete Kennzahlen (Key Performance Indicators) zu definieren. Dabei ist anzumerken, dass die nachfolgend dargelegten Kennzahlen lediglich einen exemplarischen Charakter aufweisen. Vor dem Hintergrund unterschiedlicher Kontextbedingungen, Branchenbesonderheiten und Unternehmensspezifika sollte eine unternehmensindividuelle Gestaltung der Scorecard erfolgen.

6.1 Finanzperspektive

Die finanzwirtschaftliche Perspektive zeigt auf, inwieweit die Implementierung der Customer Recovery Strategie zu einer Steigerung des Unternehmensergebnisses beiträgt (vgl. Weber/Schäffer 2000, S. 3). Die Ergebniskennzahlen messen, ob und zu welchem Ausmaß die festgelegten Ziele des Customer Recovery Managements erreicht wurden. Dabei übernehmen die finanzwirtschaftlichen Kennzahlen eine Doppelfunktion, indem sie einerseits die von der Strategie zu erwartenden Wertbeiträge repräsentieren und andererseits als Endziele für die Kennzahlen der anderen Perspektiven fungieren. Letztere sind über Ursache-Wirkungs-Beziehungen mit den finanziellen Zielen verbunden.

Der Ergebnisebene kommt angesichts der Controlling-Kernfunktion der Sicherstellung von Erfolg eine herausragende Bedeutung zu. Investitionen in ein Customer Recovery Management sind unter Wirtschaftlichkeitsgesichtspunkten nur dann sinnvoll, wenn sie profitabel sind und im Vergleich zu alternativen Mittelverwendungen eine höhere Rentabilität aufweisen (vgl. Stauss/Friege 2006, S. 518). Aus finanzwirtschaftlicher Perspektive liegt daher der Fokus insbesondere auf folgenden Zielgrößen (vgl. hierzu ausführlich Münster/Seidl 2008, S. 315 ff.):

- **Nutzen des Customer Recovery Managements** (*Customer Recovery Nutzen: CRN*)

  Nutzenkategorien: Wiederkaufnutzen, Akquisitionsvermeidungsnutzen, Kommunikationsnutzen, Informationsnutzen (vgl. Stauss/Friege 2006, S. 519);

- **Kosten des Customer Recovery Managements** (*Customer Recovery Kosten: CRK*)

  Kostenkategorien: Präventions- bzw. Rückgewinnungsangebotskosten, Personalkosten, Kommunikationskosten, anteilige Gemeinkosten (vgl. ähnlich Stauss/Friege 2006, S. 521 f.);

- **Gewinn des Customer Recovery Managements**
  (*Customer Recovery Gewinn: CRG = CRN – CRK*);

- **Rentabilität des Customer Recovery Managements**
  (*Return on Customer Recovery: RoCR = CRG/CRK*).

6.2 Kundenperspektive

Da das Customer Recovery Management auf den Kunden gerichtet ist, spielt die Kunden(erfolgs)perspektive als Basis für die Realisierung der finanzwirtschaftlichen Zielgrößen eine große Rolle.

Zur Messung des Erfolgs beim Kunden können folgende Controllingebenen unterschieden werden (vgl. Reinecke/Dittrich 2006, S. 329 ff.):

- Die **Einstellung des Kunden** gegenüber dem Unternehmen und seinen Leistungen ergibt sich aus den subjektiv wahrgenommenen und beurteilten Leistungsmerkmalen. Dabei ist grundsätzlich anzunehmen, dass eine positive Kundeneinstellung bzw. ein gewisses Ausmaß an Zufriedenheit, Vertrauen, Commitment und Involvement eher zu positiven Verhaltensabsichten und letztlich zu positivem Verhalten (hier: keine Abwanderung) führt. Im Umkehrschluss bedeutet dies, dass eine negative Kundeneinstellung eher negative Verhaltensabsichten (hier: Abwanderungsabsicht) und negatives Verhalten (hier: Kundenabwanderung) zur Folge hat.

  Während diese Annahmen in der Tendenz von empirischen Studien bekräftigt werden (vgl. u.a. Bansal/Taylor 1999; Garbarino/Johnson 1999; Michell/Cataquet/Hague 1992; Morgan/Hunt 1994; Ping 1995; Roos 1999; Stewart 1998), stellen dagegen einige Untersuchungen deutlich heraus, dass eine positive Einstellung (z.B. Kundenzufriedenheit) nicht unbedingt auch ein Garant dafür ist, dass Kunden nicht abwandern (vgl. u.a. Bolton/Bronkhorst 1995; Jones/Sasser 1995; Capraro/Broniarczyk/Srivastava 2003, S. 164), bzw. dass aus einer negativen Einstellung (z.B. Kundenunzufriedenheit) nicht zwangsläufig eine Kundenabwanderung resultiert.

- Die **Verhaltensabsicht** eines Kunden gilt als ein Indikator für künftiges Kundenverhalten (vgl. Kuß/Tomczak 2007, S. 159). Auch wenn eine vorerst gedankliche Verhaltensabsicht nicht zwingend mit dem final beobachtbaren Verhalten übereinstimmen muss, so liegen Verhaltensabsichten doch näher am Kundenverhalten als Einstellungskonstrukte (vgl. Kroeber-Riel/Weinberg/Gröppel-Klein 2008, S. 221). Ein Zusammenhang zwischen Abwanderungs- bzw. Wechselabsicht und tatsächlicher Abwanderung konnte empirisch nachgewiesen werden (vgl. Bansal/Taylor 1999, S. 212).

- Das konkrete **Kundenverhalten**, wie z.B. eine reduzierte Kontakt- bzw. Kauffrequenz, Beschwerden oder eine Kundenabwanderung bzw. -rückkehr, ist das Resultat aus Einstellung und Verhaltensabsicht.

- Das Kundenverhalten schlägt sich letzten Endes im **(ökonomischen) Kunden-Ergebnis** nieder. Ergebnisgrößen stellen eine wichtige Grundlage zur Selektion von Zielkunden für den Einsatz von Customer Recovery Maßnahmen dar.

Der Erfolg des Customer Recovery Managements spiegelt sich auf allen Kunden-Controllingebenen wider. Die Aufgabe des Controlling besteht nun darin, zu messen, inwieweit sich Präventions- bzw. Rückgewinnungsmaßnahmen auf die Einstellung, die Verhaltensabsicht, das Verhalten oder das Ergebnis des Kunden ausgewirkt haben.

Da die Art der Customer Recovery Maßnahmen wie auch deren Erfolg zu einem großen Ausmaß von den kundenspezifischen Merkmalen abhängen, ist es sinnvoll, auf Basis dieser Merkmale eine Segmentierung vorzunehmen und – unter Beachtung von Wirtschaftlichkeitsaspekten – die Erfolgsgrößen kundensegmentspezifisch oder sogar kundenindividuell auf der Ebene des Einzelkunden zu ermitteln.

Tabelle 6-1 zeigt zentrale Ziele und Kennzahlen für die verschiedenen Controllingebenen im Rahmen der Kunden(erfolgs)perspektive.

Tabelle 6-1: Kundenperspektive der Customer Recovery Scorecard

	Kundenperspektive	
	Ziele	Kennzahlen
Ökonomisches Kunden-Ergebnis	Kundenprofitabilität erhöhen	• Customer Equity (Kundenstammwert) • (Second) Customer Lifetime Value (= Barwert der Ein- und Auszahlungen, die während der Dauer der (wieder aufgenommenen) Kundenbeziehung realisiert werden) • Kundendeckungsbeitrag
Kundenverhalten	Abwanderung (profitabler Kunden) reduzieren	• Kundenabwanderungsrate (= Anteil der abgewanderten Kunden am gesamten Kundenstamm) • Kundenhalbwertszeit (= Zeitdauer, nach der die Hälfte der akquirierten Kunden wieder verlassen hat) • Revitalisierungsquote (= Anteil inaktiver Kunden, die zum „normalen" Transaktionsverhalten zurückkehren) • Anzahl profitabler Kunden, bei denen eine Kündigung verhindert werden konnte • Wieder-/Zusatzkaufrate abwanderungsgefährdeter Kunden • Anzahl der Beschwerden bzw. Reklamationen in einer Periode • Anzahl der Weiterempfehlungen pro Kunde (Referenzverhalten) • Anzahl der Verbesserungsvorschläge pro Kunde (Informationsverhalten) • Share of Wallet (Kundendurchdringungsrate, Kundenpenetrationsrate)
	Rückgewinnung (profitabler Kunden) erhöhen	• Kundenrückgewinnungsrate (= Anteil der zurückgewonnenen Kunden an der Gesamtzahl der kontaktierten abgewanderten Kunden) • Eingliederungserfolgsquote (= Anteil der zurückgewonnenen Kunden, die nach einer Zeitdauer t immer noch Kunde sind) • Responsequote (= Anteil kontaktierter abgewanderter Kunden, die auf einen Unternehmenskontakt (positiv) reagiert haben) • Bearbeitungsquote (= Anteil der Kündiger, die bearbeitet werden)
Kundenverhaltensabsicht	Abwanderungsabsicht (profitabler Kunden) reduzieren	• Kundenabwanderungswahrscheinlichkeit/-risiko • Wechselabsicht/-bereitschaft • (Wieder-/Zusatz-) Kaufabsicht • Kooperationsabsicht/-bereitschaft • Weiterempfehlungsabsicht/-bereitschaft
	Rückkehrabsicht (profitabler Kunden) erhöhen	• Kundenrückgewinnungs(erfolgs)wahrscheinlichkeit
Kundeneinstellung	Kundenzufriedenheit, Vertrauen, Commitment, Involvement erhöhen	• Kundenzufriedenheitsindex (u.a. Zufriedenheit mit der Problemlösung bzw. Beschwerdebehandlung) • (kundenseitig) wahrgenommene Verbundenheit zum Anbieter

6.3 Prozessperspektive

Die Aufgabe der internen Prozessperspektive besteht darin, die für den Erfolg der Abwanderungsfrüherkennung, -prävention und Kundenrückgewinnung kritischen Prozesse zu identifizieren und transparent zu machen (vgl. Weber/Schäffer 2000, S. 4). Es sind diejenigen Prozessabläufe abzubilden (Ablauforganisation), die für die Erreichung der Ziele aus der Finanz- und Kundenperspektive von Relevanz sind. Eine kundenorientierte Prozessbetrachtung in Form einer kontinuierlichen Messung der Prozessperformance ist wesentliche Grundlage dafür, Ineffizienzen und Rationalisierungspotenziale im Customer Recovery Management aufzudecken. Dabei wird für die Abläufe nicht nur eine Verbesserung bestehender, sondern auch die Einführung neuer, überlegener Prozesse zur Erreichung übergeordneter Ziele angestrebt.

In Bezug auf die Zielsetzung einer **Verbesserung der Prozessqualität** im Customer Recovery Management kommt, wie bereits dargelegt, der **Analyse von Ursachen eines (drohenden) Kundenverlusts** eine entscheidende Bedeutung zu (siehe Kapitel 4, 5).

Des Weiteren haben Studien gezeigt, dass ein hoher **Individualisierungsgrad** im Marketing-Mix des Präventions- bzw. Rückgewinnungsprozesses – individualisierte Leistungs-/Produktpolitik (z.B. kundenindividuelle Produktmodifikation, Beseitigung von Servicefehlern, Wiedergutmachung/Verlustkompensation, individuelle Rückkehranreize), Preispolitik (z.B. individueller Preisnachlass), Kommunikationspolitik (z.B. individuelle Kundenansprache, Entschuldigung, Nachbetreuung) und Dienstleistungspolitik (z.B. Direktlieferung) – in seiner Wirkung einem niedrigen deutlich überlegen ist (vgl. u.a. Sauerbrey/Henning 2000, S. 14 ff.).

Zur Optimierung der Geschäftsprozesse bzw. zur Steigerung der Prozessqualität im Sinne einer **Fehlerreduzierung** sollten die etablierten Abläufe und Verfahrensweisen im Customer Recovery Management einer ständigen Prozessanalyse unterzogen werden (vgl. Weber/Schäffer 2000, S. 10 f.).

In Verbindung mit dem Ziel einer **Beschleunigung von Prozessen** im Customer Recovery Management ist besonders auf die „Timing-Strategie" hinzuweisen. Eine schnelle und flexible Reaktionsfähigkeit des Unternehmens auf Kundenanliegen, z.B. Beschwerde oder Kündigung, stellt einen wichtigen Erfolgsfaktor dar (vgl. Johnston 1995; Tax/Brown 1998). Laut empirischen Analysen besteht ein Zusammenhang zwischen Kundenrückgewinnungserfolg und dem Zeitpunkt des Rückgewinnungskontaktes (vgl. Stauss/Friege 2006, S. 526 f.). Hierbei treten vermehrt Belege dafür auf, dass eine möglichst frühzeitige Ansprache der Kündiger erfolgsversprechend ist (vgl. Detecon 2009, S. 33; Sauerbrey/Henning 2000, S. 16, 33).

In der nachstehenden Tabelle 6-2 werden wesentliche Ziele und Key Performance Indicators für die Prozessperspektive des Customer Recovery Managements aufgeführt.

Tabelle 6-2: Prozessperspektive der Customer Recovery Scorecard

Prozessperspektive		
Ziele		Kennzahlen
Verbesserung der Prozessqualität im Customer Recovery Management	Abwanderungs-grundanalyse	• Anzahl bzw. Intensität durchgeführter Analysen zur Identifikation inaktiver bzw. abwanderungsgefährdeter Kunden • Anzahl der Abwanderungs-/Kündigungsgrundanalysen • Anteil abgewanderter Kunden, die nach ihrem Abwanderungsgrund befragt wurden • Anteil genutzter Abwanderungsgrundinformationen an der Gesamtzahl der erfassten Abwanderungsgrundinformationen • Anzahl der identifizierten Fehler, die zu Verbesserungen/Optimierungen im Leistungsangebot des Unternehmens führen
	Individualisierung	• Anteil profitabler Abwanderungsgefährdeter bzw. Abwanderer, die ein individuelles Produkt-, Preis-, Kommunikations- oder Distributionsangebot erhalten • Kundenintegrationsgrad in den Präventions- und Rückgewinnungsprozessen • Individualisierungsindex • Flexibilitätsindex
	Fehlerreduzierung	• Anzahl durchgeführter Prozessanalysen • Fehlerrate pro Abwanderungspräventions- bzw. Rückgewinnungsprozess • Anzahl der Problemlösungsstandards
Beschleunigung der Prozesse im Customer Recovery Management		• Durchschnittliche Laufzeit pro Präventions- bzw. Rückgewinnungsprozess • Durchschnittliche Dauer vom Eintreffen einer Beschwerde bzw. Kündigung bis zur Reaktion des Unternehmens (Timing-Strategie) • Durchschnittliche Bearbeitungszeit pro Beschwerde

6.4 Potenzialperspektive

Die Kennzahlen der (internen Erfolgs-) Potenzialperspektive modellieren die Infrastruktur, die notwendig ist, um die Ziele der anderen Perspektiven zu erreichen (vgl. Weber/Schäffer 2000, S. 4). Konkret in Bezug auf das Customer Recovery Management sind interne Strukturen aufzubauen, die eine erfolgreiche Früherkennung und Prävention von Kundenabwanderungen wie auch Kundenrückgewinnung ermöglichen.

Die **Unternehmenskultur** – verstanden als grundlegende Wertevorstellungen und Normen der Unternehmensführung in Bezug auf die Unternehmung (vgl. Link 2009, S. 61) – hat für die Implementierung und Umsetzung der Customer Recovery Strategie eine erfolgskritische Bedeutung. Ein systematisches Customer Recovery Management setzt einen offenen, selbstkritischen Umgang mit Fehlern bzw. eine gewisse Fehlertoleranz voraus – in Abkehr zu einer „Null-Fehler-Kultur" (vgl. Michalski 2002, S. 220 f.; Homburg/Schäfer 1999, S. 15). Dabei werden begangene Fehler, die beispielsweise durch Kundenbeschwerden offensichtlich werden, als Chance für zukünftige Verbesserungen und Optimierungen in Bezug auf die Unternehmensleistung angesehen.

Mit der Einführung des Customer Recovery Managements sind auch strukturelle Umgestaltungen im unternehmerischen **Organisationssystem** (Aufbauorganisation) verbunden. In diesem Zusammenhang geht es zunächst einmal um die Sicherstellung einer ausreichenden Personalkapazität. Ferner ist grundsätzlich die Frage zu klären, ob das Customer Recovery Management zentral oder dezentral organisiert werden soll und/oder ob z.B. externe Call Center eingeschaltet werden sollen. Die hohe Relevanz einer organisatorischen Verankerung für ein erfolgreiches Customer Recovery Management konnte auch empirisch belegt werden (vgl. Detecon 2009, S. 32 f.).

Grundlage der Aktionssteuerung sowie der Erfolgsmodellierung im Customer Recovery Management sind die in den kundenorientierten **Informationssystemen** abgespeicherten Kundendaten in Form von Kundenmodellen (siehe Kapitel 2.1). Erst die kontinuierliche und systematische Erfassung, Speicherung und Analyse relevanter Kundendaten ermöglicht es, die „richtigen" (abwanderungsgefährdeten oder abgewanderten) Kunden zum „richtigen" Zeitpunkt mit den „richtigen" Präventions- bzw. Rückgewinnungsmaßnahmen anzusprechen (vgl. Link/Weiser 2006, S. 65). Ein Abgleich der Aktions- mit den Reaktionsdaten lässt zudem wertvolle Rückschlüsse über die Wirkung und Wirtschaftlichkeit des eingesetzten Instrumentariums zu. Ein hohes Controllingniveau setzt demzufolge eine entsprechende Datenquantität und -qualität in der Kundendatenbank voraus, die es mittels geeigneter Kennzahlen zu bewerten und zu steuern gilt.

Darüber hinaus weisen empirische Untersuchungen die **Mitarbeiter** eines Unternehmens als zentralen Erfolgsfaktor des Customer Recovery Managements aus. Motivierte Mitarbeiter mit ausgeprägten fachlichen und kommunikativen Fähigkeiten (u.a. hohe Fach- und Entscheidungskompetenz, Freundlichkeit/Höflichkeit, Einfühlungsvermögen/Verständnis, Einsatz-/Hilfsbereitschaft, Ehrlichkeit, Engagement, Reaktionsschnelligkeit, Verlässlichkeit) haben einen großen positiven Einfluss auf die Kundenzufriedenheit und letztlich den Abwanderungspräventions- bzw. Rückgewinnungserfolg (vgl. Detecon 2009, S. 26 f., 32 f.; Sauerbrey/Henning 2000, S. 14 f.; Sieben 2002, S. 26, 68, 104 f.).

Tabelle 6-3 veranschaulicht ausgewählte Ziele und Maßgrößen für die Potenzialperspektive.

Tabelle 6-3: Potenzialperspektive der Customer Recovery Scorecard

	Potenzialperspektive	
	Ziele	Kennzahlen
Unternehmenskultur (Wertesystem)	Customer Recovery Management fördernde Unternehmenskultur	• Wahrnehmungsintensität der Customer Recovery Orientierung durch das Management, die Mitarbeiter und Kunden • Anzahl der offen kommunizierten Fehler (z.B. unternehmensbezogene Kundenabwanderungsgründe)
Organisationssystem	Customer Recovery orientierte Aufbauorganisation	• Anzahl der Mitarbeiter im Customer Recovery Management
Informationssysteme (CRM-Systeme)	Steigerung der Datenqualität in Kunden- und Wettbewerberdatenbank	• Erfassungs-/Pflegefehlerquote • Anzahl der zutreffenderweise als abwanderungsgefährdet eingestuften Kunden (Präzision der Kundenselektion) • Anzahl der systemimplementierten Abwanderungs-Frühwarnindikatoren • Aktualität der Datenbanken • Integrationsgrad der Datenbanken
	Steigerung der Datenquantität in Kunden- und Wettbewerberdatenbank	• Anzahl der Datensätze bzw. der Variablen pro Datensatz in den Datenbanken • Grad der Kunden- und Wettbewerbsabdeckung (Coverage)
	Steigerung der Systemanwendung	• Nutzungsgrad bzw. -intensität der Datenbanken • Anteil der CRM-Software-Funktionen, die zur Abwanderungsprävention bzw. Kundenrückgewinnung genutzt werden
Mitarbeiter (Personalführungssystem, Anreizsystem)	Steigerung der Mitarbeitermotivation im Customer Recovery Management	• Anzahl der Verbesserungsvorschläge je Mitarbeiter • Anzahl freiwilliger Überstunden • Anteil der Entlohnung, der mit der Zielerreichung des Customer Recovery Erfolgs verbunden ist • Höhe der (nicht-)materiellen Anreize
	Verbesserung der fachlichen und kommunikativen Mitarbeiterkompetenz im Customer Recovery Management	• Mitarbeiterqualifikationsindex • Anzahl bzw. Beteiligungsquote an Weiterbildungsmaßnahmen (z.B. zur Bewältigung von Konfliktsituationen) • Anteil von Kundenanfragen, die vom Customer Recovery Mitarbeiter direkt und abschließend beantwortet werden können
	Steigerung der Mitarbeiterzufriedenheit im Customer Recovery Management	• Mitarbeiterzufriedenheitsindex • Anzahl der Mitarbeiterbeschwerden • Fluktuationsrate • Krankheitsquote

6.5 Wettbewerbsperspektive

Im Rahmen einer ganzheitlichen Betrachtungsweise tangieren Kundenabwanderungen nicht nur das jeweils betroffene Unternehmen, sondern auch dessen Wettbewerber. Einem **Kundenpotenzialverlust für das Unternehmen** steht i.d.R. ein **Kundenpotenzialzuwachs für die bzw. den stärksten Wettbewerber** gegenüber. Demzufolge wirken sich Kundenabwanderungen doppelt negativ für ein Unternehmen aus. Um einen umfassenden Überblick über die Wettbewerbssituation und die Entwicklung des

Kundenbestands zu erlangen, bietet es sich für Unternehmen an, **Kunden-Migrationsanalysen** durchzuführen respektive Zu- und Abwanderungsbewegungen von Kunden in Form einer Bilanz zu erfassen (vgl. Krafft 2002, S. 50 ff.; Reichheld/Sasser 1990, S. 108 ff.). In diesem Zusammenhang sind ergänzend auch **Kunden(wert)flussrechnungen** sinnvoll, die auf der Basis von Kundenstammbewegungen die Veränderungen des aggregierten Kundenwerts (Customer Equity) zwischen zwei Perioden ausweisen (vgl. Reinecke 2004, S. 345).

Eine Befriedigung der Kundenwünsche durch das Angebot qualitativ hochwertiger Leistungen allein ist nicht unbedingt ausreichend dafür, einen Kunden langfristig an einen Anbieter zu binden. Bieten nämlich die Wettbewerber ein (deutlich) höheres Maß an Kundenbefriedigung bzw. sind die Angebote anderer Wettbewerber aus der Perspektive des Kunden unter Kosten-Nutzen-Aspekten vorteilhafter, so kann dies zur Beendigung der Geschäftsbeziehung seitens des Kunden führen (vgl. Link/Seidl 2008, S. 79). Demnach besteht also ein Zusammenhang zwischen einer Kundenabwanderung und der durch den Kunden bewerteten **Attraktivität des Konkurrenzangebots**. Dabei ist es auch von Bedeutung, ob bzw. inwieweit der Kunde über die Leistungen anderer Wettbewerber informiert ist; das Ausmaß des Kundenwissens über Angebotsalternativen hat einen direkten Einfluss auf die Abwanderungswahrscheinlichkeit des Kunden (vgl. Capraro/Broniarczyk/Srivastava 2003, S. 164).

Wie soeben beschrieben, können Kundenabwanderungsprozesse u.a. durch das Wettbewerbsumfeld ausgelöst werden. Diesbezüglich können Maßnahmen innerhalb der Produkt- und Preispolitik (z.B. qualitativ oder preislich überlegenes Angebot, Sonderaktionen), der Kommunikationspolitik (z.B. Werbemaßnahme, gezieltes Abwerben) wie auch der Distributionspolitik (z.B. Erweiterung des Standortnetzes, Direktlieferungen, Online-Vertrieb) der Wettbewerber dazu führen, Kunden zu einem Anbieterwechsel zu bewegen.

Vor diesem Hintergrund ist die Bedeutung von **Lost-Customer-Analysen** als außerordentlich hoch einzustufen, weil durch sie oftmals frühzeitig das Aufkommen neuer Wettbewerber oder neuer Leistungsangebote sichtbar wird. Insofern spielen sie auch eine zentrale Rolle für die Konkurrentenmodellierung (vgl. Link/Seidl 2008, S. 79 ff.). Ferner liefern sie wichtige Anhaltspunkte für das Customer Recovery Management, denn der Abwanderungspräventions- bzw. Rückgewinnungserfolg wird u.a. von dem Leistungsangebot des (stärksten) Wettbewerb(er)s beeinflusst. Besteht seitens des Unternehmens hierüber umfassende Kenntnis, kann Kundenabwanderungen mit entsprechenden Angeboten rechtzeitig vorgebeugt bzw. können abgewanderte Kunden gezielt zurückgewonnen werden.

Tabelle 6-4 zeigt ausgewählte Kennzahlen für die Wettbewerbsperspektive, welche auf die Kundenzufriedenheit mit dem unternehmerischen bzw. Customer Recovery spezifischen Marketing-Mix in Relation zum Wettbewerb abstellen. Damit lässt sich die eigene Wettbewerbsposition, d.h. die Erfolgsposition des Unternehmens beim Kunden im Vergleich zur Konkurrenz, ermitteln.

Tabelle 6-4: *Wettbewerbsperspektive der Customer Recovery Scorecard*

Wettbewerbsperspektive	
Ziele	**Kennzahlen**
Konkurrenzfähige Produkt-/ Dienstleistungspolitik im Customer Recovery Management *	Relative Produkt-/Dienstleistungszufriedenheit = Zufriedenheit mit der unternehmerischen bzw. Customer Recovery spezifischen Produkt-/Dienstleistungspolitik / Zufriedenheit mit der Produkt-/Dienstleistungspolitik des (stärksten) Wettbewerb(er)s
Konkurrenzfähige Preispolitik im Customer Recovery Management **	Relative Preiszufriedenheit = Zufriedenheit mit der unternehmerischen bzw. Customer Recovery spezifischen Preispolitik / Zufriedenheit mit der Preispolitik des (stärksten) Wettbewerb(er)s
Konkurrenzfähige Kommunikationspolitik im Customer Recovery Management ***	Relative Kommunikationszufriedenheit = Zufriedenheit mit der unternehmerischen bzw. Customer Recovery spezifischen Kommunikationspolitik / Zufriedenheit mit der Kommunikationspolitik des (stärksten) Wettbewerb(er)s
Konkurrenzfähige Distributionspolitik im Customer Recovery Management ****	Relative Distributionszufriedenheit = Zufriedenheit mit der unternehmerischen bzw. Customer Recovery spezifischen Distributionspolitik / Zufriedenheit mit der Distributionspolitik des (stärksten) Wettbewerb(er)s
Konkurrenzfähiger Marketing-Mix im Customer Recovery Management	Relative Gesamtzufriedenheit = Zufriedenheit mit dem unternehmerischen bzw. Customer Recovery spezifischen Marketing-Mix / Zufriedenheit mit dem Marketing-Mix des (stärksten) Wettbewerb(er)s

* z.B. Produkt-/Dienstleistungsqualität, Produktdesign, Value Added Services, Individualisierung, Kundenintegration

** z.B. Preis-/Leistungsverhältnis, Preisniveau, -transparenz, -sicherheit, -fairness, -vertrauen, -zuverlässigkeit; Rabatte/Boni

*** z.B. „Integrierte Kommunikation", Individualisierung der Kundenansprache

**** z.B. Vertriebskanäle (Multi-Channel-Ansatz); Lieferservice (Lieferzeit, -bereitschaft, -zuverlässigkeit, -flexibilität)

Darüber hinaus ist es für die Formulierung einer Wettbewerbsstrategie auch sinnvoll, strukturelle Wettbewerbsdeterminanten zu identifizieren, die auf die Wettbewerbsintensität schließen lassen (vgl. Link/Weiser 2006, S. 111 ff.). Als Beispiele können die Anzahl der Unternehmen im Markt bzw. in der Branche, der Bedrohungsgrad durch neue Konkurrenten oder Ersatzprodukte, die Wettbewerbsstruktur sowie die Stabilität der Marktanteile genannt werden.

6.6 Die Perspektiven im Kontext der Customer Recovery Scorecard

Auf Basis der vorstehenden Ausführungen werden die Perspektiven nun in einen Gesamtzusammenhang gestellt (Abbildung 6-1). Dabei erfolgt eine Visualisierung der Ursache-Wirkungs-Ketten zwischen den Zielen und Kennzahlen, die für die Erfolgsmodellierung im Customer Recovery Management als sehr wichtig erachtet werden.

Abbildung 6-1: Customer Recovery Scorecard – ausgewählte Ursache-Wirkungs-Ketten (Quelle: in Anlehnung an Münster/Seidl 2008, S. 329)

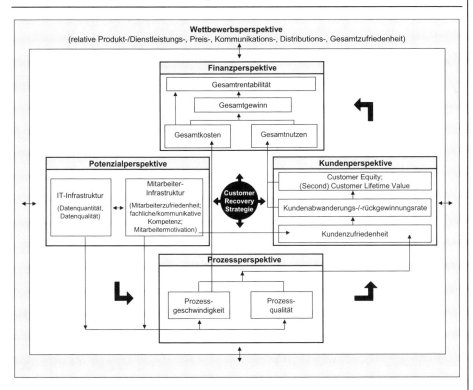

Eine professionelle Planung und Steuerung der Wirkungsketten erfordert eine ausreichende Kenntnis über die Wirkungsbeziehungen zwischen den Kennzahlen. Diesem Anspruch wird die Scorecard zumindest dahingehend gerecht, dass analysiert wird, ob grundsätzlich eine logische Kausalität bzw. ein Ursache-Wirkungs-Zusammenhang zwischen den Maßgrößen besteht und wenn ja, ob diese positiv oder negativ miteinander korrelieren.

Zur Optimierung des Konzepts einer umfassenden Erfolgsmodellierung ist es sinnvoll, nicht nur die Ursache-Wirkungs-Ketten, sondern auch – falls möglich und wirtschaftlich vertretbar – die exakten Wirkungsbeziehungen zwischen den Erfolgsindikatoren zu ermitteln. Hierfür bietet sich einerseits der Einsatz statistischer Verfahren an, andererseits kann auf die Ergebnisse empirischer Analysen und mit der Zeit auf unternehmenseigene Erfahrungswerte zurückgegriffen werden. Diesbezüglich ist jedoch abermals darauf hinzuweisen, dass keineswegs von einer Allgemeingültigkeit der Zusammenhänge ausgegangen werden kann, sondern jedes Unternehmen die Intensität der Ursache-Wirkungs-Beziehungen zwischen den Erfolgsgrößen sowie die Wirkung des Customer Recovery Managements auf den Kunden- und Unternehmenserfolg individuell analysieren sollte.

7 Zusammenfassung

Kundenabwanderungen haben enorme negative ökonomische Auswirkungen auf das Unternehmensergebnis. Die Kundenabwanderungsrate stellt einen wichtigen Indikator für den Unternehmenserfolg dar.

Es sind diejenigen Unternehmen im Vorteil, die es schaffen, einen Stamm attraktiver Kunden langfristig an sich zu binden, Abwanderungstendenzen frühzeitig zu erkennen (Früherkennung), diesen entgegenzuwirken (Prävention) und profitable Abwanderer wieder zurückzugewinnen (Rückgewinnung).

Die Erfolgsmodellierung zählt zu den wesentlichen Aufgaben des Controlling. Diesbezüglich bestehen im Customer Recovery Management besonders hohe Anforderungen aufgrund der zahlreichen nichtmonetären Erfolgsgrößen. Es bedarf eines integrativen, mehrdimensionalen Controllinginstruments, das neben Ergebnisindikatoren auch Leistungstreiber berücksichtigt: die Customer Recovery Scorecard. Die Perspektiven sichern eine ganzheitliche Betrachtung der strategisch relevanten Erfolgsfaktoren und darüber hinaus gewährleisten die Kennzahlen eine systematische Planung, Steuerung und Kontrolle des Customer Recovery Management Erfolgs.

Die Ausführungen haben verdeutlicht, welch hohe Bedeutung einem professionellen Controlling zur Sicherstellung einer effizienten und effektiven Ausrichtung des Customer Recovery Managements zukommt. Der Erfolg von Präventions- und Rückgewinnungsmaßnahmen kann dementsprechend vor allem durch ein synergetisches Zusammenwirken von Markt-/Kunden- und Ergebnisorientierung respektive Customer Recovery Management und Controlling sichergestellt werden.

Literaturverzeichnis

BANSAL, H.S./TAYLOR, S.F., The Service Provider Switching Model (SPSM). A Model of Consumer Switching Behavior in the Services Industry, in: Journal of Service Research, Vol. 2, 02/1999, S. 200-218.

BOLTON, R.N.T./BRONKHORST, T.M., The Relationship between Customer Complaints to the Firm and subsequent Exit Behavior, in: Advances in Consumer Research, Vol. 22, 01/1995, S. 94-100.

BRUHN, M., Relationship Marketing. Das Management von Kundenbeziehungen, 2. Auflage, München 2009a.

BRUHN, M., Exit Management – Beendigung von Geschäftsbeziehungen aus Anbietersicht, in: LINK, J./SEIDL, F. (Hrsg.): Kundenabwanderung – Früherkennung, Prävention, Kundenrückgewinnung, 1. Auflage, Wiesbaden 2009b, S. 91-115.

BRUHN, M./GEORGI, D./TREYER, M./LEUMANN, S., Wertorientiertes Relationship Marketing: Vom Kundenwert zum Customer Lifetime Value, in: Die Unternehmung, 03/2000, S. 167-187.

BRUHN, M./MICHALSKI, S., Rückgewinnungsmanagement – eine explorative Studie zum Stand des Rückgewinnungsmanagements bei Banken und Versicherungen, in: Die Unternehmung, 02/2001, S. 111-125.

BRUHN, M./MICHALSKI, S., Analyse von Kundenabwanderungen – Forschungsstand, Erklärungsansätze, Implikationen, in: ZfbF, 08/2003, S. 431-454.

BÜTTGEN, M., Recovery Management – systematische Kundenrückgewinnung und Abwanderungsprävention zur Sicherung des Unternehmenserfolges, in: Die Betriebswirtschaft, 01/2003, S. 60-76.

CAPRARO, A.J./BRONIARCZYK, S./SRIVASTAVA, R.K., Factors Influencing the Likelihood of Customer Defection: The Role of Consumer Knowledge, in: Journal of the Academy of Marketing Science, Vol. 31, 02/2003, S. 164-176.

DETECTON Consulting, Kundenrückgewinnungsmanagement – Status Quo in der Schweizer Unternehmenspraxis, Studie, 1. Auflage, Zürich 2009.

EICKBUSCH, J., Kundenabwanderungen in Kreditinstituten – Eine empirische Analyse mittels Data-Mining-Methoden für das Privatkundengeschäft einer Großsparkasse, 1. Auflage, Frankfurt am Main 2002.

FISCHER, T.M./SCHMÖLLER, P., Kundenwert als Entscheidungskalkül für die Beendigung von Kundenbeziehungen, in: GÜNTER, B./HELM, S. (Hrsg.): Kundenwert. Grundlagen – innovative Konzepte – praktische Umsetzungen, 3. Auflage, Wiesbaden 2006, S. 483-507.

GARBARINO, E./JOHNSON, M.S., The Different Roles of Satisfaction, Trust, and Commitment in Customer Relationships, in: Journal of Marketing, Vol. 63, 02/1999, S. 70-87.

GLEICH, R., Das System des Performance Measurement: Theoretisches Grundkonzept, Entwicklungs- und Anwendungsstand, 1. Auflage, München 2001.

HAHN, D./HUNGENBERG, H., Planung und Kontrolle. Planungs- und Kontrollsysteme, Planungs- und Kontrollrechnung. Wertorientierte Controllingkonzepte, 6. Auflage, Wiesbaden 2001.

HAHN, D./KRYSTEK, U., Früherkennungssysteme und KonTraG, in: DÖRNER, D./HORVÁTH, P./KAGERMANN, H. (Hrsg.): Praxis des Risikomanagements, 1. Auflage, Stuttgart 2000, S. 73-97.

HELM, S./GÜNTER, B., Kundenwert – eine Einführung in die theoretischen und praktischen Herausforderungen der Bewertung von Kundenbeziehungen, in: GÜNTER, B./HELM, S. (Hrsg.): Kundenwert. Grundlagen – innovative Konzepte – praktische Umsetzungen, 3. Auflage, Wiesbaden 2006, S. 3-38.

HIPPNER, H./RENTZMANN, R./WILDE, K.D., Aufbau und Funktionalitäten von CRM-Systemen, in: HIPPNER, H./WILDE, K.D. (Hrsg.): Grundlagen des CRM – Konzepte und Gestaltung, 2. Auflage, Wiesbaden 2006, S. 45-74.

HOMBURG, C./SCHÄFER, H., Customer Recovery – Profitabilität durch systematische Rückgewinnung von Kunden, Arbeitspapier Nr. M39 des Instituts für Marktorientierte Unternehmensführung (IMU), Universität Mannheim, Mannheim 1999.

HOMBURG, C./SIEBEN, F./STOCK, R., Einflussgrößen des Kundenrückgewinnungserfolgs. Theoretische Betrachtung und empirische Befunde im Dienstleistungsbereich, in: Marketing ZFP, 01/2004, S. 25-41.

JOHNSTON, R., Service, Failure and Recovery: Impact, Attributes and Process, in: Advances in Services Marketing and Management, 04/1995, S. 211-288.

JONES, C./SASSER JR., W.E., Why satisfied Customers defect, in: Harvard Business Review, Vol. 73, 06/1995, S. 88-99.

KAPLAN, R.S./NORTON, D.P., Balanced Scorecard: Strategien erfolgreich umsetzen, Stuttgart 1997.

KEAVENEY, S.M., Customer Switching Behavior in Service Industries: An Exploratory Study, in: Journal of Marketing, Vol. 59, 04/1995, S. 71-82.

KRAFFT, M., Kundenbindung und Kundenwert, 1. Auflage, Heidelberg 2002.

KREITMEIER, A./HARTMANN, A., Quantifizierung und Implementierung von Risikoindikatoren zum Management operationeller Risiken eines Kreditinstituts im Rahmen eines Frühwarnsystems, 2004, abrufbar unter: http://www.hft-stuttgart.de/Forschung/Egle-Institut/Projekte/Mathematik/Fruehwarnsystem_lang.pdf/de (Zugriff am 05.07.2009).

KROEBER-RIEL, W./WEINBERG, P./GRÖPPEL-KLEIN, A., Konsumentenverhalten, 9. Auflage, München 2008.

KUß, A./TOMCZAK, T., Käuferverhalten – Eine marktorientierte Einführung, 4. Auflage, Stuttgart 2007.

LINK, J., Führungssysteme. Strategische Herausforderung für Organisation, Controlling und Personalwesen, 4. Auflage, München 2009.

LINK, J./SEIDL, F., Organisationales Lernen im Rahmen der Kunden- und Konkurrentenmodellierung, in: VON KORTZFLEISCH, H.F.O./BOHL, O. (Hrsg.): Wissen – Vernetzung – Virtualisierung, 1. Auflage, Lohmar-Köln 2008, S. 75-85.

LINK, J./WEISER, C., Marketing-Controlling. Systeme und Methoden für mehr Markt- und Unternehmenserfolg, 2. Auflage, München 2006.

LUCCO, A., Anbieterseitige Kündigung von Kundenbeziehungen. Empirische Erkenntnisse und praktische Implikationen zum Kündigungsmanagement, 1. Auflage, Wiesbaden 2008.

MACHARZINA, K./WOLF, J., Unternehmensführung. Das internationale Managementwissen. Konzepte – Methoden – Praxis, 5. Auflage, Wiesbaden 2005.

MICHALSKI, S., Kundenabwanderungs- und Kundenrückgewinnungsprozesse. Eine theoretische und empirische Untersuchung am Beispiel von Banken, 1. Auflage, Wiesbaden 2002.

MICHELL, P.C.N./CATAQUET, H./HAGUE, S., Establishing the Causes of Disaffection in Agency-Client-Relations, in: Journal of Advertising Research, Vol. 32, 02/1992, S. 41-48.

MORGAN, R.M./HUNT, S.D., The Commitment-Trust Theory of Relationship Marketing, in: Journal of Marketing, Vol. 58, 07/1994, S. 20-38.

MÜNSTER, J./SEIDL, F., Erfolgsmodellierung im Kundenrückgewinnungsmanagement, in: LUDERER, B. (Hrsg.), Die Kunst des Modellierens – mathematisch-ökonomische Modelle, 1. Auflage, Wiesbaden 2008, S. 313-331.

PING, R.A., Some Uninvestigated Antecedents of Retailer Exit Intention, in: Journal of Business Research, Vol. 34, 03/1995, S. 171-180.

REICHHELD, F.F./SASSER, W.E., Zero Defections. Quality comes to Services, in: Harvard Business Review, Vol. 68, 05/1990, S. 105-111.

REINECKE, S., Marketing Performance Management. Empirisches Fundament und Konzeption für ein integriertes Marketingkennzahlensystem, 1. Auflage, Wiesbaden 2004.

REINECKE, S./DITTRICH, S., Controlling der Kundenbindung, in: REINECKE, S./TOMCZAK, T. (Hrsg.): Handbuch Marketingcontrolling. Effektivität und Effizienz einer marktorientierten Unternehmensführung, 2. Auflage, Wiesbaden 2006, S. 309-341.

ROOS, I., Switching Processes in Customer Relationships, in: Journal of Service Research, Vol. 2, 01/1999, S. 68-85.

RÜGER, E., Churn Management im Kontext des Relationship Marketing – am Beispiel eines Internet-Dienstleisters, 1. Auflage, Vallendar 2003.

RUTSATZ, U., Kundenrückgewinnung durch Direktmarketing. Das Beispiel des Versandhandels, 1. Auflage, Wiesbaden 2004.

SAUERBREY, C./HENNING, R., Kunden-Rückgewinnung – erfolgreiches Management für Dienstleister, 1. Auflage, München 2000.

SCHÖLER, A., Rückgewinnungsmanagement, in: HIPPNER, H./WILDE, K.D. (Hrsg.): Grundlagen des CRM – Konzepte und Gestaltung, 1. Auflage, Wiesbaden 2004, S. 517-543.

SIEBEN, F.G., Rückgewinnung verlorener Kunden. Erfolgsfaktoren und Profitabilitätspotenziale, 1. Auflage, Wiesbaden 2002.

STAUSS, B./FRIEGE, C., Kundenwertorientiertes Rückgewinnungsmanagement, in: GÜNTER, B./HELM, S. (Hrsg.): Kundenwert. Grundlagen – innovative Konzepte – praktische Umsetzungen, 3. Auflage, Wiesbaden 2006, S. 509-530.

STAUSS, B./SEIDEL, W., Preiskündiger und Qualitätskündiger – Zur Segmentierung verlorener Kunden, in: LINK, J./SEIDL, F. (Hrsg.): Kundenabwanderung – Früherkennung, Prävention, Kundenrückgewinnung, 1. Auflage, Wiesbaden 2009, S. 143-161.

STEWART, K., An Exploration of Customer Exit in Retail Banking, in: International Journal of Bank Marketing, Vol. 16, 01/1998, S. 6-14.

TAX, S./BROWN, S., Recovering and Learning from Service Failure, in: Sloan Management Review, Vol. 40, 01/1998, S. 75-88.

TOMCZAK, T./REINECKE, S./FINSTERWALDER, J., Kundenausgrenzung: Umgang mit unerwünschten Dienstleistungskunden, in: BRUHN, M./STAUSS, B. (Hrsg.): Dienstleistungsmanagement Jahrbuch 2000, Wiesbaden 2000, S. 399-421.

WEBER, J./SCHÄFFER, U., Balanced Scorecard und Controlling, 3. Auflage, Wiesbaden 2000.

Jörg Link

Die Konzeption eines Feedforward-Controlling
als Grundlage für die Früherkennung und Prävention von Kundenabwanderungen

1 Zur Überlegenheit des Feedforward-Prinzips 37
2 Grundstrukturen und -funktionen der Früherkennung 41
3 Feedforward-Control im kontributionsorientierten Ansatz 45
    3.1   Der kontributionsorientierte Ansatz 45
    3.2   Die Vorsteuerung im kontributionsorientierten Ansatz 50
4 Die Vorsteuerung des Customer Equity 53

1 Zur Überlegenheit des Feedforward-Prinzips

Führung besteht bekanntlich aus Planung, Steuerung und Kontrolle (vgl. Hahn 1996, S. 46). Dabei hängt der Führungserfolg entscheidend davon ab, wie die Kontrolle ausgeübt wird. Im Folgenden sollen daher zunächst die wesentlichen **Arten der Kontrolle** betrachtet werden. Hierzu ist es notwendig, die wichtigsten kybernetischen Grundprinzipien entsprechend Abbildung 1-1 einander gegenüberzustellen.

In Abbildung 1-1 werden drei Regelkreise dargestellt mit folgenden Elementen (von oben nach unten):

- vorgegebenes Ziel des Reglers (Führungsvorgabe für Manager),
- Regler (Manager),
- Einwirkung Regler auf Prozess (Stellgröße, Maßnahme Manager),
- Prozess (Verantwortungsbereich des Managers),
- Prozessoutput (Regelgröße, soll Führungsvorgabe entsprechen),
- Prozessinput (Einwirkungen auf Prozess bzw. Regelgröße).

Es wird sofort deutlich, dass sich die beiden oberen Regelkreise durch die Art der Kontrolle unterscheiden. Im ersten Fall liegt eine **Output-Kontrolle** vor, d.h. es wird ein Prozessergebnis gemessen, für das typischerweise in der Führungsvorgabe ein Sollwert definiert worden ist, z.B.

- Rendite, Liquidität, Gewinn, Deckungsbeitrag usw.,
- Umsatz, Kosten, Absatzmenge usw.,
- Produktqualität, Kundenzufriedenheit, Image, Bekanntheitsgrad usw.

Im zweiten Fall liegt eine **Input-Kontrolle** vor, d.h. es wird eine tatsächliche oder bevorstehende Einwirkung auf den Prozess bzw. die Regelgröße registriert, z.B.

- Änderung der Kundenbedürfnisse,
- Änderung des Konkurrentenverhaltens,
- Änderung der volkswirtschaftlichen Rahmenbedingungen,
- Änderungen im technologischen Bereich,
- Änderungen im Mitarbeiterverhalten,
- Änderungen auf der Kapitalgeberseite,

- Änderungen im rechtlich-politischen Umsystem,
- Änderungen im sozio-kulturellen Umsystem,
- Änderungen im ökologischen Umsystem – usw.

Abbildung 1-1: Wichtige kybernetische Grundprinzipien
(Quelle: Link 2009, S. 131 und die dort angeführte Literatur)

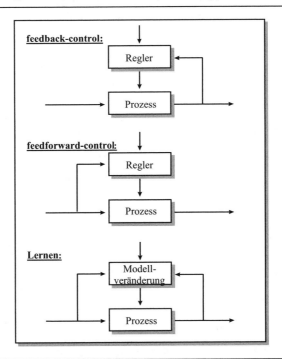

Der entscheidende Unterschied zwischen **Feedback-Control** und **Feedforward-Control** liegt offensichtlich darin, dass Veränderungen der Stellgröße im ersten Fall an Output-Kontrollen, im zweiten Fall an Input-Kontrollen anknüpfen. Der Nachteil des erstgenannten Verfahrens ist also darin zu sehen, dass es immer erst zu Abweichungen im Prozess-Output kommen muss, bevor korrigierende Maßnahmen eingeleitet werden. Die Idee des zweiten Verfahrens besteht daher darin, dass bereits das Auftreten von Störgrößen unmittelbar zu einer solchen Veränderung der Stellgröße führt, dass es zu keinem Zeitpunkt zu unzulässigen Abweichungen der Regelgröße kommt; hierzu bedarf es eines Prozessmodells, das die Störgrößenauswirkungen zu simulieren und somit Gegenmaßnahmen prophylaktisch einzuleiten erlaubt (vgl. Link 1978, S. 103 sowie die dort angeführte Literatur).

Die große Überlegenheit des Feedforward-Prinzips liegt also in der Möglichkeit, den Erfolg nicht einfach nur **konstatieren**, sondern in der Höhe beeinflussen zu können. Damit erst wird dem Inhalt bzw. dem Kern der Aufgabenstellung von „Führung" Rechnung getragen.

Das dritte, in Abbildung 1-1 genannte kybernetische Grundprinzip des **Lernens** ist definiert als Verbesserung des internen Modells der In- oder Umsysteme (vgl. Link 1973, S. 343 sowie die dort angeführte Literatur). Derartige interne Modelle werden benötigt, um aus den gemessenen Input- oder Outputdaten jeweils neue Stellgrößen zu berechnen. Durch immer wieder erneuten Vergleich der Ausgangsdaten, der berechneten Daten und der tatsächlichen Handlungsergebnisse – durch **Erfahrung** also – vollzieht sich Lernen; es besteht dadurch die Chance, dass die Abweichungen in der Regelgröße von Mal zu Mal geringer werden.

Auf dieser Basis lassen sich nun auch alle im ökonomischen Bereich angeführten bzw. diskutierten Formen der Kontrolle charakterisieren. Es ergibt sich zunächst aus den bisherigen Ausführungen, dass alle Kontrollen immer entweder an der Input- oder an der Outputseite von Prozessen ansetzen. Als primärer Zweck von Kontrollen kann zweifellos die Output-Kontrolle angesehen werden; was interessiert, ist letztlich das Handlungsergebnis. Alle anderen Kontrollen dienen nur der Überprüfung, ob sich der Prozess in die gewünschte Richtung entwickelt. Definiert man den Prozess-Input so, dass darunter alle Einflüsse fallen, von denen der Prozess-Output beeinflusst wird, so kann es neben den Output-Kontrollen nur noch Input-Kontrollen geben. Abbildung 1-2 verdeutlicht nun, welche weitere Aufgliederung innerhalb der Input- und Output-Kontrollen gesehen werden kann.

Abbildung 1-2: Arten der Kontrolle
(Quelle: Link 2009, S. 132)

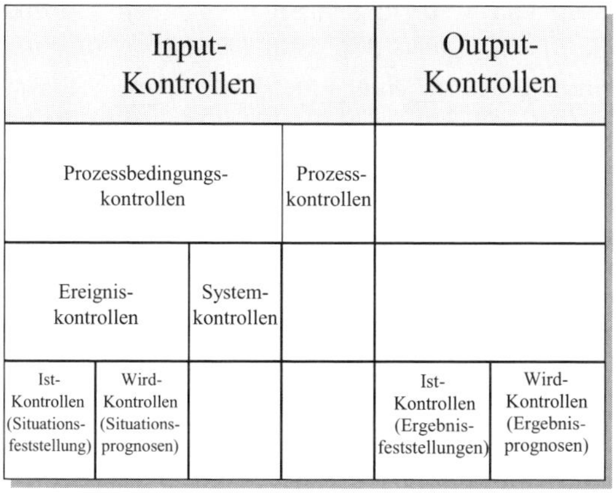

Input-Kontrollen			Output-Kontrollen	
Prozessbedingungs-kontrollen		Prozess-kontrollen		
Ereignis-kontrollen		System-kontrollen		
Ist-Kontrollen (Situations-feststellung)	Wird-Kontrollen (Situations-prognosen)		Ist-Kontrollen (Ergebnis-feststellungen)	Wird-Kontrollen (Ergebnis-prognosen)

Wichtig ist an dieser Stelle der Hinweis, dass Input-Kontrollen in einem gewissen Sinne immer auch gleichzeitig Output-Kontrollen im Sinne von „Wird-Kontrollen" sind. Dies ergibt sich bereits aus dem bisher Gesagten; wenn Kontrollen grundsätzlich der Willenssicherung dienen, so will man sich bei Input-Kontrollen vergewissern, ob bestimmte Beobachtungen auf Abweichungen vom gewünschten Ergebnis schließen lassen. Insofern ist auch eine **Prozess-Kontrolle**, bei der Abläufe und Verhaltensweisen im laufenden Prozess erfasst werden, primär unter diesem Aspekt von Bedeutung. Wo allerdings die Grenzen derartiger Prozess-Kontrollen liegen, zeigt bereits das Beispiel des Autofahrens: Vieles von dem, was während einer Autofahrt als gefährdend für den Zweck bzw. Erfolg der Reise in Erscheinung tritt, hätte sich durch sorgfältigere **Prozessbedingungs-Kontrollen** vermeiden lassen. So hätten z.B. regelmäßige **System-Kontrollen** wahrscheinlich verhindert, dass plötzliche Betriebsstörungen im Fahrzeug die Reise unterbrechen. Ebenso wären bestimmte **Ereignis-Kontrollen** vor Beginn der Fahrt nützlich gewesen; durch „Ist-Kontrollen" hätte man z.B. festgestellt, dass im Verkehrsfunk für bestimmte Streckenabschnitte bereits Staus gemeldet werden, und durch „Wird-Kontrollen" wäre überdies klar geworden, dass die Wetterprognose dichten Nebel vorhersagt.

Auch für diese Beispiele gilt erneut, dass die angesprochenen Kontrollen, so sie vollzogen werden, immer explizit oder implizit in Output-Kontrollen im Sinne von „Wird-Kontrollen" transformiert werden. Typisch ist in diesem Zusammenhang das ungute Gefühl, das entsteht, wenn bei System-Kontrollen gravierende Mängel offensichtlich werden, die zu fatalen Konsequenzen für das Handlungsergebnis hätten führen können.

Dass der Zweck solcher Prozessbedingungs-Kontrollen sehr wesentlich in der Früherkennung möglicher Fehlentwicklungen von Regelgrößen liegt, und dass der Objektbereich derartiger Prozessbedingungs-Kontrollen auch noch weiter gefasst werden kann, zeigt ein Blick auf das sogenannte Marketing-Audit: „Das **Marketing-Audit** beurteilt die Arbeitsweise des Marketing-Management in einer Unternehmung und überprüft Entstehen bzw. Ablauf von Marketing-Maßnahmen, nicht jedoch, wie die ergebnisorientierte Kontrolle, die Resultate des absatzpolitischen Bemühens. Das Audit erstreckt sich auf zentrale Elemente einer Entscheidung und umfasst als Komponenten das **Prämissen-Audit, Ziel-** und **Strategien-Audit, Maßnahmen-Audit** sowie **Prozess-** und **Organisations-Audit**. Seine Zielsetzung richtet sich im Wesentlichen auf die Früherkennung planungs- und systembedingter Risiken und Fehlentwicklungen" (Nieschlag/Dichtl/Hörschgen 1991, S. 914).

Abschließend sei noch Bezug genommen auf einige sonstige Kontrollformen, wie sie in der Literatur angesprochen werden (siehe z.B. Schreyögg/Steinmann 1985; Hahn 1996, S. 47 f.; Reichmann 1995, S. 379 f.; Küpper 1995, S. 169 ff.). Die „strategische Überwachung" kann danach zu den Ereigniskontrollen gerechnet werden; die „Prämissenkontrolle" stellt eine Überprüfung der Ergebnisse von bereits früher vorgenommenen Ereigniskontrollen dar. „Konsistenzkontrollen" können vorgenommen werden, um die Widerspruchsfreiheit bzw. Stimmigkeit beliebiger Objektbereiche im Rahmen der Input-Kontrollen sicherzustellen. „Fortschrittskontrollen" schließlich können verstanden werden als eine bestimmte Ausprägung von „Ist-Kontrollen" im Rahmen von „Output-Kontrollen" – auch hier wieder primär unter dem Aspekt einer letztendlichen sachlichen und zeitlichen Ergebnisprognose.

2 Grundstrukturen und -funktionen der Früherkennung

Ein Feedforward-Management kann umso wirkungsvoller sein, je frühzeitiger mögliche Einwirkungen auf den Unternehmenserfolg erkannt werden. Dies führt zur Forderung nach dem Aufbau von Früherkennungssystemen.

Unter Früherkennungsinformationen wollen wir Informationen verstehen, die mit **zeitlichem Vorlauf** Hinweise auf mögliche Herausforderungen in der Zukunft geben (vgl. z.B. Hahn/Klausmann 1986, S. 265). Der zeitliche Vorlauf der Früherkennungsinformationen soll bewirken, dass die Unternehmung von zukünftigen Ereignissen nicht oder weniger überrascht wird, d.h. dass sie sich gedanklich und/oder faktisch auf die zukünftige Entwicklung vorbereiten kann. Steigende Variabilität in den Umsystemen induziert also auch einen steigenden Bedarf an Früherkennungsinformationen. Brisanz gewinnt das Thema Früherkennung aber vor allem durch die Kombination des Kontextfaktors **Variabilität** mit dem Kontextfaktor **Komplexität** (vgl. ähnlich Wiedmann 1989, S. 302). Vereinfacht lässt sich sagen: Während durch Variabilität der **Reaktionsdruck** wächst, sinkt durch Komplexität die **Reaktionsfähigkeit**. Eine höhere Komplexität in den Umsystemen wie in der Unternehmung führt i.d.R. dazu, dass die Reaktionsfähigkeit der Unternehmung eingeschränkt wird bzw. die für die Unternehmung erforderliche Reaktionszeit wächst. Man kann dies z.B. deutlich sehen an der Komplexität und damit dem Zeitbedarf von **Genehmigungsverfahren** im politisch-rechtlichen Umsystem bzw. im ökologischen Umsystem, an der Komplexität und dem Zeitbedarf sogenannter **Schrumpfungs-, Umstrukturierungs- und Stillegungsprozesse** im ökonomischen Umsystem oder an dem Zeitbedarf von Entwicklungsprozessen, die der Umsetzung neuer, komplexer Verfahrens- oder Produktkonzeptionen aus dem technologischen Umsystem dienen. Je höher in allen diesen Fällen die Komplexität ist, umso höher ist – ceteris paribus – auch der Zeitbedarf zur Bewältigung bzw. Abarbeitung dieser Komplexität. Hohe Variabilität aber lässt nur kurze Reaktionszeiten zu. Wenn also – wie heute nicht selten zu beobachten – hohe Komplexität und hohe Variabilität in Kombination auftreten, so stoßen damit hoher Zeitbedarf und geringe verfügbare Zeit aufeinander. Pfeiffer und Dögl (1992) haben dies bekanntlich am Paradigma der „Zeitfalle" veranschaulicht, indem sie kurze Marktzyklen mit langen Produktentwicklungszyklen in der Analyse kombiniert haben.

Für die Früherkennung bedeutet hohe Komplexität daher, dass die Vorlaufzeit der Früherkennungsinformationen gegenüber den realen Ereignissen zur Bewältigung der aufzuarbeitenden Komplexität ausreichen muss. Nur ein hinreichend großer Vorlauf der Information gegenüber der tatsächlichen späteren Entwicklung stellt sicher, dass die Unternehmung über eine ausreichende **Reaktionszeit** verfügt.

Die Struktur der Reaktionszeit wird in Abbildung 2-1 dargestellt; die Aufgabe der Früherkennung liegt natürlich vor allem darin, die sogenannte **Latenzzeit** innerhalb der Reaktionszeit zu verkürzen. Dies ist der Zeitraum, in dem das Ereignis von der Unternehmung noch nicht registriert wurde.

Abbildung 2-1: Aufteilung der Reaktionszeit
(Quelle: in Anlehnung an Mössner 1982)

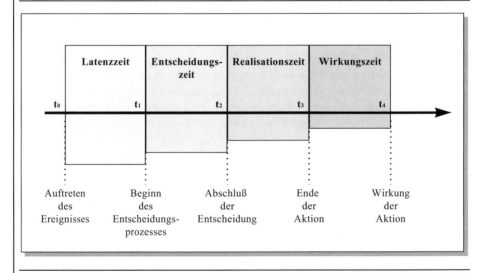

Sofern für entsprechende Maßnahmen bestimmte Mindest-Zeitbedarfe hinsichtlich der Entscheidungs-, Realisations- und Wirkungszeit (siehe im Einzelnen Link 2009, S. 8 f.) festliegen, kann eine Ausweitung der Reaktionszeit zwischen Zeitpunkt 1 und 4 nur durch Verkürzung der **Latenzzeit** in Abbildung 2-1 bewirkt werden.

Aufgabe der **Früherkennung** ist es daher, den Zeitpunkt t_1 auf der Zeitachse in Abbildung 2-1 potenziell nach links zu verlagern und so zusätzliche Spielräume bei der Reaktionszeit sicherzustellen (ähnlich Böhler 1993, Sp. 1257). Dies wiederum kann bessere Handlungsmöglichkeiten eröffnen, indem folgende drei Funktionen besser erfüllt werden (ähnlich der Planung – siehe Link 2009, Abschnitt 1.1.2.2):

Früherkennung hat eine **Aktivierungsfunktion**, indem sie Planungsprozesse in Gang setzt, so die Latenzzeit verkürzt und u.U. eine Strategie des FIRST ermöglicht. Sie kann aber auch die Qualität der Entscheidung verbessern helfen, indem durch eingesparte Latenzzeit mehr Zeit für den Entscheidungs- und Realisierungsprozess verbleibt. Dies ist möglich durch zwei weitere Funktionen; da wäre einmal die **Fundierungsfunktion** zu nennen: Entscheidungen unter situativem Druck lassen bekanntlich keine ausreichende Zeit mehr für eine umfassende systematische und abgewogene Entscheidungsfundierung in informationeller und methodischer Hinsicht. Die Früherkennung liefert diesen zeitlichen Spielraum und oft auch wertvolle Informationen zum Problemlösungsansatz. Die **Optionsfunktion** schließlich liegt darin, dass bei frühzeitiger Planung bzw. Planungsauslösung noch sämtliche Alternativen, d.h. auch solche mit langen Realisierungs- und Wirkungszeiten, in Betracht kommen.

Unter den heutigen Kontextbedingungen sind von daher **Frühwarn- bzw. Früherkennungssysteme** eine zentrale Herausforderung für das Controlling. Dies ergibt sich zusätzlich aber auch aus verschärften rechtlichen Bestimmungen, nämlich durch das **Gesetz zur Kontrolle und Transparenz im Unternehmensbereich (KonTraG)** von 1998:

- Gemäß § 91 Abs. 2 AktG hat der Vorstand „geeignete Maßnahmen zu treffen, insbesondere ein Überwachungssystem einzurichten, damit den Fortbestand der Gesellschaft gefährdende Entwicklungen früh erkannt werden".

- Im Lagebericht sind wesentliche und bestandsgefährdende Risiken der künftigen Entwicklung darzustellen.

Es besteht Konsens, dass diese Bestimmungen die Vorstellungen von einer ordnungsgemäßen Geschäftsführung auch in allen anderen Rechtsformen nachhaltig beeinflussen werden (vgl. z.B. Emmerich, 1999, S. 1077 f.; Hornung/Reichmann/Diederichs 1999, S. 318; Gelhausen 2000, S. 1372). Aber „weder der Wortlaut des Gesetzes noch dessen Begründung geben einen Aufschluss darüber, wie die geforderten Elemente konkret auszugestalten sind" (Lück, 1998, S. 1925). Beispielhaft seien im Folgenden aus den potenziell „bestandsgefährdenden Entwicklungen", die frühzeitig erkannt werden müssen, jene herausgegriffen, die in den Bereich des Marketing-Controlling fallen. Genannt werden in der Literatur z.B. folgende Objekte bzw. Indikatoren der **Früherkennung**:

- Anbahnung bzw. Abschluss risikobehafteter Geschäfte (Gelhausen 2000, S. 1376),

- „falsche Unternehmensausrichtung" (Gelhausen 2000, S. 1376),

- ungünstige Entwicklung des Marktvolumens (vgl. Gelhausen 2000, S. 1377),

- stark rückläufiger „Auftragseingang der Abnehmerindustrien" (Emmerich 1999, S. 1081),
- „dramatische Innovationserfolge wesentlicher Wettbewerber" (Emmerich 1999, S. 1081),
- „langfristige Veränderung grundlegender Determinanten der ... Absatzseite" (Emmerich 1999, S. 1081),
- „Veränderung der Kundenwünsche" (Martin/Bär, 2002, S. 77),
- „Auftreten neuer Wettbewerber mit besserem Preis-/Leistungsverhältnis" (Martin/Bär 2002, S. 77),
- „Risiko des Verlusts von Marktanteilen" (Hornung/Reichmann/Diederichs 1999, S. 318).

Zweifellos beinhalten alle diese Beispiele das Risiko, die geplanten Absatzmengen oder -preise nicht realisieren zu können; dies wird von Martin/Bär als „Risiko am Absatzmarkt" bezeichnet und stellt zumindest eine Gefährdung des Unternehmenserfolges dar. Hornung/Reichmann/Diederichs (1999, S. 319) unterscheiden zwischen existenzbedrohenden Risiken und Erfolgsrisiken. Sie weisen darauf hin, dass auch Risiken, die zunächst nur den Erfolg (bzw. die Erfolgshöhe), nicht aber die Existenz des Unternehmens gefährden, mittel- bis langfristig sehr wohl existenzbedrohend sein können. Die vorstehend aufgeführten Beispiele müssen also durchaus nicht immer gleich Existenzrisiken beinhalten, sondern können sich auf Erfolgsrisiken (Risiko für die Höhe des Erfolges) beschränken. Sie werden aber dann „den Fortbestand der Gesellschaft gefährden" (KonTraG), wenn durch sie Absatzmengen bzw. -preise zu stark oder zu lange unter den Planwerten liegen. Daher müssen alle derartigen Beispiele von einem entsprechenden Früherkennungssystem abgedeckt sein.

Controlling-Konzeptionen müssen daher heute und in der Zukunft Früherkennungssystemen (FES) den gebührenden Platz innerhalb der Informations- und Kontrollsysteme einräumen. Unsere Ausführungen an anderer Stelle (vgl. Link 2009, Abschnitte 3.4.2.2, 3.5.2.2) haben deutlich werden lassen, dass das Interne Rechnungswesen dabei nur für FES der ersten Generation Bedeutung hat, während die wichtige Rolle beispielsweise von CRM-Systemen für FES der zweiten und dritten Generation klar geworden ist. **Modernes Controlling** beweist sich daher sehr stark daran, ob neben dem Internen Rechnungswesen leistungsfähige und innovative **andere Informations- und Kontrollsysteme** aufgebaut und eingesetzt werden.

Im Zusammenhang mit den Unternehmens- und Wirtschaftskrisen der letzten Jahre ist auch erneut und mit besonderem Nachdruck zu kritisieren, dass sehr viele Unternehmen – nicht nur Banken – über kein **Controllingsystem** verfügen, das diesen Namen verdient. Controlling spielt sich – worauf der Verfasser immer wieder hingewiesen hat – in den meisten Unternehmen schwerpunktmäßig als **Feedback**-Controlling ab; es wird also mit den Instrumenten des Rechnungswesens registriert, wenn sich Umsatz,

Kosten und Gewinn in die falsche Richtung entwickeln und es insofern schon zu spät ist.

Ein wirkliches **Feedforward**-Controlling findet selten statt; hierzu müssen – wie oben ausgeführt – alle auf das Unternehmen zukommenden Entwicklungen (im ökonomischen, technologischen, rechtlich-politischen, sozio-kulturellen und ökologischen Bereich) so rechtzeitig erfasst, ausgewertet und durch eigene Aktionen beantwortet werden, dass es erst gar nicht zu unerwünschten Entwicklungen von Umsätzen, Kosten und Gewinnen kommt. Solche **Früherkennungssysteme** sind schon für kleine Unternehmen auf hohem Niveau – z.B. computergestützt – realisierbar (siehe z.B. Link/Weiser 2006, S. 95 ff.), werden aber selbst von Großunternehmen viel zu wenig genutzt (siehe z.B. Link/Schleuning 1999, S. 181 ff.).

3 Feedforward-Control im kontributionsorientierten Ansatz

3.1 Der kontributionsorientierte Ansatz

Eine moderne Controlling-Konzeption muss nicht nur allen bislang angesprochenen Aspekten der Feedforward-Orientierung, der Außen- bzw. Marktorientierung sowie der Strategieorientierung Rechnung tragen, sondern gleichzeitig ein Jahrzehnte altes Problem des Controlling – die saubere Abgrenzung von der Unternehmensführung sowie innerhalb der BWL – lösen. Hierzu will der **kontributionsorientierte Ansatz** einen wesentlichen Beitrag leisten:

Dass Controlling eine zentrale, unterstützende bzw. entlastende Rolle bei der Erfüllung der Führungs- bzw. Harmonisationsaufgabe spielt, ist in den vorangegangenen Abschnitten bereits angesprochen worden. Es ist aber in der jahrzehntelangen Diskussion über die Abgrenzung des Controlling auch deutlich geworden, dass Klärungsbedarf besteht, **worin genau** die Unterstützung bzw. Entlastung des Managements in puncto Harmonisation bzw. Koordination durch das Controlling zu sehen ist. Gibt es bestimmte Problemlösungsbeiträge in diesem Koordinationsprozess, die ein Controller **besonders gut** – oder im Extremfall sogar **nur** ein Controller – erbringen kann? Diese Frage nach den **controllingspezifischen Lösungsbeiträgen** stellt der kontributionsorientierte Ansatz in den Mittelpunkt.

Es ist offensichtlich, dass die Beantwortung dieser Frage auch geeignet ist, das **Glaubwürdigkeits**- und das **Konkurrenzfähigkeitsproblem** zu entschärfen, welches an anderer Stelle für das Controlling dargestellt worden ist (vgl. hierzu und im Folgenden Link 2004). Es muss – sinnbildlich gesprochen – gelingen, ein glaubwürdiges Fähigkeitenprofil des Controlling zwischen den beiden Extrempunkten der Super-Betriebswirtschaftslehre einerseits und dem klassischen Rechnungswesen andererseits zu definieren, für das zum einen in der betrieblichen Praxis ein Bedarf besteht, und für das zum anderen der Controller eine überlegene institutionelle Lösung darstellt. Controlling knüpft damit in seiner Existenzbegründung einmal mehr an die betriebliche Praxis an, aus der heraus es ohnehin entstanden ist (vgl. Horváth 1978, S. 195, 204; Kieser 2003, S. 12 f., 17).

Worin Gemeinsamkeiten und Unterschiede zu anderen Controlling-Konzeptionen zu sehen sind, wird in Abbildung 3-1 verdeutlicht. Darin kommt zunächst – in tendenzieller Übereinstimmung mit der „herrschenden Lehre" – die zentrale Bedeutung der Harmonisation bzw. Koordination zum Ausdruck, wie sie vorstehend skizziert worden ist. Abbildung 3-1 verdeutlicht aber eben auch, dass nicht Harmonisation bzw. Koordination, sondern „nur" Harmonisationsunterstützung als controllingspezifische Aufgabe gesehen wird. Dabei wird die besondere Bedeutung der **Vorsteuerung** des Erfolges, wie sie in den vor- und nachstehenden Abschnitten dargestellt wird, hervorgehoben.

Der kontributionsorientierte Ansatz basiert daher auf einem **Feedforward-Controlling**, in dem die relevanten Teile und Techniken des Rechnungswesens zwar ihren Platz haben, aber nicht den Kern des Controlling ausmachen. Sonst hätte man den Begriff Controlling – wie bereits ausgeführt – auch nicht erfinden müssen, sondern es bei dem Begriff des Rechnungswesens belassen können.

Auch Rationalitätssicherung wird nicht als controllingspezifische Aufgabe gesehen (vgl. die Einschränkungen auch bereits bei Weber 2002, S. 52). „Zweckrationalität" (im Sinne von Weber 2002, S. 53) ist eine – begrenzt – sinnvolle Grundforderung der **BWL** an die Unternehmungsführung als **Ganzes** (zu den Grenzen vgl. Kieser 2003, S. 18 ff. sowie Link 2004).

Analog wird in Abbildung 3-1 zum Ausdruck gebracht, dass die Formalziele der Unternehmung als controllingrelevant, aber keineswegs controllingspezifisch angesehen werden. Sachziele haben – wie gerade im Performance Measurement wieder betont – erhebliche Bedeutung auch im Controlling, und Sozialziele – z.B. wenn sie auf Mitarbeiter gerichtet sind – können aus Controllingüberlegungen (über Anreizsysteme usw.) ebenfalls nicht ausgeblendet werden.

Abbildung 3-1: Der kontributionsorientierte Ansatz
(Quelle: Modifikation von Link 2004, S. 416)

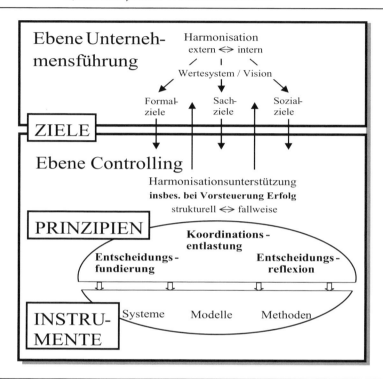

Bei der externen Harmonisation der Unternehmung übernimmt das **Wertesystem** – verstanden als Gesamtheit der grundlegenden Wertvorstellungen – eine Kopplungsfunktion zwischen Umsystemen und Unternehmung (vgl. Kieser/Kubicek 1992, S. 417 f.; Link 2009, S. 60); zusammen mit der **Vision** als Zukunftsbild über die angestrebte künftige Entwicklung (vgl. Hahn/Hungenberg 2001, S. 111 ff.) stellt es eine wesentliche Grundlage für die Ableitung von Formal-, Sach- und Sozialzielen dar.

Während also nach unserer Auffassung viele (ziel- oder koordinationsorientierte) Controlling-Konzeptionen eine zu geringe Abgrenzungskraft gegenüber der Unternehmungsführung und der BWL und infolgedessen die eingangs skizzierten Glaubwürdigkeits- und Konkurrenzprobleme aufweisen, versucht der kontributionsorientierte Ansatz eine Eingrenzung bzw. Präzisierung. Danach kommen die **controllingspezifischen Beiträge** zur Harmonisation der Unternehmung durch ein Zusammenwirken von **controllingtypischen Prinzipien** mit den dazu in einem dienenden Verhältnis stehenden **Instrumenten** zustande.

Controllingtypisch sind nach unserer Auffassung drei **Prinzipien** und drei dazu in einem dienenden Verhältnis stehende **Instrumente**. Bei den Prinzipien handelt es sich um

- **Koordinationsentlastung**: Um sich auf wirklich zentrale Aufgaben wie z.B. die strategische Planung und personelle Koordination konzentrieren zu können, benötigt die Unternehmensführung größtmögliche Entlastung. Hier bieten sich vor allem solche Koordinationsaufgaben an, die einen stark bereichsübergreifenden Charakter haben, besonders aufwändig sind und ein hohes Maß an koordinationsrelevantem Spezialwissen erfordern. Dies verstehen wir als Koordinationsentlastung i.e.S., während die beiden nachfolgenden Prinzipien eher als generelle Unterstützung des gesamten Führungs- bzw. Harmonisationsprozesses (und damit als Koordinationsentlastung i.w.S.) aufzufassen sind.

- **Entscheidungsfundierung**: Für Entscheidungen müssen die bestmöglichen Grundlagen geschaffen werden; dies bedeutet, dass im Hinblick auf die für Entscheidungsprozesse heranzuziehenden Systeme, Modelle und Methoden sowohl die richtige Auswahl als auch die rechtzeitige Verfügbarkeit sichergestellt wird.

- **Entscheidungsreflexion**: Reflexion kann „als kritisch-distanzierende Gedankenarbeit" (Pietsch 2003, S. 24; siehe auch Pietsch/Scherm 2002, S. 198 f.) verstanden werden. Entscheidungen und Annahmen müssen hinterfragt werden; insbesondere muss die Unternehmung vor bewusst oder unbewusst eingeengten Perspektiven bewahrt werden, zumal dies auch wiederum die Entscheidungsfundierung berührt.

Alle im Folgenden angesprochenen **Instrumente** des Controlling haben gemeinsam, dass sie in einer **dienenden** Funktion zu den vorgenannten **Prinzipien** stehen (müssen). Ihre konkrete Auswahl bzw. Bestimmung vollzieht sich also danach, ob sie für die Umsetzung dieser Prinzipien von Nutzen sind. Dies wird in nachstehendem Kapitel noch exemplarisch zu konkretisieren sein. Grundsätzlich handelt es sich um folgende drei Arten von Instrumenten:

- **Systeme**: Hierzu rechnen nach allgemeiner Übereinkunft zweifellos die Planungs-, Kontroll- und Informationssysteme; unterschiedlich beurteilt wird die Zuständigkeit des Controlling für weitere Führungssysteme (vgl. Link 2009, S. 26 ff., 31 f., 204 ff.).

- **Modelle**: Schon das Rechnungswesen und die auf ihm basierenden Kennzahlensysteme sind bekanntlich nichts als spezielle monetäre Abbilder (Modelle) der Unternehmung. Aber auch neuere Entwicklungen im Controlling wie Balanced Scorecards oder Kundenmodelle verdeutlichen den Nutzen und die Aktualität von Modellierungen der Realität.

- **Methoden**: Schlägt man unterschiedliche Lehrbücher des Controlling auf, so mag zunächst der Eindruck der Beliebigkeit der dargestellten Methoden für Analyse-

und Bewertungszwecke entstehen. Auswahlkriterium sollte nach unserer Auffassung die Nähe zu den vorgenannten Prinzipien sein; es muss weiteren Untersuchungen überlassen bleiben, wie starke und welche Auswirkungen dies auf das Methodenspektrum des Controlling hat.

Es gehört dabei zu den typischen Herausforderungen des modernen Controlling, auch die **komparativen Vor- und Nachteile** struktureller gegenüber fallweisen Lösungen (siehe Verweis in Abbildung 3-1) ständig gegeneinander abzuwägen, auf die hier nur überblicksmäßig verwiesen werden kann (siehe im Einzelnen Link 2009, S. 20 ff.; teilweise vgl. auch Horváth 1996, S. 117 ff.):

So spricht beispielsweise das „Kostenargument" (Regelungskosten je Anwendungsfall) eher für die strukturelle Regelung, das „Flexibilitätsargument" eher für die fallweise Regelung. So können zwar durch strukturelle Regelung besonders hohe Leistungsstandards realisiert werden; auf der anderen Seite verbieten sich hohe Strukturierungsgrade z.B. im Bereich innovativer Prozesse. Einerseits ist die Akzeptanz struktureller Regelung durch die ihr innewohnende Objektivität unter Umständen hoch; andererseits wird dabei in vielen Fällen das persönliche Element vermisst. Und schließlich findet zwar auf der einen Seite durch strukturelle Regelung eine Entlastung der Führungskräfte statt; auf der anderen Seite besteht aber auf Dauer die Gefahr einer Überlastung der Geführten durch Bürokratisierung.

Nur eine **optimale Verzahnung** von strukturellen und fallweisen Regelungen kann daher allen dabei zu berücksichtigenden Aspekten gerecht werden. Werden die vorgenannten komparativen Vor- und Nachteile struktureller und fallweiser Regelungen missachtet, so bedeutet dies jeweils unweigerlich einen Verstoß gegen bestimmte Formal-, Sach- oder Sozialziele und damit auch gegen die Unterstützungsfunktion des Controlling. Dies ist ein wesentlicher Grund, warum im Folgenden immer wieder auf strukturelle und fallweise Anteile von Kontributionsbeispielen verwiesen wird.

Als letztes Merkmal der vorliegenden Controlling-Konzeption sei auf den **infrastrukturellen Ansatz** Bezug genommen (siehe im Einzelnen Link 2009, Abschnitt 2). An dieser Stelle seien dabei nur folgende Punkte kurz angesprochen: Versteht man die Führungssysteme einer Unternehmung als Infrastruktur mit hoher Bedeutung für Entwicklung und Entfaltung der Mitarbeiter, so stehen alle Unternehmen in einem **Wettbewerb** um die Entwicklung der besten Infrastruktur. Führungssysteme gewinnen damit auch den Charakter eines „Angebotes" professioneller Unterstützung für die Mitarbeiter seitens des Unternehmens. Bei gut entwickelten und verankerten Wertesystemen kann dann den Mitarbeitern ein hohes Maß an Selbststeuerung bei der Frage der **Nutzung** oder Nicht-Nutzung dieses Angebotes eingeräumt werden.

Zusammenfassend wird Controlling auf der Basis des kontributionsorientierten Ansatzes verstanden als **Führungsunterstützung – insbesondere Erfolgs-Vorsteuerung – durch Entscheidungsfundierung, Entscheidungsreflexion und Koordinationsentlastung.**

3.2 Die Vorsteuerung im kontributionsorientierten Ansatz

In Abbildung 3-1 wird als Kern der Harmonisationsunterstützung die Vorsteuerung des Unternehmenserfolges hervorgehoben. Der Begriff Vorsteuerung umfasst dabei alle Aktivitäten, durch die ein Erfolg im Vorhinein gesteuert werden kann. Gälweiler (vgl. 1980) hat dies am Beispiel der operativen Erfolgsgröße „Gewinn" verdeutlicht: Letzterer kann nur in dem Umfang erwartet werden, wie durch die strategischen Zielgrößen „Erfolgspotenziale" (neue Produkte, Märkte, Kunden usw.) die Voraussetzungen geschaffen worden sind.

Das Konzept der Balanced Scorecard greift dieses Vorsteuerungsprinzip bekanntlich ebenfalls auf, indem alle wichtigen Ursachen-Wirkungsketten hin zum finanziellen Erfolg identifiziert und genutzt werden.

Vorsteuerung wartet also nicht ab, bis die eigentliche (Ober-)Zielgröße einen bestimmten Wert erreicht hat, sondern leitet **rechtzeitig** Maßnahmen ein, die die Zielgröße im gewünschten Sinn beeinflussen. Damit ist dieser Begriff ein Synonym für den eingangs bereits behandelten Begriff des Feedforward.

Bei genauerer Betrachtung umfasst Vorsteuerung folgende Aktivitäten:

- Identifikation erfolgswirksamer Einflussgrößen aus den Um- und Insystemen der Unternehmung (**Früherkennung**),

- Interpretation und Dimensionierung der Wirkungsrichtung und -intensität dieser Einflussgrößen (**Wirkungsanalyse**),

- Einleitung chancennutzender Maßnahmen, sofern erfolgssteigernde Wirkungen möglich erscheinen (**Chancen-Management**),

- Einleitung von Gegenmaßnahmen, sofern erfolgsschmälernde Wirkungen (Bedrohungen) zu erwarten sind (**Prävention**),

- Strukturelle Regelung all jener Herausforderungen (Chancen und Bedrohungen) bzw. der zu ihrer Bewältigung erforderlichen Aufgaben und Prozesse, die wiederkehrenden Charakter haben (Implementierung vorsteuerungsorientierter **Führungssysteme**).

Der letztgenannte (fünfte) Punkt muss sich natürlich als Erstes auf jene vorgenannten (vier) Punkte beziehen, die zentrale (und damit in ihrer Grobstruktur immer wiederkehrende) Aktivitäten der Vorsteuerung sind. Insofern ergeben sich als erste Beispiele für Führungssysteme oder -teilsysteme im Rahmen der Vorsteuerung

- ein Früherkennungssystem,

- ein Risiko-Balanced Scorecard-System mit Ursache-Wirkungsketten (s.u.),

- Rahmenkonzepte, Checklisten bzw. Leitfäden zur Produkt-Neuentwicklung, Kundenakquisition, Kapazitätserweiterung, Firmenakquisition, Investitionsplanung usw. und

- Rahmenkonzepte, Checklisten bzw. Leitfäden zur Behandlung sich abzeichnender Kundenabwanderung, Mitarbeiterunzufriedenheit, Überkapazitäten, Ergebniseinbrüche usw.

Darüber hinaus müssen aber auch die sonstigen generellen Regelungen des Werte-, Organisations-, Planungs-, Kontroll-, Informations- und Personalführungssystems einen möglichst hohen Anteil von **Vorsteuerungselementen** enthalten. Überall muss also strukturell dafür Sorge getragen sein, dass Herausforderungen frühest möglich erkannt und adäquat beantwortet werden.

Daraus ergibt sich die in Abbildung 3-2 verdeutlichte logische und zeitliche Grundstruktur der Vorsteuerung. Ausgangspunkt ist der oben erwähnten Gedanke der Vorsteuerung des Gewinns durch die Erfolgspotenziale. Diese sind zunächst noch einmal in externe und interne Erfolgspotenziale zu unterteilen (vgl. Link 1985, S. 15 f.), und der Gewinn als Vorsteuerungsgröße der Liquidität zu berücksichtigen (vgl. Link 2009, S. 12). Sodann werden die allem vorgelagerte Aufgabe der Früherkennung sowie die operative Aufgabe des Einsatzes und der Sicherung der vorhandenen Erfolgspotenziale eingefügt. Daraus ergeben sich die in Abbildung 3-2 dargestellten Vorsteuerungsbeziehungen.

Die **Wirtschaftskrise** und die **Unternehmenskrisen** der letzten Jahre haben noch einmal mit großer Eindringlichkeit verdeutlicht, wie wichtig Früherkennung, Prävention und sonstige Formen der Vorsteuerung sind. Die starke Ausrichtung des **Controlling** in den USA (und in US-amerikanischen Tochterunternehmen in Europa) auf das Externe Rechnungswesen ist von daher eine **Fehlentwicklung**. Mit dem Externen Rechnungswesen ist grundsätzlich eine starke Orientierung in Richtung Feedback-Control gegeben. Planbilanzen sind zwar möglich, müssen dann aber auf sachzielorientierten Planungen basieren, die ihrerseits auf Früherkennungsinformationen angewiesen sind.

Gleiches gilt für zukunftsorientierte Ergebnisrechnungen inkl. Ergebnis-Hochrechnungen („Überprüfungen", „Erwartungswerte" usw.) im Internen Rechnungswesen. Auch hier stellen sachzielorientierte Planungen und Früherkennungsinformationen die unverzichtbare Grundlage dar. Und diese Früherkennung und die gewinnträchtige Sachzielplanung müssen erst einmal professionell geleistet werden. Hier liegt der Engpass in der Praxis, und hier hätte Controlling ein zentrales Anwendungsgebiet. Rechnungswesen kann zwar Gewinn rechnerisch ermitteln, d.h. **ausweisen**, und ist aus Sicht von Wissenschaft und Praxis von großer Bedeutung. **Erwirtschaften** aber muss den Gewinn die strategische und operative Planung, wie sie in Abbildung 3-2 grob skizziert wird.

Controlling muss daher **mehr** sein als Rechnungswesen. Anderenfalls hätte man diesen Begriff nicht prägen müssen und wird Controlling als Fachgebiet auf Dauer auch nicht überleben.

Abbildung 3-2: Die Vorsteuerungskette im kontributionsorientierten Ansatz (mit Hervorhebung Kundenaspekte)

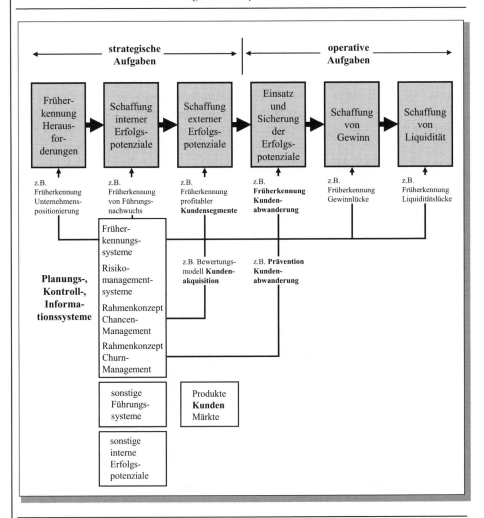

4 Die Vorsteuerung des Customer Equity

Kundenwerte können bekanntlich auf ganz unterschiedliche Weise berechnet werden (vgl. Link/Weiser 2006, S. 169 ff., 184). Berechnet man sie mittels des Customer Lifetime Value, so stellt die Summe der CLV-Werte den sogenannten **Customer Equity** dar (vgl. Burmann 2003, S. 113 ff.), d.h. den Kapitalwert des Kundenstammes.

Damit wird die Verbindung zum Shareholder Value sichtbar (vgl. ähnlich Meffert/Burmann/Kirchgeorg 2008, S. 803). Die Kapitalwerte des Kundenstammes – wie auch entsprechend berechnete Markenwerte (vgl. Link/Weiser 2006, S. 187 ff.) – können als wichtige Beispiele für marktorientierte Komponenten im Shareholder Value betrachtet werden.

Die grundsätzlichen Möglichkeiten der Vorsteuerung des Customer Equity lassen sich nun sehr gut anhand eines hybriden Modells von Burmann/Hundacker (vgl. Meffert/Burmann/Kirchgeorg 2008, S. 805) aufzeigen (Abbildung 4-1). Dieses Modell wird deshalb als hybrid bezeichnet, weil der Customer Equity einerseits auf der Basis monetärer Größen berechnet wird, andererseits aber gleichzeitig psychographische Größen in die Berechnung monetärer Werte mit einfließen. Der **Mehrebenen-Aufbau** des Modells erinnert sehr stark an die Mehr-Perspektiven-Struktur der Balanced Scorecards, und auch die dargestellten Wirkungsbeziehungen unterstreichen diese Assoziation.

„Kennzeichnendes Merkmal dieses Modells ist das **Einnehmen einer dualen Perspektive**. Der Kunden-Nettonutzen berücksichtigt die Wahrnehmung und Bewertung der Marktbearbeitungsmaßnahmen aus Kundensicht. Aus der Perspektive des Unternehmens gehen die um den Profitabilitätseffekt bereinigten Kundenlebenszeitwerte unterschiedlich werthaltiger Kundensegmente (Kundenerfolgsbeiträge) in den Customer Equity ein." (Meffert/Burmann/Kirchgeorg 2008, S. 803)

Damit werden die grundsätzlichen Strukturen der Vorsteuerung des Customer Equity deutlich. Zunächst einmal wird die Bedeutung der richtigen Marktbearbeitungsstrategien modelliert; natürlich werden sowohl die Kundenanzahl als auch der Customer Lifetime Value durch die Qualität der Marktbearbeitung vorgesteuert. Da die Kundenanzahl direkt mit der Kundenabwanderung verbunden ist, wird damit auch der grundsätzliche Zusammenhang zwischen Marktbearbeitungsqualität und Kundenabwanderung deutlich.

Gleichzeitig werden die Ansatzpunkte deutlich, die bei der Anknüpfung am Kundenerfolgsbeitrag bestehen. Sowohl für den Customer Equity als auch für das Phänomen der Kundenabwanderung ist es bekanntlich keineswegs gleichgültig, ob hinzukommende oder wegfallende Kunden einen hohen oder einen niedrigen Kundenerfolgsbeitrag repräsentieren.

Abbildung 4-1: Customer Equity Modell
(Quelle: Meffert/Burmann/Kirchgeorg 2008, S. 805)

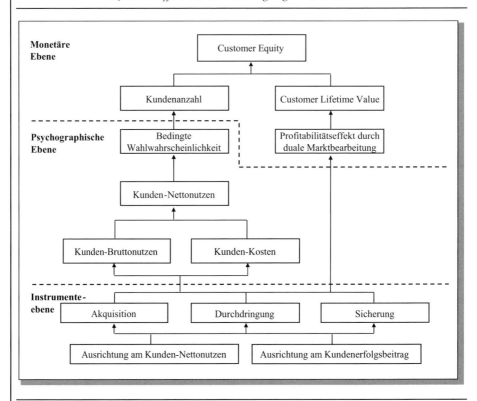

Alle diese und weitere Vorsteuerungsmöglichkeiten finden sich auch in Abbildung 4-2, die Teil einer Direktmarketing-Scorecard ist. Die Beeinflussung dieser Zielgrößen bedeutet also eine Vorsteuerung des monetären Erfolges, wie z.B. des Customer Equity.

Abbildung 4-2: Die Kundenerfolgs-Perspektive einer Direktmarketing-Scorecard
(Quelle: Link/Weiser 2006, S. 52)

	Ziel	Mögliche Kennzahlen	Berechnung
Kundeninvestitionswürdigkeit steigern	Kundenrentabilität	Kundenindividueller ROI =	Kundenindividueller Gewinn / Kundenindividuelle Investition
		Kundenindividueller BEP =	Kundenspezifische Fixkosten / (Erlöse der Kundenaufträge - variable Kosten der Kundenaufträge)
	CLV erhöhen	Kundenwert (CLV) =	Barwert der kundenindividuellen Ein- und Auszahlungen
Kundenpotenzialausschöpfung verbessern	Kauffrequenz erhöhen	Kauffrequenz =	Zahl der durchschnittl. Transaktionen innerhalb einer Periode
	Bedarfsdeckungsquote steigern	Share of Customer =	Umsatz / DB des Kunden / Gesamtes Beschaffungsvolumen des Kunden
	Cross-Selling-Potenzial ausschöpfen	Cross-Selling-Rate =	Anzahl / Umsatz / DB der Cross-Selling-Transaktionen des Kunden / Gesamtanzahl / -umsatz / -DB der Transaktionen des Kunden
	Abwanderungstendenz erkennen und gegensteuern	Abwanderungsgefährdung =	Intensitäts-Score der Abwanderungstendenz
Kundenstruktur verbessern	Neukundenanteil steigern	Neukundenanteil =	Anzahl / Umsatz / DB der Neukunden / Gesamtanzahl / -umsatz / DB aller Kunden
	Wiederholungskäuferanteil steigern	Wiederholungskäuferanteil =	Anzahl / Umsatz / DB der Wiederholungskunden / Gesamtanzahl / -umsatz / DB aller Kunden
	Auslandskundenanteil steigern	Auslandskundenanteil =	Anzahl / Umsatz / DB der Auslandskunden / Gesamtanzahl / -umsatz / DB aller Kunden
	Stammkundenanteil steigern	Stammkundenanteil =	Anzahl / Umsatz / DB der Stammkunden / Gesamtanzahl / -umsatz / DB aller Kunden
	Wachstumskundenanteil steigern	Wachstumskundenanteil =	Anzahl / Umsatz / DB der Wachstumskunden / Gesamtanzahl / -umsatz / DB aller Kunden
	Verlustkundenanteil senken	Verlustkundenanteil =	Anzahl / Umsatz / DB der Verlustkunden / Gesamtanzahl / -umsatz / DB aller Kunden

Was allerdings weder in Abbildung 4-1 noch Abbildung 4-2 behandelt wird, sind die Indikatoren speziell im Bereich der **Früherkennung**. Hier muss von Unternehmen zu Unternehmen und von Branche zu Branche mit viel Kreativität und Analytik nach den spezifischen Indikatoren z.B. für bevorstehende Kundenabwanderungen gesucht werden. Die Beiträge dieses Sammelwerkes zeigen Ansatzpunkte auch in dieser Richtung auf.

Literaturverzeichnis

BÖHLER, H., Früherkennungssysteme, in: WITTMANN, W. (Hrsg.), HWB, 5., völlig neu gestalt. Aufl., Stuttgart 1993, Sp. 1256-1270.

BURMANN, C., Customer Equity als Steuerungsgröße für die Unternehmensführung, in: ZfB, 02/2003, S. 113-138.

EMMERICH, G., Risikomanagement in Industrieunternehmen - gesetzliche Anforderungen und Umsetzung nach dem KonTraG, in: ZfbF, 51. Jg., 11/1999, S. 1075-1089.

GÄLWEILER, A., Zum Stand der Unternehmensplanung heute, in: Rationalisierung, 2/1980, S. 31-36.

GELHAUSEN, H. F., Ausgestaltung und Prüfung des Risikofrüherkennungssystems, in: INSTITUT DER WIRTSCHAFTSPRÜFER IN DEUTSCHLAND e.V. (Hrsg.), Wirtschaftsprüferhandbuch - Handbuch für Rechnungslegung, Prüfung und Beratung, Bd. I, Düsseldorf 2000, S. 1369-1400.

HAHN, D., PuK, Controllingkonzepte: Planung und Kontrolle, Planungs- und Kontrollsysteme, Planungs- und Kontrollrechnung, 5., überarb. u. erw. Aufl., Wiesbaden 1996.

HAHN, D./HUNGENBERG, H., PuK – Wertorientierte Controllingkonzepte, 6. Aufl., Wiesbaden 2001.

HAHN, D./KLAUSMANN, W., Frühwarnsysteme und strategische Unternehmensplanung, in: HAHN, D./TAYLOR, B. (Hrsg.), Strategische Unternehmungsplanung, 4. Aufl., Heidelberg, Wien 1986, S. 264-280.

HORNUNG, K./REICHMANN,T./DIEDERICHS, M., Konzeptionelle Ansätze zur pragmatischen Realisierung gesetzlicher Anforderungen, in: Controlling, 11. Jg., 07/1999, S. 317-325.

HORVÁTH, P., Controlling - Entwicklung und Stand einer Konzeption zur Lösung der Adaptions- und Koordinationsprobleme der Führung, in: ZfB, 1978, S. 194 ff.

HORVÁTH, P., Controlling, 6., vollst. überarb. Aufl., München 1996.

KIESER, A., Ein kleiner Reisebericht aus einem benachbarten, aber doch fremden Gebiet, in: WEBER, J./HIRSCH, B. (Hrsg.), Zur Zukunft der Controllingforschung, Wiesbaden 2003, S. 11-26.

KIESER, A./KUBICEK, H., Organisation, 3., völlig neu bearb. Aufl., Berlin, New York 1992.

KÜPPER, H.-U., Controlling: Konzeption, Aufgaben und Instrumente, Stuttgart 1995.

LINK, J., Zur Programmierung von Entscheidungen bei der Steuerung, Regelung und Anpassung organisierter Systeme, in: ZfO, 06/1973, S. 338-345.

LINK, J., Computergestützte Fertigungswirtschaft: Die Automatisierung fertigungswirtschaftlicher Planungs- und Realisationsprozesse, Wiesbaden 1978.

LINK, J., Organisation der Strategischen Planung: Aufbau und Bedeutung strategischer Geschäftseinheiten sowie strategischer Planungsorgane, Heidelberg, Wien 1985.

LINK, J., Präzisierung und Ergänzung der Koordinationsorientierung: Der kontributionsorientierte Ansatz, in: SCHERM, E./PIETSCH, G. (Hrsg.), Controlling, München 2004, S. 409-431.

LINK, J., Führungssysteme: Strategische Herausforderungen für Organisation, Controlling und Personalwesen, 4., überarb. und erw. Aufl., München 2009.

LINK, J./SCHLEUNING, C., Das neue interaktive Direktmarketing, Ettlingen 1999.

LINK, J./WEISER, C. (2006): Marketing-Controlling – Systeme und Methoden für mehr Markt- und Unternehmenserfolg, 2., vollst. überarb. und erw. Aufl., München 2006.

LÜCK, W., Der Umgang mit unternehmerischen Risiken durch ein Risikomanagementsystem und durch ein Überwachungssystem. Anforderungen durch das KonTraG und Umsetzung in der betrieblichen Praxis, in: Der Betrieb, 51. Jg., 1998, S. 1925-1930.

MARTIN, T. A./BÄR, T., Grundzüge des Risikomanagements nach KonTraG. Das Risikomanagementsystem zur Krisenfrüherkennung nach § 91 Abs. 2 AktG, München, Wien 2002.

MEFFERT, H./BURMANN, W./KIRCHGEORG, M., Marketing: Grundlagen marktorientierter Unternehmensführung. Konzepte – Instrumente – Praxisbeispiele, 10., vollst. überarb. und erw. Aufl., Wiesbaden 2008.

MÖSSNER, G. U., Planung flexibler Unternehmensstrategien, München 1982.

NIESCHLAG, R./DICHTL, E./HÖRSCHGEN, H., Marketing, 16. Aufl., Berlin 1991.

PFEIFFER, W./DÖGL, R., Das Technologie-Portfolio-Konzept zur Beherrschung der Schnittstelle Technik und Unternehmensstrategie, in: HAHN, D./TAYLOR, B. (Hrsg.), Strategische Unternehmungsplanung/Strategische Unternehmungsführung, 6. Aufl., Heidelberg 1992, S. 254-282.

PIETSCH, G., Reflexionsorientiertes Controlling, Wiesbaden 2003.

PIETSCH, G./SCHERM, E., Gemeinsamkeiten und Forschungsperspektiven in der konzeptionell orientierten Controllingforschung, in: WEBER, J./HIRSCH, B. (Hrsg.), Controlling als akademische Disziplin, Wiesbaden 2002, S. 191-204.

REICHMANN, T., Controlling mit Kennzahlen und Managementberichten: Grundlagen einer systemgestützten Controlling-Konzeption, 4., überarb. u. erw. Aufl., München 1995.

SCHREYÖGG, G./STEINMANN, H., Strategische Kontrolle, in: ZfbF, 37. Jg., 1985, S. 391-410.

WEBER, J., Einführung in das Controlling, 9., komplett überarb. Aufl., Stuttgart 2002.

WIEDMANN, K.-P., Konzeptionelle und methodische Grundlagen der Früherkennung, in: RAFFÉE, H./WIEDMANN, K.-P. (Hrsg.), Strategisches Marketing, 2. Aufl., Stuttgart 1989, S. 301-348.

Teil 2

Früherkennung und Prävention von Kundenabwanderungen

Andrea Geile/Reinhard Hünerberg

Persönliche Kommunikation zur Abwanderungsprävention im B-to-B-Geschäft

1 Prävention von Kundenabwanderung und Kommunikation 63
   1.1 Kundenbindung und Kundenabwanderung 63
   1.2 Kommunikation als Präventionsmaßnahme 64
   1.3 Face-to-Face-Kommunikation im B-to-B-Geschäft 66

2 Bezugsrahmen der Face-to-Face-Kommunikation 69
   2.1 Konzeptionell-theoretische Ansätze 69
   2.2 Erklärungsansätze der Kommunikationsqualität 70
   2.3 Dimensionen der Kommunikationsqualität im Kontext der Prävention von Kundenabwanderung 74

3 Empirische Untersuchung 76
   3.1 Spezifische Fragestellungen 76
   3.2 Untersuchungsdesign und Methodologie 77
   3.3 Ergebnisse 78

4 Management der Abwanderungsprävention durch Face-to-Face-Kommunikation 81
   4.1 Strategische Ausrichtung von Face-to-Face-Kommunikationsaktivitäten auf Präventionsaufgaben 81
   4.2 Präventionsadäquate Gestaltung von Dimensionen der Kommunikationsqualität in Verhandlungssituationen 83
   4.3 Phasenkonzept der Kundenabwanderungsprävention im Kontext der Face-to-Face-Kommunikation 84

5 Ausblick 86

1 Prävention von Kundenabwanderung und Kommunikation

1.1 Kundenbindung und Kundenabwanderung

Beziehungen zu Kunden sind geprägt durch deren Loyalität bzw. Illoyalität. Das Konzept der Loyalität lässt sich zum einen als direkt beobachtbar, als „overt behaviour", verstehen, wenn nur die tatsächlichen (Wieder)Käufe betrachtet werden, die – auf eine gewisse Dauer – entweder bei einem bestimmten Unternehmen stattfinden (gebundene Kunden) oder aber – anders als zuvor – nicht mehr beim betrachteten Unternehmen, sondern woanders (abgewanderte Kunden). Bereits bei dieser Charakterisierung gibt es jedoch hinsichtlich der Loyalität Abgrenzungsschwierigkeiten, wenn Kunden identische oder gleichartige Waren parallel in verschiedenen Unternehmen kaufen, wenn ein Wechsel zu einer anderen Marke bzw. einem anderen Unternehmen innerhalb eines Konzernverbunds erfolgt ist, wenn über eine gewisse Zeit gar kein Kauf stattfindet u. ä. Hinzu tritt die Ergänzung des vorstehend thematisierten Wiederkaufverhaltens durch weitere Dimensionen manifesten Verhaltens, speziell bei Betrachtung des Zusatzkaufverhaltens (cross buying) und des Weiterempfehlungsverhaltens (vgl. Homburg/Bruhn 2008, S. 3 ff.).

Das Verständnis von Loyalität wird noch komplexer, wenn auch Gründe für Kundenbindung bzw. Kundenabwanderung einbezogen und entsprechend differenzierte Kategorien gebildet werden, insbesondere mit Blick auf Zwang bzw. Freiwilligkeit für das entsprechende manifeste Verhalten. Geht man noch einen Schritt weiter und integriert zusätzliche Persönlichkeits- und Verhaltensdeterminanten wie Zufriedenheit, Wissen, Involvement, Lernen, Absichten, Motive, Einstellungen usw. in das Loyalitätskonzept sowie verschiedene damit verbundene tatsächliche und potenzielle Loyalitätsgrade, so dass die Feststellung tatsächlichen Verhaltens durch die Prognose von Verhaltensabsichten ersetzt wird, resultieren hieraus latente Loyalitätskonstrukte, die teilweise weit reichender Operationalisierungen bedürfen (vgl. z.B. Dwyer et al. 1987, S. 11 ff.; Wetzels et al. 2000, S. 343 ff.; Ball et al. 2004, S. 1272 ff.).

Jede manifeste Form der Kundenabwanderung wird regelmäßig durch die Veränderung derartiger vorgelagerter, dem Kunden mehr oder minder bewusster, Loyalitäts-Einflussgrößen vorbereitet werden und lässt sich durch ein entsprechendes Präventionsmanagement, das bei derartigen Determinanten ansetzt, unter Umständen verhindern oder abmildern. Dabei gilt es, für jede Situation und in verschiedenen Zeitpunkten die jeweiligen Gefährdungsgrade und Einwirkungsmöglichkeiten zu erkennen. Auf jeden Fall wird der Einsatz von Präventionsmaßnahmen vor der endgültigen manifesten Abwanderung den sonst nur möglichen Rückgewinnungsaktivitäten danach aus Effektivitätsüberlegungen vorzuziehen sein, und zwar sowohl hinsichtlich Erfolgsaussichten als auch Aufwand. Zwar ist von jeweils situativen Aufgabenstellungen auszugehen, dennoch gibt es generelle Zusammenhänge, die für eine größere Zahl von Präventionssituationen bedeutsam sind und sich theoretisch-empirisch untersuchen lassen.

Im vorliegenden Beitrag wird auf das industrielle B-to-B-Geschäft abgestellt und hierbei speziell auf Einkaufs-Verkaufs-Verhandlungen. In dieser Konstellation kann es gelingen – neben der hier nicht weiter zu betrachtenden Neukundengewinnung –, Abwanderungsgefahren bei bisherigen Kunden zu erkennen und diesen entgegenzuwirken, indem Verhandlungen entsprechend gestaltet werden. Es sollen hierfür grundsätzlich mögliche Vorgehensweisen aufgezeigt werden, die dann für konkrete Situationen zu detaillieren sind.

1.2 Kommunikation als Präventionsmaßnahme

Für Präventionszwecke kommt ein ganzes Maßnahmenbündel in Betracht. So kann man zwischen Leistungsmaßnahmen und Kommunikationsmaßnahmen unterscheiden. Erstere enthalten Produkt- und Service- (Kundendienst inklusive Logistik usw.) sowie Entgelt- und Finanzierungsverbesserungen für Leistungen der Vergangenheit und der Zukunft. Kommunikation betrifft jegliche Form des Informationsaustauschs zwischen den Beteiligten an einer (potenziellen) Transaktion und bezieht sich auf alle vorgenannten Leistungsmaßnahmen sowie zusätzlich unternehmensrelevante Sachverhalte, z.B. generelle Irritationen/Unzufriedenheit, Konkurrenzmaßnahmen, die allgemeine Geschäftslage u. ä., sowie die Privatsphäre beteiligter Personen und sonstige allgemeine, nicht unternehmensbezogene Kommunikationsinhalte (vgl. z.B. Bruhn 2009, S. 199 ff.).

Die Auswahl von Kommunikationsinhalten lässt sich kaum trennen von der Kommunikationsqualität im Sinne der Art und Weise der Kontaktaufnahme und -gestaltung. Diese kann in kognitiver Hinsicht mehr oder minder anspruchsvoll, beispielsweise dialogorientiert sein und auf bestimmte Formen der Wissensvermittlung und des Lernens abstellen. Insbesondere aber gibt es zahlreiche affektive Dimensionen des Informationsaustausches. Diese sind personen- und situationsgebunden und betreffen Emotionen, Stimmungen, Motive, Werte, Einstellungen, Intentionen der Kommunikationsbeteiligten. Sie schlagen sich in verbalen und nicht-verbalen Verhaltensweisen, in Wahrnehmungen, kognitiven und affektiven Veränderungen nieder (vgl. z.B. Griffin 2003; Schützeichel 2004).

Bei der Prävention geht es um die Abwendung bzw. Umkehr kognitiv-emotionaler Entwicklungen in Individuen oder Gruppen, die potenziell zur Kundenabwanderung führen. Diese Entwicklungen können unterschiedliche Stadien und aus der Sicht eines

Lieferunternehmens bestimmte Grade an Abwanderungsgefahr erreicht haben. Hier kommen der Kommunikation mehrfache und zentrale Aufgaben zu, und zwar im Sinne eines Informationsermittlungs- und eines Informationsvermittlungsinstrumentariums sowie eines Instrumentariums der Relationship-Qualitäts-Determinierung (Abbildung 1-1).

Abbildung 1-1: Die Funktionen der Kommunikation im Kontext der Abwanderungsprävention

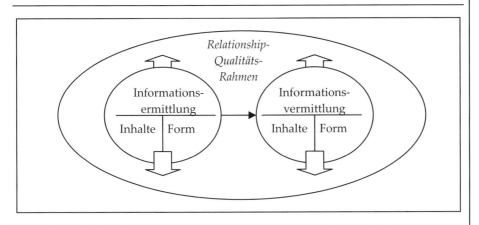

Die **Informationsermittlungsfunktion** der Kommunikation besteht in der Feststellung der Abwanderungsgefährdung von Kunden, indem konkrete Ausprägungen bei möglichst vielen relevanten Determinanten festgestellt und gewichtet werden. Dabei müssen auch moderierende Variable wie möglicherweise das Commitment und die Zufriedenheit des jeweiligen Kunden berücksichtigt werden. Diese Marktforschungsaufgabe lässt sich methodisch und praktisch nur schwer im Rahmen spezieller Befragungen durchführen, und es bieten sich als Erhebungsanlass entweder ohnehin stattfindende Kundenkontakte oder aber außerordentliche Befragungsaktionen an. Allerdings müssen dabei eher nicht-standardisierte Strategien zum Einsatz kommen; dennoch sollten hier die Anforderungen an qualitative Marktforschung beachtet werden, um ein Mindestmaß an Validität und Reliabilität sicher zu stellen. Insbesondere kommt es neben der Festlegung der zu erhebenden Sachverhalte auf die Art und Weise der Kommunikationsgestaltung an, um sensible Fragen, wie sie Abwanderungsdeterminanten darstellen, ohne (weitere) negative Konsequenzen für die Beziehung erheben zu können.

Die **Informationsvermittlungsfunktion** der Kommunikation ist der Versuch, durch geschickte Vermittlung relevanter Informationen das Kundenabwanderungsrisiko zu senken. Auch hier kommt es also wesentlich auf die Auswahl der richtigen Informationen und die Art und Weise an, wie sie möglichst wirksam weitergegeben werden. Die besondere Herausforderung besteht in der Verknüpfung von Informationsermittlung und -vermittlung; denn beide Vorgänge werden in der Regel gleichzeitig während eines Kommunikationsanlasses stattfinden. Die Informationsvermittlungsfunktion der Kommunikation ist essentieller Bestandteil einer jeden Abwanderungsprävention (und auch von Kundenrückgewinnungsanstrengungen), da jegliche Maßnahme von der Produkt- bis zur Preispolitik kommuniziert werden muss. Hinzu tritt aber der Kommunikationseffekt an sich, der sich in der Beschäftigung mit Kundenwünschen und -problemen manifestiert, indem Aufmerksamkeit und Vertrauen, Kundennähe und Kompetenz signalisiert wird, selbst wenn damit keine Veränderungen bzw. Zugeständnisse beim Angebot verbunden sind. Dieser „Netto-Effekt" der Kommunikation hat sich in vielen Studien als entscheidend für die Gestaltung der Kundenbeziehung herausgestellt.

Die **Relationship-Qualitäts-Funktion** der Kommunikation folgt aus den beiden anderen genannten Funktionen. Sie spannt das Umfeld auf, das durch Kommunikation geschaffen wird, die weitere und zukünftige Kommunikation prägt und der Beziehung zwischen den direkt und indirekt Beteiligten zugute kommt. Dabei geht dieser Aspekt in seiner inhaltlichen Komponente durchaus über geschäftliche Belange hinaus und kann viele Lebensbereiche (Politik, Kultur, Privatsphäre usw.) betreffen. Formal spielen insbesondere non-verbale Signale, raum-zeitliche Gestaltung, „Flair" und Atmosphäre bei der Implementierung von Kommunikationsaktivitäten eine Rolle. Letztlich lässt sich der Aufbau einer für die angestrebten Austauschrelationen förderlichen Beziehungsqualität als wichtigstes Ergebnis von Kommunikation im Präventionszusammenhang und darüber hinaus ansehen. Gelingt diese Aufgabe, wird häufig bereits ein wesentlicher Schritt in Richtung Kundenzufriedenheit und -loyalität getan sein.

1.3 Face-to-Face-Kommunikation im B-to-B-Geschäft

Da Kommunikation in zahlreichen Formen möglich ist und ihre Ergebnisse von zahlreichen Einflussgrößen wie Zielgruppen, Medien und Kommunikationsanlass abhängen, ist es in der Regel schwierig, eindeutige Handlungsanweisungen zu formulieren. Insbesondere ergeben sich für alle Formen von nicht-individualisierter (Massen-) Kommunikation die spezifischen Probleme der Identifizierung, Aufmerksamkeitsweckung, Einseitigkeit der Kommunikation ohne oder mit geringen Möglichkeiten der Rückkopplung oder gar des Dialogs, Steuerung und Kontrolle der Informationsaufnahme usw. (vgl. Bruhn 2009, S. 205 ff.). Sobald jedoch ein hoher Individualisierungsgrad der Kommunikation gegeben ist, treten diese Probleme in den Hintergrund und die Kommunikation wird zu einem besonders gestaltungsoffenen Instrument der

Beeinflussung. Allerdings hängt dann die Kommunikationsqualität in besonderer Weise von Persönlichkeits- und Verhaltensvariablen der Beteiligten ab (vgl. z.B. Andersen/Kumar 2006, S. 522; Schulze 2002, S. 138 f.).

Als Endpunkt auf dem Kontinuum der Kommunikations-Individualisierung ist die Face-to-Face-Kommunikation anzusehen, die etwa in Form von persönlichen Gesprächen zwischen Anwesenden, insbesondere zwischen zwei Individuen, stattfindet (vgl. Daft/Lengel 1984, S. 191 ff.; Daft/Lengel 1986, S. 554 ff.). Dieser Fall kann beispielsweise bei Verkaufs- und Beratungsgesprächen von Konsumenten im Einzelhandel gegeben sein, und in der Tat lassen sich bei diesem Anlass durchaus auch Präventionsziele verfolgen. Insbesondere aber und typisch, weil in gewisser Weise institutionalisiert, tritt eine solche Situation bei Einkäufer-Verkäufer-Gesprächen zwischen Vertretern von Unternehmen, im Rahmen des hier zu untersuchenden B-to-B-Geschäfts, auf (vgl. Vickery et al. 2004, S. 1106 ff.; für einen Überblick verschiedener Interaktionsansätze vgl. Backhaus/Voeth 2007, S. 105 f.). Damit stellen derartige Verhandlungen eine speziell geeignete „Plattform" für kommunikative Präventionsbemühungen dar; denn die generelle Offenheit der Kommunikationssituation in Verbindung mit dem Face-to-Face-Informationsaustausch ermöglicht eine weitgehende Realisierung der zuvor thematisierten präventionsbezogenen Kommunikationsfunktionen. Zwar sind viele Studien zu Kundenabwanderung und Rückgewinnung sowie Abwanderungsprävention eher in Konsumgüter- und konsumbezogenen Dienstleistungsbereichen durchgeführt worden (vgl. z.B. Eshghi et al. 2006, S. 179 ff.; Pressey/Mathews 2003, S. 131 ff.), das B-to-B-Geschäft bietet sich aber zumindest ebenso oder vielleicht sogar noch stärker an, weil der Verlust eines einzigen Kunden wegen der häufig hohen Auftragsvolumina in Verbindung mit Folgegeschäften unter Umständen existenzscheidend ist und die Face-to-Face-Situation mit Blick auf die Kundenabwanderungsprävention die dargestellten besonderen Möglichkeiten bietet. Auf jeden Fall sollte die Investition in eine präventions-adäquate Kommunikationsgestaltung gerade für B-to-B-Unternehmen eine herausgehobene Rolle spielen, etwa durch Training ihrer Verkäufer.

Im Folgenden wird die **dyadische** und **personale Face-to-Face-Interaktionssituation** im **B-to-B**-Geschäft untersucht. Diese ist dadurch gekennzeichnet, dass sich zwei Personen im Gespräch/in Verhandlungen treffen und dabei jeweils ihre Unternehmen bzw. das Buying- und Selling-Center vertreten (Abbildung 1-2). Im Vordergrund derartiger Kommunikationssituationen kann durchaus die Kundenabwanderungsprävention stehen; typischerweise wird diese Fragestellung jedoch neben anderen Themen auftreten bzw. explizit oder implizit den Hintergrund der Verhandlungen darstellen. Die beiden Beteiligten werden analog zum CD-Paradigma der Kundenzufriedenheit Erwartungen an Inhalt und Form der Kommunikation haben, die bestätigt, übertroffen oder nicht bestätigt werden (vgl. Oliver 1997, S. 99). Entscheidend ist die Kommunikationszufriedenheit des Einkäufers, die hier als zentrale Größe bei der Kundenabwanderungsprävention angesehen wird; denn das Erkennen und Erfüllen von Kundenerwartungen ist für den Ausbau, die Verstärkung und eben auch den Erhalt einer Geschäftsbeziehung besonders wichtig (vgl. Mann 2004, S. 5). Dabei ist allerdings davon auszugehen, dass regelmäßig zahlreiche Episoden solcher dyadisch-personaler Kommunikationsaktivitäten, unter Umständen mit jeweils verschiedenen Beteiligten, stattfinden, die zu ähnlichen Kommunikations(zufriedenheits)ergebnissen führen sollten, so dass eine permanente Bestätigung der Buyer- bzw. Unternehmenserwartungen vorliegt.

Abbildung 1-2: Dyadisch-personale Kommunikation

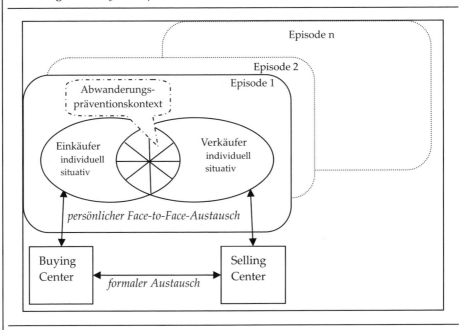

2 Bezugsrahmen der Face-to-Face-Kommunikation

2.1 Konzeptionell-theoretische Ansätze

Das auf Abwanderungsprävention ausgerichtete Interaktionsfeld zwischen Einkäufer und Verkäufer im Kontext der Face-to-Face-Kommunikation beinhaltet, wie zuvor dargestellt, sowohl die kommunizierten Inhalte als auch die Art und Weise der Kommunikation. Die Vielgestaltigkeit der Face-to-Face-Kommunikation im Einzelnen wird deutlich, wenn man sie aus unterschiedlichen kommunikationstheoretischen Perspektiven betrachtet.

Sozio-psychologisch werden die persönlichen Eigenschaften der Beteiligten sowie der Inhalt der Nachricht unter persuasiven Gesichtspunkten als Charakteristika des Einen (Who – source of the message (expertise, trustworthyness)), des Anderen (Whom – audience characteristics (personality, susceptibility to influence)) und der Nachricht (What – content of the message (fear appeals, order of arguments)) betrachtet (vgl. Lasswell 1927, 1966).

Watzlawick et al. (2007) rücken den Beziehungsaspekt der Kommunikation in den Vordergrund. Sie betonen die Reziprozität der Rollen von Sender und Empfänger und interpretieren jedes Verhalten als Kommunikation, wobei sowohl verbale als auch nonverbale Gestaltungselemente in die Betrachtung einbezogen werden. Als Dimensionen der zwischenmenschlichen Kommunikation werden bereits von diesen Autoren Inhalts- und Beziehungsaspekt betrachtet, und Kommunikation wird in ihren Auswirkungen auf die Kongruenz von Inhalts- und Beziehungserwartungen der Partner untersucht.

Letztlich thematisieren diese und alle anderen konzeptionell-theoretischen Ansätze, die handlungsorientiert ausgerichtet sind, implizit oder explizit die Kommunikationsqualität als Determinante der Kommunikationszufriedenheit. Daher gilt es im Kontext dieses Beitrages, die wesentlichen Elemente der (Face-to-Face-) Kommunikationsqualität zu identifizieren.

Die Bestimmung und Auswahl der Elemente, die Inhalts- und Beziehungsaspekte beschreiben und die Kommunikationsqualität repräsentieren, stellt allerdings – besonders aufgrund differierender Ansichten zu Anforderungen an die Kommunikation – eine spezielle Herausforderung dar. Häufig überschneiden sich die Konzeptionen von Kommunikations-, Informations- und Interaktionsqualität (vgl. Canary et al. 2001, S. 79 ff.). Manche Autoren definieren Kommunikationsqualität über darin enthaltene Faktoren (vgl. Mohr/Sohi 1995, S. 393 ff.), andere verstehen Kommunikationsqualität als wahrgenommenes Kommunikationsverhalten (vgl. Shelby 1998, S. 387) und dessen Beurteilung (vgl. Sengupta et al. 2000, S. 253) oder als „Fähigkeit des Anbieters, die Kommunikation in Mitarbeiter-Kunde-Beziehungen gemäß den Kundenerwartungen auf einem bestimmten Anforderungsniveau zu erstellen" (Frommeyer 2005, S. 22).

Im Folgenden wird daher die Kommunikationsqualität als Gesamtheit aller Erwartungsdimensionen des Einkäufers an den Inhalt und das Verhalten des Verkäufers in der Face-to-Face-Kommunikationssituation näher analysiert. Auf Basis entsprechender Erklärungsansätze werden danach wesentliche Dimensionen der Kommunikationsqualität herausgearbeitet, die später Basis einer empirischen Untersuchung sind und für Implikationen mit Blick auf die Abwanderungsprävention dienen.

2.2 Erklärungsansätze der Kommunikationsqualität

Elemente der Kommunikationsqualität, die im Kontext der Prävention von Kundenabwanderung eine Rolle spielen können, und Erklärungsansätze für den Zusammenhang zwischen diesen und der Kommunikationszufriedenheit finden sich in der Sozialpsychologie (vgl. z.B. Herkner 2001) und der Neuen Institutionenökonomik (vgl. z.B. Müller 2005).

Zur Einordnung entsprechender theoretischer Erklärungen können verschiedene Ansatzpunkte im Rahmen des **CD-Paradigmas** identifiziert werden (vgl. für ähnliche Überlegungen Homburg/Stock-Homburg 2008, S. 21). Hingewiesen sei auf die grundsätzliche Identifikation bestimmter Kommunikationseigenschaften als vom Käufer potenziell erwartete Kommunikationsdimensionen, die Bedeutung unterschiedlicher Kommunikationseigenschaften als Basis-, Leistungs- oder Begeisterungsfaktoren, die Einkäufer-Wahrnehmung und -Beurteilung von Dimensionen der Kommunikationsqualität in konkreten Verhandlungssituationen, der Inhalt und die Art der Übertragung der Nachricht vom Verkäufer zum Einkäufer sowie die Variabilität der Bewertung der Kommunikationsdimensionen im subjektiven Soll-Ist-Vergleichsprozess des Käufers (vgl. Abbildung 2-1).

Abbildung 2-1: Einordnung theoretischer Ansätze in das CD-Paradigma

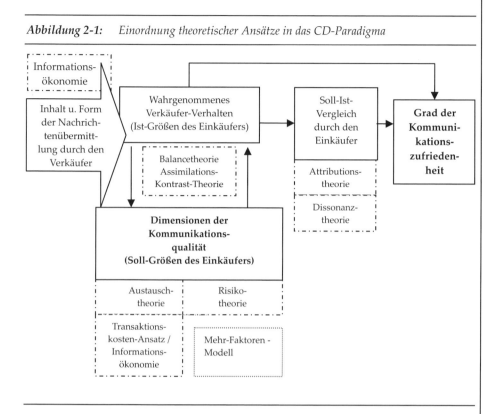

Zur **Identifikation relevanter Kommunikationsdimensionen**, der Basis aller theoretischen Zusammenhänge, dienen folgende Überlegungen des **Transaktionskostenansatzes,** der **Informationsökonomie** sowie der **Risiko- und Austauschtheorie**: In der Transaktionskostentheorie (vgl. z.B. Williamson 1975; auch Williamson 1990, S. 17 ff.) ist die Transaktion selbst Analysegegenstand, welche von Unsicherheit, Spezifität und Häufigkeit beeinflusst wird. Als Effizienzkriterium werden Transaktionskosten herangezogen, die durch effizientere Gestaltung, u. a. auch der Kommunikation, gesenkt werden können. Als Faktoren, die der Senkung der Transaktionskosten dienen, kommen Elemente der Kommunikationsqualität in Frage. Für den Einkäufer können verschiedene Dimensionen zur Reduktion von Transaktionskosten beitragen, insbesondere die Qualität der Informationen und des Informationsflusses. Zudem minimiert der professionelle Umgang mit Konflikten die Konfliktbeilegungskosten, und durch Offenheit und Vertrauenswürdigkeit des Verhandlungspartners entfallen Transaktionskosten im Zusammenhang mit der Reduktion von Unsicherheit. Informationsökonomisch (vgl. z.B. Kaas 1995, Sp. 973) spielen alle Dimensionen eine Rolle, die Informationsasymmetrien abbauen können, speziell die Qualität kommunizierter Informationen. Auch risikotheoretisch dienen Kommunikationsdimensionen dem Abbau von

Unsicherheiten (vgl. Bauer 1960, S. 389), dazu zählen – jeweils in der Wahrnehmung des Einkäufers – die Kompetenz des Verkäufers, dessen Offenheit, Vertrauenswürdigkeit, Souveränität, Empathie, Lösungsorientierung, Kooperationsbereitschaft und sein Verständnis des Geschäftskontexts des Einkäufers. Individuen streben nach sozialen Belohnungen in Austauschbeziehungen (vgl. Adams 1965, S. 267 ff.). Umstände, die dabei die wahrgenommenen Kosten reduzieren bzw. den Nutzen erhöhen, verändern das Zufriedenheitsniveau. Faktoren, die zu sozialen Belohnungen führen können, kommen auch als Elemente der Kommunikationsqualität in Betracht. Das Streben nach sozialen Belohnungen kann insbesondere durch Freundlichkeit, Unterhaltsamkeit und besondere Wertschätzung personalisierter Kommunikation erfüllt werden. Gerade Letzteres zeigt das Interesse des Verkäufers an der Person des Einkäufers und hebt ihn damit unter Umständen aus der Masse der Geschäftspartner heraus.

Die unterschiedliche Bedeutung von Kommunikationseigenschaften als **Basis-, Leistungs- oder Begeisterungsfaktoren** erfordert eine ergänzende Betrachtung der Kommunikationsdimensionen, die sich aus dem **Mehr-Faktoren-Modell** der Kommunikationszufriedenheit ergibt (vgl. Oliver 1997, S. 152; aus der Total Quality Management Perspektive vgl. insbesondere Kano et al. 1984, S. 39 ff.). Danach wird angenommen, dass Basisfaktoren lediglich die Entstehung von Unzufriedenheit verhindern, jedoch keine Zufriedenheit schaffen, Leistungsfaktoren bei zunehmender Erfüllung zu steigender Zufriedenheit führen; die Existenz von Begeisterungsfaktoren Zufriedenheit generiert, ihre Nicht-Existenz aber keine Unzufriedenheit. Die Übertragung dieser Überlegung auf den (Face-to-Face-) Kommunikationskontext scheint ohne weiteres möglich (vgl. Abbildung 2-2).

Abbildung 2-2: Mehr-Faktoren-Modell der Kommunikationszufriedenheit
(analog Kano-Modell)

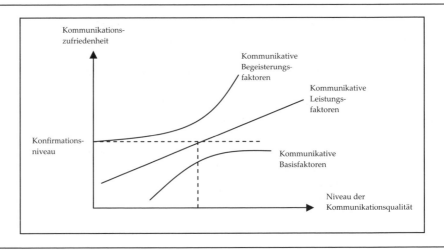

Die Einkäufer-**Wahrnehmung** und -**Beurteilung** von Kommunikationsdimensionen in konkreten Verhandlungssituationen betrifft den interdependenten Zusammenhang zwischen relevanten Dimensionen der Kommunikationsqualität und dem wahrgenommenen Kommunikationsverhalten. Sie beruht auf der Übereinstimmung der Einstellungen der Verhandlungspartner zu bestimmten Verhaltensweisen. In der **Balancetheorie** gelten Beziehungen dann als ausgeglichen – weil als angenehm empfunden und angestrebt – wenn zwei Personen gegenüber einem Verhalten oder Objekt dieselbe positive oder negative Einstellung haben (vgl. Heider 1946, S. 107 ff.; Heider 1958, S. 200 ff.). Das ist Voraussetzung für Assimilation oder Kontrast, welche dazu dienen, den Beziehungsstatus eindeutiger zu machen. In Abhängigkeit von der Diskrepanz zwischen Erwartung und Leistungserfüllung neigen Individuen nach der **Assimilations-Kontrast-Theorie** (vgl. Hovland et al. 1957, S. 242 ff.) zu einer Verstärkung bzw. Verringerung vorhandener Wahrnehmungs-Diskrepanzen. Das Zufriedenheitsniveau wird entsprechend im Akzeptanz- bzw. im Ablehnungsbereich in Richtung der Extreme verschoben.

Inhalt und Art der **Nachrichten-Übertragung** vom Verkäufer zum Einkäufer sind wesentlicher Bestandteil des vom Einkäufer wahrgenommenen Verkäufer-Kommunikationsverhaltens. Diese werden gemäß der **Informationsökonomie** (vgl. z.B. Kaas 1995, Sp. 973) vom Charakter des Gutes, dem Verhalten beider Akteure und Informationsasymmetrien zwischen ihnen sowie den Kosten der Informationsbeschaffung geprägt. Effizienzkriterium ist der Wert der Informationen, der durch Aktivitäten des Verkäufers beeinflussbar ist. So kann entsprechende Gestaltung von Signalling-Aktivitäten durch den Verkäufer Informationsasymmetrien und Informationskosten des Einkäufers senken und damit dessen Zufriedenheitsniveau steigern (vgl. Spence 1976, S. 593 ff.).

Der Einkäufer vergleicht das von ihm wahrgenommene, durch Dimensionen der Kommunikationsqualität und die Nachrichtenübermittlung geprägte Verkäuferverhalten mit seinen Erwartungen. Die Bewertung von Informationen in diesem subjektiven **Vergleichsprozess** ist nicht nur situationsabhängig, sondern auch durch intrapersonale Vorgänge geprägt, also mehrfach variabel. Individuen suchen gemäß der **Attributionstheorie** (vgl. Kelley 1967) nach Ursachen für die Erfüllung bzw. Nicht-Erfüllung ihrer Erwartungen, und das Zufriedenheitsniveau variiert mit der zugeschriebenen Ursache. Weiterhin postuliert die **Dissonanztheorie** (vgl. Festinger 1957), dass Individuen ein Gleichgewicht zwischen ihren Kognitionen anstreben; liegt kein Gleichgewicht, sondern Dissonanz vor, werden verschiedene Mechanismen zum Abbau von Dissonanzen aktiv. Dissonanzabbau kann über Veränderung bzw. Umbewertung der Einstellung zu einem Verhalten auch eine Veränderung des Zufriedenheitsniveaus im Kommunikationskontext bewirken.

2.3 Dimensionen der Kommunikationsqualität im Kontext der Prävention von Kundenabwanderung

Die Dimensionen der Kommunikationsqualität im Interaktionsfeld Abwanderungsprävention resultieren aus den Erwartungen des Einkäufers an das Verhalten bzw. die Eigenschaften des Verkäufers. Aus den zuvor genannten konzeptionellen und theoretischen Ansätzen wurden hierzu insgesamt 14 allgemeine kommunikative Dimensionen identifiziert:

- Die **Qualität der Informationen** beinhaltet deren Genauigkeit, Relevanz, Vollständigkeit, Aktualität, Zuverlässigkeit, Eindeutigkeit und Verständlichkeit.

- Der **Informationsfluss** beschreibt die Rückkopplung des Gesprächs, also den angemessenen Wechsel zwischen Sprecher- und Hörerrolle sowie pro-aktive Informationshinweise durch den Gesprächspartner.

- Die **Offenheit** des Verkäufers umfasst die Bereitschaft des Verkäufers, Hinweise und Tipps beim Einkäufer einzuholen, eigene, persönliche Unzulänglichkeiten anzusprechen und zuzugeben, Schwächen und Unzulänglichkeiten des anbietenden Unternehmens anzusprechen und zuzugeben sowie die Bereitschaft, Probleme im zwischenmenschlichen Umgang offen anzusprechen.

- **Vertrauenswürdigkeit** beinhaltet die Verlässlichkeit des Verkäufers, dessen Glaubwürdigkeit, Ehrlichkeit, Integrität und Uneigennützigkeit, indem der Eindruck vermittelt wird, keinerlei Aktivitäten zu planen, die entgegen den Zielen des Einkäufers wirken (können).

- Das **Interesse an personalisierter Kommunikation** bezieht sich auf außergeschäftliche Gespräche über allgemeine Themen wie Sport oder Politik und Themen, die die Person des Einkäufers betreffen, wie seine Hobbies, die familiäre Situation des Einkäufers; und gemeinsame (semi-geschäftliche) Erlebnisse, etwa eine Einladung zu einem Motorsportrennen.

- Die **Unterhaltsamkeit** der Kommunikation beruht auf dem Humor des Verkäufers und dem Spaß, den der Einkäufer in gemeinsamen Gesprächen hat.

- Die **Souveränität** des Verkäufers ist das Ergebnis von dessen Ruhe und Ausgeglichenheit, seinem sicheren Auftreten und seiner unmissverständlichen Ausdrucksweise.

- Die Wahrnehmung der **Empathie** des Verkäufers durch den Einkäufer entsteht durch dessen aktives Zuhören, das Hineinversetzen in die Sichtweise des Einkäufers und das Erkennen der Bedürfnisse in der jeweiligen Kommunikationssituation.

- Die **Kompetenz** des Verkäufers, bezogen auf Wissen und Inhalte, beinhaltet das Aufzeigen von Alternativen als Dokumentation umfassender Kenntnis des Leistungsangebots, die Erläuterung von Vor- und Nachteilen als Darstellung detaillierter Aspekte verschiedener Leistungsangebote, die Abfrage von Kundenvorstellungen als Dokumentation des Willens und der Fähigkeit, auf verschiedene Anforderungen eingehen zu können und die individuelle Beratung im Sinne der Flexibilität im Umgang mit Wissen und dessen zielgruppenangepasster Selektion.

- Die **Lösungsorientierung** zeigt sich über die positive Einstellung zur Entwicklung kreativer und unüblicher Lösungsansätze, die aktive Entwicklung und Weitergabe neuer Lösungsansätze sowie die Ideennutzung im Sinne der Anerkennung und Anwendung von Ideen anderer für die Entwicklung von Lösungsansätzen.

- Die **Freundlichkeit** des Verkäufers beinhaltet das Einhalten der Höflichkeitsformen und das stets taktvolle Verhalten sowie den Ausdruck der Bewunderung und Anerkennung von persönlichen Leistungen des Einkäufers und dessen persönlichen Beitrags für die gemeinsame Leistung (z.B. Ideenentwicklung, Voranbringen von Projekten, Abschlüsse).

- Die Wahrnehmung von **Kooperationsbereitschaft** entsteht durch die bereitwillige Auseinandersetzung des Verkäufers mit Wünschen und Vorstellungen des Einkäufers und die erkennbare Bereitschaft zur Zusammenarbeit.

- Das **Verständnis des Kundenkontexts** durch den Verkäufer wird als Ausdruck des umfassenden, strategischen und operativen Verständnisses des Geschäftsfeldes des Einkäufers definiert.

- Der gekonnte **Umgang mit Konflikten** wird verstanden als die Vermeidung von Konflikten, die durch unangemessenes Verhalten zu Stande kämen, sowie die Freiheit zur Uneinigkeit als Ausdruck der Offenheit für Kritik des Einkäufers am Verkäufer mit dem Ziel der Lösungsfindung bei Problemen und schließlich die Handhabung und Lösung von Konflikten mittels produktiver Diskussionen.

Die vom Einkäufer erwartete Gesamtqualität des Kommunikationsverhaltens eines Verkäufers beinhaltet inhalts- und beziehungsbezogene Kommunikationsdimensionen, die abhängig vom Gesprächskontext mit mehr oder weniger großer Wahrscheinlichkeit auftreten bzw. relevant werden. Die Dimensionen selbst beinhalten wiederum spezifische Kriterien des Kommunikationsverhaltens, die auf einzelne Aspekte der Kommunikationsdimension abstellen und für die das Erwartungsniveau beim Einkäufer ebenfalls situationsabhängig variiert. Die verschiedenen kommunikativen Ebenen sind – bezogen auf die Erwartungserfüllung und spätere Messung – analog zu Zufriedenheitsdimensionen zu verstehen (Abbildung 2-3) (vgl. Beutin 2008, S. 143; auch Homburg/Werner 1998, S. 61).

Abbildung 2-3: Ebenen der Kommunikationsqualität und -zufriedenheit

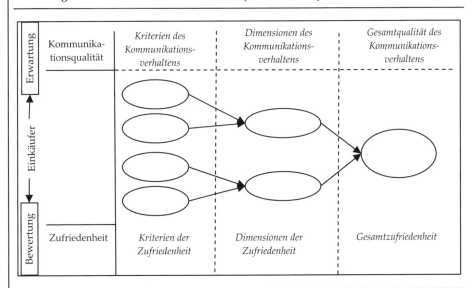

3 Empirische Untersuchung

3.1 Spezifische Fragestellungen

Die folgende empirische Untersuchung dient der Identifikation relevanter Ansatzpunkte für das Kommunikationsverhalten des Verkäufers, welche Unzufriedenheit des Einkäufers vermeiden und Abwanderung verhindern helfen. Dabei wird die Beziehung zwischen den zuvor herausgearbeiteten (übergeordneten) Kommunikationsdimensionen und der Kommunikationszufriedenheit analysiert.

Als zentrale Fragestellungen der Untersuchung wurden folgende, für die Thematik der Abwanderungsprävention besonders relevante Probleme ausgewählt:

- Wie gut werden die Erwartungsdimensionen der Kommunikation bisher von den Verkäufern erfüllt? Wo ergeben sich Verbesserungspotenziale für Möglichkeiten der Abwanderungsprävention?

- Welche Kommunikationsdimensionen sind für die Generierung von Kommunikationszufriedenheit am wichtigsten, welche eher nachrangig? Welchen Dimensionen sollte im Hinblick auf die Prävention besondere Aufmerksamkeit gewidmet werden?
- Welche der wichtigen Kommunikationsdimensionen werden weniger gut erfüllt und spielen daher strategisch für die Abwanderungsprävention eine besondere Rolle?
- Gibt es kritische Kommunikationsaspekte, die nicht von den theoretisch identifizierten Kommunikationsdimensionen beschrieben werden, aber ausschlaggebend für eine Abwanderungsentscheidung sein könnten?
- Zu welchen Erwartungstypen (Leistungs-, Basis-, Begeisterungsfaktoren) gehören die als (besonders) wichtig ermittelten und für die Abwanderungsprävention relevanten Kommunikationsdimensionen?

3.2 Untersuchungsdesign und Methodologie

Zur Beantwortung der vorstehend formulierten Fragestellungen wurde im Sommer 2008 eine schriftliche, repräsentativ angelegte Befragung von 1327 großen deutschen Industrieunternehmen durchgeführt, für die letztlich 292 Einkäufer zur Verfügung standen.

Um die bisherige Kommunikationsqualität in ausgewählten Verhandlungssituationen mit Verkäufern festzustellen, wurden Gesamtzufriedenheit und deren Dimensionen bei den Einkäufern auf einer Schulnotenskala von 1 (= sehr gut) bis 6 (= ungenügend) festgestellt; die Mittelwerte geben das jeweilige **Leistungsniveau** an (vgl. Beutin 2008, S. 143).

Zur Identifikation der **relativen Wichtigkeit** der einzelnen Dimensionen wurde eine indirekte Wichtigkeitsmessung unter Verwendung gewichteter quadrierter Korrelationskoeffizienten angelegt (vgl. Homburg/Klarmann 2008, S. 208 f.). Der jeweilige Anteil der Kommunikationsdimensionen an der Gesamtzufriedenheit (=100%) gibt deren relative Wichtigkeit an.

In der Auswertung wurde ein **Leistungs-Wichtigkeits-Vergleich** erstellt und so ließen sich strategisch besonders relevante Dimensionen identifizieren (vgl. z.B. Martilla/James 1977, S. 77 ff.). Dafür wurden Leistungsniveau und relative Wichtigkeit jeder Kommunikationsdimension in einem zweidimensionalen Koordinatensystem abgetragen. Kommunikationsdimensionen, die – relativ gesehen – besonders wichtig waren, aber schlechter als andere geleistet wurden, stellen strategisch relevante Ansatzpunkte für eine Änderung des Verkäuferverhaltens dar.

Für eine Erweiterung bisher abgeleiteter Kommunikationsdimensionen wurden mit Hilfe der Critical Incident Technique besonders **kritische Elemente** in Kommunikationssituationen erhoben (vgl. Flanagan 1954, S. 327 ff.).

Um die jeweiligen Kommunikationsdimensionen den **Typen** Basis-, Leistungs- und Begeisterungsfaktor zuordnen zu können, wurden Dummy-Variablen für hohe und niedrige Zufriedenheitswerte gebildet, und auf Basis des Musters der indirekt ermittelten Wichtigkeiten erfolgte die Entscheidung über den Faktortyp (vgl. zum Verfahren Homburg/Klarmann 2008, S. 225).

3.3 Ergebnisse

Die Analyse der **Mittelwerte** zur Feststellung des aktuellen Leistungsniveaus der verkäufer-bezogenen Kommunikationsdimensionen, wahrgenommen durch die Einkäufer, ergab Durchschnittswerte von 1,9 (gut) für die Kommunikationsdimension ‚Freundlichkeit' bis 2,59 (befriedigend) für die ‚Unterhaltsamkeit' des Verkäufers. Aus der Berechnung der **indirekten Wichtigkeiten** ergibt sich die Kommunikationsdimension ‚Vertrauen' als die relativ am wichtigste für die Gesamtzufriedenheit mit der Kommunikationssituation (9,68 %), relativ am wenigsten wichtig ist das ‚Interesse an personalisierter Kommunikation' (2,5 %).

Beide Ergebnisse – Mittelwerte der wahrgenommenen Ausprägungen der Kommunikationsdimensionen und indirekte Wichtigkeiten – werden in einem **Leistungs-Wichtigkeits-Vergleich** kombiniert und visualisiert (vgl. Abbildung 3-1).

Dimensionen im Quadranten I stellen die Kompetenz der anbietenden Verhandlungspartner in wichtigen Bereichen dar und sollten weitergeführt und unter Umständen ausgebaut werden, hier ist dieses Feld nicht besetzt.

Die Dimensionen im Quadranten II bilden Bereiche der Kommunikation, in denen Ressourcen bisher in zu hohem Maße eingesetzt wurden, da Einsatz und Leistung von den Einkäufern zwar wahrgenommen, aber nicht als entsprechend wichtig angesehen werden. Hier ergibt sich als Beispiel die Dimension ‚Freundlichkeit', die aus Einkäufersicht gut ausgeprägt, aber insgesamt weniger wichtig ist.

Quadrant III beinhaltet Kommunikationsdimensionen, für die aus Sicht der Einkäufer keine Ressourcen und Energie aufgewendet werden sollten. Sie sind relativ weniger wichtig, werden aber auch nicht besonders gut geleistet. Hierzu zählen die Empathie des Verkäufers, seine Fähigkeit zum Umgang mit Konflikten, die Lösungsorientierung, das Kontextverständnis, die Unterhaltsamkeit der Verhandlung und das Interesse des Verkäufers an personalisierter Kommunikation.

Die Dimensionen, die relativ wichtiger als andere sind und weniger gut geleistet werden, sind dem vierten Quadranten zugeordnet. Hierbei handelt es sich also um Aspek-

Persönliche Kommunikation zur Abwanderungsprävention im B-to-B-Geschäft

te des Kommunikationsverhaltens des Anbieters, die zur Erhöhung der Zufriedenheit des Einkäufers mit der Kommunikationssituation verbessert werden sollten. Es ergaben sich speziell die Kommunikationsdimensionen ‚Vertrauenswürdigkeit', ‚Kooperationsbereitschaft', ‚Kompetenz', ‚Offenheit', ‚Inhaltsqualität', ‚Informationsfluss' und ‚Souveränität'.

Allerdings ist bei allen diesen Klassifizierungen zu bedenken, dass die Ergebnisse mit besonderer Vorsicht betrachtet und Implikationen unternehmensbezogen abgeleitet werden müssen. Das folgt, abgesehen von der jeweiligen Situationsabhängigkeit und der generellen Erhebungsunsicherheit, aus einer gewissen Subjektivität der Auswertung, besonders der Entscheidung für die Positionierung des zugrunde gelegten Koordinatensystems.

Abbildung 3-1: Relativer Leistungs-Wichtigkeits-Vergleich der Dimensionen über alle Gruppen (vgl. für einen ähnlichen Ansatz in einer Zufriedenheitsstudie bei Apothekenkunden Gustafsson/Johnson 2004, S. 124 ff.)

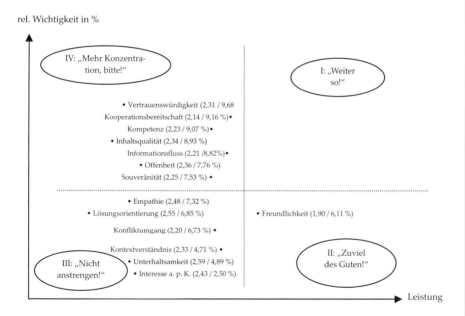

(Mittelwert des Leistungsniveaus auf einer Skala von 1 (sehr gut) bis 6 (ungenügend) / relative Wichtigkeit)

129 Befragungsteilnehmer äußerten sich bei offenen Fragen im Rahmen der **Critical Incident Technique** zu besonders negativen Aspekten der letzten persönlichen Kommunikationssituation. Aus ihren Anmerkungen konnten 151 unterschiedliche Kernaussagen identifiziert und 13 der 14 Kommunikationsdimensionen zugeordnet werden. Lediglich die Qualitätsdimension ‚Kompetenz' wurde in keinem Fall kritisch angesprochen (Abbildung 3-2). Wie die Bedeutung der Kommunikationsdimensionen für die Zufriedenheit nahe legt, wurden jeweils die geringe Ausprägung bzw. das Fehlen entsprechender Verhaltensweisen bemängelt. Allerdings wurde bei einigen Kommunikationsdimensionen, beispielsweise ‚Interesse an einer personalisierten Kommunikation' und ‚Unterhaltsamkeit', auch eine hohe Ausprägung als kritisch eingeschätzt.

Abbildung 3-2: CIT: Offene Nennungen „besonders schlecht"

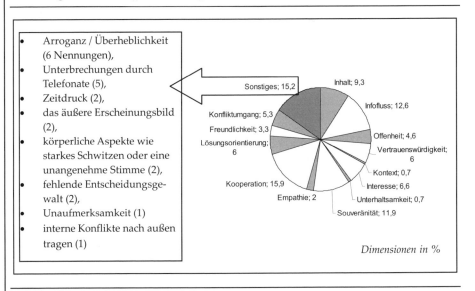

Die für die Abwanderungsprävention relevanten Kommunikationsdimensionen konnten in einer **indirekten Wichtigkeitsanalyse mit Dummy-Variablen** als Begeisterungsfaktoren (‚Inhaltsqualität', ‚Informationsfluss', Souveränität') und Leistungsfaktoren (‚Offenheit', ‚Vertrauen', ‚Kompetenz' ‚Empathie', ‚Kooperationsbereitschaft', ‚Freundlichkeit', ‚Konfliktumgang') sowie Basisfaktoren (‚Kontextverständnis', ‚Interesse an personalisierter Kommunikation', Unterhaltsamkeit', ‚Lösungsorientierung') identifiziert werden (Tabelle 3-1).

Tabelle 3-1: Zuordnung der Kommunikationsdimensionen zu Typen der Zufriedenheit

Leistungsparameter	Wichtigkeit niedrige Ausprägung		Wichtigkeit hohe Ausprägung		Art des Leistungsparameters (Tendenz)
	r^2	% (r^2)	r^2	% (r^2)	
Inhaltsqualität	0,034225	3,43	0,310249	8,67	Begeisterung
Informationsfluss	0,044521	4,47	0,292681	8,18	Begeisterung
Offenheit	0,084681	8,50	0,2809	7,85	Leistung
Vertrauen	0,086436	8,67	0,334084	9,34	Leistung
Kontextverständnis	0,061009	6,12	0,164836	4,61	Basis
Interesse an pers. K.	0,085264	8,56	0,103684	2,90	Basis
Unterhaltsamkeit	0,082944	8,32	0,186624	5,21	Basis
Kompetenz	0,091809	9,21	0,309136	8,64	Leistung
Souveränität	0,069696	6,99	0,303601	8,48	Begeisterung
Empathie	0,064009	6,42	0,245025	6,85	Leistung
Kooperationsbereitschaft	0,0841	8,44	0,316969	8,86	Leistung
Lösungsorientierung	0,09	9,03	0,245025	6,85	Basis
Freundlichkeit	0,035344	3,55	0,157609	4,40	Leistung
Konfliktumgang	0,082369	8,27	0,328329	9,17	Leistung

4 Management der Abwanderungsprävention durch Face-to-Face-Kommunikation

4.1 Strategische Ausrichtung von Face-to-Face-Kommunikationsaktivitäten auf Präventionsaufgaben

Die generelle Management-Herausforderung im Rahmen der Kundenabwanderungsprävention besteht in der (teilweisen) Ausrichtung aller Face-to-Face-Kommunikationsaktivitäten auf die drei oben herausgestellten – jeweils auf Prävention ausgerichteten – Ziele der Informationsermittlung, Informationsvermittlung und Schaffung eines Relationship-Qualitäts-Rahmens (siehe Abbildung 1-1). Diese strategische Ausrichtung von Face-to-Face-Kommunikation steht am Anfang jeden kommunikationsbezogenen Präventions-Managements im B-to-B-Geschäft.

Es ist also sicherzustellen, dass alle Mitarbeiter, die in eine Face-to-Face-Kommunikationssituation mit Vertretern von Kunden, speziell Einkäufern, aber auch anderen Buying Center Mitgliedern und sonstigen Unternehmensrepräsentanten involviert sein können, die Thematik der Kundenabwanderungsprävention kennen und gegebenenfalls adäquate Kommunikationsinhalte ansprechen sowie geeignete Kommunikationsformen anwenden. Die empirische Untersuchung hat gezeigt, dass es zahlreiche Dimensionen entsprechender Kommunikationsqualität gibt, die im konkreten Fall unterschiedlich wichtig sind und daher in differenzierter Weise Beachtung finden sollten. Dieser Tatbestand ist durchaus komplexer Natur und in der Regel nicht evident. Mitarbeiter müssen generell dafür sensibilisiert werden, die Gefahr der Kundenabwanderung zu erkennen und ihre strategische – aktives Kommunikationsverhalten erfordernde – Rolle zu verstehen. Die eigenständige Entscheidung über die angemessenen Anteile an einer Kommunikationsepisode, die direkt und indirekt der Prävention zu widmen sind, die weitgehend nicht vorherzusehenden Kommunikationsverläufe im Einzelnen und die dabei heranzuziehenden kommunikativen Verhaltensweisen, die am aussichtsreichsten sind, um gewünschte präventionsrelevante Informationen zu erhalten bzw. zu vermitteln, erfordern viel Erfahrung und kommunikatives Geschick (vgl. Mintu-Wimsatt/Gassenheimer 2004, S. 19 ff.; auch Shoemaker/Johlke 2002, S. 118 ff.).

Hinzu treten zwei bereits zu Beginn thematisierte Tatbestände, welche die beschriebene strategische Ausrichtung der Face-to-Face-Kommunikation erheblich erschweren. Zum einen geht es um Koordinationsprobleme. So bedeutet die angesprochene Weiterführung bzw. Wiederholung von Kommunikationsaktivitäten im Zeitverlauf (Episodenkonzept), dass verschiedene Kommunikationsanlässe und daraus resultierende Kommunikationsaktivitäten aufeinander bezogen und miteinander verbunden werden müssen, um für die Einkäuferseite ein einheitliches kognitives und emotionales Präventionswirkungsmuster zu erzeugen. Des Weiteren sind über die Zeit häufig verschiedene Personen sowohl auf Einkäufer- als auch auf Verkäuferseite beteiligt. Diese Multipersonalität erfordert eine zusätzliche interpersonale Abstimmung verschiedener Präventionsbemühungen. Zum anderen kommt organisatorischen Kompetenzzuordnungen großes Gewicht zu. Kommunikation ist über Kommunikationsinhalte mit der Leistungsebene verbunden, und entsprechende Entscheidungsbefugnisse sind den Verkäufern/Verhandlungsführern häufig nur partiell zugeordnet. Eine weit reichende Empowerment-Politik (vgl. im Verkäuferkontext Martin/Bush 2006, S. 419 ff.; auch Lambe et al. 2009, S. 5 ff.) scheint jedoch trotz der immanenten Risiken für eine effektive Abwanderungspräventionspolitik unabdingbar; denn anderenfalls ist ein überzeugendes, unmittelbares und die meisten der genannten Kommunikationsdimensionen erfüllendes Kommunikationsverhalten nur eingeschränkt möglich.

Für die Umsetzung der aufgezeigten strategischen Ausrichtung der Face-to-Face-Kommunikation auf Abwanderungsprävention gibt es zahlreiche Möglichkeiten. Grundsätzlich lässt sich durch Entwicklung von Kommunikationsvorgaben in Form von allgemeinen Hinweisen, Ablaufanweisungen, Berichtsblättern usw. und durch Trainingsmaßnahmen wie Schulungen, Workshops, Vorbereitungsgesprächen u. ä. die geforderte Einstellung bei den Beteiligten fördern. Allerdings dürften damit natürliche Begabung und Erfahrungen nur partiell kompensierbar sein (vgl. Cron et al. 2005, S. 123 ff.; Wagner et al. 2003, S. 295 ff.).

4.2 Präventionsadäquate Gestaltung von Dimensionen der Kommunikationsqualität in Verhandlungssituationen

Für eine präventionsadäquate Gestaltung der Kommunikationsqualität in Face-to-Face-Situationen, speziell in Einkäufer-Verkäufer-Verhandlungen, lassen sich, auch als Ergebnis der vorgestellten empirischen Untersuchung, einige weitere Hinweise geben.

So wurde bei über einem Viertel der untersuchten Dimensionen eine Tendenz zur Basisfaktoreigenschaft festgestellt (siehe Tabelle 3-1). Es ist davon auszugehen und durch Ergebnisse der offenen Befragung zu Kritikpunkten ja auch bestätigt worden, dass es gerade in diesen Fällen sogar negative Reaktionen geben kann, wenn das Verhalten als „übertrieben", „künstlich" oder in ähnlicher Form wahrgenommen wird. Damit geht es dann nicht mehr allein um die Frage der vergeblichen Konzentration bzw. des unnötigen Ressourceneinsatzes, sondern um die Vermeidung von Negativeffekten beim Kommunikationspartner. Es ist zu vermuten, dass gerade im Präventionskontext eine derartig „falsche" Kommunikationsqualität kontraproduktive Ergebnisse ergeben kann. Andererseits sind aber auch Leistungs- und sogar Begeisterungsfaktoren zu konstatieren, die Präventionsbemühungen in besonderer Weise unterstützen.

Die offen abgefragten Kritikpunkte zeigen, dass Einkäufer eine Reihe von Mängeln im Verkäuferverhalten bewusst bemerken, speziell mit Blick auf Kooperationsbereitschaft, Informationsfluss und Kommunikationsinhalte (siehe Abbildung 3-2). Dabei handelt es sich um Dimensionen, die auch im Leistungs-Wichtigkeits-Vergleich eine hohe relative Wichtigkeit aufweisen und tendenziell in den Quadranten IV („Mehr Konzentration bitte!") gehören (siehe Abbildung 3-1). Das deutet – trotz Interpretationsspielraums wegen nicht völlig kohärenter Ergebnisse über alle durchgeführten Untersuchungen – darauf hin, dass es häufiger eine gewisse Abschottung zwischen den Partnern gibt und der Wunsch auf Kundenseite besteht, mehr/umfassender und einfacher/selbstverständlicher informiert und als Partner betrachtet zu werden. Wendet man diese Überlegungen auf Präventionsziele an, so ist festzustellen, dass gerade derartige Gesichtspunkte für eine Weiterführung von Geschäftsbeziehungen ausschlaggebend sind. Die demonstrierte Verbundenheit zu Kunden, die aus als gemeinsam wahrgenommenen Aufgaben folgt, macht es schwerer und teilweise überflüssig, eine Geschäftsbeziehung zu beenden, weil die emotional bedingten Wechselkosten und das Risiko, keinen ähnlich aufgeschlossenen neuen Partner zu finden, hoch sind. Damit mögen sogar gewisse Angebotsnachteile kompensierbar sein.

Gleichzeitig sind während der Kommunikation auch die weiteren Dimensionen mit hoher relativer Wichtigkeit speziell im Auge zu behalten. Das sind in der durchgeführten Untersuchung insbesondere noch Vertrauenswürdigkeit und Kompetenz des Verkäufers. Diese stehen mit den explizit bemängelten informations- und kooperationsgerichteten Kriterien in enger Beziehung und können als Grundlage für Aufbau und Weiterführung von Geschäftsbeziehungen angesehen werden.

4.3 Phasenkonzept der Kundenabwanderungsprävention im Kontext der Face-to-Face-Kommunikation

Aus den vorstehenden Ausführungen lässt sich als Zusammenfassung des Beitrags in groben Zügen ein Vorschlag für den Ablauf der Face-to-Face-Kommunikation entwickeln, wenn sie auf die Prävention von Kundenabwanderung im B-to-B-Geschäft ausgerichtet ist (Abbildung 4-1).

Der dargestellte 6-Phasen-Rückkopplungsprozess unterscheidet zwischen zwei internen Abschnitten (Vor- und Nachbereitung der Verhandlung), die sicherstellen, dass der episoden- und personenübergreifende Charakter nicht zu Informations- und Handlungslücken führt, und vier Kontaktabschnitten (Verhandlungsanbahnung, Verhandlungsauftakt, Verhandlungshauptphase, Nachfassaktion). Die internen Stufen werden als unabdingbar angesehen, die externen Schritte können auch verkürzt ablaufen.

Es ist entscheidend, dass die drei Präventionsfunktionen (Informationsermittlung zur Präventionsvorbereitung, Informationsvermittlung zur Präventionsrealisierung, Relationship-Qualitätsaufbau zur Schaffung eines Präventionsrahmens) in den internen Phasen ausreichend berücksichtigt werden und während der Kundenkontaktphasen angemessen zur Anwendung gelangen. Tendenziell wird bereits während der Kontaktanbahnung Informationsermittlung möglich sein, verstärkt in der Verhandlungsauftaktphase und auf spezifische Fragen bezogen in der Verhandlungshauptphase, eventuell auch in einer Nachfassaktion. Die Informationsvermittlung wird häufig jeweils als Reaktion direkt im Anschluss an die Informationsermittlung erfolgen müssen, insbesondere aber in genereller Form in der Verhandlungsauftaktphase und in spezieller Form danach. Die atmosphärische Komponente ist während aller Phasen kohärent zu fördern.

Abbildung 4-1: Phasen der kommunikationsbezogenen Abwanderungsprävention

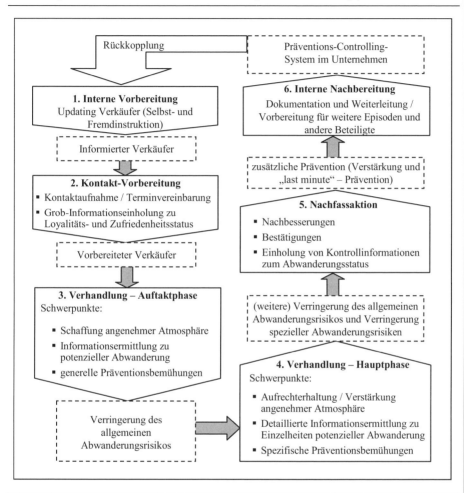

Was Inhalt und Form der Kommunikationsqualität angeht, sind die zuvor herausgehobenen Dimensionen grundsätzlich in den Vordergrund zu stellen, aber es ist in jedem Fall auf geschickte Art und Weise zu ermitteln, welche kritischen Punkte die individuellen Gesprächspartner sehen, um auf diese dann so einzugehen, dass sich beim Gegenüber Kommunikationszufriedenheit einstellt. Letztlich ist auch eine aus wirtschaftlichen Gründen nicht abzuwendende Abwanderung unter Umständen zu akzeptieren.

5 Ausblick

Im vorliegenden Beitrag wurden Grundsatzüberlegungen zur Kommunikationsqualität in B-to-B-Verhandlungen angestellt, die Zielen der Kundenabwanderungsprävention dienen. Daraus ließen sich einige Hinweise zur Gestaltung von Präventionsmaßnahmen ableiten. Die Thematik ist allerdings so komplex und wichtig, dass weitergehende Untersuchungen notwendig scheinen. Diese können sich z.B. auf folgende Fragestellungen beziehen:

- Direkte empirische Untersuchung dyadischer Käufer-Verkäufer-Verhandlungsabläufe bei allen Beteiligten;
- Empirische Untersuchungen in verschiedenen Branchen;
- Einbezug internationaler Verhandlungen;
- Experimentelle Untersuchungen/Vergleiche verschiedener Kommunikationsformen;
- Feststellung von Kommunikations- und anderen Variablen, die Verhandlungsergebnisse beeinflussen, sowie Tests entsprechender Kausalmodelle;
- Entwicklung theoretischer Konzepte zur Entstehung des Verkäuferverhaltens und empirische Prüfung;
- Formulierung konkreter Personalentwicklungsmaßnahmen zur Umsetzung von Abwanderungspräventionsmaßnahmen durch Face-to-Face-Kommunikation.

Literaturverzeichnis

ADAMS, C., Inequity in Social Exchange, in: BERKOWITZ, L. (Hrsg.): Advances in Experimental Social Psychology, New York 1965, S. 267-299.

ANDERSEN, P. H./KUMAR, R., Emotions, trust and relationship development in business relationships: A conceptual model for buyer-seller dyads, in: Industrial Marketing Management, (35. Jg.), 2006, S. 522-535.

BACKHAUS, K./VOETH, M., Industriegütermarketing, 8. Aufl., München 2007.

BALL, D./COELHO, P. S./MACHÁS, A., The role of communication and trust in explaining customer loyalty; in: European Journal of Marketing, Nr. 9/10 (38. Jg.), 2004, S. 1272-1293.

BAUER, R., Consumer Behavior as Risk-Taking, in: HANCOCK, R. (Hrsg.): Proceedings of the 43rd Conference of the American Marketing Association, Chicago 1960, S. 389-398.

BEUTIN, N., Verfahren zur Messung der Kundenzufriedenheit im Überblick, in: HOMBURG, C. (Hrsg.): Kundenzufriedenheit, Konzepte – Methoden – Erfahrungen, 7. Aufl., Wiesbaden 2008, S. 121-172.

BRUHN, M., Marketing, 9. Aufl., Wiesbaden 2009.

CANARY, D. J./CUPACH, W. R./SERPE, R. T., A Competence-Based Approach to Examining Interpersonal Conflict, in: Communication Research, Nr. 1 (28. Jg.), 2001, S. 79-104.

CRON, W. L. ET AL., Salesperson Selection, Training, and Development: Trends, Implications, and Research Opportunities, in: Journal of Personal Selling & Sales Management, Nr. 2 (XXV. Jg.), 2005, S. 123-136.

DAFT, R. L./LENGEL, R. H., Information Richness: a new approach to managerial behavior and organizational design, in: CUMMINGS, L. L./STAW, B. M. (Hrsg.): Research in Organizational Behavior 9, Homewood 1984, S. 191-233.

DAFT, R. L./LENGEL, R. H., Organizational Information Requirements, Media Richness und Structural Design, in: Management Science, Nr. 5 (32. Jg.), 1986, S. 554-572.

DWYER, F. R./SCHURR, P. H./OH, S., Developing Buyer-Seller Relationships, in: Journal of Marketing, Nr. 2 (51. Jg.), 1987, S. 11-27.

ESHGHI, A. ET AL., Determinants of Customer Churn Behavior: The Case of the Local Telephone Service, in: Marketing Management Journal, Nr. 2 (16. Jg.), 2006, S. 179-187.

FESTINGER, L., A theory of cognitive dissonance, Evanston 1957.

FLANAGAN, J. C., The critical incident technique, in: Psychological Bulletin, Nr. 4 (51. Jg.), 1954, S. 327-358.

FROMMEYER, A., Kommunikationsqualität in persönlichen Kundenbeziehungen, Wiesbaden 2005.

GRIFFIN, E., A first look at communication theory, 5. Aufl., New York 2003.

GUSTAFSSON, A./JOHNSON, M., Determining Attribute Importance in a Service Satisfaction Model, in: Journal of Service Research, Nr. 2 (7. Jg.), 2004, S. 124-141.

HEIDER, F., Attitudes and cognitive organizations, in: Journal of Psychology, (21. Jg.), 1946, S. 107-112.

HEIDER, F., The psychology of interpersonal relations, New York 1958.

HERKNER, W., Lehrbuch Sozialpsychologie, 2. Aufl., Bern u. a. 2001.

HOMBURG, C./BRUHN, M., Kundenbindungsmanagement - Eine Einführung in die theoretischen und praktischen Problemstellungen; in: BRUHN, M./HOMBURG, C. (Hrsg.): Handbuch Kundenbindungsmanagement, 6. Aufl., Wiesbaden 2008, S. 3-40.

HOMBURG, C./KLARMANN, M., Die indirekte Wichtigkeitsbestimmung im Rahmen von Kundenzufriedenheitsuntersuchungen: Probleme und Lösungsansätze, in: HOMBURG, C. (Hrsg.): Kundenzufriedenheit, Konzepte - Methoden - Erfahrungen, 7. Aufl., Wiesbaden 2008, S. 203-239.

HOMBURG, C./STOCK-HOMBURG, R., Theoretische Perspektiven zur Kundenzufriedenheit, in: HOMBURG, C. (Hrsg.): Kundenzufriedenheit, Konzepte - Methoden - Erfahrungen, 7. Aufl., Wiesbaden 2008, S. 17 - 52.

HOMBURG, C./WERNER, H., Kundenorientierung mit System, Frankfurt/New York 1998.

HOVLAND, C. I./HARVEY, O. J./SHERIF, M., Assimilation and contrast effects in communication and attitude change, in: Journal of Abnormal Social Psychology, Nr. 7 (55. Jg.), 1957, S. 242-252.

KAAS, K. P., Kontrakte, Geschäftsbeziehungen, Netzwerke: Marketing und Neue Institutionenökonomie, Düsseldorf 1995.

KANO, N. ET AL., Attractive Quality and Must be Quality, in: Quality - Journal of Japanese Society for Quality Control, Nr. 2 (14. Jg.), 1984, S. 39-48.

KELLEY, H. H., Attribution theory in social psychology, in: LEVINE, D. (Hrsg.): Nebrasko Symposium on Motivation, Lincoln 1967.

LAMBE, C. J./WEBB, K. L./ISHIDA, C., Self-managing selling teams and team performance: The complementary roles of empowerment and control, in: Industrial Marketing Management, Nr. 1 (38. Jg.), 2009, S. 5-16.

LASSWELL, H. D., The Theory of Political Propaganda, in: The American Political Science Review, (21. Jg.), 1927, S. 627-631.

LASSWELL, H. D., The Structure and Function of Communication in Society, in: BERELSON, B./JANOWITZ, M. (Hrsg.): Reader in Public Opinion and Communication, 2. Aufl., New York 1966, S. 178-190.

MANN, A., Dialogmarketing - Konzeption und empirische Befunde, Wiesbaden 2004.

MARTILLA, J. A./JAMES, J. C., Importance-Performance Analysis, in: Journal of Marketing, Nr. 1 (41. Jg.), 1977, S. 77-79.

MARTIN, C. A./BUSH, A. J., Psychological Climate, Empowerment, Leadership Style and Customer-Oriented Selling: An Analysis of the Sales-Manager-Salesperson Dyad, in: Journal of the Academy of Marketing Science, Nr. 3 (34. Jg.), 2006, S. 419-438.

MINTU-WIMSATT, A./GASSENHEIMER, J. B., The problem solving approach of international salespeople: the experience effect, in: Journal of Personal Selling & Sales Management, Nr. 1 (XXIV. Jg.), 2004, S. 19-25.

MOHR, J. J./SOHI, R. S., Communication Flows in Distribution Channels: Impact on Assessments of Communication Quality and Satisfaction, in: Journal of Retailing, Nr. 4 (71. Jg.), 1995, S. 393-416.

MÜLLER, M., Informationstransfer im Supply Chain Management, Wiesbaden 2005.

OLIVER, R. L., Satisfaction: A behavioral Perspective on the Consumer, New York 1997.

PRESSEY, A. D./MATHEWS, B. P., Jumped, Pushed or Forgotton? Approaches to Dissolution, in: Journal of Marketing Management, (19. Jg.), 2003, S. 131-155.

SCHULZE, H., Beziehungsmanagement - Vertrieb als persönlicher Kontakt zwischen Menschen, in: PEPELS, W. (Hrsg.): Handbuch Vertrieb - Konzepte, Instrumente, Erfahrungen, München, Wien 2002, S. 137-158.

SCHÜTZEICHEL, R., Soziologische Kommunikationstheorien, Konstanz 2004.

SENGUPTA, S./KRAPFEL, R. E./PUSATERI, M. A., An Empirical Investigation of Key Account Salesperson Effectiveness, in: Journal of Personal Selling & Sales Management, Nr. 4 (XX. Jg.), 2000, S. 253-261.

SHELBY, A. N., Communication Quality Revisited. Exploring the Link with Persuasive Effects, in: The Journal of Business Communication, Nr. 3 (35. Jg.), 1998, S. 387-404.

SHOEMAKER, M./JOHLKE, M. C., An Examination of the Antecedents of a Crucial Selling Skill: Asking Questions, in: Journal of Managerial Issues, Nr. 4 (14. Jg.), 2002, S. 118-131.

SPENCE, M., Informational Aspects of Market Structure: An Introduction, in: Quarterly Journal of Economics, Nr. 4 (90. Jg.), 1976, S. 591-597.

VICKERY, S. K. ET AL., The Performance Implications of Media Richness in a Business-to-Business Service Environment: Direct versus Indirect Effects, in: Management Science, Nr. 8 (50. Jg.), 2004, S. 1106 - 1119.

WAGNER, J. A./KLEIN, N. M./KEITH, J. E., Buyer-seller relationships and selling effectiveness: the moderating influence of buyer expertise and product competitive position, in: Journal of Business Research, Nr. 4 (56. Jg.), 2003, S. 295-302.

WATZLAWICK, P./BEAVIN, J. H./JACKSON, D. D., Menschliche Kommunikation, 11. Aufl., Bern u. a. 2007.

WETZELS, M./DE RUYTER, K./LEMMINK, J., Antecedents and Consequences of Service Quality in Business-to-Business Services, in: SWARTZ, T. A./IACOBUCCI, D. (Hrsg.): Handbook of Services Marketing and Management, Thousand Oaks u. a. 2000, S. 343-356.

WILLIAMSON, O. E., Markets and Hierarchies: Analysis and Antitrust Implications, New York 1975.

WILLIAMSON, O. E., Die ökonomischen Institutionen des Kapitalismus, Tübingen 1990.

Manfred Bruhn

Exit Management
Beendigung von Geschäftsbeziehungen aus Anbietersicht

1 Exit Management innerhalb der Forschung zur Kundenabwanderung 93
2 Gründe zur Bereinigung des Kundenstamms 97
3 Informationsquellen als Entscheidungsgrundlage zur
  anbieterseitigen Beendigung der Geschäftsbeziehung... 100
4 Typen und Formen der Beendigung
  von Geschäftsbeziehungen aus Anbietersicht 102
5 Strategien und Maßnahmen der vollständigen Beendigung von
  Geschäftsbeziehungen aus Anbietersicht 104
6 Strategien und Maßnahmen der partiellen Beendigung von
  Geschäftsbeziehungen aus Anbietersicht 107
7 Zukünftiger Forschungsbedarf.. 109

1 Exit Management innerhalb der Forschung zur Kundenabwanderung

Das Denken in Kundenbeziehungen steht seit zwei Dekaden im Mittelpunkt der Marketingwissenschaft sowie -praxis und hat seine Entsprechung in der Konzeption des Relationship Marketing gefunden (Berry 1983, 1995; Diller/Kusterer 1988; Grönroos 1990, 1995, 1996, 1997; Gummesson 1994, 1996; Bruhn/Bunge 1994; Brodie et al. 1997; Baker/Buttery/Richter-Buttery 1998; Bruhn 1999; Klee 2000). Gegenstand des Relationship Marketing ist dabei die strategische **Steuerung von Kundenbeziehungen** auf der Basis des Beziehungslebenszykluskonzepts, das insbesondere die Entstehungs- und Entwicklungsphasen von Anbieter-Kunden-Beziehungen im Sinne der Neukundenakquisition sowie Kundenbindung fokussiert (z.B. Liljander/Strandvik 1995; Grönroos 1997; Bruhn 2009).

Die dritte Phase dieses Konzepts, die sich mit der Beendigungsphase der Anbieter-Kunde-Beziehungen – auf Initiative des Kunden, des Anbieters oder aufgrund externer Faktoren – beschäftigt, wurde in der wissenschaftlichen Diskussion zunächst weitgehend vernachlässigt (z.B. Ford 1980; Dwyer/Schurr/Oh 1987; Michalski 2004). Dies änderte sich erst zu Beginn der 1990er Jahre, als sich die kundeninitiierte Abwanderung zu einem zunehmenden Problem in bestimmten Branchen (z.B. Telekommunikation, Banken, Krankenkassen) entwickelte. Als Folge intensivierte sich die Auseinandersetzung mit den Kundenabwanderungsprozessen, um ein umfassenderes Verständnis hinsichtlich der notwendigen Kundenrückgewinnungsprozesse und der konkreten Maßnahmen zur tatsächlichen erfolgreichen Rückgewinnung bzw. zur Vermeidung einer Abwanderung des Kunden zu erhalten (Stewart 1996; Roos/Strandvik 1997; Roos 1999). Seit Ende der 1990er Jahre wurde schließlich auch die **anbieterseitige Beziehungsbeendigung** als Forschungsaspekt im Rahmen der Kundenbeziehungen innerhalb des Relationship Marketing aufgenommen (Alajoutsijärvi/Möller/Tähtinen 2000; Tomczak/Reinecke/Finsterwalder 2000; Finsterwalder 2002; Günter/Helm 2003; Lucco 2008).

Abbildung 1-1 gibt – basierend auf dem Beziehungslebenszykluskonzept – den idealtypischen Verlauf einer Kunde-Anbieter-Beziehung wieder. Dabei tritt nach den ersten beiden Phasen der Kundenakquisition und der Kundenbindung entweder die Rückgewinnung eines abwanderungsgefährdeten bzw. bereits abgewanderten Kunden im Rahmen der Kundenrückgewinnungsphase oder die Phase des Exit Managements ein. Die letztgenannten Maßnahmen werden aus Anbietersicht ergriffen, wenn die Beziehung zum Kunden z.B. aus Profitabilitätsgründen nicht mehr attraktiv erscheint.

Manfred Bruhn

Abbildung 1-1: Einordnung des Exit Managements in den idealtypischen Kundenbeziehungslebenszyklus
(Quelle: in Anlehnung an Bruhn 1999, S. 191; Stauss 2000, S. 16)

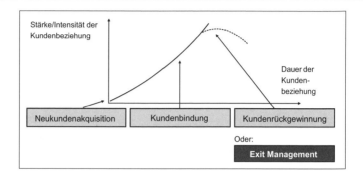

Trotz – oder gerade aufgrund – des relativ jungen Forschungsfeldes hat sich noch keine einheitliche Definition für die anbieterseitige, vom Kunden nicht erwünschte Kündigung entwickelt. Tabelle 1-1 gibt einen Überblick über die momentan existierenden **anbieterseitigen Kündigungskonzepte**. Diese werden zusätzlich nach der Stärke der Kündigungsabsicht bzw. nach dem Grad der Kündigung unterschieden.

Tabelle 1-1: Definitionsansätze der anbieterseitigen Kündigung
(Quelle: in Anlehnung an Lucco 2008, S. 8)

	Begriff	Autoren	Inhaltlicher Definitionsansatz
Kündigungsgrad — Hoch	„Fire your customer"	Schrage 1992; Wax 1996; Jordan 1998; Reid 2005; Peebles 2006	„…tell them politely that they'll be better off getting the product/service elsewhere."
	Anbieterseitige Kündigung von Geschäftsbeziehungen	Winter 2000; Finsterwalder 2002; Fischer/Schmöller 2003; Günter/Helm 2003	„… intendierte Ausgrenzung aktueller Kunden …"
	Relationship dissolution	Alajoutsijärvi/Möller/Tähtinen 2000; Pressey/Mathews 2003; Helm/Rolfes/Günter 2006; Pressey/Selassie 2007	„… all activity links are broken and no ressource ties and actor bonds exist between … the two parties …"
	Kundenausgrenzung (Nicht-, Teil- und Totalausgrenzung)	Stauss 1997; Tomczak/Reinecke/Finsterwalder 2000	„… intendierter oder unintendierter Ausschluss eines potenziellen oder ehemaligen Kunden von Leistungen, die vom jeweiligen Unternehmen angeboten werden …"
Niedrig	Demarketing. General, selective, ostensible; Deemphasizing	Kotler/Levy 1971; Lawther/Hastings/Lowry 1997; Gordon 2006; Medway/Warnaby 2008; Grinstein/Nisan 2009	„… that aspect of marketing that deals with discouraging customers in general or a certain class of customer in particular on either a temporary or permanent basis."
	Devesting	Woo/Fock 2004	„… taking ressources … and services … off the customer …"

Vor dem Hintergrund der bislang existierenden Formenvielfalt hinsichtlich der Beendigung von Kunden-Anbieter-Beziehungen erscheint es unter Strukturierungsgesichtspunkten sinnvoll, eine grundsätzliche Einordnung im Hinblick auf die Bereiche Business-to-Business (z.B. Alajoutsijärvi/Möller/Tähtinen 2000; Butzer-Strohmann 1999; Hallén/Johanson 2004; Pressey/Selassie 2007), Business-to-Consumer (z.B. Winter 2001; Beloucif/Donaldson/Waddell 2006; Helm/Rolfes/Günter 2006; Walsh/Dinnie/ Wiedmann 2006; Lucco 2008) und Nonprofit-to-Consumer (z.B. Dekimpe/Degraeve 1997; Metrick 2005; Sargeant/Woodliffe 2007; Sargeant/Hudson 2008) vorzunehmen (vgl. Abbildung 1-2). Der Fokus dieses Beitrags liegt im Weiteren auf dem Business-to-Consumer-Bereich.

Abbildung 1-2: Forschungsschwerpunkte zum Themenbereich Kundenabwanderungen (Quelle: in Anlehnung an Bruhn/Michalski 2003, S. 432)

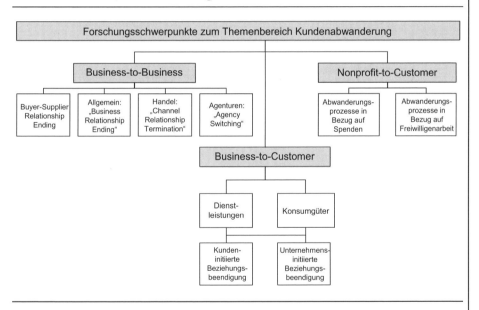

Neben dieser Fokussierung auf die Anbieter-Kunde-Beziehung ist eine weitere Eingrenzung der Perspektive und des Untersuchungsraumes notwendig. Im Folgenden wird der **Fokus auf die anbieterseitige Kündigung** gerichtet. In diesem Fall ist der Anbieter der Initiator der Beziehungsbeendigung, während der Kunde selbst keine Auflösung der Geschäftsbeziehung wünscht. Abbildung 1-3 veranschaulicht diese Abgrenzung gegenüber den weiteren Möglichkeiten zur Beendigung einer Anbieter-Kunde-Beziehung. Im Vordergrund des vorliegenden Beitrags steht die nicht erwünschte Kündigung aus Kundenperspektive und die erwünschte Kündigung aus Anbieterperspektive (Feld unten links in Abbildung 1-3).

Abbildung 1-3: Formen der Beziehungsbeendigung aus Anbieter- und Kundenperspektive (Quelle: in Anlehnung an Lucco 2008, S. 7)

		Kündigung der Beziehung aus Anbieterperspektive	
		Erwünscht	Nicht erwünscht
Kündigung der Beziehung aus Kundenperspektive	Erwünscht	• Kundenzufriedenheitsmanagement • Qualitätsmanagement • Management zur Minimierung von Nach-Kauf-Dissonanzen	• Beschwerdemanagement • Präventionsmanagement • Kundenrückgewinnungsmanagement
	Nicht erwünscht	• Kündigungsmanagement von Kundenbeziehungen • „Exit-Management" • „Beendigungsmanagement"	• Management der Kundenzufriedenheit und Kundenbindung • Qualitätsmanagement

Unter Berücksichtigung dieser Eingrenzung wird im Folgenden der momentane Forschungsstand zum Exit Management mit dem Ziel skizziert, die bisherigen Forschungsschwerpunkte und existierenden Defizite aufzudecken, um einen Beitrag zur Schließung möglicher Forschungslücken zu leisten.

Die Forschungsbeiträge, die sich mit der anbieterseitigen Beziehungsbeendigung beschäftigen, fokussierten sich bislang schwerpunktmäßig auf eine **konzeptionelle Auseinandersetzung** mit diesem Thema (z.B. Whitney 1996; Tähtinen/Halinen-Kaila 1997, 1999; Tähtinen/Halinen 2002; Mittal/Sarkees/Murshed 2008). Neben den wenigen Beiträgen, die speziell die anbieterseitige Beziehungsbeendigung zum Inhalt haben, wird daneben oftmals eine Betrachtung sämtlicher Beendigungsoptionen vorgenommen, so dass die anbieterinitiierte Kündigung nur einen Teilaspekt im Rahmen dieser Arbeiten darstellt (z.B. Pressey/Mathews 2003). Diese Kategorisierungsbemühungen stehen im Mittelpunkt und stellen den Ausgangspunkt für die Ableitung von anbieterseitigen Kündigungsstrategien dar. In der Zukunft ist deshalb der Fokus stärker auf die Auseinandersetzung mit möglichen Strategien zu legen, die häufig aus der sozialpsychologischen Forschung zur Beendigung persönlicher Beziehungen (z.B. Baxter 1984, 1985) oder Beziehungsbeendigungen im Business-to-Business-Bereich abgeleitet werden (z.B. Giller/Matear 2001).

Neben dem konzeptionellen Schwerpunkt wurden empirische Untersuchungen (z.B. Helm/Rolfes/Günter 2006; Lucco 2008) bislang weitgehend vernachlässigt. Weitere Forschungsbemühungen sind darüber hinaus auch im Rahmen der Auseinandersetzung mit der partiellen Beziehungsbeendigung notwendig. Diese hielt zwar mit einem Beitrag von Kotler/Levy (1971) frühzeitig Einzug in die wissenschaftliche Diskussion, fand jedoch in der Folge kaum Beachtung (z.B. Tomczak/Reinecke/Finsterwalder 2000).

Ziel des vorliegenden Beitrages ist daher die **Strukturierung der bisherigen Forschungserkenntnisse** aus der hauptsächlich konzeptionellen thematischen Auseinandersetzung. Zunächst wird ein Systematisierungsansatz der Gründe der Bereinigung des Kundenstamms vorgenommen. Er dient als Ausgangspunkt für die Auswahl einer geeigneten Kündigungsstrategie. Dieser Systematisierungsansatz wird im Anschluss mit den Informationsquellen verknüpft, die – für den jeweiligen Kündigungsgrund – zur Rechtfertigung der Beziehungsbeendigung gegenüber dem Kunden herangezogen werden können. Auch in diesem Bereich erfolgt eine entsprechende Strukturierung. Schließlich werden die in der Literatur bereits diskutierten Formen und Typen der Beendigung von Geschäftsbeziehungen aus Anbietersicht vorgestellt, um darauf aufbauend entsprechende Strategien für eine vollständige und partielle Beziehungsbeendigung abzuleiten.

Neben diesen Strukturierungsbemühungen ist es eine weitere Zielsetzung des Beitrages, die bislang weitgehend vernachlässigte Option der **partiellen Beziehungsbeendigung** ebenfalls in das Zentrum des Forschungsinteresses zu rücken und eine Systematik möglicher Kündigungsstrategien zu entwickeln.

2 Gründe zur Bereinigung des Kundenstamms

Der steigende Wettbewerbsdruck und die begrenzte Verfügbarkeit notwendiger Ressourcen stellen für Unternehmen mögliche zwingende Gründe dar, sich mit den Beziehungen zu unprofitablen Kunden auseinanderzusetzen. Im Sinne einer angestrebten Gewinnerzielung ist es für ein Unternehmen deshalb unter Umständen ratsam, eine solche Kundenbeziehung vorübergehend stillzulegen oder ggf. vollständig zu beenden (Perrien/Paradis/Banting 1995; Alajoutsijärvi/Möller/Tähtinen 2000; Ilavila/Wilkinson 2002; Pressey/Mathews 2003; Helm 2004), auch wenn der Aufbau von Kundenbindung mittels Erlössteigerungen und Kostensenkungen als entscheidende Determinante des ökonomischen Erfolgs angesehen wird (z.B. Reichheld/Sasser 1990; Blattberg/Deighton 1996; Zeithaml/Berry/Parasuraman 1996; Anderson/Fornell/Rust 1997; Krafft 2007).

Innerhalb dieses Kapitels wird als Ausgangspunkt des Exit Managements eine Systematisierung der vielfältigen **Gründe zur Bereinigung des Kundenstamms aus Anbietersicht** vorgenommen. Dabei lassen sich zunächst unternehmens-, umwelt- und kundenverschuldete Gründe für eine grundlegende Unterteilung differenzieren (Finsterwalder 2002, S. 5). Zur weiteren Spezifizierung erscheint es sinnvoll, die unmittelbare Nachvollziehbarkeit der anbieterseitigen Kündigung aus Kundensicht in die Systematik einzubeziehen, beeinflusst sie doch stark die Akzeptanz der jeweiligen Kündigungsstrategie aus Kundensicht (Lucco 2008, S. 48). Ist die Kündigung z.B. aus der Sicht des Kunden nicht nachvollziehbar, wird das Unternehmen eine rücksichtsvollere Kündigungsstrategie durchführen müssen, um den Kunden nicht zu verärgern. Tabelle 2-1 fasst den Kategorisierungsansatz der anbieterseitigen Gründe zur Beziehungsbeendigung zusammen.

Tabelle 2-1: Kategorisierung der Gründe einer anbieterinitiierten Bereinigung des Kundenstamms und relevante Informationsquellen
(Quelle: in Anlehnung an Finsterwalder 2002, S. 5; Bruhn/Lucco/Wyss 2008, S. 223; Lucco 2008, S. 48)

Ursache aus Anbietersicht	Unmittelbare Nachvollziehbarkeit für den Kunden	Beispiele	Informationsquellen
Unternehmensverschuldet	Nicht nachvollziehbar	Fehlender Fokus von Kundenakquisition und -bindung	Vor-ökonomisch (affektiv, kognitiv, konativ)
	Bedingt nachvollziehbar	Strategische Neuausrichtung des Anbieters	Vor-ökonomisch (affektiv, kognitiv, konativ) oder ökonomisch (z.B. Kundenwert)
	Nachvollziehbar	Konkurs des Anbieters	Unternehmensinterne ökonomische Daten
Fremdverschuldet (umweltbezogen)	Nachvollziehbar	Fehlende Erfüllung gesetzlicher Anforderungen	Externe, problemlos zugängliche Daten (z.B. Gesetzestexte)
		Engpässe auf dem Arbeitsmarkt	Externe, problemlos zugängliche Daten
Kundenverschuldet	Nicht nachvollziehbar	Zu geringe Rentabilität	Ökonomisch (z.B. Kundenwertanalyse)
		Zielgruppen- oder Imagekongruenz	Vor-ökonomisch (z.B. affektiv: Image des Kunden)
	Bedingt nachvollziehbar	Überhöhte/veränderte Kundenbedürfnisse	Vor-ökonomisch (z.B. kognitiv: Qualitätsbewusstsein des Kunden)
	Nachvollziehbar	Kundenseitiges Fehlverhalten	Vor-ökonomisch (z.B. konativ: Kommunikationsverhalten des Kunden)
		Zahlungsunfähigkeit/-unwilligkeit	Ökonomisch oder vor-ökonomisch (z.B. konativ: Verhaltenskomponente)

Die Gründe für eine anbieterseitige Kündigung können zunächst **unternehmensverschuldet** sein. Dabei ist z.B. für den Kunden eine Kündigung nicht nachvollziehbar, wenn das Unternehmen bislang den Fokus auf eine möglichst hohe Kundenakquisitions- und -bindungsrate gelegt hat, nun aber unter dem Aspekt der Homogenisierung des Kundenbestands eine gezielte Bereinigung der Kundenstruktur notwendig wird (Hocutt 1998, S. 196; Tomczak/Reinecke/Finsterwalder 2000, S. 402f.). In Abhängigkeit der Kommunikationspolitik wird des Weiteren eine strategische Neuausrichtung des Unternehmens von den Kunden als Kündigungsgrund unter Umständen nur bedingt nachvollzogen (Tomczak/Reinecke/Finsterwalder 2000, S. 403; Fischer/Schmöller 2006, S. 493; Mittal/Sarkees/Murshed 2008, S. 64). Schließlich stellt z.B. der Konkurs des Anbieters einen vom Kunden nachvollziehbaren Grund dar.

Gründe einer Kündigung, die aus Anbietersicht **fremdverschuldet** (umweltbezogen) sind, haben ihren Ursprung meist in von den Marktteilnehmern nicht beeinflussbaren Faktoren. Diese sind vom Kunden auch direkt nachvollziehbar. Dazu zählen z.B. die fehlende Erfüllung gesetzlicher Anforderungen des potenziellen Kunden (Mindestalter 18 Jahre zum Abschluss eines Mobilfunkvertrages) oder Engpässe auf dem Arbeitsmarkt, so dass der Anbieter nicht über ausreichende Kapazitäten verfügt, um den gesamten Kundenstamm zu betreuen (Günter/Helm 2003, S. 56; Fischer/Schmöller 2006, S. 486; Mittal/Sarkees/Murshed 2008, S. 64).

Schließlich kann der Kündigungsgrund **kundenverschuldet** sein. Für den Kunden meist nicht nachvollziehbar ist eine zu geringe Rentabilität (Fischer/Schmöller 2006, S. 487; Helm/Rolfes/Günter 2006; Mittal/Sarkees/Murshed 2008, S. 64) oder eine fehlende Zielgruppen- oder Imagekongruenz zwischen dem Unternehmen und dem jeweiligen Kunden (Gassenheimer/Houston/Davis 1998, S. 323; Tomczak/Reinecke/Finsterwalder 2000, S. 404; Helm 2004, S. 85). Die Veränderung der Kundenbedürfnisse wird als bedingt nachvollziehbar eingeordnet. Dies ist insbesondere zutreffend, wenn der Kunde selbst zu der Einsicht kommt, dass die Unternehmensleistungen seinen Anforderungen nicht mehr gerecht werden. Darüber hinaus lassen sich auch nachvollziehbare kundenverschuldete Ursachen identifizieren. In diesen Bereich fallen die Zahlungsunfähigkeit des Kunden oder ein kundenseitiges Fehlverhalten (z.B. Baillie 2003, S. 72).

Dieser Kategorisierungsansatz trägt zur Erklärung der Kündigungsursache und der Anbietermotivation zur Beziehungsbeendigung bei. Das betreffende Unternehmen wird in Abhängigkeit des aufgetretenen Kündigungsgrundes sein eigenes Verhalten gegenüber dem Kunden und somit die Wahl der Kündigungsstrategie und die konkreten Kündigungsmaßnahmen festlegen.

3 Informationsquellen als Entscheidungsgrundlage zur anbieterseitigen Beendigung der Geschäftsbeziehung

Der Beschluss, eine bestehende Beziehung zu einem Kunden zu beenden, bedarf einer **fundierten Entscheidungsgrundlage**, da durch eine anbieterseitige Kündigung negative Effekte, wie z.B. ein allgemeiner Imageverlust des Unternehmens durch diese Kündigungspolitik (Mittal/Sarkees/Murshed 2008, S. 60) oder negative Mund-zu-Mund-Kommunikation ausgeschlossener Kunden hervorgerufen werden können, die unter Umständen auch zur Abwanderung profitabler Kunden führen (Jordan 1998, S. 97ff.; Alajoutsijärvi/Möller/Tähtinen 2000, S. 1285; Finsterwalder 2002, S. 20ff.; Helm 2004, S. 89).

Die Auswahl der betreffenden Informationsquellen, die dieser Entscheidung zu Grunde gelegt werden, richtet sich nach der jeweiligen Kündigungsursache. Der Grad der Erfassbarkeit des Kündigungsgrundes und die damit zusammenhängende Begründbarkeit variiert dabei in erheblichem Maße.

Hinsichtlich der umweltbezogenen Gründe zur Bereinigung des Kundenstamms stellt sich eine Argumentation gegenüber dem zu kündigenden Kunden als unproblematisch dar. Hier liegen meist objektiv nachvollziehbare und leicht zugängliche Informationen vor. Werden gesetzliche Anforderungen nicht erfüllt, weil z.B. ein gewisses Mindestalter für das Abschließen eines Vertrages nicht erreicht ist, lässt sich das unternehmensseitige Verhalten durch die Vorlage des einschlägigen Gesetzestextes gegenüber dem Kunden problemlos begründen.

Neben dieser Art von Informationsquellen – dazu zählen z.B. auch Arbeitsmarktdaten, Konjunkturdaten oder Geschäftsberichte – lassen sich Informationsquellen unterscheiden, die entweder ökonomisch quantifizierbare oder vorökonomisch relevante Sachverhalte des Kunden erfassen.

Zu den Informationsquellen, die auf **ökonomischen Größen** basieren, zählen sämtliche Analysen der Kundenprofitabilität. Um z.B. Aussagen über die Rentabilität des Kunden treffen zu können, lässt sich der Wert des Kunden für das Unternehmen als fundierte Entscheidungsgrundlage heranziehen (Helm/Günter 2006; Reckenfelderbäumer/Welling 2006). Auf der Grundlage einperiodischer oder statischer Kundenwerte wird eine Beurteilung mit einem kurzfristigen Betrachtungsfokus durchgeführt. Hierzu werden vor allem Kundenumsatz- und -deckungsbeitragsanalysen herangezogen. Eine Beurteilung der langfristigen Profitabilität des Kunden erfolgt dagegen anhand mehrperiodischer oder dynamischer Verfahren der Kundenbewertung (Reckenfelderbäumer/Welling 2006). Hier ist vor allem der Customer-Lifetime-Value-Ansatz zu nennen, der die Prinzipien der dynamischen Investitionsrechnung auf die Berechnung einer Kundenbeziehung überträgt (Bruhn 2009, S. 280).

Jedoch existieren auch Gründe für eine anbieterseitige Kündigung, die mittels ökonomischer Informationsquellen nicht gerechtfertigt werden können. Hierfür sind **vor-ökonomische Informationen** heranzuziehen, die Auskunft über die Einstellung des Kunden gegenüber dem Anbieter geben. Dabei lässt sich diese hinsichtlich einer affektiven (emotionalen und motivationalen), einer kognitiven (wissensbasierten) und konativen (verhaltensbezogenen) Komponente untergliedern.

Die **affektive** Komponente trifft z.B. Aussagen über die Loyalität oder das Image des Kunden und wird zur Überprüfung der Zielgruppen- und Imagekongruenz sowie zur generellen Beurteilung des Kundenstamms herangezogen. Die **kognitive** Komponente liefert dagegen z.B. Informationen über das Qualitätsbewusstsein und die Preissensibilität des Kunden. Hinsichtlich dieser Angaben lässt sich ebenfalls eine Kategorisierung des gesamten Kundenstamms mit dem Ziel einer Bereinigung oder strategischen Neuausrichtung vornehmen sowie die Veränderung von Kundenbedürfnissen nachvollziehen. Schließlich wird die **konative** Komponente anhand der Berücksichtigung der Absichten oder des tatsächlichen Verhaltens des Kunden herangezogen, um z.B. kundenseitiges Fehlverhalten (z.B. negative Mund-zu-Mund-Kommunikation innerhalb des Kommunikationsverhaltens) als Kündigungsgrund zu rechtfertigen. In Tabelle 2-1 werden den Gründen für eine anbieterinitiierte Kündigung mögliche zu Grunde liegende Informationsquellen gegenübergestellt. In Abbildung 3-1 ist die Systematisierung der Informationsquellen veranschaulicht.

Abbildung 3-1: Systematisierung der Informationsquellen zur Begründung einer anbieterseitigen Kündigung

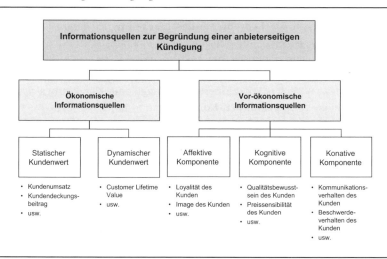

Manfred Bruhn

4 Typen und Formen der Beendigung von Geschäftsbeziehungen aus Anbietersicht

Die Gestaltungsmöglichkeiten für eine anbieterinitiierte Beendigung der Anbieter-Kunde-Beziehung sind vielfältig. Tomczak/Reinecke/Finsterwalder (2000, S. 407ff.) gehen beispielsweise von einer grundsätzlichen Differenzierung in eine **beabsichtigte** und eine **unbeabsichtigte Kundenausgrenzung** aus. Unter Zugrundelegung des Kundenbeziehungslebenszykluskonzepts werden beide Formen nochmals in Bezug auf potenzielle, aktuelle und ehemalige Kunden untergliedert. Innerhalb dieses Beitrags liegt der Fokus auf einer bewussten anbieterseitigen Beziehungsbeendigung, demzufolge sind bei einer beabsichtigten Kundenausgrenzung die gezielte Nicht-Erfassung als potenzieller Kunde, die gezielte Entlassung des aktuellen Kunden und die gezielte Nicht-Ansprache des ehemaligen Kunden durch das Unternehmen als Typen der Beziehungsbeendigung relevant.

Des Weiteren lassen sich diese unterschiedlichen Formen nach dem **Grad der Ausgrenzung des Kunden** differenzieren. Auf einem Kontinuum stellen die Nicht-Ausgrenzung und die Totalausgrenzung die Endpunkte dar. Im Falle der anbieterseitigen Beziehungsbeendigung sind die Teilausgrenzung und die Totalausgrenzung des Kunden relevant. Dabei ist es das Ziel der Teilausgrenzung, den Kunden zwar im Kundenstamm des Unternehmens zu belassen, jedoch das dem Kunden angebotene Leistungsspektrum zu reduzieren. Die Totalausgrenzung strebt dagegen die Beendigung der gesamten Geschäftsbeziehung an (Tomczak/Reinecke/Finsterwalder 2000, S. 414; Finsterwalder 2002).

Zur Detaillierung der Ausgestaltung der verschiedenen Formen der Beziehungsbeendigung lassen sich die **Instrumente des Marketingmix** heranziehen. Innerhalb der Leistungspolitik ist eine Veränderung oder ein bewusstes Nicht-Angebot von Unternehmensleistungen denkbar (Tomczak/Reinecke/Finsterwalder 2000, S. 415). Im Rahmen der Preispolitik lässt sich die Ausgrenzung durch eine Veränderung von Preisen (Reichheld 1993, S. 66), Zahlungsbedingungen oder Kündigungsfristen umsetzen. Das Einstellen der persönlichen Kommunikation mit nicht (mehr) gewünschten Kunden und eine entsprechend veränderte Positionierung des Unternehmens innerhalb der Werbung zur Ansprache der gewünschten Kundengruppe stellen Möglichkeiten der Kommunikationspolitik dar. Schließlich dient der Abbau von Distributionswegen im Rahmen der Distributionspolitik der gezielten Ausgrenzung (Tomczak/Reinecke/Finsterwalder 2002, S. 416).

Einen weiteren Ansatz zur Typologisierung der Beendigung von Anbieter-Kunden-Beziehungen haben Pressey/Mathews (2003) entwickelt. Ziel dieses Ansatzes ist die

Kategorisierung der Beziehungsbeendigung bzw. -auflösung unter **Berücksichtigung der Anbieter- und Kundenperspektive** (Pressey/Mathews 2003, S. 131).

Als relevante Typologisierungsmerkmale werden sowohl auf Anbieter- als auch auf Kundenseite die **Freiwilligkeit bzw. Unfreiwilligkeit der Beziehungsbeendigung** herangezogen und vier **Kategorien der Beziehungsauflösung** identifiziert (Pressey/Mathews 2003, S. 139; vgl. Abbildung 4-1).

- Typ 1 bei beidseitiger Freiwilligkeit: bilaterale, gemeinschaftliche Entscheidung der Beziehungsbeendigung.
- Typ2 bei Unfreiwilligkeit auf Seiten des Anbieters: unilaterale, kundenseitige Ausgrenzung des Anbieters.
- Typ 3 bei Unfreiwilligkeit auf Seiten des Kunden: unilaterale, anbieterseitige Ausgrenzung des Kunden.
- Typ 4 bei beidseitiger Unfreiwilligkeit: bilaterales „Auslaufen lassen" der Beziehung.

Da der Fokus dieses Beitrags auf der anbieterseitigen Beziehungsbeendigung liegt, sind die Typen der „unilateralen, anbieterseitigen Ausgrenzung des Kunden" und das „bilaterale Auslaufen lassen der Beziehung" relevant.

Auf der Grundlage des Typologisierungsmerkmals der Freiwilligkeit – Unfreiwilligkeit lässt sich zum einen der **Initiator der Beziehungsbeendigung** identifizieren. Im Falle der Unfreiwilligkeit auf Seiten des Kunden (Typ 3) geht die Absicht und Initiative der Beziehungsbeendigung einseitig vom Anbieter aus, während beim bilateralen „Auslaufen lassen" der Beziehung (Typ 4) zwar eine beiderseitige Unfreiwilligkeit angenommen wird, jedoch auch keine aktiven Maßnahmen zur Rettung der Beziehung ergriffen werden, so dass eine gewisse Absicht auf beiden Seiten unterstellt werden kann. Zum anderen liefert der Grad der Freiwilligkeit auch Rückschlüsse über die **Orientierung bzw. Rücksichtnahme einer Partei** innerhalb des Prozesses der Beziehungsbeendigung. Die Unilateralität bei Typ 3 lässt auf eine Selbstorientierung des Anbieters schließen, während die Bilateralität bei Typ 4 eine gewisse Partnerorientierung zu Grunde legt.

Auf der Grundlage dieser beiden Ansätze zur Systematisierung der vielfältigen Formen der anbieterseitigen Beziehungsbeendigung lässt sich eine zusammenfassende Systematik entwickeln, die Ansatzpunkte zur Ableitung von Strategien und Maßnahmen zur anbieterseitigen Beziehungsbeendigung liefert. Dabei ist anzumerken, dass die Unterteilung zwischen potenziellem, aktuellem und ehemaligem Kunden unter der Zielsetzung der Ableitung von Strategien und Maßnahmen zur Beziehungsbeendigung auf den aktuellen Kunden reduziert wird (Tomczak/Reinecke/Finsterwalder 2000, S. 407ff.).

Abbildung 4-1: Systematisierung der Formen der anbieterseitigen Beziehungsbeendigung zur Ableitung von Beendigungsstrategien
(Quelle: in Anlehnung an Pressey/Mathews 2003, S. 139)

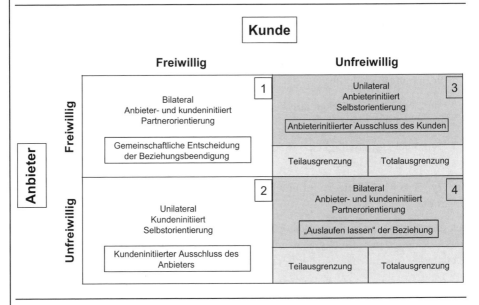

5 Strategien und Maßnahmen der vollständigen Beendigung von Geschäftsbeziehungen aus Anbietersicht

Basierend auf Studien über interpersonelle, nicht-kommerzielle Kündigungen von Beziehungen lassen sich drei **Dimensionen der Ausprägung von Kündigungsstrategien** identifizieren (Baxter 1984, S. 42; 1985, S. 247ff.; Giller/Matear 2001). Dies ist zum einen die Orientierung, die sich in selbst- und partnerorientiert unterscheiden lässt und das Ausmaß der gegenseitigen Rücksichtnahme reflektiert (Baxter 1985, S. 247). Als weitere Dimension hat sich die Absicht bzw. die Initiative – differenziert in ein- oder zweiseitig – herauskristallisiert. Diese beiden Dimensionen lassen sich in gewissem Umfang bereits aus der Systematisierung der Formen der Beziehungsbeendigung (vgl. Abbildung 4-1) ableiten. Daneben ist als dritte Dimension der Grad der Offenheit relevant. Hier ist zwischen einer expliziten Ansprache der Kündigung durch eine direkte Kommunikation und einer impliziten, indirekt kommunizierten Strategie, die sich entsprechend eindeutiger Maßnahmen bedient, zu unterscheiden (Baxter 1984, S. 44; Alajoutsijärvi/Möller/Tähtinen 2000, S. 1284).

Die Strategien und Maßnahmen der **anbieterinitiierten vollständigen Beziehungsbeendigung** zielen auf die Totalausgrenzung des Kunden ab. Unter Berücksichtigung der auf Baxter (1985) basierenden Ansätze zur Systematisierung von Kündigungsstrategien (z.B. Alajoutsijärvi/Möller/Tähtinen 2000; Giller/Matear 2001; Pressey/ Mathews 2003) und der Überlegungen zu den Formen der Beziehungsbeendigung werden die Strategien zur Totalausgrenzung des Kunden zwischen unilateralen, selbstorientierten und bilateralen, partnerorientierten Strategien unterschieden. Abbildung 5-1 gibt zunächst einen Überblick über mögliche Strategien zur vollständigen Beziehungsbeendigung, bevor im Anschluss daran auf die konkrete Anwendung beispielhaft eingegangen wird.

Abbildung 5-1: Unilaterale und bilaterale Strategien der vollständigen Beendigung von Geschäftsbeziehungen

Vollständige Beziehungsbeendigung			
Unilateral		Bilateral	
Direkt	Indirekt	Direkt	Indirekt
• Strategie der vollendeten Tatsache • Strategie der erklärten Beendigung	• Rückzugsstrategie • Strategie der Kosteneskalation	• Strategie des beidseitigen Abschiedsgesprächs	• Strategie des „Auslaufen lassens"

Die unilateralen Strategien werden auf Initiative des Anbieters ergriffen, wobei eine Kündigung auf Kosten des Kunden (bewusst) in Kauf genommen wird. Bei der **Strategie der vollendeten Tatsache** werden dem Kunden die Gründe der Kündigung direkt kommuniziert, ohne dem Kunden die Möglichkeit zu geben, Lösungsvorschläge zu machen oder einen Kompromiss auszuhandeln. Der Mobilfunkanbieter BASE informierte z.B. verschiedene Kunden schriftlich über die außerordentliche Kündigung ihrer Internet-Flatrate-Verträge. Als Grund nannte das Unternehmen eine nicht vereinbarungsgemäße Nutzung der Leistung durch zu hohes Datenaufkommen (o.V. 2008).

Die **Strategie der erklärten Beendigung** sieht dagegen die direkte Kommunikation der unwiderruflichen Beziehungsbeendigung zumindest im Rahmen eines Gesprächs vor, in dem die Kündigungsgründe dargelegt werden. Jedoch wird dem Kunden auch hier keine Möglichkeit zur Rettung der Beziehung eingeräumt. Der Unterschied zur

Strategie der vollendeten Tatsache ist in der „kundenfreundlicheren" Ansprache der Kündigung zu sehen, um z.B. negative Weiterempfehlungen zu vermeiden.

Bei den indirekten Strategien wird dagegen der Grund der Kündigung nicht explizit genannt. Der Prozess der Kündigung dauert bei diesen Strategien deshalb mitunter länger und ist kostenintensiver (Alajoutsijärvi/Möller/Tähtinen 2000). Im Rahmen der **Rückzugsstrategie** wird die Kontakthäufigkeit stetig abgebaut, bis schließlich die kundenseitige Kontaktaufnahme bewusst ignoriert wird. Als begleitende Maßnahme ist z.B. der Austausch des langjährigen, vertrauten Ansprechpartners des Kunden denkbar.

Die **Strategie der Kosteneskalation** basiert auf einer Erhöhung der Beziehungskosten in monetärer, transaktionaler, zeitlicher und/oder qualitativer Hinsicht. Das Unternehmen provoziert dadurch bewusst die vom Kunden initiierte Beziehungsbeendigung. Dies lässt sich konkret z.B. durch die Erhöhung von Tarifen (z.B. Kontoführungsgebühren bei der Bank oder Gebühren für Gesprächseinheiten beim Telefonanschluss) realisieren.

Dagegen wird bei der bilateralen Beendigung die Kündigung sowohl vom Anbieter als auch vom Kunden gewünscht. Innerhalb der **Strategie des beidseitigen Abschiedsgesprächs** erklären der Anbieter und der Kunde die einvernehmliche, unwiderrufliche Kündigung. Dieser Fall tritt ein, wenn die Beendigung für beide Parteien vorteilhaft ist. Decken sich z.B. die Bedürfnisse des Kunden nicht mehr mit den Leistungen des Anbieters, führt der Wechsel zu einem anderen Anbieter für den Kunden zu einer besseren Bedürfnisbefriedigung; für den Anbieter liegt der Vorteil der Beziehungsbeendigung darin, dass Ressourcen zur Betreuung rentablerer Kunden frei werden.

Schließlich signalisieren bei der **Strategie des „Auslaufen lassens"** beide Parteien durch ihr Verhalten implizit, dass sie nicht mehr an einer Fortführung der Beziehung interessiert sind. Dies ist z.B. dann der Fall, wenn anbieter- und kundenseitig keine aktive Kontaktaufnahme mehr unternommen wird.

Die dargestellten Strategien sind unter Bezugnahme auf den Grund zur Bereinigung des Kundenstamms zu bewerten und entsprechend auszuwählen. Unilaterale Strategien sind leichter durchzusetzen, wenn der Kunde den Grund der Kündigung nachvollziehen kann bzw. wenn er diesen selbst verschuldet hat. Ist der Kündigungsgrund jedoch für den Kunden nicht nachvollziehbar, ist eine größere Kundenorientierung angebracht.

6 Strategien und Maßnahmen der partiellen Beendigung von Geschäftsbeziehungen aus Anbietersicht

Die partielle Beendigung sieht als generelles Ziel vor, den Kunden im Kundenstamm zu halten, ihm jedoch nur ein reduziertes Leistungsspektrum des Unternehmens anzubieten (Tomczak/Reinecke/Finsterwalder 2000, S. 414).

Die **Gründe der partiellen Beziehungsbeendigung aus Anbietersicht** werden in der Literatur bisher nur ansatzweise diskutiert. Denkbar ist z.B. die Initiierung einer vollständigen Auflösung der Beziehung durch eine anfängliche partielle Beendigung. Des Weiteren bietet sich eine partielle Beendigung bei einer momentan unrentablen Kundenbeziehung an, wenn gemäß dem Kundenbedarfslebenszyklus in der Zukunft wieder mit einer steigenden Nachfrage des Kunden nach Unternehmensleistungen zu rechnen ist. Die Intensivierung der Anbieter-Kunde-Beziehung ist kostengünstiger zu realisieren als eine Rückgewinnung oder Neukundenakquisition.

Die möglichen Strategien der partiellen Beendigung fasst Abbildung 6-1 im Überblick zusammen.

Abbildung 6-1: Unilaterale und bilaterale Strategien der partiellen Beendigung von Geschäftsbeziehungen

Partielle Beziehungsbeendigung			
Unilateral		Bilateral	
Direkt	Indirekt	Direkt	Indirekt
• Strategie der Scheinabstufung	• Strategie der Deeskalation • Partielle Rückzugsstrategie	• Strategie des einvernehmlichen Gesprächs	• Strategie der Deeskalation

Die **Strategie der Scheinabstufung** ist anbieterinitiiert und wird dem Kunden direkt kommuniziert. Sie basiert auf dem Angebot des Anbieters, die Beziehung auf einem geringeren „Niveau" weiterzuführen, indem z.B. einzelne Leistungsverträge (z.B. bei mehreren Verträgen mit einer Versicherung) aufgelöst werden. Diese Argumentation des Anbieters basiert jedoch auf einer unwahren Aussage, da implizit die vollständige Auflösung der Beziehung angestrebt wird. Die Strategie der Scheinabstufung stellt somit die Schnittstelle zwischen einer Teil- und einer Totalausgrenzung des Kunden dar.

Eine ähnliche Zielsetzung verfolgt die **Strategie der Deeskalation**. Hier wird die Abstufung des Kunden durch eine Verringerung der Beziehungsintensität vorgenommen, ohne jedoch eine tatsächliche Beendigung aktiv zu verfolgen. Diese Strategie findet beispielsweise Anwendung, wenn die Beziehung bzw. der Kunde nicht mehr zur strategischen Ausrichtung des Unternehmens passt, jedoch beispielsweise als Meinungsführer nicht verärgert werden soll. Voraussetzung ist, dass die Beziehung zu diesem Kunden keine übermäßigen Kosten bzw. schädigende Auswirkungen auf das Unternehmensimage verursacht. Diese Strategie ist z.B. bei einer Bank denkbar, die ihren Fokus vom Privatkundenbereich auf den Firmenkundenbereich richten möchte.

Die **partielle Rückzugsstrategie** ist mit der Rückzugsstrategie zur vollständigen Beziehungsbeendigung vergleichbar (vgl. Abschnitt 5), allerdings erfolgt der Rückzug hier nur in bestimmten, nicht mehr erwünschten Bereichen der Geschäftsbeziehung. Denkbar ist dies z.B. im Retail Banking. Aufgrund mangelnder Aktivitäten von Seiten des Kunden ist das Kundendepot zur Verwaltung von Aktien nicht rentabel, so dass diesbezüglich keine aktive Information des Kunden mehr erfolgt. Jedoch ist die Bank weiterhin daran interessiert, dass der Kunde sein normales Konto beibehält.

Als Strategie zur bilateralen, direkt kommunizierten partiellen Beziehungsbeendigung eignet sich die **Strategie des einvernehmlichen Gesprächs**. Im Rahmen eines solchen Gesprächs ist entweder die momentane Beziehungsbeendigung mit der Option der Wiederaufnahme oder eine einvernehmliche Einschränkung der Anbieter-Kunde-Beziehung auf ausgewählte Geschäftsbereiche denkbar. Zur Umsetzung dieses gemeinsamen Ziels ist der Anbieter auch zu einem Kompromiss bereit. Ist der Kunde z.B. nicht in der Lage, seine vertraglich geregelten, in Anspruch genommenen Leistungen fristgerecht zu zahlen, kann das Unternehmen durch eine großzügigere Fristenregelung dem Kunden entgegenkommen. Gleichzeitig ist es jedoch auch denkbar, den Kunden aufgrund der Zahlungsschwierigkeiten von der bisherigen Inanspruchnahme umfangreicherer Unternehmensleistungen auszuschließen.

Schließlich ist die **Strategie der Deeskalation** auch bilateral möglich, wenn beide Parteien der Meinung sind, dass die Unternehmen-Kunde-Kongruenz aufgrund einer strategischen Neuausrichtung des Unternehmens oder einer veränderten Kundenbedarfsstruktur nicht mehr stimmig ist, jedoch aus den oben erwähnten Gründen von Seiten des Unternehmens oder aufgrund der kundenseitigen Gewohnheit keine vollständige Beziehungsbeendigung gewünscht wird.

Die partielle Beendigung von Geschäftsbeziehungen ist zumeist als „Vorstufe" zu einer vollständigen Beendigung der Geschäftsbeziehung zu sehen. In dieser „partiellen Beendigungsphase" wird geprüft, ob noch Chancen für eine dauerhafte Geschäftsbeziehung bestehen.

7 Zukünftiger Forschungsbedarf

Die Auseinandersetzung mit der anbieterinitiierten Beendigung von Geschäftsbeziehungen ist ein relativ junges Forschungsfeld. Der Schwerpunkt der Forschung liegt deshalb noch auf der konzeptionellen Auseinandersetzung. Vor diesem Hintergrund verfolgte der vorliegende Beitrag zum einen das Ziel, die bisherigen Erkenntnisse anhand geeigneter Systematisierungsansätze zu strukturieren. Zum anderen wurde neben der vollständigen Beziehungsbeendigung auch der Aspekt der partiellen Beziehungsbeendigung aufgegriffen, der innerhalb der Forschung in den letzten Jahren weitgehend vernachlässigt wurde.

Zunächst wurde ein Systematisierungsansatz für die Gründe der Bereinigung des Kundenstamms vorgestellt. Als Systematisierungskriterien wurden dafür der Verursacher des Kündigungsgrundes und die Nachvollziehbarkeit aus Kundensicht herangezogen. Hier ist hervorzuheben, dass diese Systematisierung nicht – wie in der Literatur bisher üblich – die Kündigungsgründe aus Kundensicht strukturiert (z.B. Finsterwalder 2002, S. 5), sondern die Perspektive des Anbieters in den Mittelpunkt rückt.

Des Weiteren wurde eine Systematisierung der Informationsquellen nach ökonomischen und vorökonomischen Informationsquellen vorgenommen, um die Entscheidungsgrundlagen für eine anbieterseitige Beendigung zu strukturieren. Vor allem bei einem für den Kunden nicht unmittelbar nachvollziehbaren Kündigungsgrund ist es für das Unternehmen hilfreich, die Argumentation zur Begründung der Notwendigkeit dieses Schrittes gegenüber dem Kunden auf eine fundierte Basis zu stellen.

Schließlich fand eine Auseinandersetzung mit in der Literatur existierenden Formen und Typen der Beendigung von Geschäftsbeziehungen aus Anbietersicht statt, um darauf aufbauend eine Systematik zur Strukturierung von Strategien und Maßnahmen – sowohl der vollständigen als auch der partiellen Beziehungsbeendigung – abzuleiten.

Die gewonnenen Erkenntnisse liefern **Ansatzpunkte für zukünftigen Forschungsbedarf**. Dieser lässt sich nach einem theorie- und managementbezogenen Fokus unterscheiden.

Innerhalb der **theorieorientierten Forschung** erfordern die momentan existierenden definitorischen Grundlagen zunächst eine Zusammenführung der diskutierten Begriffserklärungen, gleichzeitig aber auch eine klare Abgrenzung zwischen den verschiedenen Ausprägungsformen der anbieterseitigen Beziehungsbeendigung.

Des Weiteren scheint es notwendig, die vorgenommenen Systematisierungen auf ihre generelle Anwendbarkeit hin zu überprüfen, um zum einen die Tauglichkeit der bisherigen Kriterien zu testen und zum anderen weitere Kriterien zur differenzierteren Strukturierung aufzunehmen.

Aufgrund der relativen Neuartigkeit des Forschungsfeldes ist weiterhin Bedarf an einer **Konzeptualisierung zentraler Konstrukte** vorhanden, um weitere Wirkungsbeziehungen und relevante Einflussfaktoren zu identifizieren. Dies gilt insbesondere für den Bereich der partiellen Beziehungsbeendigung.

In diesem Zusammenhang ist die theoriegestützte **Ableitung bzw. Entwicklung von Strategien der partiellen Beziehungsbeendigung** in den Mittelpunkt der zukünftigen Forschungstätigkeit zu rücken. In diesem Bereich ist zum momentanen Zeitpunkt lediglich ein Grundgerüst an möglichen Strategien vorhanden, das im Sinne einer Differenzierung nach der Vielzahl an Kündigungsgründen einer Erweiterung bedarf.

Die skizzierten theoriebezogenen Ansatzpunkte für die zukünftige Forschung sind in einem nächsten Schritt auf ihre **praktische Anwendbarkeit** hin zu überprüfen. Hier liefert insbesondere die Umsetzung einer partiellen Beziehungsbeendigung aus Unternehmenssicht Aufschluss über mögliche Auswirkungen. Diese sind vor allem unter dem Aspekt der Imagewirkung und der Rentabilitätssteigerung zu begutachten.

Unter dem Fokus einer systematischen Auseinandersetzung des Unternehmens mit der Strategieoption der anbieterseitigen Beziehungsbeendigung ist die **Implementierung eines Kündigungsmanagements** notwendig. Dieses zielt insbesondere auf die Ausrichtung und Steuerung organisationstheoretischer und personalwirtschaftlicher Bereiche im Sinne einer erfolgreichen Kündigung aus Unternehmenssicht ab.

Schließlich sollte in einem nächsten Schritt eine intensive Auseinandersetzung mit der Wiederaufnahme von Anbieter-Kunden-Beziehungen, die auf Initiative des Anbieters gekündigt wurden, erfolgen. Dieser Bereich wird durch eine Zunahme anbieterseitiger Beziehungsbeendigungen zunehmend an Bedeutung gewinnen.

Literaturverzeichnis

ALAJOUTSIJÄRVI, K./MÖLLER, K./TÄHTINEN, J., Beautiful Exit: How to Leave Your Business Partner, in: European Journal of Marketing, Vol. 34, No. 11/12, 2000, S. 1270-1289.

ANDERSON, E. W./FORNELL, C./RUST, R. T., Customer Satisfaction, Productivity, and Profitability: Differences between Goods and Services, in: Marketing Science, Vol. 16, No. 2, 1997, S. 129-145.

BAILLIE, S., How to Fire Your Customers, in: Profit, Vol. 22, No. 5, 2003, S. 72.

BAKER, M. J./BUTTERY, E. A./RICHTER-BUTTERY, E. M., Relationship Marketing in Three Dimensions, in: Journal of Interactive Marketing, Vol. 12, No. 4, 1998, S. 47-62.

BAXTER, L. A., Trajectories of Relationship Disengagement, in: Journal of Social and Personal Relationships, Vol. 1, No. 1, 1984, S. 29-48.

BAXTER, L. A., Accomplishing Relationship Disengagement, in: DUCK, S./ PERLMAN, D. (Hrsg.): Understanding Personal Relationships. An Interdisciplinary Approach, London 1985, S. 243-265.

BELOUCIF, A./DONALDSON, B./WADDELL, M., A Systems View of Relationship Dissolution, in: Journal of Financial Services Marketing, Vol. 11, No. 1, 2006, S. 30-48.

BERRY, L. L., Relationship Marketing, in: ASSOCIATION, A. M. (Hrsg.): Emerging Perspectives on Services Marketing, Chicago 1983, S. 25-28.

BERRY, L. L., Relationship Marketing of Services – Growing Interest, Emerging Perspectives, in: Journal of the Academy of Marketing Science, Vol. 23, No. 4, 1985, S. 236-245.

BLATTBERG, R. C./DEIGHTON, J., Manage Marketing by the Customer Equity Test, in: Harvard Business Review, Vol. 74, No. 4, 1996, S. 136-144.

BRODIE, R. J./COVIELLO, N. E./BROOKES, R. W./LITTLE, V., Towards a Paradigm Shift in Marketing? An Examination of Current Marketing Practices, in: Journal of Marketing Management, Vol. 13, No. 5, 1997, S. 383-406.

BRUHN, M., Relationship Marketing – Neustrukturierung der klassischen Marketinginstrumente durch eine Orientierung an Kundenbeziehungen, in: GRÜNIG, R./ PASQUIER, M. (Hrsg.): Strategisches Management und Marketing, Bern u.a. 1999, S. 189-218.

BRUHN, M., Relationship Marketing. Das Management von Kundenbeziehungen, 2. Aufl., München 2009.

BRUHN, M./BUNGE, B., Beziehungsmarketing. Neuorientierung für Marketingwissenschaft und -praxis?, in: BRUHN, M./MEFFERT, H./WEHRLE, F. (Hrsg.): Marktorientierte Unternehmensführung im Umbruch. Effizienz und Flexibilität als Herausforderungen des Marketing, Stuttgart 1994, S. 41-84.

BRUHN, M./MICHALSKI, S., Analyse von Kundenabwanderungen. Forschungsstand, Erklärungsansätze, Implikationen, in: Zeitschrift für betriebswirtschaftliche Forschung, 55. Jg., Nr. 5, 2003, S. 431-454.

BRUHN, M./LUCCO, A./WYSS, S., Beendigung von Kundenbeziehungen aus Anbietersicht. Wirkung der wahrgenommenen Gerechtigkeit auf die Zufriedenheit und Verbundenheit ehemaliger Kunden in unterschiedlichen Beendigungsszenarien, in: Marketing ZFP, 30. Jg., Nr. 4, 2008, S. 221-238.

BUTZER-STROHMANN, K., Krisen in Geschäftsbeziehungen, Wiesbaden 1999.

DEKIMPE, M. G./DEGRAEVE, Z., The Attrition of Volunteers, in: European Journal of Operational Research, Vol. 98, No. 1, 1997, S. 37-51.

DILLER, H./KUSTERER, M., Beziehungsmanagement. Theoretische Grundlagen und explorative Befunde, in: Marketing ZFP, 10. Jg., Nr. 3, 1988, S. 211-220.

DWYER, F. R./SCHURR, P. H./OH, S., Developing Buyer-Seller Relationships, in: Journal of Marketing, Vol. 51, No. 2, 1987, S. 11-27.

FINSTERWALDER, J., Beendigung von Kundenbeziehungen durch den Anbieter, in: ALBERS, S./HASSMANN, V./SOMM, F./TOMCZAK, T. (Hrsg.): Verkauf, Kundenmanagement, Vertriebssteuerung, E-Commerce, Düsseldorf 2002, CD-ROM, Abschnitt 1.12.

FISCHER, T. M./SCHMÖLLER, P., Kundenwert als Entscheidungskalkül für die Beendigung von Kundenbeziehungen, in: GÜNTER, B./HELM, S. (Hrsg.): Kundenwert, 3. Aufl., Wiesbaden 2006, S. 483-508.

FORD, D., The Development of Buyer-Seller Relationships in Industrial Markets, in: European Journal of Marketing, Vol. 14, No. 5/6, 1980, S. 339-354.

GASSENHEIMER, J. B./HOUSTON, F. S./DAVIS, J. C., The Role of Economic Value, Social Value, and Perceptions of Fairness in Interorganizational Relationship Retention Decisions, in: Journal of the Academy of Marketing Science, Vol. 26, No. 4, 1998, S. 322-337.

GILLER, C./MATEAR, S., The Termination of Inter-Firm Relationships, in: Journal of Business and Industrial Marketing, Vol. 16, No. 2, 2001, S. 94-112.

GRÖNROOS, C., Relationship Approach to Marketing in Service Contexts: The Marketing and Organizational Behavior Interface, in: Journal of Business Research, Vol. 20, No. 1, 1990, S. 3-11.

GRÖNROOS, C., Relationship Marketing: The Strategy Continuum, in: Journal of the Academy of Marketing Science, Vol. 23, No. 4, 1995, S. 252-254.

GRÖNROOS, C., Relationship Marketing: Strategic and Tactical Implications, in: Management Decision, Vol. 34, No. 3, 1996, S. 5-15.

GRÖNROOS, C., From Marketing Mix to Relationship Marketing – Towards a Paradigm Shift in Marketing, in: Management Decision, Vol. 35, No. 3/4, 1997, S. 322-340.

GUMMESSON, E., Making Relationship Marketing Operational, in: International Journal of Service Industry Management, Vol. 5, No. 5, 1994, S. 5-20.

GUMMESSON, E., Relationship Marketing and Imaginary Organizations: A Synthesis, in: European Journal of Marketing, Vol. 30, No. 2, 1996, S. 31-44.

GÜNTER, B./HELM, S., Die Beendigung von Geschäftsbeziehungen aus Anbietersicht, in: RESE, M./SÖLLNER, A./UTZIG, B. P. (Hrsg.): Relationship Marketing. Standortbestimmung und Perspektiven, Berlin/Heidelberg 2003, S. 45-70.

HALLÉN, L./JOHANSON, M., Sudden Death: Dissolution of Relationships in the Russian Transition Economy, in: Journal of Marketing Management, Vol. 20, No. 9/10, 2004, S. 941-957.

HELM, S., Customer Valuation as a Driver of Relationship Dissolution, in: Journal of Relationship Marketing, Vol. 3, No. 4, 2004, S. 77-91.

HELM, S./GÜNTER, B., Kundenwert – eine Einführung in die theoretischen und praktischen Herausforderungen der Bewertung von Kundenbeziehungen, in: GÜNTER, B./HELM, S. (Hrsg.): Kundenwert, 3. Aufl., Wiesbaden 2006, S. 3-38.

HELM, S./ROLFES, L./GÜNTER, B., Suppliers' Willingness to End Unprofitable Customer Relationships, in: European Journal of Marketing, Vol. 40, No. 3/4, 2006, S. 366-383.

HOCUTT, M. A., Relationship Dissolution Model: Antecedents of Relationship Commitment and the Likelihood of Dissolving a Relationship, in: International Journal of Service Industry Management, Vol. 9, No. 2, 1998, S. 189-200.

ILAVILA, V./WILKINSON, I. F., The Principle of the Conservation of Business Relationship Energy: Or Many Kinds of New Beginnings, in: Industrial Marketing Management, Vol. 31, No. 3, 2002, S. 191-203.

JORDAN, P., Is It Time to Fire Your Customer?, in: VAR Business, Vol. 14, No. 3, 1998, S. 97-99.

KLEE, A., Strategisches Beziehungsmanagement. Ein integrativer Ansatz zur strategischen Planung und Implementierung des Beziehungsmanagement, Aachen 2000.

KOTLER, P./LEVY, S. J., Demarketing, yes, Demarketing, in: Harvard Business Review, Vol. 49, No. 6, 1971, S. 74-80.

KRAFFT, M., Kundenbindung und Kundenwert, 2. Aufl., Heidelberg 2007.

LILJANDER, V./STRANDVIK, T., The Nature of Customer Relationships in Services, in: SWARTZ, T. A./BOWEN, D. E./BROWN, S. W. (Hrsg.): Advances in Services Marketing and Management, Vol. 4, Greenwich 1995, S. 141-167.

LUCCO, A., Anbieterseitige Kündigung von Kundenbeziehungen, Wiesbaden 2008.

METRICK, L. A., Successful Strategies for Effective Stewardship, in: New Directions for Philanthropic Fundraising, Vol. 2005, No. 49, 2005, S. 29-41.

MICHALSKI, S., Types of Customer Relationship Ending Processes, in: Journal of Marketing Management, Vol. 20, No. 9/10, 2004, S. 977-999.

MITTAL, V./SARKEES, M./MURSHED, F., Mit unrentablen Kunden richtig umgehen, in: Harvard Business Manager, 29. Jg., Nr. 10, 2008, S. 59-72.

O.V. (2008): BASE kündigt Flatrate-Kunden wegen intensiver Datennutzung, in: PC Welt, http://www.pcwelt.de/start/mobility_handy_pda/pda_smartphone/news/154956/ (Zugriff am 10.04.2008).

PERRIEN, J./PARADIS, S./BANTING, P. M., Dissolution of a Relationship: The Salesforce Perception, in: Industrial Marketing Management, Vol. 24, No. 4, 1995, S. 317-327.

PRESSEY, A. D./MATHEWS, B. P., Jumped, Pushed or Forgotten? Approaches to Dissolution, in: Journal of Marketing Management, Vol. 19, No. 1/2, 2003, S. 131-155.

PRESSEY, A. D./SELASSIE, H., Motives for dissolution in Export Relationships: Evidence from the UK, in: Journal of Consumer Behaviour, Vol. 6, No. 2/3, 2007, S. 132-145.

RECKENFELDERBÄUMER, M./WELLING, M., Der Beitrag einer relativen Einzel-, Prozesskosten- und Deckungsbeitragsrechnung zur Ermittlung von Kundenwerten – konzeptionelle Überlegungen und Gestaltungsempfehlungen, in: GÜNTER, B./HELM, S. (Hrsg.): Kundenwert, 3. Aufl., Wiesbaden 2006, S. 335-368.

REICHHELD, F. F., Loyalty-Based Management, in: Harvard Business Review, Vol. 71, No. 2, 1993, S. 64-73.

REICHHELD, F. F./SASSER, W. E., Zero Defections. Quality Comes to Services, in: Harvard Business Review, Vol. 68, No. 5, 1990, S. 105-111.

ROOS, I., Switching Path in Customer Relationships, Publication No. 78, Swedish School of Economics and Business Administrations, Helsinki 1999.

ROOS, I./STRANDVIK, T., Diagnosing the Termination of Customer Relationships, in: Proceeding der AMA-Konferenz "New and Evolving Paradigms: The Emerging Future of Marketing", vom 12.-15. Juni 1997, Dublin 1997, S. 617-631.

SARGEANT, A./HUDSON, J., Donor Retention: An Exploratory Study of Door-to-Door Recruits, in: International Journal of Nonprofit & Voluntary Sector Marketing, Vol. 13, No. 1, 2008, S. 89-101.

SARGEANT, A./WOODLIFFE, L., Building Donor Loyalty: The Antecedents and Role of Commitment in the Context of Charity Giving, in: Journal of Nonprofit & Public Sector Marketing, Vol. 18, No. 2, 2007, S. 47-68.

STAUSS, B., Perspektivenwandel. Vom Produkt-Lebenszyklus zum Kundenbeziehungs-Lebenszyklus, in: Thexis, 17. Jg., Nr. 2, 2000, S. 15-18.

STEWART, K., Relationship Breakdown – An Exploration in Retail Banking, in: SHETH, J. N./SÖLLNER, A. (Hrsg.): International Conference on Relationship Marketing. Development, Management and Governance of Relationships, 29.-31. März 1996, Berlin 1996, S. 259-273.

TÄHTINEN, J./HALINEN-KAILA, A., The Death of Business Triads, in: Proceedings of the 13th IMP Conference, Lyon 1997.

TÄHTINEN, J./HALINEN-KAILA, A., A Business Divorce. How Does it Happen?, in: Australian & New Zealand Marketing Academy Conference, Jack Cadeau, Sydney 1999.

TÄHTINEN, J./HALINEN, A., Research on Ending Exchange Relationships: A Categorization, Assessment and Outlook, in: Marketing Theory, Vol. 2, No. 2, 2002, S. 165-188.

TOMCZAK, T./REINECKE, S./FINSTERWALDER, J., Kundenausgrenzung: Umgang mit unerwünschten Dienstleistungskunden, in: BRUHN, M./STAUSS, B. (Hrsg.): Dienstleistungsmanagement Jahrbuch 2000. Kundenbeziehungen im Dienstleistungsmanagement, Wiesbaden 2000, S. 400-421.

WALSH, G./DINNIE, K./WIEDMANN, K.-P., How do Corporate Reputation and Customer Satisfaction Impact Customer Defection? A Study of Private Energy Customers in Germany, in: Journal of Services Marketing, Vol. 20, No. 6/7, 2006, S. 412-420.

WHITNEY, J. O., Welche Kunden und Produkte behalten – und welche besser nicht?, in: Harvard Business Manager, 18. Jg., Nr. 4, 1996, S. 93-105.

WINTER, R., Ganzheitliches Kundenbeziehungsmanagement für Finanzdienstleistungen, Institut für Wirtschaftsinformatik, Universität St. Gallen, St. Gallen 2001.

ZEITHAML, V. A./BERRY, L. L./PARASURAMAN, A., The Behavioral Consequences of Service Quality, in: Journal of Marketing, Vol. 60, No. 2, 1996, S. 31-46.

Teil 3

Kundenrückgewinnung

Doreén Pick/Manfred Krafft

Status quo des Rückgewinnungsmanagements

1 Einleitung 121
2 Grundlagen des Rückgewinnungsmanagements 122
    2.1 Theoretische Fundierung des Rückgewinnungsmanagements 123
        2.1.1 Theorie der kognitiven Dissonanz 123
        2.1.2 Equity-Theorie 124
        2.1.3 Attributionstheorie 125
    2.2 Stand der konzeptionellen Forschung... 126
    2.3 Stand der empirischen Forschung 130
3 Wiederaufnahme als Voraussetzung der Kundenrückgewinnung 134
    3.1 Generelle Wiederaufnahmebereitschaft.. 135
    3.2 Spezifische Wiederaufnahmebereitschaft 135
4 Schlussbetrachtung 136

1 Einleitung

Selbst bei extensiven Unternehmensaktivitäten, die auf die Erhöhung der Kundenzufriedenheit mit dem Anbieter, dessen Leistungen und Mitarbeiter zielen, ist eine hundertprozentige Kundenbindung als unerreichbares Ziel anzusehen (Dodson 2000). Die Gründe hierfür liegen in den intensivierten Vertriebs- und Werbeaktivitäten der Wettbewerber und einer zunehmenden Wechselbereitschaft vieler Konsumenten. In der Praxis sind daher hohe Abwanderungsquoten von bis zu 66 Prozent nicht unüblich (Griffin/Lowenstein 2001, S. 5). Für die betroffenen Unternehmen ist die Abwanderung ihrer Kunden unmittelbar mit Umsatz- und Deckungsbeitragsverlusten verbunden, woraus in der Konsequenz die Notwendigkeit erwächst, diese Kunden entweder zurückzugewinnen oder aber Neukunden zu akquirieren, um den bisherigen Kundenstamm aufrechtzuhalten.

Während die Neukundengewinnung als i.d.R. kostenintensiv eingeschätzt wird, spricht für eine Rückgewinnung der abgewanderten Kunden die Beobachtung, dass bei einer 5-prozentigen Reduktion der Kundenabwanderung Gewinnzuwächse von teilweise bis zu 85 Prozent realisiert werden können (Reichheld/Sasser Jr. 1990, S. 108). Auch wenn diese Rückgewinnungserfolge bis dato empirisch nicht hinreichend belegt sind, wurde der Kundenrückgewinnung in der Unternehmenspraxis in den letzten Jahren eine immer wichtigere Rolle im Kundenmanagement zugewiesen. Dabei suchen die Unternehmen insbesondere nach Ansätzen für eine optimale Ausgestaltung der organisatorischen Strukturen und Prozesse ihrer Rückgewinnungsaktivitäten.

Vor diesem Hintergrund avancierte die Kundenrückgewinnung zu einer zentralen Herausforderung in vielen Unternehmen (Homburg/Hoyer/Stock 2007, S. 462). Insbesondere setzt sich dabei allmählich die Erkenntnis durch, dass die Rückgewinnung eine essenzielle Maßnahme zur Optimierung des Kundenportfolios darstellt. Aufgrund der hohen praktischen Relevanz der Kundenrückgewinnung und der schon vorliegenden umfassenden Untersuchungen zum Phänomen der Kundenabwanderung ist das Rückgewinnungsmanagement aus konzeptioneller Perspektive bereits als systematisch durchdrungen einzuschätzen. Woran es aber nach wie vor mangelt, sind zum einen die Beschreibung des theoretischen Bezugsrahmens und zum anderen empirische Studien, in denen zentrale Einflussgrößen und Erfolgsfaktoren der Rückgewinnung in mehreren Branchen unter verschiedenen Situationen untersucht werden.

In diesem Beitrag verfolgen wir daher das Ziel, den Status quo des Rückgewinnungsmanagements auf Basis sozial-psychologischer Theorien und der konzeptionellen und empirischen Marketingforschung darzustellen und einen Ausblick auf den sich daraus ableitenden zukünftigen Forschungsbedarf zu geben.

2 Grundlagen des Rückgewinnungsmanagements

Um die Jahrtausendwende erschienen die ersten konzeptionellen und empirischen Artikel zur Kundenabwanderung und zum Rückgewinnungsmanagement. Im Zuge der wissenschaftlichen Auseinandersetzung mit diesen beiden Forschungsbereichen haben sich zahlreiche unterschiedliche Termini herausgebildet, welche einzelne Facetten des hier beschriebenen Rückgewinnungsmanagements beleuchten. Ähnliche und oftmals synonym verwendete Begriffe für das Rückgewinnungsmanagement sind Customer Reacquisition (Tokman/Davis/Lemon 2007), Recovery Management (Büttgen 2001, 2003; Homburg/Schäfer 1999) und Regain Management (Helfert/Herrman/Zellner 2003; Stauss/Friege 1999).

Im Kern unterscheiden sich die Zielsetzungen und Aufgabenfelder dieser Managementkonzeptionen nicht. Der einzige substanzielle Unterschied ist die Integration des Begriffs „abgewanderter Kunde" in die jeweilige Managementperspektive. So werden in einigen Publikationen sowohl Bestandskunden als auch ehemalige Kunden in das Rückgewinnungsmanagement einbezogen (u. a. Büttgen 2001, 2003; Krafft 2007; Rutsatz 2004; Stauss/Friege 1999), während andere Autoren nur diejenigen Kunden berücksichtigen, die ihre Geschäftsbeziehung de facto beendet haben (u. a. Homburg/Schäfer 1999; Michalski 2002; Pick 2008; Sieben 2002; Thomas/Blattberg/Fox 2004). Die erste Autorengruppe spricht dann von abgewanderten Kunden, wenn diese ihre Abwanderung implizit durch eine Reduktion des Kaufs der Leistungen eines Anbieters ausdrücken. Die zweite Autorengruppe geht indes davon aus, dass unter abgewanderten Kunden diejenigen zu verstehen sind, die eine Geschäftsbeziehung explizit durch eine Kündigung beendet haben (für einen Überblick der beiden Definitionsansätze Pick 2008, S. 45-47). Diese Unterteilung wird im Weiteren nicht mehr vorgenommen, da das Ziel des Beitrags in der komprimierten Darstellung der inhaltlichen Aspekte des Rückgewinnungsmanagements liegt und diese im Wesentlichen unabhängig von der Statusdefinition eines Kunden ist.

Bevor auf die Phasen des Rückgewinnungsmanagements detailliert eingegangen wird, werden die drei Theorien, die sich zur Erklärung des Rückgewinnungsmanagements heranziehen lassen, vorgestellt. Diese drei zentralen Theorien sind die Theorie der kognitiven Dissonanz, die Equity-Theorie und die Attributionstheorie.

2.1 Theoretische Fundierung des Rückgewinnungsmanagements

2.1.1 Theorie der kognitiven Dissonanz

In der von Festinger entwickelten Theorie der kognitiven Dissonanz bzw. Dissonanztheorie wird das kognitive Gleichgewicht von Individuen und dessen Wirkung auf Einstellungs- und Verhaltensänderungen in den Vordergrund der Betrachtung gestellt. Ausgangspunkt der Dissonanztheorie sind Forschungsarbeiten zum Anspruchsniveau und zur Theorie der sozialen Vergleichsprozesse (Festinger 1942, 1954). Demnach führen widersprüchliche Gedankengänge zu unangenehmen Empfindungen und rufen bspw. Zweifel an früheren Entscheidungen bei Individuen hervor. Das Resultat eines solchen Prozesses ist ein **kognitives Ungleichgewicht** – eine Dissonanz. Beim Empfinden einer derartigen Dissonanz sind Individuen bestrebt, ihr kognitives Ungleichgewicht zu reduzieren bzw. gänzlich abzubauen, um wieder in den Zustand der Konsonanz zu gelangen. Hierfür stehen drei zentrale Techniken zur Verfügung: Addition neuer, konsonanter Kognitionen, Subtraktion dissonanter Kognitionen und schließlich die Substitution dissonanter durch konsonante Werturteile (u. a. Festinger 1978, S. 31 f.; Frey/Benning 1997, S. 147 f.).

Die Dissonanztheorie kann wie folgt zur Erklärung der Abwanderung von Kunden herangezogen werden: Nicht zufriedenstellende Produkt- oder Serviceerfahrungen widersprechen dem Werteempfinden eines Kunden, sodass dessen psychisches Gleichgewicht nur durch eine Abwanderung vom Anbieter wieder hergestellt werden kann. Die Dissonanztheorie eignet sich in Folge auch zur Begründung der Wiederaufnahme von Geschäftsbeziehungen. Für Unternehmen ist diese Wiederaufnahme ein wichtiger Indikator, um die Rückgewinnungsmaßnahmen auf Basis der Kundeneinstellungen und -erwartungen planen und Erfolg versprechend durchführen zu können. So können Individuen nach einer Kündigungsentscheidung Unsicherheit in Bezug auf ihre getroffene Entscheidung empfinden (Pick 2008, S. 80; Sieben 2002, S. 60) und diese Dissonanz durch eine Rückkehr zum früheren Anbieter reduzieren. Begünstigt werden derartige Unsicherheiten etwa durch die Unzufriedenheit mit einem neuen Anbieter, Informationen aus dem sozialen Umfeld, welche die frühere Entscheidung in Frage stellen oder auch konkrete Rückgewinnungsangebote des früheren Anbieters, die bspw. mit Preispromotions sein Bedürfnis nach einem günstigen Preis-Leistungsverhältnis ansprechen.

2.1.2 Equity-Theorie

Gemäß der Equity-Theorie setzen Individuen ihre Beziehungsinvestitionen (Input) mit den Beziehungsergebnissen (Output) in Relation (Huppertz/Arenson/Evans 1978, S. 250). Dieser Vergleich von Input und Output erfolgt i.d.R. unter Bezugnahme auf eine Referenzperson, um dem vergleichenden Individuum die eigene Positionsbestimmung zu erleichtern. Als Referenzpersonen kommen die direkten Beziehungspartner, z. B. der aktuelle Anbieter, aber auch andere Personen bzw. Organisationen in Frage. Insbesondere das soziale Umfeld wie Familie und Freunde dürfte eine zentrale Rolle in der Bewertung der „Nettogewinne" als Differenz von Output und Input einnehmen. Eine ausgeglichene Beziehung und der Zustand von Equity sind dann vorhanden, wenn das eigene Verhältnis von Input und Output dem Verhältnis anderer Personen entspricht (Adams 1963). Demgegenüber besteht Ungleichheit (Inequity), wenn eines der Verhältnisse als disproportional eingeschätzt wird. Der Equity-Theorie zufolge versuchen Individuen ihre Equity wiederherzustellen, indem sie z. B. den eigenen Input reduzieren. In der Literatur werden drei Dimensionen der Equity-Theorie unterschieden: Die **distributive Gerechtigkeit** bezieht sich auf die Einschätzung, inwieweit das Ergebnis einer Beziehung zwischen den beteiligten Individuen oder Organisationen gerecht verteilt ist. Die **prozessuale Gerechtigkeit** fokussiert auf die Ausgewogenheit der Abläufe (z. B. bei der Vertragsverhandlung zwischen Individuen). Die **interaktionale Gerechtigkeit** wiederum stellt die zwischenmenschliche Behandlung in den Vordergrund.

Die Equity-Theorie wurde in der Marketingwissenschaft vorrangig im Dienstleistungsmanagement in Zusammenhang mit dem Auftreten von Serviceversagen („service failure") herangezogen (u. a. Maxham III/Netemeyer 2003; Sparks/Callan 1995). Die Equity-Theorie ist insofern zur Erklärung der Rückgewinnung von Kunden prädestiniert, als Unternehmen durch ihre Rückgewinnungsmaßnahmen das (angenommene) Ungleichgewicht ausgleichen können (Sieben 2002, S. 57). Die dahinterstehende Annahme lautet, dass abgewanderte Kunden Unternehmensaktivitäten wie ein spezielles Preisangebot als einen Akt des Wiederherstellens von Fairness einschätzen (Homburg/Hoyer/Stock 2007, S. 462). Gleichzeitig wird mit dieser Sichtweise unterstellt, dass Kunden Geschäftsbeziehungen auch aus Gründen der Disproportionalität von Input und Output gegenüber dem Anbieter beenden. Dies trifft jedoch nicht auf alle Abwanderungsgründe zu – so sind bspw. Abwanderungsgründe wie eine veränderte finanzielle Situation des Kunden aufgrund von Renteneintritt oder Arbeitslosigkeit mit der Equity-Theorie nicht zu erfassen. Auch Unternehmensaktivitäten zur Rückgewinnung können hier nur bedingt Gerechtigkeit wiederherstellen.

2.1.3 Attributionstheorie

Die Attributionstheorie geht davon aus, dass Individuen zu bestimmten Ereignissen Attributionen bilden, d. h. einer Situation kausale Ursachen zuschreiben, und die Art und die Ausprägung der Attributionen eine Wirkung auf das Verhalten der Individuen haben (Kroeber-Riel/Weinberg/Gröppel-Klein 2009, S. 345; Trommsdorff 2003, S. 285). Derartige Attributionen können sich auf objektive Ereignisse, Sachverhalte, Zustände, aber auch auf subjektive Verhaltensweisen der eigenen Person oder von Personen im sozialen Umfeld beziehen. Grundsätzlich werden Attributionen hinsichtlich der drei folgenden Dimensionen differenziert: Personenabhängigkeit (Lokus), Stabilität und Kontrollierbarkeit (Weiner 1985, 2000). Die Dimension **Lokus** bezieht sich auf die Zuschreibung einer Ursache auf die eigene Person (interne Attribution) oder andere, nicht beeinflussbare Personen bzw. Organisationen (externe Attribution). Im Falle von erfolgreichen Handlungen bzw. positiven Ereignissen neigen Individuen dazu, den Erfolg ihrer eigenen Person (und ihren Fähigkeiten) zuzuschreiben, während negative Situationen im Einflussbereich anderer Individuen oder den generellen Umständen begründet liegen. **Stabilität** bezieht sich hingegen auf die Einschätzung, wie stabil oder veränderbar eine Situation bzw. deren Ursache ist und welche Konsequenzen stabile Situationen auf Verhaltensabsichten und das konkrete Verhalten von Individuen haben. Die **Kontrollierbarkeit** wiederum zielt auf die Beeinflussbarkeit einer Situation oder deren Ursache durch die handelnde oder beurteilende Person ab. Im Marketing wird die Attributionstheorie bislang nur selten herangezogen (u. a. Wagner/Hennig-Thurau/Rudolph 2009, S. 75-79), um Phänomene der Kundenabsichten und des Kundenverhaltens zu begründen (für einen Überblick der Forschung im Marketing Pick 2008, S. 87 f.).

Trotz der Relevanz der Attributionstheorie für Fragestellungen der Kundenrückkehr (Homburg/Hoyer/Stock 2007, S. 470) liegt bisher nur eine Studie vor, die sich explizit mit der Bedeutung der Attributionstheorie für das Rückgewinnungsmanagement auseinandergesetzt hat. Dabei wurde festgestellt, dass von den drei Dimensionen – Lokus, Stabilität und Kontrollierbarkeit – signifikante Effekte auf die Wiederaufnahmebereitschaft von abgewanderten Kunden ausgehen. Diese empirisch angelegte Studie hat zudem gezeigt, dass die Stabilität des Abwanderungsgrundes den größten Einfluss ausübt (Pick 2008, S. 229). Daraus lässt sich schließen, dass Abwanderungsgründe, die als stabil wahrgenommen werden, in der Konsequenz die Wiederaufnahmebereitschaft seitens der Kunden reduzieren. Für Unternehmen ergibt sich hieraus, dass sie die Abwanderungsgründe und deren künftige Stabilität analysieren und den Abbau von stabilen Abwanderungsgründen – sofern sie im Beeinflussungsbereich des Unternehmens liegen – sicherstellen sollten.

2.2 Stand der konzeptionellen Forschung

Die Rückgewinnung abgewanderter Kunden ist ein zentraler Bestandteil des Kundenmanagements (Reinartz/Krafft/Hoyer 2004, S. 295; Thomas/Blattberg/Fox 2004, S. 31). Ausgangspunkt für die Einordnung des Rückgewinnungsmanagements ist das Konzept des Lebenszyklus. Danach durchlaufen Geschäftsbeziehungen einen Zyklus, der von der Aufnahme bis hin zur Auflösung reicht (Dwyer/Schurr/Oh 1987, S. 15-20). Das in der Literatur am weitesten verbreitete Konzept des Rückgewinnungsmanagements stammt von Stauss und Friege und wird für diesen Beitrag um die zwei Phasen der Definition von Zielsetzungen und der nachgelagerten Aufgaben und Prozesse ergänzt (vgl. Abbildung 2-1). Diese fünf Phasen werden im Weiteren detailliert vorgestellt.

Abbildung 2-1: *Phasen-Modell des Rückgewinnungsmanagements*
(Quelle: Eigene Darstellung in Anlehnung an Stauss/Friege 1999, S. 350)

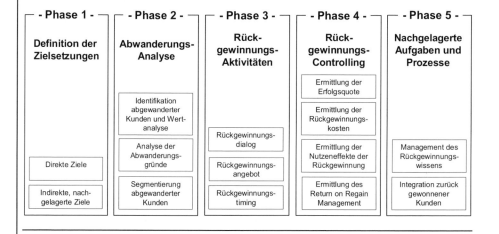

Phase 1 – Definition der Zielsetzungen

Die Zielsetzungen des Rückgewinnungsmanagements lassen sich in direkte und indirekte, nachgelagerte Ziele differenzieren: Das **direkte Ziel** besteht darin, die (profitablen) abgewanderten Kunden zurückzugewinnen, d. h. zu einem Wiederkauf oder zur Wiederaufnahme eines Vertrags bzw. einer mitgliedschaftsähnlichen Geschäftsbeziehung zu motivieren. Die **indirekten, nachgelagerten** Ziele lassen sich in Profitabilitäts-, Kommunikations- und Informationsziele unterscheiden (Michalski 2002, S. 185-187). *Profitabilitätsziele* sind bspw. die Sicherung der Umsätze, Deckungsbeiträge und Gewinne sowie die Reduzierung von Opportunitätskosten bei der Neukundengewinnung. Zu den *Kommunikations- und Informationszielen* werden u. a. die Identifikation von Qualitätsproblemen und deren Behebung gezählt (Büttgen 2001, S. 398; Büttgen 2003, S. 63; Homburg/Fürst/Sieben 2003, S. 59; Sieben 2002, S. 46).

Phase 2 – Abwanderungs-Analyse

Im Fokus dieser Phase stehen die Identifikation abgewanderter Kunden inkl. der Analyse des Kundenwerts, die Analyse der Abwanderungsgründe sowie die Segmentierung derjenigen Kunden, die für die Rückgewinnung infrage kommen. Die **Identifikation abgewanderter Kunden** kann hinsichtlich der Art der Abwanderungskommunikation entlang zweier Dimensionen erfolgen: implizite und explizite Abwanderung (Schöler 2006, S. 610-612). Bei *impliziten Abwanderungen*, also nicht direkt kommunizierten Abwanderungen im Rahmen nicht vertraglicher Kundenbeziehungen, werden Heuristiken oder statistische Schätzverfahren wie das NBD-/Pareto-Modell eingesetzt, um zu bestimmen, ob und wann ein Kunde abgewandert ist (Hüppelshäuser/Krafft/Rüger 2006; Krafft 2007, S. 113-125; Krafft/Rutsatz 2006, S. 688-692). Ein Kunde gilt dann als abgewandert, wenn er ein bestimmtes Aktivitätsniveau in Bezug auf z. B. die Anzahl der Käufe unterschritten hat. Bei einer *expliziten Abwanderung* können abgewanderte Kunden insofern leichter identifiziert werden, als Kunden dann als abgewandert gelten, wenn sie dem Unternehmen ihre Abwanderung, z. B. durch eine schriftliche Kündigung, kommuniziert haben. Zusätzlich ist eine Klassifikation abgewanderter Kunden anhand der Dimension der Abwesenheitsdauer (gering, hoch) möglich. Nach der Abwesenheitsdauer werden zwei Arten des Rückgewinnungsmanagements unterschieden: das Revitalisierungsmanagement mit einer geringen Abwesenheitsdauer des Kunden und das Kündigungsmanagement bei einer hohen Abwesenheitsdauer des Kunden (Schöler 2006, S. 610-612).

Ein Konzept zur Identifikation abgewanderter Kunden ist u. a. bei Online-Shops angewandt worden. Dabei werden Kundenverhaltensdaten mit Hilfe des Web Usage Mining gewonnen, wie z. B. Kaufdaten und Besuche anderer Webseiten. Diese bilden den Ausgangspunkt der Identifikation der Kundenabwanderung (Helfert/Herrman/Zellner 2003). Ein weiteres Kriterium der Abwanderungsanalyse stellt die **Bestimmung des Kundenwerts** dar. Auf die Kundenwert-Metrik wird zurückgegriffen, um auf der Basis eruierter Wertigkeiten prospektiv profitable Kunden für eine Rückkehr anzusprechen. Die Problematik bisheriger Kundenwertstudien liegt vor allem darin, dass das Verhalten und die Wertigkeit der Kunden in der Vergangenheit als Basis für die Bestimmung des künftigen Kundenwerts dienen. Aufgrund dessen haben Stauss und Friege einen Second Life Time Value (SLTV) konzipiert, der potenzielle Erfolgskennziffern einer zukünftigen Geschäftsbeziehung (u. a. erwartete künftige Beziehungsdauer) berücksichtigt (Sieben 2002, S. 133-135; Stauss/Friege 1999, S. 351; Stauss/Friege 2006, S. 515 f.).

Das dritte Element dieser Phase 1 ist die **Kundensegmentierung**. In der Literatur besteht weitestgehend Konsens darüber, dass die Kunden nach ihren Wertigkeiten und Rückgewinnungswahrscheinlichkeiten im Sinne eines Erwartungswerts kategorisiert werden sollten. Anhand dieses Rückgewinnungsportfolios werden dann

Normstrategien zur Ansprache der relevanten abgewanderten Kunden aufgestellt (Homburg/Schäfer 1999, S. 10; Stauss/Friege 1999, S. 353 f.). Dabei bietet es sich für Unternehmen an, diejenigen Kunden zu priorisieren, die eine hohe Wertigkeit und eine hohe Rückgewinnungswahrscheinlichkeit aufweisen. In einer Studie wird der Kundenwert ergänzend danach differenziert, ob es sich um Kunden handelt, die das bisherige Produkt nun beim Wettbewerber kaufen (Anbieterwechsel) oder eine Marktinnovation generell nicht mehr nutzen („disadoption") (Hogan/Lemon/Libai 2003, S. 205). Dieser Studie zufolge weisen Kunden, die frühzeitig als Innovatoren eine neue Produktkategorie kaufen und diese bereits nach kurzer Zeit nicht mehr verwenden, einen höheren Kundenwert auf als jene Kunden, die sich zu einem späteren Zeitpunkt des Produktlebenszyklus gegen die weitere Nutzung des Produkts aussprechen. Der Grund hierfür liegt in den sozialen Verbundwirkungen, die die Innovatoren auf andere Konsumenten haben können. Für die Rückgewinnung impliziert dies, diese beiden Kundengruppen differenziert für eine Rückgewinnung anzusprechen. So kann es durchaus sinnvoll sein, Kunden, die eine Innovation spät erwerben („late majority"), nicht für dieses Produkt zurückzugewinnen, da ihr zukünftiger Kundenwert gering ist. In der einschlägigen Literatur liegt jedoch bisher kein empirisch fundierter Hinweis dafür vor, inwieweit Unternehmen diese Segmentierung in der Rückgewinnung einsetzen und welche Effekte damit erzielbar sind.

Phase 3 – Rückgewinnungs-Aktivitäten

Die Rückgewinnungsaktivitäten können anhand von drei Dimensionen – der Rückgewinnungsansprache, des Rückgewinnungsangebots und des Rückgewinnungstimings – konzipiert werden. Die **Rückgewinnungsansprache** umfasst die Art des Kundendialogs. Dabei ist nach der Form der *Standardisierung* (standardisiert, individualisiert) und nach dem *Einbeziehen von Mitarbeitern* (persönlich, unpersönlich) zu differenzieren (Pick 2008, S. 59-61). Bei der Konzeption der Standardisierung der Kundenansprache kann vollständig oder teilweise standardisiert bzw. individualisiert vorgegangen werden. Hinsichtlich des Einbeziehens von Mitarbeitern in Form der persönlichen Kundenansprache sind das direkte Face-to-Face-Gespräch und Telefonat zu nennen, während bei der unpersönlichen Kundenansprache Medien eingesetzt werden, die ohne direktes Einbeziehen von Mitarbeitern operieren, also z. B. postalische und elektronische Mailings. Bei dem **Rückgewinnungsangebot** werden finanzielle, materielle und immaterielle Angebote unterschieden (für eine Aufstellung von Angebotsbeispielen u. a. Homburg/Schäfer 1999, S. 13; Sauerbrey/Henning 2000, S. 37). Das **Timing** der Kundenrückgewinnung wiederum lässt sich in eine unmittelbare und späte Ansprache differenzieren (ausführlich dazu mit den empirischen Befunden Abschnitt 2.3).

Phase 4 – Rückgewinnungs-Controlling

Die Aufgabe des Rückgewinnungs-Controlling besteht darin, die Rückgewinnungsmaßnahmen anhand der Zielsetzungen des Unternehmens zu bewerten. Zentrale Metriken des Rückgewinnungs-Controlling sind Erfolgsquoten, Nutzeneffekte, Rückgewinnungskosten und die Profitabilität der Rückgewinnung (Stauss/Friege 1999, S. 355 f.; Stauss/Friege 2006, S. 518-523). Die **Erfolgsquote** gibt an, wie viele der kontaktierten abgewanderten Kunden zurück gewonnen wurden. Der Erfolg des Rückgewinnungsmanagements lässt sich jedoch weiter differenzieren und bemisst sich aus dem Verhältnis des *Rückgewinnungsnutzens* und der *Rückgewinnungskosten*. Hierbei lassen sich drei potenzielle **Nutzenkomponenten** der Rückgewinnung identifizieren: ökonomischer Nutzen, kommunikativer Nutzen und informativer Nutzen (Sieben 2002, S. 121; Stauss/Friege 2006, S. 520). Die **Rückgewinnungskosten** setzen sich aus den Kommunikations- und Angebotskosten (u. a. Prämienkosten, Wiedergutmachungskosten) zusammen (Sieben 2002, S. 123; Stauss/Friege 2006, S. 520). Die **Profitabilität** der Rückgewinnungsaktivitäten ergibt sich als Rentabilitätskennziffer (Return on Regain Management) aus dem Verhältnis des Rückgewinnungsgewinns und der Rückgewinnungskosten (Stauss/Friege 2006, S. 522 f.) Ein weiteres Erfolgsmaß kann in der **Eingliederungserfolgsquote** gesehen werden. Diese Kennziffer gibt die Relation der dauerhaft zurück gewonnenen Kunden in Relation zu allen zurück gewonnenen Kunden wieder (Schöler 2006, S. 624). Wie der nächste Abschnitt jedoch zeigen wird, wird diese Kennzahl in der Praxis so gut wie gar nicht eingesetzt.

Phase 5 – Nachgelagerte Aufgaben und Prozesse

Das ursprüngliche 3-Phasen-Modell von Stauss und Friege lässt sich mit dem Management des Rückgewinnungswissens und der Integration der zurück gewonnenen Kunden in das Kundenbindungsmanagement um eine fünfte Phase der nachgelagerten Aufgaben und Prozesse erweitern (Bruhn/Michalski 2001, S. 122; Schöler 2006, S. 620-623). Die Zielsetzung des **Managements des Rückgewinnungswissens** liegt darin, die Informationen aus der Rückgewinnungsphase (z. B. Abwanderungsursachen) in die Verbesserung des Leistungsniveaus aufzunehmen. Eine explorative Studie, im Jahr 2007 an der Universität Münster durchgeführt, hat ergeben, dass 44 Prozent der befragten Verlagshäuser (n = 9) die Verbesserung des Leistungsangebots als eine Zielsetzung ihres Rückgewinnungsmanagements ansehen. Gleichwohl besteht Unsicherheit darüber, welche Informationen in welcher Form in die Strukturen und Prozesse des Unternehmens aufgenommen werden sollen. Eine wichtige Komponente der Integration des Rückgewinnungswissens ist die Prüfung, ob und in welchem Umfang die Abwanderungsgründe vom Unternehmen beeinflussbar sind und wenn ja, ob die Beeinflussung aus Gründen der Marketingstrategie überhaupt gewünscht ist. So könnten einige Aspekte, die aus Sicht des Kunden zur Abwanderung führen, aus Sicht des Unternehmens erwünscht sein, um bestimmte Kundengruppen nicht zu betreuen.

Bei der **Integration zurück gewonnener Kunden** in das Unternehmen und ihrer Nachbetreuung geht es darum, zu klären, wie diese Kundengruppe in Zukunft behandelt werden soll. Im Mittelpunkt steht die Frage, ob diese Kunden anders oder in gleicher Form betreut werden sollen wie fortwährend gebundene Kunden. Von den Autoren dieses Beitrags geführte Expertengespräche weisen darauf hin, dass in der Praxis keine Differenzierung der Kundenbindungsmaßnahmen nach dem früheren

Kundenstatus stattfindet. Dabei können sich Differenzierungen, z. B. nach der Häufigkeit der Abwanderung, als durchaus sinnvoll erweisen, insbesondere wenn man berücksichtigt, dass einige Kunden bewusst kündigen, um eine Besserstellung gegenüber dem Vertragspartner zu erreichen („Strategisches Kündigen"). So gibt es erste Belege dafür, dass ein nicht unerheblicher Anteil von Kunden mehrfach Verträge abschließt und diese regelmäßig kündigt. Bei einem deutschen Verlagshaus wurde festgestellt, dass 25,2 Prozent der abgewanderten Kunden mehr als ein Mal gekündigt haben und zum Anbieter zurückgekehrt sind. 5,9 Prozent der abgewanderten Kunden haben direkt im Anschluss an das vorige Abonnement ein neues abgeschlossen. Das häufige Abwandern scheint sich auf den ersten Blick auf eine vergleichsweise kleine Kundengruppe zu begrenzen, aber hier ist vom Unternehmen zu prüfen, ob sich diese Mehrfach-Abwanderer nicht z. B. in Bezug auf ihren monetären Kundenwert deutlich von anderen Kunden unterscheiden und evtl. gerade die wertvollsten Kunden jene sind, die häufiger zwischen Anbietern wechseln.

2.3 Stand der empirischen Forschung

Die empirische Forschung zum Rückgewinnungsmanagement widmet sich vor allem der Analyse der Kundenabwanderung und der Ausgestaltung der Rückgewinnungsaktivitäten. Analog zur konzeptionellen Forschung werden die empirischen Arbeiten geordnet nach den Phasen des Rückgewinnungsmanagements vorgestellt.

Phase 1 – Festlegung Zielsetzungen

Während es keine empirischen Studien zu den Zielsetzungen im Rückgewinnungsmanagement im eigentlichen Sinne gibt, ist die Literatur – insbesondere im Dienstleistungsbereich und Beschwerdemanagement bzw. Service Recovery – zu den Abwanderungsgründen und -prozessen wesentlich detaillierter (u. a. Keaveney 1995; Tax/Brown/Chandrashekaran 1998).

Phase 2 – Abwanderungs-Analyse

Die konzeptionelle Basis einer Abwanderungs-Analyse ist der Prozess der Abwanderung, der ursprüngliche bis finale Auslöser umfasst (Bruhn/Michalski 2003, S. 436-438; Michalski 2002, S. 109; Michalski 2004; Roos 1999, S. 73). Es besteht weithin Einigkeit darüber, dass sich dieser Prozess über mehrere Tage, Wochen oder Monate erstrecken kann und sich die Identifikation des Abwanderungsprozesses damit generell erschwert. Zudem lässt sich häufig nicht nur ein auslösendes Moment oder ein Abwanderungsgrund beobachten. Der zentrale Grund hierfür ist darin zu sehen, dass die Auflösung einer Geschäftsbeziehung für den Kunden eine wichtige Entscheidung darstellt, und zwar speziell dann, wenn die Beziehung vertraglich geregelt ist. Dies bedeutet in der Regel, dass sich ein Kunde nicht unmittelbar nach dem Auftreten eines einzigen Problems für eine Abwanderung entscheidet.

Auf die konkrete **Identifikation der abgewanderten Kunden** gehen nur wenige Studien ein. Bei nicht-vertraglichen oder mitgliedschaftsähnlichen Geschäftsbeziehungen wird das Aktivitätsniveau bestehender Kunden geschätzt. Dabei werden diejenigen Kunden als abgewandert klassifiziert, die unter ein vom Unternehmen definiertes Aktivitätsniveau fallen (Rutsatz 2004, S. 105-107). Die zweite Art der Kundenidentifikation betrifft die Verwendung von Daten jener Kunden, die explizit die Geschäftsbeziehung beendet haben (Pick 2008; Sieben 2002; Thomas/Blattberg/Fox 2004).

Trotz der Vielzahl der identifizierten **Abwanderungsgründe** werden einige Gründe überproportional häufig von Kunden genannt: Serviceversagen der Hauptleistung, fehlerhaftes Verhalten der Servicemitarbeiter und Preispolitik sind die Hauptgründe für Kunden, einen Anbieter zu verlassen (Hoffman/Kelley/Rotalsky 1995, S. 53; Keaveney 1995, S. 75). Insbesondere die Preispolitik scheint für Kunden einen maßgeblichen Abwanderungsgrund darzustellen (u. a. Jüttner/Michalski 2006; Roos 1999; Roos/Edvardsson/Gustafsson 2004). Einen Überblick zum Stand der Empirie in der Kundenabwanderungsanalyse geben Bruhn/Michalski (2003, S. 435).

Im Hinblick auf die **Kundensegmentierung** zur Rückgewinnung lassen sich mehrere empirische Befunde heranziehen. Diese weisen darauf hin, dass die Kunden z. B. nach dem Grad ihres Involvements, dem Wunsch nach Abwechslung, der Länge der Geschäftsbeziehung und dem Alter der Kunden zu segmentieren sind (Sieben 2002, S. 104). Eine andere Segmentierung kann nach der Ausprägung der generellen Wiederaufnahmebereitschaft erfolgen. Kunden mit einer hohen generellen Wiederaufnahmebereitschaft zeichnen sich bspw. durch ein hohes Commitment und eine niedrige Stabilität ihrer aufgeführten Abwanderungsgründe aus (Pick 2008, S. 229). Ein weiterer Ansatz zur Segmentierung der für die Rückgewinnung bestimmten Kunden kann in der Klassifizierung nach den Kundenerwartungen gesehen werden. So hat eine explorative Studie in Münster ergeben, dass 84,8 Prozent der befragten Medien- und Telekommunikationskunden konkrete Erwartungen an Rückgewinnungsaktivitäten haben (Pick 2009). Dabei nehmen die Erwartungen in Bezug auf Umtausch bzw. Wiedergutmachung und Entschuldigungen des Anbieters eine vorherrschende Rolle bei den Befragten ein. Erwartungen an Preisnachlässe oder Gutscheine sind demgegenüber weniger von Bedeutung, was für Unternehmen insofern richtungsweisend erscheint, als sie Preisangebote zur Rückgewinnung deutlich selektiver und sparsamer als bisher einsetzen sollten.

Phase 3 – Rückgewinnungs-Aktivitäten

Als besonders gut geeignet erweisen sich in der Dimension **Mitarbeiterkontakt** der *telefonische Kontakt* (Büttgen 2003, S. 70; Sauerbrey/Henning 2000, S. 34) und das *persönliche Gespräch* (Bruhn/Michalski 2001, S. 121). Diese Befunde konnten durch die empirisch ermittelte Wirkung der *Qualität der Interaktion* auf die Zufriedenheit mit der Rückgewinnung bestätigt werden (Homburg/Hoyer/Stock 2007, S. 464-468; Homburg/Sieben/Stock 2004, S. 35 f.; Sieben 2002, S. 104-106). Abgewanderte Kunden lassen sich aber auch über den schriftlichen Weg (kein direkter Mitarbeitereinbezug) z. T. in noch größerer Zahl zurückgewinnen (Pick 2008, S. 221; Rutsatz 2004, S. 216-218). Dies ist dann der Fall, wenn das Unternehmen mit dem Kunden regelmäßig schriftlich in Kontakt tritt. Wesentlich weniger geeignet scheint die schriftliche Kommunikation mit abgewanderten Kunden, wenn diese gewohnt sind, mündlich angesprochen zu werden, z. B. bei Zeitschriftenabonnenten, die häufig über Call Center kontaktiert werden. Eine telefonische Kundenansprache zur Rückgewinnung erlaubt auch, gemeinsam mit dem Kunden das optimale Rückgewinnungsangebot „verhandeln" zu können. Diesem Umstand wird in der Praxis bereits Rechnung getragen: Zahlreiche Telekommunikationsunternehmen haben externen Call Center-Dienstleistern in bestimmten Bandbreiten die Entscheidungskompetenz über die Art und die Höhe des Rückgewinnungsangebots übertragen. Der Vorteil einer solchen Vorgehensweise besteht darin, dass Unternehmen aus dem Preiswettbewerb um den Kunden heraustreten und gezielt auf die Bedürfnisse bzw. Erwartungen des Kunden eingehen können.

In der Dienstleistungsliteratur finden sich zahlreiche Verweise zur Bedeutung von (monetären) **Kompensationsangeboten** zur Wiederherstellung der Kundenzufriedenheit. Die dahinter stehende Annahme besagt, dass Kunden bei einem Produkt- oder Serviceversagen einen Verlust wahrnehmen, der nur durch den Anbieter auszugleichen ist. Bei der Abwanderung aus Geschäftsbeziehungen ist nicht zwangsläufig von einem solchen Verlust auszugehen. Vielmehr können auch mit den Leistungen des Unternehmens hoch zufriedene Kunden abwandern. Analog zur Dienstleistungsliteratur indizieren einige Studien, dass sich vor allem materielle Angebote zur Rückgewinnung abgewanderter Kunden eignen. So übt bspw. die *Qualität des Rückgewinnungsangebots* eine positive Wirkung auf die Zufriedenheit mit der Rückgewinnung aus (Homburg/Hoyer/Stock 2007, S. 464-468; Homburg/Sieben/Stock 2004, S. 35 f.; Sieben 2002, S. 104-106).

Eine andere Studie hat darüber hinaus gezeigt, dass ein *Rückgewinnungspreis*, der niedriger als der frühere Abonnementpreis war, zu einer höheren Rückgewinnungsquote geführt hat. Allerdings ist der Erfolg nur von kurzfristiger Natur, da die zurück gewonnenen Kunden eine signifikant niedrigere zweite Dauer der Geschäftsbeziehung aufweisen (Thomas/Blattberg/Fox 2004, S. 38-43). Auch die von vielen Kunden im Medien- und Telekommunikationsbereich als gering bezeichneten Preiserwartungen an die Rückgewinnung (Pick 2009) sprechen dafür, den Rückgewinnungspreis möglichst nah an den ursprünglichen Preis des Produktes oder des Vertrages zu orientieren.

Die generelle Bedeutung materieller Rückgewinnungsangebote findet auch in einer aktuellen empirischen Studie eines Verlagshauses Bestätigung. So haben sich mehr Verlagshauskunden für eine neue Geschäftsbeziehung entschieden, wenn sie eine Prepaid-Gutscheinkarte angeboten bekamen (Pick 2008, S. 180 f.). Die Flexibilität in der Gestaltung einer Geschäftsbeziehung könnte für zahlreiche Kundengruppen möglicherweise sogar eine deutlich größere Rolle als Preisnachlässe einnehmen, insbesondere dann, wenn kundenspezifische Situationen (bspw. deren finanzielle Lage) eine dauerhafte, vertragliche Bindung an den Anbieter nicht erlauben. Jedoch ist bis dato ungeklärt, welches Flexibilitätsniveau Geschäftsbeziehungen aufweisen sollten, damit sowohl viele Kunden beim Anbieter verbleiben als auch zurück gewonnen werden können.

Neben diesen materiellen Rückgewinnungsangeboten können aber auch immaterielle Rückgewinnungsangebote zur Wiederaufnahme motivieren. Bei der o. g. Studie zur Rückgewinnung von Verlagshauskunden wurde ebenfalls deutlich, dass Unternehmen ihre abgewanderten Kunden über eine (leichte) Variation ihrer Angebote zurückgewinnen können – so haben sich immerhin 3,5 Prozent der Kunden für ein Überraschungspaket mit Romanheften im Abonnement entschieden (Pick 2008, S. 181 f.). Unternehmen können mit derartigen Angeboten bspw. ihren Lagerbestand abbauen, ohne Nachteile in Bezug auf die aktuelle Produktpalette fürchten zu müssen. Zudem hat ein Rückgewinnungsexperiment bei einem Verkehrsdienstleister in Deutschland ergeben, dass eine reine Vorteils- bzw. Nutzenargumentation zwar weniger Kunden zur Rückkehr bewegt, aber mit Rückgewinnungsquoten von durchschnittlich 13,4 Prozent eine hoch profitable Alternative für das Unternehmen darstellt, da weder der Preis reduziert noch andere (Margen beeinflussende) Rückgewinnungsangebote eingesetzt werden müssen (Pick 2008, S. 208).

Die bislang publizierten Studien sprechen bei der Dimension des **Rückgewinnungstimings** für eine frühzeitige Rückgewinnung, das heißt, eine Ansprache von abgewanderten Kunden sollte unmittelbar oder zeitlich nah nach Kenntnis ihrer Abwanderung erfolgen (Pick 2008, S. 254; Starke 2000, S. 138 f.; Stauss/Friege 2006, S. 526). Für eine unmittelbare Kundenansprache lässt sich anführen, dass abgewanderte Kunden aufgrund des geringen zeitlichen Abstandes das Unternehmen mit seinen Leistungen noch in Erinnerung haben und noch nicht an einen anderen Anbieter gebunden sind. In Deutschland ist eine frühzeitige Rückgewinnung aber auch aus rechtlicher Sicht empfehlenswert, da nach § 7 UWG potenzielle Kunden nur unter bestimmten Situationen zum Verkauf angesprochen werden dürfen. So besteht die Gefahr, dass bereits nach vier bis sechs Wochen die Ansprache abgewanderter Kunden als unzumutbar eingeschätzt wird bzw. nicht legal ist (Schöler 2006, S. 617).

Phase 4 – Rückgewinnungs-Controlling

Insgesamt zeigen die Befunde der empirischen Studien – mit Ausnahme der Untersuchungen von Sieben, Homburg/Sieben/Stock und Homburg/Hoyer/Stock – nur sehr geringe **Rückgewinnungsquoten**: Auch in der Praxis werden geringe Rückgewinnungsquoten als der Regelfall betrachtet. Kundenbindung bzw. die Vermeidung von Kundenabwanderung scheint folglich ein zentraler Aspekt für das Kundenmanagement zu sein, und Rückgewinnung ist demnach die letzte Möglichkeit, Kundenpotenziale zu sichern. Bis auf eine Studie von Sieben gibt es bisher keine empirischen Belege der tatsächlichen **Rückgewinnungskosten** und der optimalen Höhe von **Rückgewinnungsinvestitionen** (Sieben 2002, S. 147-151). Am Beispiel eines Buchclubs wiederum wurden die **Rentabilitäten** der Kundenneugewinnung und Kundenrückgewinnung miteinander verglichen. Die Befunde dieser Studie indizieren, dass die Rentabilität der Rückgewinnungsaktivitäten deutlich über denen der Kundenneugewinnung liegt (Stauss/Friege 2006, S. 523-527).

Phase 5 – Nachgelagerte Aufgaben und Prozesse

Gespräche in verschiedenen Branchen haben ergeben, dass Unternehmen die zurück gewonnenen Kunden nicht anders behandeln als jene Kunden, die dauerhaft loyal sind. Hier besteht eine veritable Forschungslücke, die sich auf die Frage bezieht, inwieweit sich die Bindungsmaßnahmen eines Unternehmens auf die zweite (oder dritte) Beziehungsdauer der zurück gewonnenen Kunden auswirken. Auch zum Management des Kundenwissens aus der Kundenabwanderung liegen bisher keine empirischen Studien vor. Nach Ansicht der Autoren ist die Erfassung und Weiterverarbeitung des Rückgewinnungswissens jedoch eine wichtige Aufgabe des Managements, um alle Phasen des Kundenmanagements aufeinander abzustimmen und nachhaltig zu implementieren.

3 Wiederaufnahme als Voraussetzung der Kundenrückgewinnung

Die bisherige Forschung hat sich auf die Unternehmensseite des Rückgewinnungsmanagements fokussiert, also die Sicht der Kunden mit ihrer Reaktion auf die Marketingmaßnahmen weitestgehend vernachlässigt. Dabei ist es offensichtlich, dass das Rückgewinnungsmanagement nur dann erfolgreich ist, wenn dadurch Kunden zur tatsächlichen Wiederaufnahme der Geschäftsbeziehung motiviert werden. Diese Wiederaufnahme kann konzeptionell in die **Wiederaufnahmebereitschaft** und das **Wiederaufnahmeverhalten** differenziert werden. Die Forschung stimmt darin überein, dass ein Interesse der abgewanderten Kunden gegenüber dem früheren Unternehmen bzw. der Unternehmensleistung vorhanden sein muss, damit Rückgewinnungsaktivitäten überhaupt auf Resonanz stoßen können (Homburg/Schäfer 1999, S. 5; Stauss/Friege 1999, S. 352).

Dies wird daran deutlich, dass einige der Kunden gar nicht zurückzugewinnen sind, während andere abgewanderte Kunden nach einem bestimmten Zeitablauf durchaus zur Rückkehr bereit sind (Michalski 2002, S. 165 f.; Stauss/Friege 1999, S. 352). Diese Rückkehr- bzw. Wiederaufnahmebereitschaft kann in einer veränderten persönlichen Lage, der Veränderung der Bedürfnisse oder in einer Unzufriedenheit mit den Leistungen der Wettbewerber begründet sein. Für die Unternehmen stellt sich daher die Frage, wie die generelle Wiederaufnahmebereitschaft von abgewanderten Kunden gemessen und beeinflusst werden kann.

3.1 Generelle Wiederaufnahmebereitschaft

Eine erste terminologische Erwähnung findet die Wiederaufnahmebereitschaft in der Klassifizierung von umkehrbaren („revocable") Abwanderungsentscheidungen (Roos 1999, S. 69 und S. 77) und als „willingness to renew the relationship" (Stauss/Friege 1999, S. 360). In späteren Studien werden vor allem verschiedene Begrifflichkeiten – ohne diese näher zu definieren – in die Forschung eingeführt, wie bspw. Return intentions (Mount/Mattila 2000, S. 514), Wiederaufnahmebereitschaft (Michalski 2002, S. 160) und Switch-back intentions (Tokman/Davis/Lemon 2007, S. 54). Mit dem Begriff der Wiederaufnahmebereitschaft verwandt sind in der Literatur diskutierte Phänomene wie Rückgewinnungserfolg (Sieben 2002, S. 64), Rückgewinnungswahrscheinlichkeit und Wiederaufnahme (Rutsatz 2004, S. 28). Um Klarheit in die Begrifflichkeiten zu bringen, definieren wir die generelle Wiederaufnahmebereitschaft (GWAB) als Ausgangspunkt jeglicher Rückgewinnungsaktivitäten als „[…] unbedingte Bereitschaft des Kunden, eine vertragliche Geschäftsbeziehung mit einem früheren Anbieter wiederaufzunehmen" (Pick 2008, S. 41).

Die GWAB stellt damit den Ausgangspunkt für Unternehmen zur Rückgewinnung dar. Da es sich um ein relativ neues Konstrukt handelt, liegen bisher nur zwei Studien vor, in denen zentrale Determinanten der GWAB untersucht werden. Diese **Einflussgrößen der Wiederaufnahmebereitschaft** erwiesen sich u. a. als der Servicenutzen, ein geringer Preis (Tokman/Davis/Lemon 2007, S. 57) und die Stabilität der Abwanderungsgründe, das Commitment, die Wiederaufnahmekosten und die wahrgenommene Verhaltenskontrolle (Pick 2008, S. 229). Signifikante Wirkungen von sozio-ökonomischen und sozio-demographischen Kriterien wie Einkommen und Alter wurden bisher nicht aufgedeckt.

3.2 Spezifische Wiederaufnahmebereitschaft

Die GWAB stellt allerdings nur eine notwendige, jedoch zumeist nicht hinreichende Bedingung dar, die Kunden zur Reaktivierung ihrer Geschäftsbeziehung zu motivieren. Wäre die GWAB der alleinige Treiber des Wiederaufnahmeverhaltens, wären Rückgewinnungsaktivitäten der Anbieter nicht erforderlich – die Kunden würden (früher oder später) von allein zurückkehren, wenn der Anbieter ein bestimmtes Leistungsniveau im Vergleich zu den Wettbewerbern erfüllt und das Produkt bzw. die Dienstleistung benötigt wird. Dass spezifische Rückkehrangebote nötig sind, zeigt die Service Recovery-Literatur. In einer Studie der Hotellerie ist die höchste Bereitschaft zum erneuten Besuch des Hotels eng mit den finanziellen Entschädigungen für Kunden bei einem Serviceversagen verbunden. Kunden, die eine volle Erstattung bei Serviceversagen erhalten, haben sowohl in Bezug auf die Hotelkette als auch das betroffene Hotel die höchste Wiederkaufbereitschaft (Mount/Mattila 2000, S. 518 f.).

Vor diesem Hintergrund lässt sich eine spezifische bzw. bedingte Wiederaufnahmebereitschaft (SWAB) als Treiber des Wiederaufnahmeverhaltens ableiten. Diese SWAB lässt sich als von Unternehmensaktivitäten abhängige, also bedingte, Bereitschaft eines Kunden zur Wiederaufnahme einer Geschäftsbeziehung umschreiben (Pick 2008, S. 41). Eine derartige SWAB stellt folglich die Erwartungen abgewanderter Kunden an Rückgewinnungsaktivitäten des früheren Anbieters dar (Rutsatz 2004, S. 28). Diese Kundenerwartungen, z. B. in Bezug auf eine Entschuldigung (bei Serviceversagen) oder einen Preisnachlass, sind weit verbreitet und ausgeprägt. 84,8 Prozent der in einer aktuellen Studie befragten Telekommunikations- und Medienkunden erwarten konkrete Rückgewinnungsaktivitäten, während nur 15,2 Prozent keine Erwartungen an eine Rückgewinnung haben (Pick 2009). Für Unternehmen impliziert dies, die konkreten Erwartungen, die sich auf spezifische Preise und Ausprägungen der Unternehmensleistung beziehen, kontinuierlich zu erheben und darauf aufbauend adäquate Rückgewinnungsangebote zu konzipieren, um Kunden zurückzugewinnen bzw. ihre Zufriedenheit auch bei einer Nicht-Wiederaufnahme zu erhöhen, um sie evtl. zu einem späteren Zeitpunkt als neue Kunden zu gewinnen. Der Forschungsbereich der spezifischen Kundenerwartungen, gekoppelt mit dem aktuell zunehmend zu beobachtenden Phänomen des „Strategischen Kündigens", weist eine Vielzahl an unbeantworteten Fragestellungen auf, die in zukünftigen Forschungsbeiträgen zu adressieren sind.

4 Schlussbetrachtung

Der Kundenrückgewinnung wurde in letzten Jahren kontinuierlich eine größere Bedeutung beigemessen. Diese Thematik ist insbesondere in gesättigten Märkten mit einer hohen Wettbewerbsdynamik von Relevanz, also bspw. in der Telekommunikations- und Medienbranche. In derartigen Märkten können Neukunden beinahe ausschließlich durch das Abwerben von Wettbewerbern gewonnen werden. Für die in einem solchen Umfeld operierenden Unternehmen stellt sich daher die Frage nach den Einstellungen und Absichten abgewanderter Kunden, um adäquate Aktivitäten zur Rückgewinnung entfalten zu können. Wie in diesem Beitrag gezeigt wurde, ist das dabei einzusetzende Rückgewinnungsmanagement in fünf Phasen zu unterteilen. Während die Inhalte dieser fünf Phasen in der Literatur konzeptionell gut beschrieben sind, weist der empirische Bereich auch nach ca. zehn Jahren verstärkter Forschung viele offene Fragestellungen des Rückgewinnungsmanagements auf.

Diese zentralen Fragestellungen sind vor allem in der Identifikation von Kunden, die zur Wiederaufnahme bereit sind, in der adäquaten Differenzierung von Rückgewinnungsangeboten und in der Integration des Rückgewinnungswissens in das Kundenmanagement sowie der Nachbetreuung der zurück gewonnenen Kunden zu sehen.

Im Rahmen der **Wiederaufnahmebereitschaft** von Kunden wurden in einer ersten Studie wichtige Einflussgrößen identifiziert. Allerdings bietet es sich über die bisher untersuchten Branchen hinaus an, weitere Branchen mit ergänzenden Einflussfaktoren zu untersuchen. Zudem wäre zu überprüfen, inwieweit sich diese Einflussgrößen auch in nicht-vertraglichen Geschäftsbeziehungen als signifikant erweisen.

Im Rahmen der **Konkretisierung von Rückgewinnungsangeboten** ist bisher nicht bekannt, ob eine Differenzierung nach dem Kundenwert andere, höhere Rückgewinnungsquoten hervorbringt. So könnten Kunden, die sich selbst als wertvoll für das Unternehmen einschätzen (Selbstreferenz z. B. aufgrund hoher Konsumausgaben), deutlich höhere Ansprüche und Erwartungen an Rückgewinnungsangebote haben und daher nicht mit standardisierten Rückgewinnungsaktivitäten zur Wiederaufnahme zu motivieren sein. Aus der Praxis ist zwar bekannt, dass Unternehmen z. T. Rückgewinnungsverhandlungen mit ausgewählten Kunden auf Basis des erwarteten Kundenwerts (z. B. über die kalkulierbare Vertragslaufzeit) führen, veröffentlichte Befunde liegen dazu bislang jedoch nicht vor.

Eine andere Facette der Gestaltung von Rückgewinnungsangeboten gilt der Fragestellung, inwieweit Kunden **strategisch kündigen** und welche Angebote derartigen Kunden unterbreitet werden sollten, um sie zurückgewinnen zu können. Erste Befunde weisen darüber hinaus darauf hin, dass einige abgewanderte Kunden nicht bei dem ersten Rückgewinnungsversuch zurückkehren, sondern erst durch eine mehrfache Ansprache zurückzugewinnen sind (mehrstufige Rückgewinnung). Eine Forschungsfrage, die sich daraus ableitet, ist die Ermittlung einer optimalen **Kombination von aufeinander aufbauenden Dialogformen und Rückgewinnungsangeboten**. In diesem Zusammenhang stellt sich auch die Frage, welche Merkmale Kunden aufweisen, bei denen Rückgewinnungsmaßnahmen durch den Anbieter überflüssig sind, da diese Kunden auch ohne Maßnahmen einen neuen Vertrag beim Unternehmen abschließen (self win-back). Darüber hinaus ist von Interesse, ob sich die **Cross Selling-Potenziale** (Homburg/Schäfer 2006, S. 164) zurück gewonnener Kunden von denen der dauerhaft loyalen Kunden unterscheiden.

Ein weiteres Forschungsfeld eröffnet sich in der Untersuchung der Unternehmensaktivitäten zur **Integration des Rückgewinnungswissens in das Bindungsmanagement**. Hier ist von Interesse, die Erfolgsfaktoren der Informationsaufnahme und -verarbeitung in Bezug auf ihre Existenz und Stärke zu prüfen.

Ungeachtet der bisherigen, für einige Phasen des Rückgewinnungsmanagements vorliegenden vertieften Befunde existieren für das Rückgewinnungsmanagement zahlreiche interessante Fragestellungen, die in ergänzenden empirischen Studien beantwortet werden sollten.

Literaturverzeichnis

ADAMS, J. S., Toward an understanding of inequity, in: Journal of Abnormal and Social Psychology, Vol. 67, 1963, S. 422-436.

BRUHN, M./MICHALSKI, S., Rückgewinnungsmanagement. Ergebnisse einer explorativen Studie zum Stand des Rückgewinnungsmanagements bei Banken und Versicherungen, in: Die Unternehmung – Swiss Journal of Business and Practice, 55. Jg., 2/2001, S. 111-125.

BRUHN, M./MICHALSKI, S., Analyse von Kundenabwanderungen. Forschungsstand, Erklärungsansätze, Implikationen, in: Zeitschrift für betriebswirtschaftliche Forschung und Praxis (zfbf), 55. Jg., 3/2003, S. 431-454.

BÜTTGEN, M., Recovery Management – systematische Kundenrückgewinnung und Abwanderungsprävention zur Sicherung des Unternehmenserfolges, in: Die Betriebswirtschaft, 63 Jg., 1/2003, S. 60-76.

BÜTTGEN, M., Recovery Management, in: Die Betriebswirtschaft, 61. Jg., 3/2001, S. 397-401.

DODSON, J., Find out Why Your Customers Leave, in: Internet Week Online, Ausgabe 800, 33-34, 14. Februar 2000.

DWYER, F. R./SCHURR, P. H./OH, S., Developing Buyer-Seller Relationships, in: Journal of Marketing, Vol. 51, 2/1987, S. 11-27.

FESTINGER, L., Wish, expectation and group standards as factors influencing level of aspiration, in: Journal of Abnormal and Social Psychology, Vol. 37, 1942, S. 184-200.

FESTINGER, L., A theory of social comparison processes, in: Human Relations, 7/1954, S. 117-140.

FESTINGER, L., Theorie der kognitiven Dissonanz, Bern 1978.

FREY, D./BENNING, E., Dissonanz, in: FREY, D./GREIF, S. (Hrsg.): Sozialpsychologie. Ein Handbuch in Schlüsselbegriffen, Weinheim 1997, S. 147-153.

GRIFFIN, J./LOWENSTEIN, M. W., Customer Winback: How to Recapture Lost Customers - And Keep Them Loyal, San Francisco 2001.

HELFERT, M./HERRMAN, C./ZELLNER, G., Customer Regain Management in E-Business – Processes and Measures, in: Proceedings of the 8th Collaborative Electronic Commerce 2003, S. 97-110.

HOFFMAN, K. D./KELLEY, S. W./ROTALSKY, H. M., Tracking service failures and employee recovery efforts, in: Journal of Services Marketing, Vol. 9, 2/1995, S. 49-61.

HOGAN, J. E./LEMON, K. N./LIBAI, B., What Is the True Value of a Lost Customer?, in: Journal of Service Research, Vol. 5, 3/2003, S. 196-208.

HOMBURG, C./FÜRST, A./SIEBEN, F., Willkommen zurück, in: Harvard Business Manager, Vol. 12, 2003, S. 57-67.

HOMBURG, C./HOYER, W. D./STOCK, R. M., How to get lost customers back? A study of antecedents of relationship revival, in: Journal of the Academy of Marketing Science, Vol. 35, December/2007, S. 461-474.

HOMBURG, C./SCHÄFER, H., Customer Recovery: Profitabilität durch systematische Rückgewinnung von Kunden, Arbeitspapier M039, Mannheim 1999.

HOMBURG, C./SCHÄFER, H., Die Erschließung von Kundenwertpotenzialen durch Cross-Selling, in: GÜNTER, B./HELM, S. (Hrsg.): Kundenwert. Grundlagen – Innovative Konzepte – Praktische Umsetzungen, 3., überarb. und erweit. Auflage, Wiesbaden 2006, S. 157-181.

HOMBURG, C./SIEBEN, F./STOCK, R. M., Einflussgrößen des Kundenrückgewinnungserfolgs. Theoretische Betrachtung und empirische Befunde im Dienstleistungsbereich, in: Marketing ZFP, 26. Jg., 1/2004, S. 25-41.

HÜPPELSHÄUSER, M./KRAFFT, M./RÜGER, E., Hazard-Raten-Modelle im Marketing, in: Marketing – Zeitschrift für Forschung und Praxis, 28. Jg., 3/2006, S. 197-209.

HUPPERTZ, J. W./ARENSON, S. J./EVANS, R. S., An Application of Equity Theory to Buyer-Seller Exchange Situations, in: Journal of Marketing Research, Vol. 15, May/1978, S. 250-260.

JÜTTNER, U./MICHALSKI, S., The Managerial Implications of Relationship Ending Processes - Bridging the Gap between Research and Practice, in: Proceedings of the 35th European Marketing Conference, Athens 2006.

KEAVENEY, S. M., Customer Switching Behavior in Service Industries: An Exploratory Study, in: Journal of Marketing, Vol. 59, 2/1995, S. 71-82.

KRAFFT, M./RUTSATZ, U., Einsatz von Kundenwert-Konzepten im Versandhandel und Direktmarketing, in: GÜNTER, B./HELM, S. (Hrsg.): Kundenwert. Grundlagen – Innovative Konzepte – Praktische Umsetzungen, 3., überarb. und erweit. Auflage, Wiesbaden 2006, S. 683-707.

KRAFFT, M., Kundenbindung und Kundenwert, 2. Auflage, Heidelberg 2007.

KROEBER-RIEL, W./WEINBERG, P./GRÖPPEL-KLEIN, A., Konsumentenverhalten, 9. Auflage, München 2009.

Maxham III, J. G./Netemeyer, R. G., Firms Reap What They Sow: The Effects of Shared Values and Perceived Organizational Justice on Customers' Evaluations of Complaint Handling, in: Journal of Marketing, Vol. 67, January/2003, S. 46-62.

Michalski, S., Kundenabwanderungs- und Kundenrückgewinnungsprozesse. Eine theoretische und empirische Untersuchung am Beispiel von Banken, Wiesbaden 2002.

Michalski, S., Types of Customer Relationship Ending Processes, in: Journal of Marketing Management, Vol. 20, 9-10/2004, S. 977-999.

Mount, D. J./Mattila, A., The Final Opportunity: The Effectiveness of a Customer Relations Call Center in Recovering Hotel Guests, in: Journal of Hospitality & Tourism Research, Vol. 24, 4/2000, S. 514-525.

Pick, D., Wiederaufnahme vertraglicher Geschäftsbeziehungen. Eine empirische Untersuchung der Kundenperspektive, Wiesbaden 2008.

Pick, D., Kundenerwartungen und Rückgewinnung, in: Marketing Review St. Gallen, 26. Jg., August/2009, im Erscheinen.

Reichheld, F. F./Sasser Jr., W. E., Zero Defections – Quality Comes to Services, in: Harvard Business Review, Vol. 68, 5/1990, S. 105-111.

Reinartz, W./Krafft, M./Hoyer, W. D., The CRM Process: Its Measurement and Impact on Performance, in: Journal of Marketing Research, Vol. 41, August/2004, S. 293-305.

Roos, I., Switching Processes in Customer Relationships, in: Journal of Service Research, Vol. 2, 1/1999, S. 68-85.

Roos, I./Edvardsson, B./Gustafsson, A., Customer Switching Patterns in Competitive and Noncompetitive Service Industries, in: Journal of Service Research, Vol. 6, 3/2004, S. 256-271.

Rutsatz, U., Kundenrückgewinnung durch Direktmarketing. Das Beispiel des Versandhandels, Wiesbaden 2004.

Sauerbrey, C./Henning, R., Kundenrückgewinnung. Erfolgreiches Management für Dienstleister, München 2000.

Schöler, A., Rückgewinnungsmanagement, in: Hippner, H./Wildner, K. D. (Hrsg.): Grundlagen des CRM. Konzepte und Gestaltung, 2. Auflage, Wiesbaden 2006, S. 605-631.

Sieben, F., Rückgewinnung verlorener Kunden. Erfolgsfaktoren und Profitabilitätspotenziale, Wiesbaden 2002.

SPARKS, B. A./CALLAN, V. J., Dealing with Service break-downs: The influence of explanations, offers and communication style on consumer complaint behavior, in: Proceedings of the World Marketing Congress, Melbourne 1995.

STARKE, S., Effektiver Einsatz von (externen) Call-Centern zur Kündigerrückgewinnung – Praxisbeispiel Verlag, in: SAUERBREY, C./HENNING, R. (Hrsg.): Kundenrückgewinnung. Erfolgreiches Management für Dienstleister, München 2000, S. 121-140.

STAUSS, B./FRIEGE, C., Regaining Service Customers. Costs and Benefits of Regain Management, in: Journal of Service Research, Vol. 1, 4/1999, S. 347-361.

STAUSS, B./FRIEGE, C., Kundenwertorientiertes Rückgewinnungsmanagement, in: GÜNTER, B./ HELM, S. (Hrsg.): Kundenwert. Grundlagen – Innovative Konzepte – Praktische Umsetzungen, 3. Auflage, Wiesbaden 2006, S. 509-530.

TAX, S. S./BROWN, S. W./CHANDRASHEKARAN, M., Customer Evaluations of Service Complaint Experiences: Implications for Relationship Marketing, in: Journal of Marketing, Vol. 62, 2/1998, S. 60-76.

THOMAS, J. S./BLATTBERG, R. C./FOX, E. J., Recapturing Lost Customers, in: Journal of Marketing Research, Vol. 41, 1/2004, S. 31-45.

TOKMAN, M./DAVIS, L. M./LEMON, K. N., The WOW Factor: Creating Value through Win-Back Offers to Reaquire Lost Customers, in: Journal of Retailing, Vol. 83, 1/2007, S. 47-64.

TROMMSDORFF, V., Konsumentenverhalten, Stuttgart 2003.

WAGNER, T./HENNIG-THURAU, T./RUDOLPH, T., Does Customer Demotion Jeopardize Loyalty, in: Journal of Marketing, Vol. 73, May/2009, S. 69-85.

WEINER, B., An Attributional Theory of Achievement Motivation and Emotion, in: Psychological Review, Vol. 92, 4/1985, S. 548-573.

WEINER, B., Attributional Thoughts about Consumer Behavior, in: Journal of Consumer Research, Vol. 27, December/2000, S. 382-387.

Bernd Stauss/Wolfgang Seidel

Preiskündiger und Qualitätskündiger: Zur Segmentierung verlorener Kunden

1 Problemstellung 145
2 Segmente verlorener Kunden 146
3 Modell des Abwanderungsverhaltens 148
4 Abweichendes Abwanderungsverhalten von Preis- und Qualitätskündigern 150
    4.1 Theoretische Hypothesenentwicklung 150
    4.2 Empirischer Hypothesentest 154
5 Implikationen 156
    5.1 Konsequenzen für das Management 156
    5.2 Forschungsimplikationen 157

1 Problemstellung

Für viele Unternehmen stellt die steigende Zahl von Kundenabwanderungen eines der **gravierendsten Managementprobleme** dar. Schon vor mehr als einem Jahrzehnt stellt Reichheld (1996, S. 56) fest, dass US-amerikanische Unternehmen in einem Fünfjahreszeitraum durchschnittlich die Hälfte ihrer Kunden verlieren. In Branchen mit vertraglichen Geschäftsbeziehungen werden Churnraten (Kundenabgänge pro Periode im Verhältnis zum mittleren Kundenbestand der gleichen Periode) von 20–30 Prozent gemessen (Knauer 1999; Sauerbrey/Henning 2000; Berke 2008). Dementsprechend steigt auch seit Jahren das wissenschaftliche Interesse daran, vertiefte Erkenntnisse über den Prozess der Abwanderungsentscheidung von Kunden und die Determinanten der Kundenabwanderung zu erhalten (Keaveney 1995; Roos 1999; Keaveney/Parthasarathy 2001; Gerrard/Cunningham 2004; Roos/Edvardsson/Gustafsson 2004; Bansal/Taylor/James 2005; Lopez/Redondo/Olivan 2006; Wieringa/Verhoef 2007).

In den Studien wird klar erkennbar, dass Kunden verschiedene Gründe und Motive für ihre Abwanderungsentscheidung haben und somit vom Unternehmen eine differenzierte Betrachtung verlangen. Denn die jeweiligen Ursachen der Abwanderung sind vom Unternehmen in unterschiedlichem Maße und nur durch ein jeweils spezifisches Instrumentarium beeinflussbar. Insofern liegt es nahe, relevante **Ursachengruppen der Abwanderung** zu identifizieren, entsprechende Segmente (potenziell) verlorener Kunden zu bilden und diese jeweils gezielt zu bearbeiten. Allerdings fehlt es bisher an konzeptionellen Überlegungen für eine solche Segmentierung. Vor allem aber mangelt es sowohl an theoretischen als auch an empirischen Erkenntnissen darüber, wie sich die verschiedenen Segmente verlorener Kunden in ihrem konkreten Kündigungsverhalten unterscheiden. Solche Einsichten sind aber die Voraussetzung für einen segmentspezifischen Einsatz von präventiven Maßnahmen des Churnmanagements oder Aktivitäten des Rückgewinnungsmanagements.

Ziel des vorliegenden Beitrags ist es daher, einen entsprechenden Ansatz zur Segmentierung verlorener Kunden zu entwickeln, auf theoretischer Ebene Annahmen über Verhaltenskonsequenzen der Segmentzugehörigkeit zu formulieren und diese empirisch zu testen. Dabei wird von einem Fall **vertraglicher Geschäftsbeziehungen im Business-to-Consumer-Bereich** ausgegangen, sodass die abwandernden Kunden ihre Entscheidung dem Unternehmen in der Form einer Vertragskündigung mitteilen. Im Folgenden werden zunächst ein Segmentierungskonzept für verlorene Kunden mit der zentralen Differenzierung in die Segmente der Qualitäts- und Preiskündiger vorgeschlagen (Kapitel 2) und ein generelles Verhaltensmodell der Kundenabwanderung präsentiert (Kapitel 3). Anschließend wird reflektiert, inwiefern sich das Abwanderungsverhalten von Qualitäts- und Preiskündigern unterscheidet. Diesbezüglich werden theoretisch-konzeptionelle Hypothesen entwickelt und empirisch überprüft (Kapitel 4). Die empirischen Ergebnisse stellen die Basis für die Reflexion von Implikationen für Management und Forschung dar (Kapitel 5).

Bernd Stauss/Wolfgang Seidel

2 Segmente verlorener Kunden

Wer Kundenabwanderung verhindern bzw. verlorene Kunden zurückgewinnen will, muss die Ursachen der Abwanderung kennen, diese für eine Segmentierung verlorener Kunden heranziehen und bewerten, welche Kundenverluste grundsätzlich vermeidbar sind.

Die von den Abwanderern genannten Gründe fallen branchen- und unternehmensspezifisch unterschiedlich aus, sie lassen sich aber dennoch **generellen Ursachenkategorien** zuordnen. Dementsprechend können auch die verlorenen Kunden bestimmten Typen oder Segmenten zugewiesen werden (Stauss/Friege 1999; Stauss 2000; Michalski 2002; Büttgen 2003; Schöler 2006; Stauss/Friege 2006). Grundsätzlich sind sechs Typen verlorener Kunden zu unterscheiden:

- **„Vertriebene Kunden" („pushed away customers"):** Sie wenden sich ab wegen eines negativen Erlebnisses mit den unternehmerischen Produkten und Dienstleistungen oder eines sonstigen Verhaltens des Unternehmens bzw. dessen Mitarbeiter.

- **„Abgeworbene Kunden" („pulled away customers"):** Diese Kunden wechseln zum Wettbewerber, weil sie das Angebot in Bezug auf Qualität oder Preis für überlegen ansehen oder ihnen vom Wettbewerber für den Wechsel ein geldwerter Vorteil angeboten wurde.

- **„Ungewollt abwandernde Kunden" („unwillingly going away customers"):** Zu dieser Gruppe gehören Kunden, die sich die Aufrechterhaltung der Geschäftsbeziehung finanziell nicht mehr leisten können und daher – eher gegen ihren eigentlichen Wunsch – die Nutzung einstellen.

- **„Kunden mit Bedarfswegfall" („moved away customers"):** Das sind diejenigen Kunden, die eine Geschäftsbeziehung beenden, weil der Bedarf nicht mehr besteht.

- **„Nicht mehr gewollte Kunden" („intentionally pushed away customers"):** Hierbei handelt es sich um Kunden, deren Geschäftsbeziehung durch das Unternehmen selbst beendet wird, beispielsweise weil es zu Zahlungs- bzw. Inkassoproblemen gekommen ist.

- **„Notwendigerweise ausscheidende Kunden" („necessarily exiting customers"):** Die Geschäftsbeziehung dieser Kunden wird aufgrund natürlicher Fluktuationsursachen – z.B. Tod oder (branchenabhängig) Umzug – beendet.

Diese Typen verlorener Kunden unterscheiden sich stark im Hinblick auf die **Vermeidbarkeit der Abwanderung**, d.h. der möglichen unternehmerischen Einflussnahme auf die Verlustursache. **Nicht oder kaum beeinflussbar** sind das notwendigerweise Ausscheiden, der Wegfall des Bedarfs und die Ursachen, die Kunden dazu bewegen, die eigentlich von ihnen gewünschte Geschäftsbeziehung zu beenden. Deshalb sind diese Kundenverluste als **unvermeidbar** zu akzeptieren. Zwar als **beeinflussbar**, jedoch ebenfalls als **unvermeidbar** sind diejenige Kundenverluste einzustufen, die auf die bewusste Entscheidung des Unternehmens zurückzuführen sind, die Geschäftsbeziehung zu den „Nicht mehr gewollten Kunden" aufzukündigen.

Demgegenüber gehören die „Vertriebenen Kunden" zu den **grundsätzlich vermeidbaren Kundenverlusten**, da negative Erlebnisse den Auslöser für das Ausscheiden aus der Geschäftsbeziehung darstellen. Der Abwanderung liegen somit unternehmensbezogene Ursachen zugrunde (vgl. Michalski 2002, S. 44), die durch eine optimierte, konsequent kundenorientierte Ausrichtung von Leistungen, Prozessen und Mitarbeiterverhalten verhindert werden können. Auch die Kündigungsgründe der „Abgeworbenen Kunden" sind prinzipiell vermeidbar. Zwar geht hier der Impuls von einer externen Quelle – nämlich dem Wettbewerber – aus, denn es liegen wettbewerbsbezogene Gründe vor (vgl. Michalski 2002, S. 44), doch grundsätzlich ließe sich insbesondere durch produkt- und preispolitische Maßnahmen die Wettbewerbsfähigkeit des Angebots erhöhen.

Deshalb erscheint es angebracht, die folgende Betrachtung auf die Segmente der vertriebenen und abgeworbenen Kunden zu beschränken. Allerdings ist eine weitere Differenzierung vorzunehmen. Wie empirische Studien zum Abwanderungsverhalten zeigen (Keaveney 1995; Colgate/Hedge 2001), haben die weitaus meisten Ursachen für Kundenabwanderungen einen Bezug zu preislichen oder qualitätsbezogenen Aspekten des Leistungsangebots. Somit kann man je nach dem vorherrschenden Grund auch von **Preiskündigern** und **Qualitätskündigern** sprechen.

Sowohl Preis- als auch Qualitätskündiger können entweder durch eine als negativ wahrgenommene Verhaltensweise des Unternehmens **verstoßen** oder aber durch ein Wettbewerbsangebot **weggelockt** worden sein. So ist es denkbar, dass Kunden wegen einer plötzlichen Preiserhöhung oder erst im Verlauf der Geschäftsbeziehung erkannter Nebenkosten vertrieben oder durch ein attraktives Konkurrenzpreisangebot abgeworben wurden. Analog können Kunden durch Qualitätsmängel in der Kerndienstleistung oder im begleitenden Service vertrieben oder durch wahrgenommene Qualitätsüberlegenheit der Konkurrenz zur Kündigung bewogen worden sein. Daher ist von der Existenz von vier besonders relevanten Segmenten verlorener Kunden auszugehen (siehe Abbildung 2-1).

Abbildung 2-1: Segmente verlorener Kunden (vermeidbare Kundenverluste)

	Vertriebene Kunden	**Abgeworbene Kunden**
Qualitätskündiger	1 Vertriebene Qualitätskündiger	2 Abgeworbene Qualitätskündiger
Preiskündiger	3 Vertriebene Preiskündiger	4 Abgeworbene Preiskündiger

Vertriebene Qualitätskündiger sind Kunden, die wegen eines Qualitätsmangels in der Kernleistung oder im begleitenden Service vergrault werden, während **abgeworbene Qualitätskündiger** durch die wahrgenommene Qualitätsüberlegenheit der Konkurrenz weggezogen werden. **Vertriebene Preiskündiger** wandern wegen eines Preisproblems – etwa eine unerwartete Preiserhöhung – ab, während **abgeworbene Preiskündiger** wegen der empfundenen preislichen Überlegenheit zum Wettbewerber wechseln.

Es spricht viel dafür, dass sich die Segmente in ihrem Abwanderungsverhalten unterscheiden. Damit wird es erforderlich, sich zunächst allgemein mit dem Abwanderungsverhalten von Kunden zu befassen.

3 Modell des Abwanderungsverhaltens

Für die folgenden Überlegungen wird das in Abbildung 3-1 dargestellte einfache **Modell des generellen Abwanderungsverhaltens** zugrunde gelegt.

Ausgangspunkt ist ein **Impuls**, der Kündigungsüberlegungen auslöst. Dieser kann entweder ein wahrgenommenes Preis- oder Qualitätsproblem sein oder aber die Information darüber, dass ein Wettbewerbsangebot preisliche bzw. qualitätsmäßige Vorteile aufweist.

Die bei entsprechender Stärke des Impulses ausgelöste Kündigungsabsicht kann **unmittelbar zu einer faktischen Kündigungsartikulation** führen. Dies wird insbesondere dann der Fall sein, wenn Kunden äußerst verärgert sind und/oder eine befriedigende Reaktion des Unternehmens entweder für unwahrscheinlich halten oder aber in keinem Fall für ausreichend erachten, um ihr Vorhaben noch einmal zu überdenken.

Abbildung 3-1: Modell des Abwanderungsverhaltens

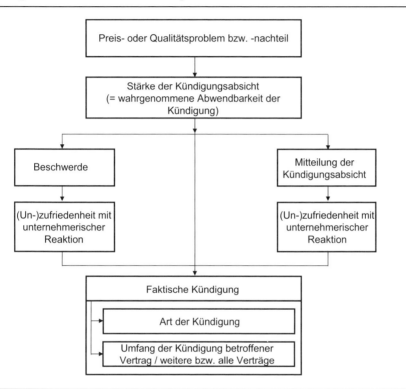

Kunden mit Kündigungsabsicht können sich aber auch zunächst an das Unternehmen wenden, indem sie sich – bei wahrgenommenen Problemen – **beschweren** oder aber die **beabsichtigte Abwanderung ankündigen**. Jeweils gewähren sie dem Unternehmen somit eine Chance, durch eine entsprechende Handlung die Kündigung noch abzuwenden. Insofern wird die Zufriedenheit des Kunden mit der unternehmerischen Reaktion auf seine Beschwerde, also die Beschwerdezufriedenheit mit der angebotenen Problemlösung, bzw. die Zufriedenheit mit einem etwaigen Halteangebot auf die Kündigungsabsicht maßgeblich darüber entscheiden, ob der Kunde tatsächlich seine Kündigung ausspricht.

Bei vertraglichen Geschäftsbeziehungen verfügen Kunden bei der Kündigung in der Regel über **Handlungsalternativen**. Vielfach haben sie nicht nur einen direkten Kontakt zum Unternehmen, sondern auch noch einen indirekten über einen für sie zuständigen Berater bzw. Vermittler vor Ort (beispielsweise Versicherungsvertreter oder -makler). So können abwanderungswillige Kunden ihre Kündigung entweder direkt gegenüber dem Unternehmen oder aber indirekt über den Vermittler artikulieren. Die vom Kunden gewählte Form der Kündigung wird von der Art der jeweiligen Kundenbeziehung abhängen, aber auch von der Stärke der Kündigungsabsicht bzw. der Unzufriedenheit mit der unternehmerischen Antwort. Je stärker die Verärgerung und die Entschlossenheit zur Beendigung der Geschäftsbeziehung ist, desto eher ist zu erwarten, dass Kunden gleich den formalen und direkten Kündigungsweg einschlagen.

Vielfach verfügen Kunden bei vertraglichen Geschäftsbeziehungen noch über eine weitere Handlungsalternative, nämlich in dem Fall, dass sie bei dem Unternehmen mehrere unterschiedliche Verträge (z.B. Versicherungsverträge) abgeschlossen haben, also **multiple Vertragsbeziehungen** vorliegen. Sie können dann nicht nur den Vertrag kündigen, der ihnen aus Qualitäts- oder Preisgründen nicht mehr attraktiv erscheint, sondern auch weitere oder gar sämtliche Vertragsbeziehungen beenden. Auch hier ist anzunehmen, dass diese Handlungsalternative vor allem gewählt wird, wenn die Kündigungsabsicht besonders stark ausgeprägt bzw. die Unzufriedenheit mit der Reaktion auf die Beschwerde bzw. Kündigungsankündigung besonders hoch ist.

Dies ist ein generelles Modell zum Abwanderungsverhalten. Im Folgenden wird diskutiert, inwiefern bei Preis- und Qualitätskündigern Verhaltensabweichungen zu erwarten sind.

4 Abweichendes Abwanderungsverhalten von Preis- und Qualitätskündigern

4.1 Theoretische Hypothesenentwicklung

Grundlage für die differenzierte Betrachtung von Qualitäts- und Preiskündigern ist die Annahme, dass sich die konzeptionell abgeleiteten Segmente verlorener Kunden in der Realität nachweisen lassen. Dementsprechend lautet die erste Hypothese:

H1: Kündiger von vertraglichen Geschäftsbeziehungen können einem der folgenden vier Segmente zugeordnet werden: Vertriebene Qualitätskündiger, Abgeworbene Qualitätskündiger, Vertriebene Preiskündiger, Abgeworbene Preiskündiger.

Hinsichtlich der Frage der Segmentgröße lassen sich keine generellen Aussagen machen, da unternehmensindividuelle und branchenspezifische Bedingungen zu berücksichtigen sind. Allerdings spricht viel dafür, dass bei vertraglichen Geschäftsbeziehungen der Preis als Entscheidungskriterium für Abwanderung eine überwiegende Bedeutung hat. In reifen Märkten mit austauschbaren Produkten und Dienstleistungen wird der Preiswettbewerb immer intensiver, was durch zunehmende Internationalisierung, Deregulierung und die gestiegenen Möglichkeiten des Preisvergleichs für Kunden im Internet weiter verstärkt wird. Damit erhöht sich die Wahrscheinlichkeit, dass das Segment „Abgeworbene Preiskündiger" zahlenmäßig besonders groß ausfällt. Diese Annahme wird auch durch empirische Studien bestätigt. So zeigt Keaveneys Studie (1995) zum Abwanderungsverhalten beispielsweise, dass mehr als die Hälfte der Kunden wegen eines Preisnachteils gegenüber einem Wettbewerbsangebot die Beziehung beendete. Colgate und Hedge (2001) stellen fest, dass wahrgenommene Preisprobleme den stärksten Einflussfaktor für die Abwanderungsraten im Retailbanking darstellen. Santonen (2007) fand heraus, dass Kundenverluste weit besser durch den Anteil preissensitiver Kunden erklärt werden können als durch Daten aus der Kundenzufriedenheitsmessung. Daraus folgt die zweite und dritte Hypothese:

H2: **In vertraglichen Geschäftsbeziehungen ist der Anteil von Preiskündigern größer als von Qualitätskündigern.**

H3: **Die Mehrheit der Preiskündiger in vertraglichen Geschäftsbeziehungen gehört zum Segment der Abgeworbenen Preiskündiger.**

Nachfolgend werden nun wesentliche Aussagen des allgemeinen Abwanderungsmodells in Bezug auf Preis- und Qualitätskündiger näher betrachtet. Dabei konzentriert sich die Diskussion aus Gründen der Komplexitätsreduktion allein auf die beiden zusammenfassenden Segmente der Preis- und Qualitätskündiger, ohne auf die jeweiligen Varianten der vertriebenen und abgeworbenen Kunden einzugehen.

In einem ersten Schritt wird diskutiert, ob sich bei Preis- und Qualitätskündigern die Stärke der Kündigungsabsicht unterscheidet. Diese drückt sich darin aus, inwiefern Kunden ihre Kündigungsintention für unwiderruflich und endgültig ansehen. Diese Ansicht wird wesentlich durch Annahmen über mögliche Anpassungsentscheidungen des Unternehmens bestimmt. Viel spricht dafür, dass sich diese Annahmen in Bezug auf Preis- und Qualitätsaspekte wesentlich unterscheiden. So werden potenzielle Preiskündiger auf Massenmärkten kaum erwarten, dass das Unternehmen aufgrund einer Beschwerde über die Preishöhe oder die Ankündigung des Wechsels wegen eines Preisvorteils der Konkurrenz individuelle Preiszugeständnisse machen wird. Demgegenüber haben beispielsweise potenzielle Qualitätskündiger sehr viel mehr Anlass zu erwarten, dass das Unternehmen bereit ist, auf eine entsprechende Beschwerde mit der Lösung eines Qualitätsproblems – etwa durch Umtausch, Nachbesserung oder Lieferung eines neuen Produktes – zu reagieren, um eine Abwanderung zu verhindern. Daraus resultiert Hypothese 4:

H4: Preiskündiger halten ihre Kündigung für weniger abwendbar.

Eine analoge Argumentation gilt für das Beschwerdeverhalten. Die Rolle von Beschwerden im Abwanderungsprozess ist wiederholt empirisch untersucht worden, wobei die zentrale Rolle einer negativen Beschwerdeerfahrung bzw. von Beschwerdeunzufriedenheit für eine Kündigung und die Zuwendung zum Wettbewerber wiederholt nachgewiesen wurde (LaBarbera/Mazursky 1983; Maute/Forrester 1993; Stewart 1998). Deshalb gelten Beschwerden als wesentlicher Frühwarnindikator für Kundenabwanderung (Wiedmann/Hennings/Kudlińska 2007, S. 321).

Aus der Beschwerdeverhaltensforschung weiß man, dass die wahrgenommene Erfolgswahrscheinlichkeit eine wesentliche Determinante der Beschwerdeneigung darstellt. Kunden beschweren sich nur, wenn sie eine Chance sehen, dass das Unternehmen zur Wiedergutmachung oder zu einer Änderung seines Verhaltens bereit ist (Stauss/Seidel 2007, S. 68). In Anbetracht dieser Erkenntnisse ist zu erwarten, dass sich die Beschwerdeneigung von Preis- und Qualitätskündigern unterscheidet, da die empfundene Erfolgswahrscheinlichkeit einer Beschwerde unterschiedlich einzuschätzen ist. Ein Produktpreis, der vom Kunden als zu hoch eingeschätzt wird, ist das Ergebnis eines unternehmerischen Planungs- und Entscheidungsprozesses und kein „Fehler", dessen Zurücknahme oder Korrektur vom Kunden zwingend erwartet werden kann. Dies steht im Gegensatz zur Mehrzahl von Qualitätsmängeln, die zum Gegenstand von Beschwerden gemacht werden. Dementsprechend ist bei Preisproblemen eine geringere Beschwerdeneigung als bei Qualitätsproblemen zu erwarten. Diese Erwartung wird auch gestützt durch die Studie von Colgate/Hedge (2001), nach der Preisprobleme zwar zu den wichtigsten Einflussfaktoren der Abwanderungsentscheidung gehören, aber keineswegs dieser Bedeutung entsprechend in Beschwerden zum Ausdruck gebracht werden. Dies führt zur fünften Hypothese:

H5: Preiskündiger beschweren sich seltener als Qualitätskündiger.

Inwieweit Kunden mit der unternehmerischen Antwort auf ihre Beschwerde zufrieden sind oder nicht, hängt von einer Reihe von Faktoren ab, insbesondere von der vom Kunden im Einzelfall wahrgenommenen Zugänglichkeit, Interaktionsqualität, Reaktionsschnelligkeit und Angemessenheit bzw. Fairness der Problemlösung (Stauss/Seidel 2007, S. 72). Es erscheint daher nicht unproblematisch, Annahmen über Unterschiede hinsichtlich der Beschwerdezufriedenheit bei Preiskündigern und Qualitätskündigern zu machen. Aber es gibt eine empirische Evidenz in Bezug auf Unterschiede in der Beschwerdezufriedenheit von Kunden bei Preis- und Qualitätsbeschwerden. Estelami (2003) untersucht unternehmerische Reaktionen auf Beschwerden, die sich zum einen auf Preisaspekte, zum anderen auf nicht-preisliche Probleme beziehen. Seine Studie zeigt, dass Kunden, die sich wegen eines Preisproblems beschweren, stärker an einer monetären Kompensation interessiert sind als andere Beschwerdeführer. Da Unternehmen diese Reaktionsalternative allerdings eher zögerlich wählen, kann angenommen werden, dass die Beschwerdezufriedenheit von Preiskündigern geringer ausfällt als die von Qualitätskündigern. Somit lautet Hypothese 6:

H6: Die Beschwerdezufriedenheit von Preiskündigern ist geringer als die von Qualitätskündigern.

Die Stärke der Kündigungsabsicht bzw. die Erfahrungen mit der unternehmerischen Reaktion auf die Beschwerde können auch die Art der Kündigung beeinflussen. Dies betrifft bei vertraglichen Geschäftsbeziehungen die Alternativen, die Kündigung entweder auf formalem Wege direkt gegenüber dem Unternehmen zu artikulieren oder aber gegenüber einem ihnen persönlich bekannten Mittler (indirekt) auszusprechen. Bei Preisproblemen bzw. wahrgenommenen Preisnachteilen ist entsprechend der aufgestellten Hypothesen von einer geringeren Vermeidbarkeit der Kündigung und gegebenenfalls von einer höheren Beschwerdeunzufriedenheit auszugehen. Deshalb erscheint es wahrscheinlich, dass Preiskündiger eher selten indirekt über den Mittler ihre Kündigung aussprechen, zumal diesem kaum ein Einfluss auf die unternehmerische Preisentscheidung und somit ein aussichtsreicher Halteversuch zuzutrauen ist. Demgegenüber kann ein Qualitätskündiger eher erwarten, dass der ihm persönlich bekannte Mittler einen ernsthaften Versuch macht, intern auf eine Qualitätsverbesserung bzw. -korrektur zu drängen, um eventuell eine Rücknahme der Kündigung zu erreichen. Diese Annahme wird in Hypothese 7 folgendermaßen ausgedrückt:

H7: Preiskündiger artikulieren ihre Kündigung eher direkt gegenüber dem Unternehmen (und nicht indirekt über ihnen bekannte Mittler) als Qualitätskündiger.

Abwanderungen können in unterschiedlichem Umfang, nämlich partiell oder total, erfolgen (Bolton/Bronkhorst 1995, S. 95; Reichheld 1996, S. 60). Dies gilt bei vertraglichen Geschäftsbeziehungen insbesondere in dem Fall, dass ein Kunde mehrere Verträge mit dem Unternehmen abgeschlossen hat, wie dies beispielsweise bei Versicherungen häufig der Fall ist. Die Studie von Brockett et al. (2008) zu Kundenabwanderungen in der Versicherungsindustrie zeigt u.a., dass die Kündigung eines Vertrages ein sehr starker Indikator für die Wahrscheinlichkeit der Kündigung aller abgeschlossenen Verträge darstellt. Sie macht zudem deutlich, dass die Wettbewerbsintensität die bei weitem stärkste Determinante der Kündigung aller Verträge darstellt. In Hypothese 3 wird angenommen, dass bei den Preiskündigern das Teilsegment der „Abgeworbenen Preiskündiger", die wettbewerbsbedingt abwandern, den größten Anteil ausmacht. Da diese besonders preissensitiv sind, ist auch zu erwarten, dass sie im Fall der Kündigung eines Vertrages dazu tendieren, auch die anderen Verträge in preislicher Hinsicht genau zu prüfen und bei entsprechendem Prüfergebnis auch weitere Kündigungen vorzunehmen. Demgegenüber ist eine analoge Vorgehensweise bei Qualitätskündigern nicht zu unterstellen, weil Qualitätsdifferenzen unterschiedlicher vertraglicher Angebote keineswegs so transparent sind wie Preise. Konsequenterweise lautet Hypothese 8:

H8: Im Falle multipler Vertragsbeziehungen tendieren Preiskündiger eher dazu alle Vertragsbeziehungen zu lösen als Qualitätskündiger.

4.2 Empirischer Hypothesentest

Zur Überprüfung der Hypothesen wurde eine empirische Studie durchgeführt, in der verlorene Kunden im Rahmen einer **Lost-Customer-Erhebung** telefonisch befragt wurden. Die Grundgesamtheit bestand aus allen Kündigern, die im Halbjahreszeitraum vor der Erhebung einen Vertrag mit ihrer Versicherung gekündigt hatten. Aus dieser Grundgesamtheit wurde eine unter Berücksichtigung der Kriterien „Voll-/Teilkündiger" (2-stufig) und „Sparte" (6-stufig) gleichmäßig geschichtete Stichprobe von 3.651 Fällen gezogen. Insgesamt konnten aus der Bruttostichprobe 480 vollständig durchgeführte Interviews generiert werden, was einer Responsequote von 13,1% entspricht. Die gleich großen Befragungszellen wurden für die Auswertung gemäß ihrer wahren Anteile in der Grundgesamtheit aller Kündiger gewichtet, um eine repräsentative Gesamtaussage zu erhalten.

Die Auswertung der Lost-Customer-Analyse zur **Segmentierung der Kündiger** zeigt, dass die überwiegende Mehrheit Gründe für ihre Abwanderung angibt, die grundsätzlich aus Unternehmensperspektive als vermeidbar anzusehen sind: 317 der befragten 480 Kündiger gehören zu dieser Gruppe. Betrachtet man diese vermeidbaren Kundenverluste, lassen sich tatsächlich alle vier angenommenen Segmente wiederfinden: Vertriebene Qualitätskündiger (18,0%), Abgeworbene Qualitätskündiger (17,0%), Vertriebene Preiskündiger (21,1%) und Abgeworbene Preiskündiger (43,8%) (siehe Abbildung 4-1).

Abbildung 4-1: Segmentgröße verlorener Kunden (vermeidbare Kundenverluste)

	Vertriebene Kunden	Abgeworbene Kunden	Σ
Qualitätskündiger	57	54	111
	18,0%	17,0%	35,0%
Preiskündiger	67	139	206
	21,1%	43,8%	65,0%
Σ	124	193	317
	39,1%	60,9%	100,0%

Es zeigen sich klare Unterschiede in den Segmentgrößen. In Bezug auf das Kriterium „Vertriebene versus Abgeworbene" wird deutlich, dass die große Mehrheit der Kündiger zur Kategorie der „Abgeworbenen" gehört (60,9%). Demnach macht die der „Vertriebenen" einen weit geringeren Anteil (39,1%) aus. Bezüglich der Kündigungsgrundalternativen „Preis versus Qualität" ist die Differenzierung noch ausgeprägter: 65% der verlorenen Kunden sind Preiskündiger, während 35% aus Qualitätsgründen die Geschäftsbeziehung verlassen haben. Damit ist **Hypothese 1 bestätigt**.

Zugleich enthält Abbildung 4-1 auch die **Bestätigung für die Hypothesen 2 und 3**. Es ist klar erkennbar, dass in der untersuchten Versicherungsbranche der Anteil der Preiskündiger (65%) den Anteil der Qualitätskündiger (35%) bei weitem übersteigt (Hypothese 2). Es bestätigt sich auch die Erwartung, dass die Preiskündiger vor allem wettbewerbsmäßig motiviert sind: 43,8% gehören zu der Gruppe der Abgeworbenen Preiskündiger, nur 21,1% sind den Vertriebenen Preiskündigern zuzurechnen (Hypothese 3).

Allerdings bestätigt sich die in **Hypothese 4** zum Ausdruck gebrachte Annahme **nicht**, dass Preiskündiger ihre Abwanderung für weniger vermeidbar ansehen als Qualitätskündiger. Im Gegenteil: Während 46,3% der Preiskündiger angeben, ihre Kündigung hätte sich durch eine Reaktion des Unternehmens vermeiden lassen, halten dies nur 22,5% der Qualitätskündiger für möglich. Dies ist nicht nur deshalb ein überraschendes Ergebnis, weil es den konzeptionellen Überlegungen entgegensteht, sondern auch, weil es im Widerspruch steht zu der in der Praxis weit verbreiteten Ansicht, Preiskündigungen seien kaum vermeidbar. Die befragten Kunden in dieser Studie teilen diese Ansicht keineswegs.

Angesichts dieses Ergebnisses der hohen wahrgenommenen Vermeidbarkeit einer Preiskündigung erscheint es konsequent, dass sich auch für **Hypothese 5 keine Bestätigung** finden ließ. Zwar ist der Prozentsatz der Preiskündiger, die sich nicht beschweren, mit 86,1% höher als die Nichtartikulationsquote der Qualitätskündiger (83,0%), die Unterschiede sind allerdings nicht signifikant (Chi^2 = 0,457; df = 1; p = 0,499). Auch die in **Hypothese 6** formulierte Annahme, dass die Beschwerdezufriedenheit von Preiskündigern niedriger ausfällt als bei Qualitätskündigern, **bestätigt sich nicht**. Der Prozentsatz enttäuschter Beschwerdeführer ist bei den Qualitätskündigern mit 88,2% sogar höher als die der Preiskündiger (71,4%).

In Bezug auf das **Kündigungsverhalten** zeigen die Ergebnisse zwar eine tendenzielle Bestätigung der **Hypothese 7**, allerdings lässt die geringe Fallzahl keine verlässliche Aussage zu. Demgegenüber wird **Hypothese 8** klar durch die Ergebnisse unterstützt: Preiskündiger neigen stärker dazu, gleich sämtliche Verträge zu kündigen (46,1%) als die Qualitätskündiger mit 36,9% (Chi^2 = 2,481; df = 1; p = 0,115).

5 Implikationen

5.1 Konsequenzen für das Management

Die Ergebnisse der empirischen Studie bestätigen zwar die theoretisch abgeleiteten Hypothesen nur zum Teil, sind aber dennoch von hoher Managementrelevanz.

Zum einen wird deutlich, dass ein Großteil von Kundenabwanderungen grundsätzlich vermeidbar ist und somit ein **hohes ökonomisches Wachstumspotenzial** beinhaltet (Seidel 2007).

Zum anderen lassen sich **Preis- und Qualitätskündiger in ihren Varianten** („Vertriebene" bzw. „Abgeworbene") unterscheiden. Die jeweils unterschiedliche Erfahrungs- und Erwartungssituation in diesen Segmenten gibt wertvolle Ansatzpunkte für einen differenzierten Einsatz von Maßnahmen zur Kündigungsprävention bzw. Kundenrückgewinnung. Auch weisen die Ergebnisse der Lost-Customer-Analyse erhebliche Vorteile im Vergleich zur herkömmlichen Zufriedenheitsmessung auf, da hier Kunden nicht über ihre zukünftigen Verhaltensintentionen Auskunft geben, sondern über ihr bereits **tatsächlich durchgeführtes Verhalten**. Damit liefern sie konkrete und valide Hinweise für Managementmaßnahmen.

Die Ergebnisse belegen zudem die Notwendigkeit für das Management, **Aspekten der Preiswahrnehmung und Preiszufriedenheit** sowie den daraus resultierenden Handlungskonsequenzen mehr Aufmerksamkeit zu widmen. In vielen Branchen mit Vertragsbeziehungen im Massengeschäft stellen Preiskündiger das größte Segment verlorener Kunden dar. Wenn aber diese Preiskündiger ihre Abwanderung mehrheitlich grundsätzlich für vermeidbar halten, besteht für Unternehmen eine große Chance, Kunden von der beabsichtigten Kündigung abzuhalten. Jede gezielte Aktion setzt aber voraus, dass Unternehmen differenzierte Kenntnisse über die Preiserwartungen und die Preiszufriedenheit ihrer Kunden haben. Deshalb gilt es, dem Thema Preis in der herkömmlichen Kundenzufriedenheitsmessung einen größeren Stellenwert einzuräumen. Häufig wird die Zufriedenheit von Kunden mit dem Preis gar nicht oder nur mit einem Merkmal – meist dem Preisleistungsverhältnis – berücksichtigt. Die Forschung zur Preiszufriedenheit zeigt allerdings, dass eine Reihe weiterer Aspekte eine wichtige Rolle für die Einschätzung des Kunden und sein Abwanderungsverhalten haben, beispielsweise Preistransparenz, Preissicherheit, Preiszuverlässigkeit, Preisvertrauen oder Preisfairness (Diller 2000; Matzler 2003; Rothenberger 2005; Rothenberger/ Hinterhuber 2005; Matzler/Würtele/Renzl 2006). Solche Gesichtspunkte sind zu berücksichtigen. Analoges gilt für die Beschwerdeauswertung, in der häufig die qualitätsbezogenen Probleme zwar differenziert erfasst und ausgewertet, aber preisliche Aspekte nur in einer groben Kategorie dokumentiert und vernachlässigt werden.

Auch erscheint es notwendig, die Preispolitik noch flexibler und individualisierter zu gestalten, um auf die Erwartungen kündigungsbereiter Kunden flexibel reagieren zu können.

Die Tatsache, dass Preiskündiger in besonderem Maße dazu neigen, gleich sämtliche Vertragsbeziehungen zu überprüfen und aufzulösen, erhöht des Weiteren die Notwendigkeit, bei Maßnahmen der Kündigungsprävention und der Rückgewinnung den Wert des Kunden nicht nur an dem jeweils betroffenen Vertrag, sondern anhand der **gesamten Vertragssituation** zu bestimmen. Dies setzt die Existenz einer Kundendatenbank voraus, die zu jedem Zeitpunkt einen präzisen Einblick in Umfang und Historie der Kundenbeziehung gestattet. Auch wird offenkundig, dass Preispolitik nicht als ein Marketinginstrument isoliert eingesetzt werden kann, sondern sehr viel stärker als bisher üblich mit dem Customer Relationship Management, insbesondere mit dem Beschwerdemanagement, dem Abwanderungspräventionsmanagement und dem Rückgewinnungsmanagement verknüpft werden muss.

5.2 Forschungsimplikationen

Angesichts der stark negativen Folgen der Kundenabwanderung und der bisher nur rudimentären Erkenntnisse zu ihren Ursachen, Einflussfaktoren und Folgen für das konkrete Verhalten in der Kündigungssituation erscheint es dringlich, die hier vorgestellten Überlegungen zur Segmentierung verlorener Kunden zu vertiefen und auszuweiten. Dabei erscheinen **drei Forschungsfragen** besonders relevant:

1. Ein erster Fragenbereich betrifft das vorgestellte einfache **Abwanderungsmodell**. Die unterstellten Auswirkungen von Kündigungsimpulsen für die wahrgenommene Abwendbarkeit, das Beschwerdeverhalten, die Beschwerdezufriedenheit sowie Art und Umfang der Kündigungsartikulation bedürfen weiterer empirischer Überprüfungen in anderen Branchen. Darüber hinaus wäre es fruchtbar, die vorhandenen Erkenntnisse zur Erklärung des dynamischen Verlaufs von Abwanderungsprozessen (Keaveney 1995; Colgate/Stewart/Kinsella 1996; Chakravarty/Feinberg/Widdows 1997; Athanassopoulos 2000) oder Prozesstypen der Kundenabwanderung (Bruhn/Michalski 2003) heranzuziehen und für die Weiterentwicklung des Modells zu nutzen.

2. Zum Zweiten ist die **vorgeschlagene Segmentierung** weiter und differenzierter zu betrachten. Dabei erscheint es lohnenswert, nicht nur grob zwischen Preiskündigern und Qualitätskündigern zu unterscheiden, sondern die Varianten der „Vertriebenen" und „Abgeworbenen" – also alle vier Segmente – einzubeziehen. Darüber hinaus erscheint es lohnenswert, innerhalb der einzelnen Segmente die Relevanz bestimmter inhaltlicher Aspekte (z.B. die verschiedenen Merkmale der Preiszufriedenheit) zu untersuchen. Zudem ist näher zu prüfen, ob zusätzlich zu den

aufgeführten „reinen" Segmenten auch Mischtypen zu identifizieren sind. Zwar war es in der durchgeführten Studie möglich, die Kündiger nach dem Schwerpunktprinzip eindeutig einem der vier Segmente zuzuordnen. Es zeigte sich aber auch, dass es Kunden gibt, die sowohl Preis- als auch Qualitätsgründe angeben, sodass offenbar hybride Segmente existieren, deren Verhalten einer näheren Untersuchung bedarf.

3. Die hier dargestellten Segmente verlorener Kunden repräsentieren die Gesamtsumme vermeidbarer Abwanderungen bzw. Kundenverluste. Sie sind somit Zielsegmente des Kündigungspräventions- und Rückgewinnungsmanagements. Insofern bedarf es umfangreicher Forschungen darüber, mit Hilfe welcher **Maßnahmen** diese Kunden zur Artikulation ihrer Beschwerde bzw. Kündigungsabsicht bewegt bzw. mit welchen Präventions- und Reaktionsmaßnahmen diese Kunden dazu veranlasst werden können, ihre Kündigungsabsicht aufzugeben oder rückgängig zu machen.

Von der gemeinsamen Beantwortung dieser Fragen durch Wissenschaft und Praxis wird es abhängen, ob es gelingt, das gravierende Problem der Kundenabwanderung zu bewältigen.

Literaturverzeichnis

ATHANASSOPOULOS, A. D., Customer Satisfaction Cues to Support Market Segmentation and Explain Switching Behavior, in: Journal of Business Research, Vol. 47, No. 3, 2000, S. 191-207.

BANSAL, H. S./TAYLOR, S. F./JAMES, Y. S., Migrating to new service providers: Toward a unifying framework of consumers' switching behaviors, in: Journal of the Academy of Marketing Science, Vol. 33, No. 1, 2005, S. 96-115.

BERKE, J., Telekom will mit Weltklasse-Service überzeugen, in: wiwo.de, http://www.wiwo.de/unternehmer-maerkte/telekom-will-mit-weltklasse-service-ueberzeugen-262498/ (Zugriff am 25.05.2009).

BOLTON, R. N. T./BRONKHORST, T. M., The relationship between customer complaints to the firm and subsequent exit behavior, in: Advances in Consumer Research, Vol. 22, No. 1, 1995, S. 94-100.

BROCKETT, P. L./GOLDEN, L. L./GUILLEN, M./NIELSEN, J. P./PARNER, J./PEREZ-MARIN, A.M., Survival Analysis of a Household Portfolio of Insurance Policies: How Much Time Do You have to Stop Total Customer Defection?, in: The Journal of Risk and Insurance, Vol. 75, No. 3, 2008, S. 713-737.

BRUHN, M./MICHALSKI, S., Analyse von Kundenabwanderungen – Forschungsstand, Erklärungsansätze, Implikationen, in: Zeitschrift für betriebswirtschaftliche Forschung, 55. Jg., Nr. 5, 2003, S. 431-454.

BÜTTGEN, M., Recovery Management – systematische Kundenrückgewinnung und Abwanderungsprävention zur Sicherung des Unternehmenserfolges, in: Die Betriebswirtschaft, 63. Jg., Nr. 1, 2003, S. 60-76.

CHAKRAVARTY, S./FEINBERG, R./WIDDOWS, R., Reasons of their Discontent, in: Bank Marketing, Vol. 29, No. 11, 1997, S. 49-52.

COLGATE, M./HEDGE, R., An investigation into the switching process in retail banking services, in: International Journal of Bank Marketing, Vol. 19, No. 5, 2001, S. 201-212.

COLGATE, M./STEWART, K./KINSELLA, R., Customer Defection. A Study of the Student Market in Ireland, in: International Journal of Bank Marketing, Vol. 14, 1996, S. 23-29.

DILLER, H., Preiszufriedenheit bei Dienstleistungen, in: Die Betriebswirtschaft, 60. Jg., Nr. 5, 2000, S. 570-587.

ESTELAMI, H., Sources, characteristics, and dynamics of postpurchase price complaints, in: Journal of Business Research, Vol. 56, No. 5, 2003, S. 411-419.

GERRARD, P./CUNNINGHAM, J. B., Consumer switching behavior in Asian banking marketing, in: Journal of Services Marketing, Vol. 18, No. 3, 2004, S. 215-223.

KEAVENEY, S. M. (1995): Customer Switching Behavior in Service Industries: An Exploratory Study, in: Journal of Marketing, Vol. 59, No. 2, 1995, S. 71-82.

KEAVENEY, S. M./PARTHASARATHY, M., Customer switching behavior in online services: an exploratory study of the role of selected attitudinal, behavioral, and demographic factors, in: Journal of the Academy of Marketing Science, Vol. 29, No. 4, 2001, S. 374-390.

KNAUER, M., Kundenbindung in der Telekommunikation: Das Beispiel T-Mobil, in: BRUHN, M./HOMBURG, C. (Hrsg.): Handbuch Kundenbindungsmanagement, 2. Auflage, Wiesbaden 1999, S. 511-526.

LABARBERA, P. A./MAZURSKY, D., A Longitudinal Assessment of Consumer Satisfaction/Dissatisfaction: The Dynamic Aspect of the Cognitive Process, in: Journal of Marketing Research, Vol. 20, No. 4, 1983, S. 393-404.

LOPEZ, J. P. M./REDONDO, Y. P./OLIVAN, F. J. S., The impact of customer relationship characteristics on customer switching behavior. Differences between switchers and stayers, in: Managing Service Quality, Vol. 16, No. 6, 2006, S. 556-574.

MATZLER, K., Preiszufriedenheit, in: DILLER, H. (Hrsg.): Handbuch Preispolitik, Wiesbaden 2003, S. 303-328.

MATZLER, K./WÜRTELE, A./RENZL, B., Dimensions of price satisfaction: a study in the retail banking industry, in: International Journal of Bank Marketing, Vol. 24, No. 4, 2006, S. 216-231.

MAUTE, M. F./FORRESTER, W. R., JR., The Structure and Determinants of Consumer Complaint Intentions and Behavior, in: Journal of Economic Psychology, Vol. 14, No. 2, 1993, S. 219-247.

MICHALSKI, S., Kundenabwanderungs- und Kundenrückgewinnungsprozesse, Wiesbaden 2002.

REICHHELD, F. F., Learning from Customer Defections, in: Harvard Business Review, Vol. 74, No. 2, 1996, S. 56-69.

ROOS, I., Switching processes in customer relationships, in: Journal of Service Research, Vol. 2, No. 1, 1999, S. 68-85.

ROOS, I./EDVARDSSON, B./GUSTAFSSON, A., Customer switching patterns in competitive and non-competitive industries, in: Journal of Service Research, Vol. 6, No. 3, 2004, S. 256-271.

ROTHENBERGER, S., Antezedenzien und Konsequenzen der Preiszufriedenheit, Wiesbaden 2005.

ROTHENBERGER, S./HINTERHUBER, H. H., Antezedenzen und Konsequenzen der Preiszufriedenheit, in: BERNDT, R. (Hrsg.): Erfolgsfaktor Innovation, Berlin 2005, S. 227-247.

SANTONEN, T., Price sensitivity as an indicator of customer defection in retail banking, in: International Journal of Bank Marketing, Vol. 25, No. 1, 2007, S. 39-55.

SAUERBREY, C./HENNING, R. (Hrsg.), Kunden-Rückgewinnung, München 2000.

SCHÖLER, A., Rückgewinnungsmanagement, in: HIPPNER, H./WILDE, K. D. (Hrsg.): Grundlagen des CRM, 2. Auflage, Wiesbaden 2006, S. 605-631.

SEIDEL, W., Customers-at-Risk Management. Der Befreiungsschlag aus der Wachstumsfalle, in: GOUTHIER, M., ET AL. (Hrsg.): Service Excellence als Impulsgeber, Wiesbaden 2007, S. 527-547.

STAUSS, B., Rückgewinnungsmanagement: Verlorene Kunden als Zielgruppe, in: BRUHN, M./STAUSS, B. (Hrsg.): Dienstleistungsmanagement Jahrbuch 2000, Wiesbaden 2000, S. 449-471.

STAUSS, B./FRIEGE, C., Regaining Service Customers, in: Journal of Service Research, Vol. 1, No. 4, 1999, S. 347-361.

STAUSS, B./FRIEGE, C., Kundenwertorientiertes Rückgewinnungsmanagement, in: GÜNTER, B./HELM, S. (Hrsg.): Kundenwert, 3. Auflage, Wiesbaden 2006, S. 509-530.

STAUSS, B./SEIDEL, W., Beschwerdemanagement, 4. Auflage, München 2007.

STEWART, K., An exploration of customer exit in retail banking, in: International Journal of Bank Marketing, Vol. 16, No. 1, 1998, S. 6-14.

WIEDMANN, K.-P./HENNINGS, N./KUDLIŃSKA, M., Systematisches Churn Management: Erfolgsfaktoren der Kunden-Abwanderungsprävention, -rückgewinnung und -trennung in der Versandhandelsbranche, in: Jahrbuch der Absatz- und Verbrauchsforschung, 53. Jg., Nr. 3, 2007, S. 312-333.

WIERINGA, J. E./VERHOEF, P. C., Understanding Customer Switching Behavior in a Liberalizing Service Market, in: Journal of Service Research, Vol. 10, No. 2, 2007, S. 174-186.

Andreas Mann

Kundenrückgewinnung und Dialogmarketing

1 Kundenrückgewinnung als Herausforderung für das Relationship Management 165

2 Dialogmarketing als spezielles Kommunikationskonzept 166

3 Ansatzpunkte des Dialogmarketing-Einsatzes im Rahmen des Rückgewinnungsprozesses 170

4 Dialogkommunikation zur Prävention von Kundenabwanderung 176

1 Kundenrückgewinnung als Herausforderung für das Relationship Management

Systematisches Kundenrückgewinnungsmanagement hat sich zu einem wichtigen Teilbereich des ganzheitlichen Kundenbindungsansatzes entwickelt. Ein wesentliches Ziel des Ansatzes ist es, durch die Rückgewinnung verlorener Kunden deren Ertragspotenzial für einen Anbieter wieder zu erschließen (Büttgen 2003, S. 62). Dass es sich bei der Kundenrückgewinnung um eine ökonomisch lukrative Angelegenheit handelt, belegen die damit verbunden Rückgewinnungsrenditen. Sie betragen je nach Branche zwischen durchschnittlich 40 % bei Finanzdienstleistungen bis zu 80 % in der Luftfahrt oder gar über 100 % in der Automobilbranche (Homburg/Fürst/Sieben 2003, S. 59). Darüber hinaus geht es häufig darum, negative Marktauswirkungen durch die Abwanderung von Kunden zu minimieren, die beispielsweise in einer negativen Word-of-Mouth-Kommunikation bestehen, wenn Kunden aufgrund von (massiver) Unzufriedenheit abwandern. Zudem können im Rahmen der Rückgewinnung spezifische Informationen über die hinter den Abwanderungsgründen liegenden Leistungs- und Prozessprobleme gesammelt werden. Auf Grundlage dieser Informationen können gezielt Verbesserungsmaßnahmen abgeleitet werden, die eine Abwanderung weiterer (unzufriedener) Kunden vermeiden können (Stauss/Friege 1999, S. 348; Schöler 2006, S. 608).

Rückgewinnungsaktivitäten setzen vor allem dann ein, wenn die Beziehungsaktivitäten eines Unternehmens gegenüber Kunden fehlgeschlagen sind und Kunden die Geschäftsbeziehung mit dem Anbieter beenden (Stauss 2000a, S. 580). In diesem Sinn handelt es sich beim Rückgewinnungsmanagement um einen reaktiven Aktionsbereich, der eine Revitalisierung der Geschäftsbeziehung anstrebt (Stauss 2000b, S. 453). Es kann aber auch präventiv ausgestaltet werden, indem es sich auf gefährdete Kundenbeziehungen erstreckt. Bei diesen gefährdeten Kundenbeziehungen hat sich der Kunde schon mehr oder minder extensiv kognitiv und emotional mit der Beendigung der Geschäftsbeziehung auseinandergesetzt. Die Loyalität des Kunden ist gering und hat zumeist aufgrund verschiedener endogener und exogener Einflussfaktoren im Zeitablauf abgenommen. Sie gehen oft mit Beschwerden und/oder einer bereits eingesetzten negativen Word-of-Mouth-Kommunikation einher, obwohl der Kunde noch Transaktionen mit dem Anbieter vollzieht (Bruhn/Michalski 2005, S. 253). Die Kunden hegen also bereits eine „innere Kündigung", die bei nächster Gelegenheit in eine Abwanderung münden kann (Büttgen 2003, S. 62). Dennoch sind diese Kunden häufig durchaus bereit, die Kundenbeziehung unter bestimmten Gegebenheiten wieder zu stabilisieren und auszubauen.

Der Erfolg von Rückgewinnungsaktivitäten hängt von zahlreichen Faktoren ab, die neben konzeptionellen Determinanten auch instrumentelle und operative Aspekte umfassen. Wie Ergebnisse verschiedener empirischer Untersuchungen belegen, haben auch zahlreiche Instrumente, Verfahren und Strategien des **Dialogmarketing** einen Einfluss auf die erfolgreiche Rückgewinnung verlorener Kunden (z. B. Bruhn/ Michalski 2001, S. 120 f.; Homburg/Sieben/Stock 2004, S. 36; Homburg/Hoyer/Stock 2007, 468; Michalski 2002, S. 174 ff.; Pick 2008, S. 182 f.). Ziel des vorliegenden Beitrags ist es deshalb, die Einsatz- und Gestaltungsmöglichkeiten, Anforderungen und Wirkungen des Dialogmarketing im Rahmen des Kundenrückgewinnungsmanagements aufzuzeigen. Darüber hinaus sollen mögliche Einsatzprobleme dargestellt werden, die es im Rahmen einer effektiven Kundenrückgewinnung zu überwinden gilt. Zunächst werden jedoch die Eigenschaften und Besonderheiten des Dialogmarketing kurz beschrieben.

2 Dialogmarketing als spezielles Kommunikationskonzept

Unter Dialogmarketing soll der Einsatz einer **dialogorientierten Kommunikation** für Marketingzwecke verstanden werden. Ein wesentliches Merkmal der Dialogkommunikation ist die **Interaktivität** des Kommunikationsprozesses. Jeder Kommunikationsteilnehmer kann hierbei die Rolle des Senders und des Empfängers im Kommunikationsprozess einnehmen und hat dadurch die Möglichkeit, eigene Vorstellungen, Wünsche und Ziele einzubringen. Das Feedback zwischen den Kommunikationsteilnehmern kann unterschiedlich ausgeprägt sein. Die Feedbackmöglichkeiten erlauben es den Kommunikationsbeteiligten, auf die empfangenen Mitteilungen der anderen Partner zu reagieren und entsprechende Anschlusshandlungen zu tätigen oder Anschlussmitteilungen zu versenden.

Interaktive Kommunikation erfordert den Einsatz adäquater Kommunikationsmedien. In Abbildung 2-1 sind verschiedene **Dialogmedien** aufgeführt, die einen direkten Kontakt zwischen den Kommunikationspartnern aufbauen und ein unmittelbares Feedback ermöglichen. Diese unterscheiden sich dabei hinsichtlich ihrer medialen Reichhaltigkeit, die sich darauf bezieht, wie

- simultan der kommunikative Rollenwechsel bei dem Medium erfolgen kann,

- individuell die Botschaften gestaltet und mit dem Medium übertragen werden können,

- viele Sinnesorgane sich mit einem Medium und den dazugehörigen Kommunikationsmitteln ansprechen lassen,

- sicher und eindeutig komplexe Botschaften mitgeteilt und ambivalente Informationen übertragen werden können (Daft/Lengel 1986, S. 560; Daft/Lengel/Treviño 1987, S. 358).

Die so genannten „neuen" Medien sind den „klassischen" Dialogmedien bezüglich der medialen Reichhaltigkeit nicht per se überlegen. So ist der persönliche Face-to-Face-Kontakt nicht nur die älteste Form der Kommunikation, sondern mit Abstand auch die reichhaltigste. Ebenso gilt das Telefon als ein besonders reichhaltiges Medium, das diesbezüglich den meisten „neuen" Medien überlegen ist. Dafür sind sowohl der persönliche Kontakt als auch die Telefonkommunikation besonders teuer und aus wirtschaftlicher Sicht nicht für jeden Einsatz geeignet. Neben der Berücksichtigung von Kostenkriterien ist bei der Auswahl von Dialogmedien auch immer die zu lösende Kommunikationsaufgabe zu beachten. Nur wenn eine weitgehende Kongruenz der Kommunikationsaufgabe mit der medialen Reichhaltigkeit vorliegt, kann eine effiziente Kommunikation erreicht werden (Vickery et al. 2004, S. 1109). Bei fehlender Kongruenz können unnötige Verkomplizierungen oder unangemessene Vereinfachungen der Kommunikation bei den Kommunikationspartnern beispielsweise zu Verwirrungen und/oder zu fehlender Feedback-Motivation führen.

Abbildung 2-1: Medien im Dialogmarketing

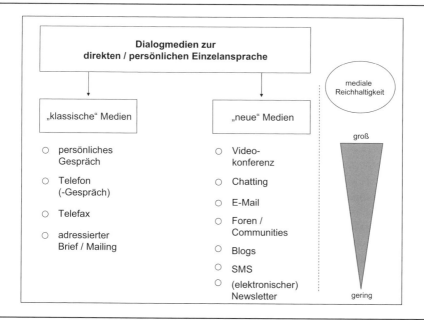

Ein weiteres konstitutives Merkmal von „echten" Dialogen ist die **Verständigungsorientierung** der Kommunikationspartner. Es handelt sich hierbei um eine vorurteilsfreie Kommunikation, bei der ein von allen anerkanntes Kommunikationsergebnis erreicht werden soll (Szyszka 1996, S. 86). So gesehen, dient die Verständigungsorientierung der Erzielung eines „rationalen" Konsenses (Hansen 1996, S. 40 f.). In der Praxis wird diese strenge Anforderung nur bei der Erstellung und Vermarktung individueller Produkte und Dienstleistungen wirtschaftlich sein, da hier in jedem Falle eine Verständigung auf verschiedene Leistungsparameter der Absatzleistung notwendig ist. Dementsprechend sind „echte" Dialoge beispielsweise im Rahmen des Industriegütermarketing bei der Vermarktung von Anlagen oder spezifischen Zuliefererleistungen anzutreffen. Beim Angebot von standardisierten Absatzleistungen ist die Führung von „echten" Dialogen hingegen oft nicht wirtschaftlich zu realisieren, da das Ergebnis des Kommunikationsprozesses im Vorhinein nicht bestimmbar ist und bei jedem Dialogpartner unterschiedlich ausfallen kann. Deshalb ist für Anbieter von mehr oder minder standardisierten Produkten ein abgeschwächter Verständigungsbegriff, der auf die Berücksichtigung der Interessen und Erwartungen der anderen Dialogpartner abzielt, eher praktikabel, ohne dass für jeden Kommunikationspartner individuelle Lösungen angestrebt werden. Statt eines „rationalen" Konsenses werden eher Kompromisslösungen anvisiert. Die einzelnen Kunden können dann je nach Interessenlage zwischen verschiedenen Lösungsmöglichkeiten wählen, die ihren Erwartungen am ehesten entsprechen.

Ausgehend von den beiden Kernmerkmalen der Dialogkommunikation lassen sich – wie Abbildung 2-2 zeigt – verschiedene Formen des Kundendialogs unterscheiden. Sind beide Merkmale nur schwach ausgeprägt oder gar nicht gegeben, dann handelt es sich um klassische Einwegkommunikation. Diese **monologische Kommunikation**, die zumeist auf dem Einsatz von Massenmedien beruht, ist das Gegenstück von **„echten" Dialogen** mit den vorstehend beschriebenen Charakteristika und soll nachfolgend nicht weiter betrachtet werden.

Zwischen den beiden Polen „Monolog" und „echter Dialog" gibt es verschiedene Ausprägungen dialogorientierter Kommunikation, die entweder mehr auf die Interaktivität oder verstärkt auf die Verständigungsorientierung ausgerichtet sind. Bei **„stummen" Dialogen** werden beispielsweise die Bedürfnisse, Erwartungen, Ziele, Einwände der anderen Kommunikationspartner antizipiert und im Rahmen der Kundenansprache berücksichtigt (Vögele 2002, S. 62 ff.). Häufig findet eine vorstrukturierte Ja-Nein- bzw. Menü- und Navigations-Interaktion bei dieser Form der Kommunikation statt. Sie kann als wichtige Vorstufe „echter" Dialoge angesehen werden (Bruhn 2007, S. 387). Häufig werden diese restriktiven Responsemöglichkeiten von den Kunden nicht nur toleriert, sondern sogar erwartet, da sie weitaus bequemer sind als eine offene Feedback-Möglichkeit und die Kunden sich hierdurch nicht überfordert fühlen.

Beim **„vordergründigen Dialog"** ist zwar die Interaktivität stark ausgeprägt, eine Verständigungsorientierung ist hingegen kaum gegeben. Da in der Praxis häufig ein abgeschwächter Verständigungsbegriff vorherrscht, werden diese „Scheindialoge" oft als „echte" Kundendialoge angesehen und daher beide Begriffe synonym verwendet. Im Rahmen der Kundenrückgewinnung ist diese Unterscheidung jedoch relevant. Sie wird daher beibehalten und später wieder aufgegriffen.

Abbildung 2-2: Kommunikationsformen

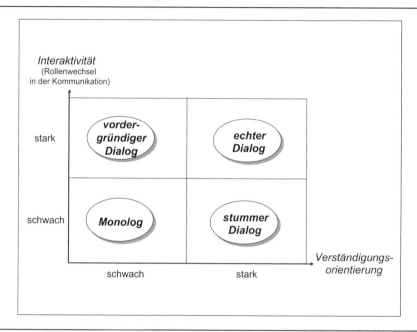

Darüber hinaus kann man zwischen einzelnen Dialogmaßnahmen, die zumeist im Rahmen von gezielten und zeitlich begrenzten Dialogmarketing-Kampagnen erfolgen, und **institutionellen Kundendialogen**, die dauerhaft ausgerichtet sind und als interaktive Kommunikationsplattformen dienen, unterscheiden. Zu diesen institutionellen Dialogformen gehören z. B. Kundenclubs, Web-Foren und auch Kundenbeiräte oder Beschwerdeabteilungen, die oft auch eine entsprechende organisatorische Implementierung in das Unternehmen erfordern (Mann 2004, S. 112 f.).

Die direkte Ansprache von Zielpersonen durch Anbieter mittels der o. g. Dialogmedien erfordert das Vorhandensein von Kontaktdaten, die den Einsatz der Dialogmedien erst ermöglichen. Darüber hinaus ist es sinnvoll, im Rahmen des Dialogprozesses auch alle Informationen über die Kontaktmedien, -inhalte und -zeiten sowie die jeweiligen Reaktionen der Dialogpartner/Kunden in den verschiedenen Dialogphasen – unter Berücksichtigung der (datenschutz-) rechtlichen Vorgaben – in einer Datenbank zu speichern. Durch die systematische Erfassung der Kommunikations- und Kundenhistorie ist – gerade bei länger anhaltenden und wiederholten Dialogen mit Kunden – eine effektive und effiziente Dialogführung möglich. Zudem liefern die Informationen der **Dialogmarketing-Datenbank** eine wichtige Grundlage für das Rückgewinnungsmanagement.

3 Ansatzpunkte des Dialogmarketing-Einsatzes im Rahmen des Rückgewinnungsprozesses

Die erfolgreiche Rückgewinnung von Kunden basiert auf einem systematischen Prozess im Rahmen des Kundenrückgewinnungsmanagements. Dieser umfasst die Analyse des Kundenstatus und von Abwanderungsgründen, die Planung, Durchführung und Kontrolle von Kundenrückgewinnungsmaßnahmen, die inaktive und abgewanderte Kunden zur Rückkehr und Wiederaufnahme einer Geschäftsbeziehung motivieren sollen (Pick 2008, S. 50; Stauss/Friege 1999, S. 350). In allen Phasen der Kundenrückgewinnung finden sich Ansatzpunkte für den Einsatz verschiedener Formen und Medien der Dialogkommunikation sowie der damit verbundenen Planungs- und Implementierungsinstrumente. Vor allem im Rahmen der Durchführung von Rückgewinnungsmaßnahmen ist der Einsatz der Dialogkommunikation besonders relevant. Deshalb soll auf diese Phase besonders eingegangen werden, während die anderen Stufen im Rückgewinnungsprozess nachstehend nur peripher behandelt werden.

Ausgangspunkt des Kundenrückgewinnungsprozesses bildet die **Abwanderungsanalyse**. In dieser Phase sollen abgewanderte Kunden identifiziert, die Gründe für eine etwaige Abwanderung analysiert und die Bedeutung von Lost Customers für den Anbieter und damit für die Rückgewinnung bestimmt werden (u. a. Büttgen 2003, S. 64 ff.; Stauss 2000b, S. 457).

Während die Identifikation von verlorenen Kunden für Unternehmen (z. B. Banken, Versicherungen und Telekommunikationsgesellschaften), die dauerhafte vertragliche Geschäftsbeziehungen mit ihren Kunden anstreben, recht einfach ist, stellt sich diese Aufgabe für Unternehmen (z. B. Versandhandel, stationärer Einzelhandel, Hotel- und Gaststättengewerbe), deren Geschäftsbeziehungen mit Kunden auf diskreten Transaktionen beruhen, recht schwierig dar (Bruhn/Michalski 2001, S. 113). So geht bei dauerhaft vertraglichen Geschäftsbeziehungen (z. B. Abonnements) die Aufgabe der Beziehung entweder mit einer formalen Vertragskündigung oder einer Nicht-Verlängerung eines Kontrakts einher. Der Anbieter erhält also Kenntnis über die Beendigung der Geschäftsbeziehung, wenngleich der Zeitpunkt der Kenntnisnahme vor dem Hintergrund der Planung von Rückgewinnungsaktivitäten recht spät sein kann, wenn der ehemalige Kunde bereits zu einem Wettbewerber abgewandert ist. Im Gegensatz dazu gibt es bei Geschäftsbeziehungen, die auf diskreten Transaktionen beruhen, zumeist keine expliziten Hinweise auf den kundeninitiierten Abbruch einer Geschäftsbeziehung. Es kann zwar auch hier zu einer Mitteilung des Kunden über den Beziehungsabbruch an das Anbieterunternehmen kommen, allerdings kommt ein derartiges Kundenverhalten eher selten vor. Den Anbietern bleibt bei diesen Geschäftsbeziehungsformen oft nur eine systematische Analyse der Kundenhistorie mittels statistisch-mathematischer Verfahren (z. B. im Rahmen des Data Mining), um Hinweise auf die Wahrscheinlichkeit zu erlangen, inwieweit eine Kundenbeziehung noch aktiv besteht. Da die effektive und effiziente Ansprache von Kunden im Rahmen des Dialogmarketing auf einer entsprechenden **Dialogmarketing-Datenbank** beruht, kann diese bei entsprechender Quantität und Qualität der darin gespeicherten Stamm-, Potenzial-, Aktions- und Reaktionsdaten für diese Analyse bereits herangezogen werden (Link/Hildebrand 1997, S. 19 ff.).

Darüber hinaus kann eine systematische Analyse der Kommunikations- bzw. Reaktionsinhalte auf den **Dialog-/Kommunikationsplattformen** zur Diagnose der Abwanderungsgründe und -wahrscheinlichkeit genutzt werden. Hierbei werden beispielsweise entgegengenommene Beschwerden oder Einträge in Foren gezielt ausgewertet, um Hinweise auf absprunggefährdete Kunden zu erhalten. Dabei handelt es sich oft um eine eskalierende Interaktionskette, die von einer allgemeinen Problem- und Unzufriedenheitsmitteilung in einem Online-/Web-Forum über eine „offizielle" Beschwerde beim Unternehmen bis zu einer persönlichen oder telefonischen Krisenkommunikation mit Wechseldrohung bzw. -ankündigung reichen kann (Bruhn/Michalski 2003, S. 443).

Eine wesentliche Kommunikationsaufgabe in der Phase der eigentlichen Rückgewinnung besteht im Wiederaufbau von **Kundenvertrauen**. Das gilt vor allem für Kunden, die aufgrund ihrer Unzufriedenheit mit dem Anbieter und seinen Leistungen die Geschäftsbeziehung beendet haben. Bei Kunden, die aufgrund von einer Abwechslungssuche abgewandert sind oder gezielt von Wettbewerbern abgeworben wurden, steht hingegen deren Überzeugung hinsichtlich von Kompetenzvorteilen des Anbieters und Nutzenvorteilen seiner Leistungen im Vordergrund. Es geht darum, den Aufbau und die Verstärkung von kognitiven Dissonanzen bei den Wechslern durch die Ansprache zu fördern und auf diese Weise gezielt Zweifel an der Abwanderung auszulösen. Grundsätzlich ist hierbei jedoch zu berücksichtigen, dass diese „sprunghaften" Kunden grundsätzlich nur schwer zu binden sind und sich häufig nur durch einen spezifischen monetären oder sonstigen Nutzenvorteil kurzfristig binden lassen (Schöler 2006, S. 614).

Grundsätzlich ist es also sinnvoll, die Ansprache der Lost Customers auf die spezifischen Abwanderungsgründe und aktuellen Bedürfnisse der verlorenen Kunden auszurichten (Griffin 2001, S. 11). Nur so ist gewährleistet, dass sich die Angesprochenen auch tatsächlich richtig angesprochen fühlen und wieder Vertrauen in den Anbieter und seine Leistungen aufbauen sowie Kompetenz- und Nutzenvorteile des Anbieters nachvollziehen können. Eine standardisierte Kommunikation wirkt hierbei zumeist aufgesetzt und wenig glaubwürdig, zudem ist eine individualisierte Ansprache bereits ein Hinweis auf die Kompetenz und Kundenorientierung eines Anbieters. Ein weiterer wichtiger Faktor für eine erfolgreiche Rückgewinnung unzufriedener Kunden ist die Offenheit der Kommunikation mit den Lost Customers, die zurückgewonnen werden sollen (u. a. Goodwin/Ross 1992, S. 152; Robbins/Miller 2004, S. 100), da eine offene Kommunikation durch eine transparente Information und Integration von Kundenmitteilungen den (Wieder-) Aufbau von Kundenvertrauen fördert (Homburg/Hoyer/ Stock 2007, S. 464). Damit sind „echte" Dialoge, bei denen neben der Interaktion auch die Verständigungsorientierung stark ausgeprägt ist, für die Kundenrückgewinnung besonders gut geeignet. Hierdurch wird die wahrgenommene Kontrolle der Kunden über den Rückgewinnungsprozess und das Rückgewinnungsergebnis gestärkt, was wiederum einen positiven Einfluss auf die Zufriedenheit mit den Rückgewinnungsaktivitäten hat (Karande/Magnini/Tam 2007, S. 189; McCollough/Berry/Yadav 2000, S. 132). Gleichzeitig wird hierbei auch ein gewisses Wohlwollen des Anbieters gegenüber seinen (unzufriedenen) Kunden ausgedrückt, da er nicht autonom die Rückgewinnungsmaßnahmen durchsetzt. Die Kunden beurteilen diese Form der Kommunikation deshalb in der Regel als fair, wodurch das Vertrauen der Lost Customers in die Rückgewinnungsmaßnahmen und den Anbieter wieder gestärkt sowie die Rückgewinnungswahrscheinlichkeit positiv beeinflusst wird (McColl-Kennedy/Sparks 2003, S. 253; Ok/Back/Shanklin 2005, S. 487).

Neben diesen inhaltlich-normativen Aspekten der Kundenansprache ist auch die Auswahl des richtigen Dialogmediums für eine erfolgreiche Kundenrückgewinnung relevant. Wenn es darum geht, Vertrauen bei enttäuschten Kunden zurückzugewinnen, ist vor allem der Einsatz von Medien, die selbst als vertrauenswürdig eingestuft und von den ehemaligen Kunden als wertvoll eingeschätzt werden, Erfolg versprechend. Dabei spielt das Interaktivitätspotenzial der Medien im Hinblick auf die Geschwindigkeit des Wechsels der kommunikativen Rollen (Sender und Empfänger) im Kommunikationsprozess eine wichtige Rolle. Gerade bei Kunden, die aufgrund ihrer Unzufriedenheit eine Geschäftsbeziehung aufgeben, ist eine rasche Aufklärung der Unzufriedenheitsgründe erforderlich, um durch eine schnelle Reaktion mit attraktiven Rückgewinnungsangeboten den Kunden von einem Anbieterwechsel abzuhalten. Deshalb sind vor allem **Face-to-Face-Gespräche** oder telefonische Kontakte mit den abwanderungswilligen Kunden sinnvoll. In beiden Fällen ist ein simultaner Wechsel der kommunikativen Rollen möglich. Aufgrund der größeren Multisensualität des persönlichen Gesprächs gegenüber einem Telefonat ist ein Face-to-Face-Kontakt zur Ursachenanalyse und auch zur Einflussnahme auf die Entscheidung zur Wiederaufnahme einer Geschäftsbeziehung potenziell am besten für die Rückgewinnungskommunikation geeignet (Bruhn/Michalski 2001, S. 121). Im besten Fall kann ein verloren gegangener Kunde noch während eines Gesprächs zur Wiederaufnahme der Geschäftsbeziehung motiviert werden (Stauss 2000b, S. 465). Allerdings ist zu berücksichtigen, dass dieser reichhaltige Kontakt – wie bereits oben angedeutet wurde – aufgrund der notwendigen Gebundenheit der Kommunikationspartner, am selben Ort und zur selben Zeit zusammenzukommen, relativ aufwändig und teuer ist. Die Kosten sind dabei besonders hoch, wenn führende Mitglieder der Unternehmensleitung den persönlichen Kontakt zu den abwanderungsgefährdeten oder bereits abgesprungenen Kunden aufnehmen. Die Wertschätzung, die dem (potenziellen) Lost Customer hierdurch entgegengebracht werden soll, ist letztlich nur bei äußerst wertvollen Kunden (z. B. Key Accounts, Opinion Leader oder Lead User) aus ökonomischer Sicht vertretbar, wenngleich diese Vorgehensweise bei der Rückgewinnung – insbesondere im Dienstleistungsbereich – als sehr effektiv eingeschätzt wird (Hoffman/Chung 1999, S. 78). Dies liegt darin begründet, dass durch den Kontakt mit hochrangigen Unternehmensvertretern eine Art psychologische Wiedergutmachung beim Kunden ausgelöst werden kann. Diese Wiedergutmachung unterstützt beim Kunden i. d .R. die Wiederherstellung einer empfundenen Gerechtigkeit, die aufgrund von unternehmensinduzierten Aktivitäten negativ beeinträchtigt wurde.

Die Gesprächsführung durch den bisherigen Kundenbetreuer kann sich hingegen als ineffektiv erweisen, wenn Kunden aufgrund von Unzufriedenheit einen Anbieter verlassen wollen. Häufig wird dann der Kundenbetreuer als Teil der Unzufriedenheitsursache angesehen, da er nicht zur Erfüllung der Kundenerwartungen beigetragen hat. Für viele Kunden ist es daher nur schwer vorstellbar, dass gerade diese Person im Rahmen der Rückgewinnungsaktivitäten zu einer Verbesserung der Situation beitragen kann.

Der Einsatz des **Telefons** als Kommunikationskanal ist zwar in der Regel günstiger als der Face-to-Face-Kontakt, da beispielsweise Reisekosten und Spesen entfallen, aber aus rechtlicher Sicht problematisch. So ist im Gesetz gegen unlauteren Wettbewerb (UWG) in Paragraph 7 geregelt, dass die Ansprache von Empfängern per Telefon, Fax oder elektronsicher Post/E-Mail eine unzumutbare Belästigung darstellt, sofern der Empfänger dieser Ansprache nicht ausdrücklich oder zumindest konkludent zugestimmt hat (UWG 2007, S. 4). Vor allem bei ehemaligen Kunden, die eine Geschäftsbeziehung wegen Unzufriedenheit mit einem Anbieter aufgegeben haben, kann der Tatbestand der Belästigung bei der Rückgewinnungsansprache per se vermutet werden. Eine aktive Ansprache per Telefon oder mit „neuen" Medien ist daher mitunter ein Rechtsverstoß. Bei Kunden, die bislang nur eine „innere" Kündigung vollzogen haben, ist die rechtliche Situation mitunter anders zu beurteilen. Eine weitere Problematik des Telefonkontakts liegt darin, dass eine echte Interaktion über das Medium voraussetzt, dass die Kommunikationspartner zur selben Zeit miteinander kommunizieren. Besonders bei Lost Customers, die Schicht- und/oder Saisonarbeiten nachgehen, ist eine telefonische Erreichbarkeit mitunter schwierig, sofern keine Botschaften auf dem Anrufbeantworter hinterlassen werden sollen. Hier ist es dann oft sinnvoller, den Kontakt per Brief- oder E-Mail-Kommunikation zu den verlorenen Kunden aufzunehmen.

Die Kontaktaufnahme per **Brief/Mailing** ist zudem aus rechtlicher Sicht weniger stark reglementiert als das Telefon. Statt des Opt-in-Prinzips bei elektronischen Medien (u. a. auch E-Mailing) und beim Telefoneinsatz liegt bei der Brief-Kommunikation ein Opt-out-Prinzip vor, bei dem die Ansprache per Brief lediglich verboten ist, wenn bei den Adressaten ein expliziter Widerspruch hiergegen vorliegt (z. B. durch Eintragung in die Robinson-Liste). Auch als Privatpost getarnte Rückgewinnungs-Mailings sind als verschleiernde Werbung unzulässig. Gleiches gilt jedoch auch für eine verschleiernde Werbung über andere Dialogmedien. Grundsätzlich weisen Briefe und **E-Mailings** eine geringere mediale Reichhaltigkeit auf als ein Face-to-Face-Gespräch und der telefonische Kontakt. Allerdings verfügen beide Medien über ein sehr großes Individualisierungspotenzial, das ihnen eine persönliche Ansprache der Adressaten mit spezifischen Inhalten erlaubt. Hinzu kommt, dass gerade bei der Brief-Kommunikation durch den Einsatz vielfältiger Beilagen/Give-aways, Beduftungen, Falt- und Klappmöglichkeiten sowie die Nutzung bestimmter Papierarten und -qualitäten (Gewicht, Textur und Drucktechnik) eine multisensuale Kundenansprache möglich ist. Vor allem die haptischen Reize, die nachhaltige (emotionale) Eindrücke, wie z. B. Wertigkeit, Glaubwürdigkeit, Kompetenz und Seriosität, vermitteln können, gehören zu den spezifischen Charakteristika von Briefen und gehen über das Aktivierungs- und Emotionalisierungspotenzial von E-Mails hinaus. Dafür gilt der Einsatz von E-Mailings als besonders kostengünstig.

In der Unternehmenspraxis haben sich alle genannten Dialogmedien (persönlicher Kontakt, Telefon, Brief und auch E-Mailing) im Rahmen der Kundenrückgewinnung – trotz teilweise rechtlicher Einschränkungen – etabliert (u. a. Michalski 2002, S. 203; Sauerbrey 2000, S. 10 f.). Der Erfolg des Medieneinsatzes wird dabei von der Personalisierung bzw. Individualisierung und vom Timing der Ansprache beeinflusst.

Die **Personalisierung** bzw. **Individualisierung** bezieht sich im Wesentlichen auf die inhaltlich-formale Gestaltung der Kundenansprache. Während sich die Personalisierung zunächst nur auf die namentliche Ansprache eines verloren gegangenen Kunden bezieht, umfasst die Individualisierung eine spezifische Ausrichtung der Kommunikationsbotschaften auf den einzelnen Empfänger. Bei einer personalisierten Ansprache kann folglich auch eine standardisierte Botschaft übermittelt werden, die jedoch an einzelne Empfänger persönlich adressiert ist. So lässt sich beispielsweise ein standardisiertes Entschuldigungsschreiben bzw. eine standardisierte E-Mail an verschiedene Personen versenden, die dann lediglich mit ihren Namen (z. B. „Sehr geehrter Herr Mann", „Sehr geehrte Frau Müller") angesprochen werden. Diese Form der personalisierten Standard-Ansprache kann segmentspezifisch ausgerichtet werden, indem alle Personen dieselbe inhaltliche Ansprache erhalten, die jeweils einen bestimmten Abwanderungsgrund aufweisen. So erhalten beispielsweise alle Kunden, die unzufrieden sind und deshalb wechseln wollen, inhaltlich denselben Entschuldigungsbrief, der sich von dem Rückgewinnungsbrief an die Variety-Seeker unterscheidet. Jedes Mitglied der beiden Rückgewinnungssegmente wird jedoch persönlich mit seinem Namen angeschrieben und angesprochen. Bei einer weiter gehenden Individualisierung würden im Idealfall alle Kunden persönlich mit ganz spezifischen Inhalten, den von ihnen favorisierten Medien zu den von ihnen gewünschten Zeitpunkten kontaktiert. Dieser One-to-One-Ansatz führt jedoch zu einer sehr komplexen Rückgewinnungskommunikation, die i. d. R. recht kostenintensiv ist. Daher wird sie, allein aus Wirtschaftlichkeitsüberlegungen heraus, nicht für alle Lost Customers sinnvoll einsetzbar sein, sondern nur für die Rückgewinnung wertvoller Kunden vorbehalten bleiben. Tendenziell kann man aber davon ausgehen, dass eine individuelle Ansprache von verloren gegangenen Kunden eine höhere Erfolgswahrscheinlichkeit hat als eine rein standardisierte oder gar unpersönliche Kommunikation (Rutsatz 2004, S. 211).

Beim **Timing** des Kontakts zu den Lost Customers lässt sich keine generelle Empfehlung geben. So finden sich in der Literatur auf der Basis empirischer Befunde keine eindeutigen Hinweise für das richtige Timing. Es hängt im Wesentlichen von den Kündigungs- bzw. Abwanderungsgründen ab. Einige Autoren plädieren daher für eine möglichst frühzeitige Ansprache verloren gegangener Kunden (u. a. Thomas/Blattberg/Fox 2004, S. 38; Stauss/Friege 2006, S. 526 f.). Sie gehen davon aus, dass abwanderungswillige Kunden i. d. R. recht schnell nach der Aufgabe einer Geschäftsbeziehung ihren Bedarf bei einem anderen Anbieter decken (Keaveney 1995, S. 79). Wenn damit mitgliedschaftsähnliche Verträge eingegangen werden, ist der Kunde tatsächlich für bestimmte Zeit (Vertragslaufzeit) für den ehemaligen Geschäftspartner verloren. Und selbst bei nicht formalisierten Geschäftsbeziehungen können die Erfahrungen, die ein abgewanderter Kunde mit einem neuen Anbieter gesammelt hat, zu einer (Rück-)Wechselbarriere werden. In beiden Fällen scheint eine schnelle Ansprache der (potenziellen) Wechselkunden Erfolg versprechend zu sein. Im Gegensatz dazu kann es bei Kunden, die eine Geschäftsbeziehung wegen der Suche nach Abwechslung verlassen, besser sein, dieses Variety-Seeking-Motiv der Kunden nach einer gewissen Zeit für die Rückgewinnung zu nutzen (Rutsatz 2004, S. 194). Außerdem wird auf einen gewissen Verdrängungseffekt bei den Kunden im Zeitablauf hingewiesen, die wegen Unzufriedenheit eine Geschäftsbeziehung verlassen haben. Hierbei wird unterstellt, dass sich die Kunden nach einiger Zeit nicht mehr richtig an den Wechselgrund erinnern bzw. der Unzufriedenheit in der Vergangenheit keine wesentliche Bedeutung mehr beimessen und deshalb bei veränderten Rahmenbedingungen zu einer Wiederaufnahme der Geschäftsbeziehung bereit sind (Michalski 2002, S. 166). Andere Autoren sehen hingegen gerade bei Kunden, die wegen Leistungsfehlern eines Anbieters abgewandert sind, in einer schnellen Kontaktaufnahme mit diesen Personen eine erhöhte Rückgewinnungswahrscheinlichkeit (Smith/Bolton/Wagner 1999, S. 368). Grundsätzlich scheint jedoch eine präventive Kommunikation zur Vermeidung von Kundenabwanderung eine sinnvolle Vorgehensweise beim Timing zu sein.

4 Dialogkommunikation zur Prävention von Kundenabwanderung

Die Prävention von Kundenabwanderungen kann als proaktives Rückgewinnungsmanagement angesehen werden. Es geht darum, die Abwanderung von wertvollen Kunden einzuschränken (Michalski 2006, S. 586). Dabei lassen sich zwei grundsätzliche Ausrichtungen unterscheiden. Zum einen die Informationssammlung über die Kunden, z. B. hinsichtlich ihrer Zufriedenheit und Bewertung der vom Unternehmen angebotenen Leistungen. Die hierbei gewonnen Informationen sollen zu einer Verbesserung der Kundenbindung beispielsweise durch kundenorientierte Veränderungen von Absatzleistungen genutzt werden. Zum anderen kann eine Prävention durch das Informieren der Kunden über Prozesse, Leistungen und Potenziale des Unternehmens erfolgen. Hierbei soll die Erwartungshaltung der Abnehmer beeinflusst werden. Optimal ist eine Kombination der beiden Aufgaben im Rahmen von dialogorientierten Kommunikationsprozessen mit den Kunden.

Bei der **Informationssammlung** handelt es sich um eine Interaktion mit absprunggefährdeten Kunden, die auf der Basis von persönlichen, schriftlichen, telefonischen oder internetbezogenen **Befragungen** erfolgt (Michalski 2006, S. 599 f.). Dabei werden zumeist „vordergründige" Dialoge geführt, die i. d. R. auf standardisierten Erhebungen von verschiedenen Beurteilungsmerkmalen mit geschlossenen Fragen beruhen, die zwar eine gute Vergleichbarkeit der Erhebungsergebnisse aufweisen, aber häufig keine Hintergrundinformationen zu den Ursachen der Bewertung oder tiefer gehende Informationen zu den Vergleichsgrößen und Erwartungen der Kunden liefern. Damit ist es für einen Anbieter schwer möglich, konkrete Maßnahmen zur Vermeidung von Kundenabwanderungen abzuleiten (Bruhn/Michalski 2005, S. 255). Hierfür sind zumeist qualitative Erhebungen notwendig, die i. d. R. nicht oder nur in grundlegenden Bereichen standardisiert sind und neben merkmalsbezogenen auch ereignisbezogene Erhebungsinhalte berücksichtigen. Zu diesen Verfahren gehören z. B. die sequenzielle Kontaktpunktanalyse und die Critical Incident Technique (CIT), die sich explizit auf konkrete Erlebnisse von Kunden beziehen und somit nicht nur Leistungs- und Prozessmerkmale untersuchen. In beiden Fällen erfolgt die Informationsaufnahme im Rahmen einer strukturierten Interaktion zwischen den Kunden und vom Unternehmen eingesetzten bzw. beauftragten Interviewern.

Auch der Einsatz von **Customer Focus Groups**, die als spezielle Form der Gruppendiskussion mit ausgewählten Kunden eine kritische Reflexion der Unternehmensleistungen, -prozesse und Erlebnisse aus Kundensicht im Rahmen von „echten" Dialogen erlauben, kann Hinweise auf mögliche Unzufriedenheitsursachen und Gründe für eine Kundenabwanderung liefern (Woodruff/Gardial 1996, S. 172). Das ist vor allem dann der Fall, wenn absprunggefährdete und/oder bereits abgewanderte Kunden in die Focus Group einbezogen werden. Allerdings stellt die Motivation gerade dieser

Personen zur Teilnahme an einer Focus Group eine besondere Herausforderung für einen Anbieter dar.

Weitere Möglichkeiten zur frühzeitigen Informationssammlung über Abwanderungsbestrebungen und -gründe bieten **Kundenforen** im Internet (sog. Web-Foren). Sie bieten Kunden eine Möglichkeit, sich untereinander und mit Vertretern des Anbieterunternehmens hinsichtlich ihrer Erwartungen und Erfahrungen auszutauschen (Brown/Broderick/Lee 2007, S. 3). Der Anbieter kann auf diese Weise Probleme, Wünsche und Verhaltensabsichten der Kunden erfahren und mit den Foren-Mitgliedern konstruktiv diskutieren. Damit hat er die Möglichkeit, etwaige Unzufriedenheiten einzelner Kunden frühzeitig zu erkennen und rechtzeitig einer (inneren) Kündigung oder Abwanderung des Kunden gegenzusteuern. Da es sich bei einem Web-Forum jedoch um eine quasi-öffentliche Kommunikation innerhalb der Community handelt, werden auch die anderen Foren-Mitglieder das Verhalten des Anbieters gegenüber einzelnen Kunden genau beobachten und bewerten (Miller/Fabian/Lin 2009, S. 309). Deshalb ist ein behutsames und sensibles Vorgehen durch den Anbieter angebracht, um nicht-steuerbare Wirkungen in der Community zu vermeiden. Kunden- bzw. Web-Foren sind ebenso wie Customer Advisory Boards institutionelle Dialogformen, die dauerhaft eingesetzt werden (Dorfman 2008, S. 37). Bei den **Customer Advisory Boards** werden Kunden in beratende Gremien integriert. Den Mitgliedern kommt dabei die Aufgabe zu, die Interessen der Kunden gegenüber dem Anbieter zu wahren und aktiv gegenüber dessen Führungskräften zu vertreten (Geehan/Sheldon 2005, S. 38). Hierbei besteht jedoch das Problem, dass die vorgetragenen Wünsche, Erwartungen und Ideen der Kundenvertreter zumeist keine Repräsentativität für den gesamten Kundenstamm oder auch nur einzelne Kundengruppen aufweisen. Allerdings können Advisory Boards als Anlaufstelle für unzufriedene Kunden fungieren, die durch die Einschaltung der Kundenvertreter einen Zugang zu Führungskräften in der oberen Organisationshierarchie erhalten. Damit übernehmen die Customer Advisory Boards eine Mittler- und Interessenausgleichsfunktion zwischen einem Anbieter und seinen Kunden, die konkrete Anliegen gegenüber dem Unternehmen formulieren und vortragen.

Das **Informieren der Kunden** über die Leistungsprozesse und -ergebnisse eines Anbieters zur Steuerung von Kundenerwartungen kann über verschiedene Dialogmedien erfolgen. Neben Mailings und E-Mailings, die fallweise oder auch kontinuierlich in Form von Newslettern eingesetzt werden können und eine Art „stillen Dialog" mit den Kunden darstellen, bieten sich aus kostenbezogener Sicht auch **Corporate Blogs** als Informationsmedium an, wenngleich sie auch eine Interaktionsfunktion übernehmen. Bei dem Einsatz von Corporate Blogs kann der Anbieter seine Kunden und Interessenten über verschiedene Bereiche und Entscheidungen des Unternehmens auf der Website informieren. Die Rezipienten haben dabei die Möglichkeit, die Botschaften des Anbieters zu kommentieren und ihre Anmerkungen mit anderen Blogs zu verlinken. Damit entsteht ansatzweise ein „echter Dialog", der öffentlich geführt wird. Der Anbieter erhält durch die Kommentare ungefilterte Informationen, insbesondere von

Kunden, die ein hohes Produkt- bzw. Marken-Involvement und zumeist ein großes Produkt-Know-how aufweisen (Stauss 2007, S. 260). Deshalb kann den Kommentaren der Blogbesucher grundsätzlich eine große inhaltliche Relevanz im Hinblick auf Probleme und Verbesserungsmöglichkeiten bei Prozessen und Leistungen beigemessen werden. Allerdings ist zu berücksichtigen, dass es sich bei den Kommentatoren nicht nur um begeisterte oder besorgte Interessenten und Kunden handeln muss, es ist auch durchaus möglich, dass Wettbewerber ganz gezielt Kommentare von ihren Mitarbeitern oder anderen Kollaborateuren abgeben lassen, um hierdurch eigene Vorteile zu erlangen. Die Analyse der Blog-Kommentare sollte deshalb ebenso wie die Auswertung von Foren-Beiträgen mit einer entsprechenden Sensibilität für dieses Problem vorgenommen werden.

Grundsätzlich ergeben sich zahlreiche Ansatzpunkte für den Einsatz der Dialogkommunikation sowie der dahinter stehenden Techniken und Instrumente des Dialogmarketing im Rahmen der Kundenrückgewinnung und Abwanderungsprävention. Dabei werden die Social-Web-Applikationen vor allem für die Abwanderungsprävention auch zukünftig weiter an Bedeutung zunehmen, da Kunden und Interessenten immer häufiger ein derartiges Angebot erwarten. Die „klassischen" Dialogmedien werden hingegen weiterhin für die gezielte Ansprache abgesprungener oder absprunggefährdeter Kunden eine große Relevanz haben.

Literaturverzeichnis

BROWN, J./BRODERICK, A. J./LEE, N., Word of Mouth Communication within Online Communities: Conceptualizing the Online Social Network, in: Journal of Interactive Marketing, Vol. 21, 03/2007, S. 2-20.

BRUHN, M., Marketingkommunikation, 4. Aufl., München 2007.

BRUHN, M./MICHALSKI, S., Rückgewinnungsmanagement – eine explorative Studie zum Stand des Rückgewinnungsmanagements bei Banken und Versicherungen, in: Die Unternehmung, 55. Jg., 02/2001, S. 111-125.

BRUHN, M./MICHALSKI, S., Analyse von Kundenabwanderungen – Forschungsstand, Erklärungsansätze, Implikationen, in: Zeitschrift für betriebswirtschaftliche Forschung, 55. Jg., 08/2003, S. 431-454.

BRUHN, M./MICHALSKI, S., Gefährdete Kundenbeziehungen und abgewanderte Kunden als Zielgruppe der Kundenbindung, in: BRUHN, M./HOMBURG, C. (Hrsg.): Handbuch Kundenbindungsmanagement, 3. Aufl., Wiesbaden 2005, S. 251-271.

BÜTTGEN, M., Recovery Management – systematische Kundenrückgewinnung und Abwanderungsprävention zur Sicherung des Unternehmenserfolges, in: Die Betriebswirtschaft, 63. Jg., 01/2003, S. 60-76.

DAFT, R. L./LENGEL, R. H., Organizational Information Requirements, Media Richness and Structural Design, in: Management Science, Vol. 32, 05/1986, S. 554-571.

DAFT, R. L./LENGEL, R. H./TREVIÑO, L. K., Message Equivocality, Media Selection, and Manager Performance – Implication for Information Systems, in: MIS Quaterly, Vol. 11, 1987, 355-366.

DORFMAN, R., Getting Inside the Customer's Head, in: ABA Bank Marketing, Vol. 40, January/February 2008, S. 36-40.

GEEHAN, S./SHELDON, S., Connecting to Customers, in: Marketing Management, Vol. 14, November/December 2005, S. 37-42.

GOODWIN, C./ROSS, I., Consumer Response to Service Failures – Influence of Procedural and Interactional Fairness Perceptions, in: Journal of Business Research, Vol. 25, 1992, S. 149-163.

GRIFFIN, J., Winning Customers Back, in: Business & Economic Review, Vol. 48, October-December 2001, S. 8-11.

HANSEN, U., Marketing im gesellschaftlichen Dialog, in: HANSEN, U. (Hrsg.): Marketing im gesellschaftlichen Dialog, Franfurt/New York 1996, S. 33-53.

HOFFMAN, K. D./CHUNG, B. G., Hospitality Recovery Strategies: Customer Preference versus Firm Use, in: Journal of Hospitality & Tourism Research, Vol. 23, 01/1999, S. 71-84.

HOMBURG, C./FÜRST, A./SIEBEN, F., Willkommen zurück, in: Harvard Business manager, 25.Jg., 06/2003, S. 57-67.

HOMBURG, C./HOYER, W. D./STOCK, R. M., How to Get Lost Customers Back? A Study of Antecedents of Relationship Revival, in: Journal of the Academy of Marketing Science, Vol. 35, 2007, S. 461-474.

HOMBURG, C./SIEBEN, F./STOCK, R., Einflussgrößen des Kundenrückgewinnungserfolgs: Theoretische Betrachtung und empirische Befunde im Dienstleistungsbereich, in: Marketing – Zeitschrift für Forschung und Praxis, 26. Jg., 01/2004, S. 25-41.

KARANDE, K./MAGNINI, V. P./TAM, L., Recovery Voice and Satisfaction after Service Failure, in: Journal of Service Research, Vol. 10, 02/2007, S. 187-203.

KEAVENEY, S. M., Customer Switching Behavior in Service Industries: An Exploratory Study, in: Journal of Marketing, Vol. 59, April 1995, S. 71-82.

LINK, J./HILDEBRAND, V. G., Grundlagen des Database Marketing, in: LINK, J. ET AL. (Hrsg.): Handbuch Database Marketing, Ettlingen 1997, S. 15-38.

MANN, A., Dialogmarketing – Konzeption und empirische Befunde, Wiesbaden 2004.

MCCOLL-KENNEDY, J. R./SPARKS, B. A., Application of Fairness Theory to Service Failures and Service Recovery, in: Journal of Service Research, Vol. 5, 03/2003, S. 251-266.

MCCOLLOUGH, M. A./BERRY, L. L./YADAV, M. S., An Empiricial Investigation of Customer Satisfaction after Service Failure and Recovery, in: Journal of Service Research, Vol. 3, 02/2000, S. 121-137.

MICHALSKI, S., Kundenabwanderungs- und Kundenrückgewinnungsprozesse, Wiesbaden 2002.

MICHALSKI, S., Kündigungspräventionsmanagement, in: HIPPNER, H./WILDE, K. D. (Hrsg.): Grundlagen des CRM, 2. Aufl., Wiesbaden 2006, S. 583-604.

MILLER, K. D./FABIAN, F./LIN, S.-J., Strategies for Online Communities, in: Strategic Management Journal, Vol. 30, 2009, S. 305-322.

OK, C./BACK, K.-J./SHANKLIN, C. W., Modeling Roles of Service Recovery Strategy: A Relationship-focused View, in: Journal of Hospitality & Tourism Research, Vol. 29, 04/2005, S. 484-507.

PICK, D., Wiederaufnahme vertraglicher Geschäftsbeziehungen, Wiesbaden 2008.

ROBBINS, T. L./MILLER, J. L., Considering Customer Loyality in Developing Service Recovery Strategies, in: Journal of Business Strategies, Vol. 21, 02/2004, S. 95-109.

RUTSATZ, U., Kundenrückgewinnung durch Direktmarketing, Wiesbaden 2004.

SAUERBREY, C., Studie zum Customer Recovery Management von Dienstleistern, Arbeitspapier 45/00, 2000, FB Wirtschaft der FH Hannover.

SCHÖLER, A., Rückgewinnungsmanagement, in: HIPPNER, H./WILDE, K. D. (Hrsg.): Grundlagen des CRM, 2. Aufl., Wiesbaden 2006, S. 605-631.

SMITH, A. K./BOLTON, R. N./WAGNER, J., A Model of Customer Satisfaction with Service Encounters Involving Failure and Recovery, in: Journal of Marketing Research, Vol. 36, August 1999, S. 356-372.

STAUSS, B., Rückgewinnungsmanagement (Regain Management), in: Wirtschaftswissenschaftliches Studium, 29. Jg., 10/2000a, S. 579-582.

STAUSS, B., Rückgewinnungsmanagement: Verlorene Kunden als Zielgruppe, in: BRUHN, M./STAUSS, B. (Hrsg.): Dienstleistungsmanagement – Jahrbuch 2000, Wiesbaden 2000b, S. 451-471.

STAUSS, B., Weblogs als Herausforderung für das Customer Care, in: BAUER, H. H./ GROßE-LEEGE, D./RÖSGER, J. (Hrsg.): Interactive Marketing im Web 2.0+, München 2007, S. 251-266.

STAUSS, B./FRIEGE, C., Regaining Service Customers – Costs and Benefits of Regain Management, Vol. 1, 04/1999, S. 347-361.

STAUSS, B./FRIEGE, C., Kundenwertorientiertes Rückgewinnungsmanagement, in: GÜNTER, B./HELM, S. (Hrsg.): Kundenwert, 3. Aufl., Wiesbaden 2006, S. 509-530.

SZYSZKA, P., Kommunikationswissenschaftliche Perspektiven des Dialogbegriffs, in: BENTELE, G./STEINMANN, H./ZERFAß, A. (Hrsg.): Dialogorientierte Unternehmenskommunikation, Berlin 1996, S. 81-106.

THOMAS, J. S./BLATTBERG, R. C./FOX, E. J., Recapturing Lost Customers, in: Journal of Marketing Research, Vol. 51, February 2004, S. 31-45.

UWG, Gesetz gegen unlauteren Wettbewerb in der Fassung der Bekanntmachung vom 3. Juli 2004, München 2007.

VICKERY, S. K. ET AL., The Performance Implication of Media Richness in a Business-to-Business Service Environment – Direct versus Indirect Effects, in: Management Science, Vol. 50, 08/2004, S. 1106-1119.

VÖGELE, S., Dialogmethode – das Verkaufsgespräch per Brief und Antwortkarte, 12. Aufl., Landsberg/Lech 2002.

WOODRUFF, R. B./GARDIAL, S. F., Know Your Customer – New Approaches to Understanding Customer Value and Satisfaction, Cambridge/Oxford 1996.

Teil 4

Datenschutz

Alexander Gary

Grundlagen und rechtliche Aspekte im Customer Relationship Management
unter besonderer Berücksichtigung von (drohenden) Kundenabwanderungen

1 Einführung 187
2 Ziele und Grundlagen des Customer Relationship Managements 187
   2.1 Das CRM-Integrationsmodell 187
   2.2 Kundenorientierte Informationssysteme 189
   2.3 Database Marketing als grundlegendes Kundenorientiertes Informationssystem 189
       2.3.1 Die Kundendatenbank 190
       2.3.2 Mögliche Datenquellen 192
3 Rechtliche Aspekte im Customer Relationship Management 193
   3.1 Wettbewerbsrechtliche Aspekte im CRM 193
       3.1.1 Kundenansprache mittels Brief, Prospekt oder Katalog 194
       3.1.2 Kundenansprache mittels Telefon 195
       3.1.3 Kundenansprache mittels Telefax oder elektronischer Post 197
   3.2 Datenschutzrechtliche Aspekte im CRM 198
       3.2.1 Grundgedanken 198
       3.2.2 Rechtmäßige Verwendung personenbezogener Daten 199
           3.2.2.1 Rechtmäßige Verwendung personenbezogener Daten im Bundesdatenschutzgesetz 201
           3.2.2.2 Rechtmäßige Verwendung personenbezogener Daten im Telemediengesetz 204
       3.2.3 Rechte des Kunden 204
       3.2.4 Aktuelle Entwicklungen im Datenschutz 205
4 Ausblick: Permission-Marketing 206

1 Einführung

Die rechtlichen Rahmenbedingungen unterliegen einem ständigen Wandel, der es notwendig macht, die bestehenden Marketingkonzepte im Unternehmen an die neuen Gegebenheiten anzupassen. Im Umgang mit personenbezogenen Daten von potenziellen, aktuellen bzw. abwanderungsgefährdeten oder bereits abgewanderten Kunden sind verschiedene gesetzliche Vorgaben zu beachten. So spielen im personalisierten Marketing, insbesondere im Customer Relationship Management (CRM), das **Wettbewerbsrecht** und das **Datenschutzrecht** eine entscheidende Rolle.

Die Fragestellung, wann ein Kunde kontaktiert werden darf und zu welchem Zweck seine Daten gespeichert bzw. verwendet werden dürfen, sollen im vorliegenden Beitrag näher erläutert werden. Dabei sind im Rahmen der Kontaktierung der Kunden, bspw. per Telefon oder Mail, überwiegend die Vorgaben des **Gesetzes gegen den unlauteren Wettbewerb (UWG)** und im Bereich der Verarbeitung personenbezogener Daten, insbesondere deren Zusammenführung in einer Kundendatenbank, die Regelungen des **Bundesdatenschutzgesetzes (BDSG)** von Bedeutung (siehe Abbildung 2-1). Die Einwilligung des Kunden stellt hier ein sicheres Mittel für die rechtmäßige Verwendung personenbezogener Daten dar. Im Permission-Marketing ist die Einwilligung des Kunden durch Schaffung von Vertrauen eine wesentliche Voraussetzung für den erfolgreichen Dialog mit dem Kunden.

2 Ziele und Grundlagen des Customer Relationship Managements

2.1 Das CRM-Integrationsmodell

Im CRM geht es um die gezielte computergestützte Pflege von Kundenbeziehungen (siehe zu den folgenden Ausführungen im Bereich CRM und Database Marketing Link/Gary 2008, S. 307 ff.). Auf der Grundlage von Kundenerfassungs- und -bewertungsmodellen sowie Instrumenten wie Data Warehousing, Online Analytical Processing (OLAP) und Data Mining wird versucht, Kunden entsprechend ihrer Investitionswürdigkeit an das Unternehmen zu binden. Dabei integriert das CRM die Arbeitsfelder der Neukundengewinnung, Kundenbindung und Kundenrückgewinnung (siehe hierzu und im Folgenden ausführlich Michalski 2004, S. 497 ff.). Im Rahmen des

Kundenbindungsmanagements ist das Kündigungspräventionsmanagement dafür zuständig, die Abwanderung von Kunden zu verhindern. Dabei werden für die langfristige Kundenbindung möglichst viele personenbezogene Daten benötigt.

Die Zusammenführung der Daten erfolgt in einer Kundendatenbank, die die Grundlage für ein umfassendes Kundenmodell bzw. Kundenprofil bildet (Abbildung 2-1). Dabei muss die Verwendung von personenbezogenen Daten im Rahmen des CRM unter Beachtung der gesetzlichen Vorgaben erfolgen.

Abbildung 2-1: Das CRM-Integrationsmodell
(Quelle: in Anlehnung an Link/Seidl 2008, S. 62)

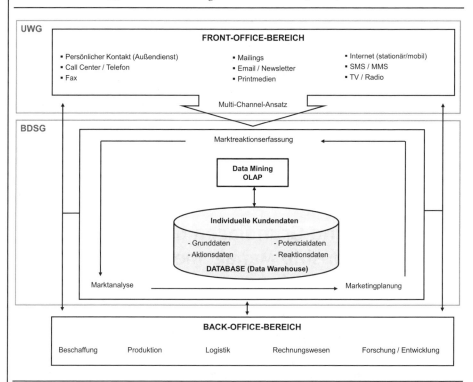

2.2 Kundenorientierte Informationssysteme

Das Ziel des CRM besteht in der Herstellung, Aufrechterhaltung und Nutzung von erfolgreichen Beziehungen zum Einzelkunden (vgl. Link/Tiedtke 2001, S. 13). Hier existieren durch die Kundenorientierten Informationssysteme (KIS) – Database Marketing (DBM), Computer Aided Selling (CAS), Online Marketing (OM) – zahlreiche Möglichkeiten, Kundenwünsche individueller, wirkungsvoller, schneller und kostengünstiger zu erfassen, zu bearbeiten und dadurch den Kunden langfristig zu binden (siehe hierzu im Einzelnen Link/Schleuning 1999, S. 76 ff.). Die besondere Rolle der KIS im CRM liegt darin, dass sie eine möglichst **interaktive Beziehung** zum Kunden ermöglichen bzw. unterstützen, indem der **Informationsaustausch** mit dem Kunden **beschleunigt** und **rationalisiert** wird (z.B. über die Außendienst-Notebooks im Rahmen des CAS oder die Internet-Zugänge im Rahmen des OM) oder indem dieser **Dialog** mit dem Kunden **individualisiert** wird (z.B. über die Kundendatenbanken im Rahmen des DBM) (vgl. Link/Weiser 2006, S. 87).

Zusammen mit den konventionellen Kommunikationskanälen bilden die KIS den so genannten **Front-Office-Bereich**, d.h. die Summe aller Touchpoints, mit denen das Unternehmen den Kunden einen Dialog anbietet (siehe Abbildung 2-1) (vgl. hierzu und im Folgenden Link 2001, S. 14 ff.; auch Link/Weiser 2006, S. 89). Im Rahmen der Kundenansprache müssen, wie bereits erwähnt, die entsprechenden gesetzlichen Vorgaben berücksichtigt werden (siehe hierzu Kapitel 3.1).

Im Front-Office-Bereich soll im CRM der so genannte **Multi-Channel-Ansatz** realisiert werden. Dieser soll es dem Kunden ermöglichen, sich mit dem Unternehmen in Verbindung zu setzen, wann immer und über welchen Kommunikationskanal auch immer er dies gerade möchte. Es müssen vom Unternehmen daher zunächst alle Touchpoints bedacht und eingerichtet werden, die aus Sicht der Zielgruppe relevant sein könnten. Unter dem Aspekt der Transaktionskostenadäquanz muss dafür gesorgt werden, dass der Dialog mit dem Kunden immer genau dort aufgenommen und weitergeführt werden kann, wo er beim letzten Mal geendet hat (vgl. hierzu ausführlich Link/Weiser 2006, S. 89 ff.; auch Link/Seidl 2008, S. 61 ff.).

2.3 Database Marketing als grundlegendes Kundenorientiertes Informationssystem

Die Fähigkeit und Bereitschaft der Unternehmen, die Interaktion (Informations- und Güteraustausch) mit dem Kunden individuell zu gestalten, können einen wesentlichen Wettbewerbsvorteil für die Unternehmen darstellen (siehe hierzu und im Folgenden ausführlich Link 2007, S. 182; auch Link/Weiser 2006, S. 64 f.). Im Extremfall kann dies bedeuten, dass jedem Kunden ein maßgeschneidertes Angebot gemacht wird zu dem für ihn optimalen Zeitpunkt und mit den auf seine speziellen Verhältnisse zugeschnittenen Argumenten und Konditionen.

Genau bei dieser Individualisierung setzt der Grundgedanke des **Database Marketing** an. Auf einer „Database" (Datenbank) sollen für jeden einzelnen Kunden alle Informationen gespeichert werden, die für die Marketingaktivitäten gegenüber diesem jeweiligen Kunden von Bedeutung sein können. Dies eröffnet die Möglichkeit, die „richtigen" Kunden zum „richtigen" Zeitpunkt mit den „richtigen" Maßnahmen der Werbung, Verkaufsförderung, Beratung sowie Angebots- und Produktgestaltung anzusprechen. Database Marketing ist also ein **Marketing auf der Basis kundenindividueller, in einer Datenbank gespeicherter Informationen**. Das Database Marketing stellt die Grundlage für das CRM einer Unternehmung dar.

2.3.1 Die Kundendatenbank

Zur erfolgreichen Fortführung des Dialoges mit dem Kunden sollten alle Gesprächsinhalte jeweils während und nach dem Kontakt auf der Kundendatenbank abgespeichert werden. Dadurch stehen die benötigten Informationen dem nächsten Mitarbeiter des Unternehmens, den der Kunde erreicht, quasi auf Knopfdruck zur Verfügung. Voraussetzung hierfür ist einmal das Vorhandensein einer **Kundendatenbank** als zentrale **Integrationsplattform** für die Gesamtheit der KIS und der übrigen Touchpoints (Front-Office-Bereich). Wichtig ist aber auch die Integration zwischen Front- und Back-Office-Bereich, damit eine rasche und fehlerlose Datenübermittlung stattfinden kann. Diese bietet dem Kunden eine hohe Auskunftsbereitschaft des Unternehmens über alle Bereiche hinweg, sowohl während des Verkaufsgespräches als auch während der Auftragsabwicklung, und stellt überdies Schnelligkeit und Kostengünstigkeit der Abwicklungsprozesse sicher.

Die Elemente einer Kundendatenbank

Eine Kundendatenbank dient der Speicherung aller spezifischen Merkmale von Einzelkunden im Rahmen des Database Marketing. In eine Kundendatenbank sollten nicht nur die aktuellen Kunden einer Unternehmung, sondern auch potenzielle Kunden (potenzielle Verwender, Interessenten, Kunden der Konkurrenz, ehemalige Kunden) aufgenommen werden. Innerhalb des Informationsspektrums einer Kundendatenbank kann zwischen Grund-, Potenzial-, Aktions- und Reaktionsdaten unterschieden werden (siehe hierzu und im Folgenden ausführlich Link/Weiser 2006, S. 66 f.).

Zu den **Grunddaten** gehören vor allem längerfristig gleich bleibende und weitgehend produktunabhängige Kundendaten. Hierzu zählen zunächst einmal alle auch schon für die konventionelle Kundenkontaktierung erforderlichen Trivialdaten wie Name, Adresse, Anrede, Bankverbindung. Darüber hinaus gilt es, möglichst viele jener Merkmale zu erfassen, die für ein segmentspezifisches Marketing von Bedeutung sein können. Im Hinblick auf Konsumenten gehören zu diesen Daten Merkmale wie Alter, Geschlecht, Einkommen, Beruf und Ausbildungsabschluss. Entsprechende Grundmerkmale von Betrieben wären z.B. Branche, Mitarbeiterzahl, Umsatz, Bonität, Rechtsform, obere Führungskräfte, Unternehmensverflechtungen und Mitglieder des Buying Center.

Die **Potenzialdaten** sollen produktgruppen- und zeitpunktbezogene Anhaltspunkte für das kundenindividuelle Nachfragevolumen liefern. Die zu beantwortende Frage lautet: Welcher produktgruppenspezifische Gesamtbedarf wird zu welchen Zeitpunkten voraussichtlich bei den einzelnen Kunden auftreten? Dieser Bedarf ist dem Anbieter in der Regel nicht a priori bekannt, lässt sich aber oftmals aus einer Kombination von Informationen über bisherige eigene Lieferungen, eigene kundenbezogene Marktanteile bzw. Anteile von Fremdlieferungen sowie über Ausstattungsmerkmale und Pläne der jeweiligen Kunden rekonstruieren. Dabei greifen Potenzialdaten auf die Datenkategorien Grund-, Aktions- und Reaktionsdaten zurück. Bspw. sollten bei Versicherungsunternehmen oder Kreditinstituten u.a. alle beim aktuellen oder potenziellen Einzelkunden vorhandenen eigenen Produkte und Konkurrenzprodukte mit ihren Vertrags-/Leasinglaufzeiten respektive ihrer voraussichtlichen Restnutzungsdauer abgespeichert werden.

Zu den **Aktionsdaten** gehören alle Informationen über kundenbezogene Maßnahmen hinsichtlich ihrer Art, Intensität, Häufigkeit und ihres Zeitpunktes, ggf. auch ihrer jeweiligen (anteiligen) Kosten. Hierzu zählen sämtliche vom Unternehmen durchgeführte und an den jeweiligen Kunden gerichtete Aktionen wie z.B. Werbebriefe, Katalog-/Prospektzusendungen, Telefonaktionen, Vertreterbesuche, konkrete Angebotserstellungen, Verkaufsförderungsmaßnahmen und vieles mehr. Die systematische Erfassung aller Aktionen ist zum einen als Grundlage für die Erfolgskontrolle und zum anderen für die Planung zukünftiger Maßnahmen von Bedeutung.

Die **Reaktionsdaten** umfassen Informationen über Verhaltensweisen der Kunden, die Aufschluss über die Wirksamkeit der Maßnahmen des eigenen wie der konkurrierenden Unternehmen geben. Kundenreaktionen können sich sowohl in ökonomischen als auch in außerökonomischen Erfolgsgrößen niederschlagen. Ein ökonomischer Erfolg kann im Falle eines Auftragseingangs verzeichnet werden; hierbei interessieren u.a. Höhe und Struktur von Umsätzen, Deckungsbeiträgen, Auftragseingängen je Kunde, differenziert nach Produkten/Produktgruppen und Perioden. Zu den außerökonomischen Größen zählen u.a. Kundenanfragen (Kauf-, Produktinteresse), Kundeneinstellungen/-kenntnisse bezüglich Produkten, Unternehmen und auch Wettbewerber, Reklamationen und Gründe für Angebotsablehnungen. Hier lassen sich auch wichtige Informationen über evtl. **Abwanderungstendenzen** von Kunden generieren. Besonders die **Lost-Order-Daten** können erste Hinweise für eine drohende Abwanderung des Kunden zur Konkurrenz geben.

Für die Zusammenführung von Kundeninformationen, die Analyse dieser Informationen und die anschließende Erstellung von umfassenden Kundenprofilen im Rahmen des CRM werden Instrumente wie Data Warehouse, OLAP und Data Mining benötigt (siehe hierzu ausführlich Hippner/Wilde 2001, S. 12 ff.; auch Zipser 2001, S. 36 ff.). Eine Kundendatenbank bildet dabei oft einen integrativen Bestandteil eines Data Warehouse.

2.3.2 Mögliche Datenquellen

Für die **Gewinnung** der oben genannten **Daten** kommt den eigenen Organen der Unternehmung, insbesondere solchen mit Kundenkontakt, die vergleichsweise größte Bedeutung zu. Empirische Erhebungen in zahlreichen Branchen haben ergeben, dass vor allem Außendienst- und Messekontakte, Anfragen von Kunden sowie Routinekontakte zur Beschaffung von Adressen und Zusatzinformationen bezüglich interessanter Kunden beitragen.

In bestimmten Branchen kommt auch Responseanzeigen, Adressverlagen, Freundschaftswerbung, Kundenkarten, Direktmarketing-Agenturen, externen Datenbanken oder Kundenbefragungen eine wichtige Informationsbeschaffungsfunktion zu.

Eine bedeutende Stellung nimmt hinsichtlich der Modellierung der beiden zentralen Früherkennungssektoren „Kunden" und „Konkurrenten" das **Außendienstberichtssystem** ein (vgl. hierzu und im Folgenden ausführlich Link/Weiser 2006, S. 95 ff.; auch Link/Gary 2008, S. 312 f.). Hier lassen sich durch die Außendienstmitarbeiter des Unternehmens wertvolle Informationen über die Ausstattung und Potenziale der Kunden, den kundenbezogenen Lieferanteil des eigenen Unternehmens, Kundeneinstellungen gegenüber dem eigenen Unternehmen sowie der Konkurrenz, Gründe für einen Auftragsverlust durch den Kunden (Lost-Order-Analysen) und Kundenreaktionen auf den Marketing-Mix generieren. Im weiteren Sinne könnte das Außendienstberichtssystem auch als Kundenkontaktsystem bezeichnet werden, mit dessen Hilfe die gezielte Erhebung von konkurrenzbezogenen Daten vom Kunden direkt und die anschließende Analyse hin zu einem umfassenden „**Competitive Intelligence Ansatz**" (siehe hierzu ausführlich Michaeli 2006, S. 1 ff.; auch Tyson 1986, S. 9 f.) möglich ist. Diese Daten dienen ebenfalls der frühzeitigen Aufdeckung drohender Risiken seitens der Konkurrenten und durch rechtzeitige Gegensteuerung des Unternehmens der langfristigen Kundenbindung.

3 Rechtliche Aspekte im Customer Relationship Management

Wie bereits erwähnt, sind im Rahmen des CRM zwei Rechtsgebiete zu beachten.[1] Im folgenden Kapitel „**Wettbewerbsrechtliche Aspekte im CRM**" soll nun zuerst geklärt werden, wann ein Unternehmen seine Kunden überhaupt ansprechen darf. Hier sei im Vorfeld bereits darauf verwiesen, dass selbst die Frage nach der Zufriedenheit des Kunden bspw. per Telefon als Werbung[2] zu qualifizieren ist und demnach unter die rechtlichen Regelungen des UWG fällt. Im darauf folgenden Kapitel „**Datenschutzrechtliche Aspekte im CRM**" wird eher die Frage behandelt, zu welchem Zweck ein Unternehmen personenbezogene Daten speichern bzw. verwenden darf.

3.1 Wettbewerbsrechtliche Aspekte im CRM

Dem CRM sind bei der **individuellen Kontaktierung** der Kunden rechtliche Grenzen gesetzt. Im Rahmen der Früherkennung und Prävention abwanderungsgefährdeter Kunden und der Rückgewinnung bereits abgewanderter Kunden sind einige Maßnahmen als Werbung zu qualifizieren und fallen dementsprechend in den Anwendungsbereich des UWG. Mit dem Gesetz werden Verbraucher, Mitbewerber und sonstige Marktteilnehmer vor **unzulässigen geschäftlichen Handlungen**[3] geschützt (§ 1 Abs. 1 Satz 1 UWG). Einige dieser für das CRM relevanten unzulässigen Handlungen werden im Folgenden näher behandelt.

Mit der Novelle des Gesetzes im Jahre 2008 wurden wesentliche Änderungen und Erweiterungen vorgenommen (vgl. hierzu und im Folgenden auch Lettl 2009a, S. 41 ff.; auch Hefermehl/Köhler/Bornkamm 2009, § 7 UWG, Rn. 1 ff.). Insbesondere erfolgte eine Verschärfung des § 7 UWG bezüglich der Werbung mit Fax, E-Mail, SMS, MMS und automatischen Anrufmaschinen. Diese Arten der Werbung sind nach aktueller Gesetzeslage ohne vorherige **ausdrückliche Einwilligung** des Kunden per se unzuläs-

---

[1] Die folgenden Ausführungen zum Wettbewerbs- und Datenschutzrecht sind ohne Gewähr, zumal für jeden Einzelfall eine gesonderte rechtliche Würdigung notwendig ist.

[2] Unter Werbung ist im Rahmen des § 7 UWG „jedes Verhalten einer Person zugunsten des eigenen oder eines fremden Unternehmens zu verstehen, das auf die Förderung oder den Bezug von Waren oder Dienstleistungen gerichtet ist." (Ullmann 2009, §7 UWG, Rn. 129)

[3] „Geschäftliche Handlungen" sind nach § 2 Abs. 1 Nr. 1 UWG definiert als „jedes Verhalten einer Person zugunsten des eigenen oder eines fremden Unternehmens vor, bei oder nach einem Geschäftsabschluss, das mit der Förderung des Absatzes oder des Bezugs von Waren oder Dienstleistungen oder mit dem Abschluss oder der Durchführung eines Vertrags über Waren oder Dienstleistungen objektiv zusammenhängt; als Waren gelten auch Grundstücke, als Dienstleistungen auch Rechte und Verpflichtungen."

sig. Die folgende Abbildung 3-1 zeigt die zu beachtenden rechtlichen Rahmenbedingungen bezüglich der verschiedenen Werbemedien im CRM.

Abbildung 3-1: Wettbewerbsrechtliche Rahmenbedingungen im CRM
(Quelle: in Anlehnung an Tapella 2008, S. 393)

Werbemedium	B2C (Verbraucher)	B2B (Unternehmer)
Briefe, Prospekte, Kataloge	• Erlaubt, außer bei erkennbarer Ablehnung (bspw. durch Briefkastenaufkleber)	• Erlaubt, außer bei erkennbarer Ablehnung (bspw. durch Briefkastenaufkleber)
Telefon	• Mindestens konkludente Einwilligung	• Mindestens vermutete Einwilligung
Fax	• Ausdrückliche Einwilligung notwendig	• Ausdrückliche Einwilligung notwendig
Elektronische Post: E-Mail, SMS, MMS	• Ausdrückliche Einwilligung notwendig bei Erstkontakt • Erlaubt im Rahmen bestehender Kundenbeziehung unter den Voraussetzungen des § 7 Abs. 3 UWG	• Ausdrückliche Einwilligung notwendig bei Erstkontakt • Erlaubt im Rahmen bestehender Kundenbeziehung unter den Voraussetzungen des § 7 Abs. 3 UWG

Die rechtliche Verankerung der hier aufgezeigten Tatbestände erfolgt insbesondere im § 7 Abs. 2 UWG und bezieht sich u.a. auf Werbemaßnahmen gegenüber Verbrauchern (B2C) und Unternehmen (B2B). Ist einer der Tatbestände des § 7 Abs. 2 UWG erfüllt, ist stets von einer unzumutbaren Belästigung[4] und daher einer unzulässigen geschäftlichen Handlung auszugehen (vgl. Hefermehl/Köhler/Bornkamm 2009, § 7 UWG, Rn. 96).

3.1.1 Kundenansprache mittels Brief, Prospekt oder Katalog

Die Kontaktierung des Kunden in Form eines **Briefes, Prospektes oder Kataloges** ist erlaubt, es sei denn, der Kunde zeigt eine für den Werbenden erkennbare Ablehnung[5] (vgl. hierzu und im Folgenden Hefermehl/Köhler/Bornkamm 2009, § 7 UWG, Rn. 104 ff.; auch Schotthöfer 2005, S. 81 ff.). Erlaubt ist demnach bspw. im Rahmen des Kündi-

---

[4] Beispiele einer unzumutbaren Belästigung finden sich im § 7 Abs. 1 Satz 2 UWG, § 7 Abs. 2 UWG und im Anhang zu § 3 Abs. 3 UWG mit der sog. „schwarzen Liste". Eine Ausnahme ergibt sich allerdings aus § 7 Abs. 3 UWG.

[5] Zu Grunde gelegt wird hier das sog. „Opt-Out-Modell", nachdem der Empfänger einer Werbung selber aktiv werden muss, um der Werbung zu widersprechen (siehe hierzu auch Bruns 2007, S. 101).

gungspräventionsmanagements, den Kunden in Form eines Briefes nach dessen Zufriedenheit mit einem Produkt zu befragen oder analog im Kündigungsrückgewinnungsmanagement bereits abgewanderte Kunden nach deren Abwanderungsgründen zu befragen. Eine erkennbare unerwünschte Kundenansprache bzw. Werbung kann der Kunde bspw. im Vorfeld durch einen Briefkastenaufkleber mit der Aufschrift „Werbung unerwünscht" äußern. Diese ist dann nach § 7 Abs. 1 Satz 2 UWG unzulässig (vgl. hierzu Hefermehl/Köhler/Bornkamm 2009, § 7 UWG, Rn. 35). Des Weiteren kann der Kunde auch ausdrücklich per Brief einer Werbung widersprechen oder sich in die sog. „**Robinson-Liste**"[6] eintragen. Diese Regelungen gelten für Werbemaßnahmen zwischen Unternehmen gleichermaßen. Zu erwähnen ist hier noch, dass ein Werbebrief auch als solcher erkennbar sein muss.

3.1.2 Kundenansprache mittels Telefon

Eine weitere bedeutende Form der Kundenansprache im CRM stellt die Werbung mittels **Telefon** dar. Im Rahmen dieser Werbeform muss der Kunde seine Einwilligung dem werbenden Unternehmen im Vorfeld des Erstkontaktes geben (vgl. hierzu und im Folgenden Hefermehl/Köhler/Bornkamm 2009, § 7 UWG, Rn. 126 ff.; auch Lettl 2009a, S. 44 f.). Die **konkludente Einwilligung** des Verbrauchers bzw. Kunden würde nach § 7 Abs. 2 Nr. 2 UWG ebenfalls ausreichen. Diese könnte vorliegen, wenn ein Kunde in einer **geschäftlichen Beziehung** zu einem Unternehmen steht und Telefonanrufe in der Vergangenheit als willkommen begrüßt hat oder ein Interessent auf einem Formular des werbenden Unternehmens seine Telefonnummer in der Kenntnis mitteilt, dass diese Daten zur Fortführung des geschäftlichen Kontakts verwendet werden (vgl. hierzu auch BT-Dr 16/10734 vom 31.10.2008, S. 12 f.; Harte-Bavendamm/Henning-Bodewig 2009, § 7 UWG, Rn. 154).

Grundsätzlich rechtfertigt allerdings eine bestehende Kundenbeziehung nicht die Kontaktaufnahme mittels Telefon (vgl. hierzu und im Folgenden Schotthöfer 2005, S. 97; auch Ullmann 2009, § 7 UWG, Rn. 222 ff.). Um ein Beispiel zu nennen: Ein Versicherungsunternehmen darf innerhalb eines bestehenden Vertragsverhältnisses den versicherten Kunden nicht unaufgefordert über andere Risiken, die über den bestehenden Versicherungsvertrag hinaus gehen, telefonisch beraten. Bei einer fehlenden Einwilligung seitens des Kunden handelt es sich hier nach § 7 Abs. 2 UWG Nr. 2 i. V. m. § 7 Abs. 1 Satz 1 UWG um eine unzulässige Belästigung. Allerdings darf der Kunde in Briefform über die Möglichkeit der Einbeziehung weiterer Risiken in den bestehenden Versicherungsvertrag informiert werden.

Eine telefonische Werbung wird nicht dadurch zulässig, indem diese im Vorfeld in einem Brief angekündigt wird. Grundsätzlich ist demnach die telefonische Ansprache

---

[6] Diese Liste besteht auch für Telefon und Mobilfunk (siehe hierzu Bruns 2007, S. 220; auch www.ddv.de – http://tinyurl.com/6mjuad).

eines Kunden zu weiteren, über das Vertragsverhältnis hinausgehenden Zwecken wie der Vertragserweiterung, -verlängerung oder -wiederaufnahme unzulässig, es sei denn, der Kunde fordert diese im Vorfeld von sich aus an.

Unzulässig sind auch Anrufe vom Unternehmen bspw. zur Prävention abwanderungsgefährdeter Kunden, in denen der Kunde nach seiner Zufriedenheit mit einem Produkt oder dem Anbieter gefragt wird (vgl. hierzu und im Folgenden Lettl 2009b, S. 367). Geht allerdings im Rahmen der bestehenden Kundenbeziehung eine telefonische Beschwerde seitens des Kunden voraus, darf der Kunde im Anschluss per Telefon vom Unternehmen befragt werden, wie zufrieden er mit dem Umgang seiner Beschwerde war (aktives Beschwerdemanagement). In bestehenden Kundenbeziehungen, bei der Neukundengewinnung oder der Kundenrückgewinnung ist der Werbezweck eines Telefonanrufes im Sinne des UWG u.a. bei folgenden Bedingungen gegeben (vgl. hierzu und im Folgenden Hefermehl/Köhler/Bornkamm 2009, § 7 UWG, Rn. 129 ff.):

- Der Angerufene soll zu einem Geschäftsabschluss gebracht werden. Hier genügen bereits die Fortsetzung oder Erweiterungen eines bestehenden Vertragsverhältnisses. Die Anbahnung oder Vorbereitung einer Geschäftsbeziehung reichen ebenfalls aus.

- Ein abgewanderter Kunde oder ein Kunde, der abgeworben werden soll, würde mit dem Ziel der (Wieder-)Aufnahme von Geschäftsbeziehungen angerufen. Es genügt in diesem Fall auch, den abgewanderten Kunden nur nach seinen Abwanderungsgründen zu fragen.

Demnach greifen unter diesen Voraussetzungen die entsprechenden strengen Regelungen des § 7 Abs. 2 Nr. 2 UWG. Ein abgewanderter Kunde darf somit nach Kündigung seines Vertragsverhältnisses nicht telefonisch vom werbenden Unternehmen bezüglich seiner Abwanderungsgründe befragt werden (vgl. Ullmann 2009, § 7 UWG, Rn. 224 ff.). Ein Versuch der Kunden(rück)gewinnung mittels Telefon ist ohne vorheriges Einverständnis des Betroffenen also nicht zulässig. Ist keine aktive Kündigung seitens des Kunden erfolgt und hat der Kunde dem Kontakt per Telefon zu Werbezwecken zugestimmt, ist nach einem erheblichen Zeitraum nach Erteilung der Einwilligung im Einzelfall zu prüfen, ob die erteilte Einwilligung immer noch Gültigkeit besitzt und der Kunde noch Interesse an einem Anruf haben könnte (vgl. hierzu und im Folgenden Harte-Bavendamm/Henning-Bodewig 2009, § 7 UWG, Rn. 155 f.).

Werden **Verbraucherumfragen** von Marktforschungsunternehmen durchgeführt, um Verbrauchergewohnheiten bezüglich der Produkte oder Dienstleistungen eines Auftraggebers zu ermitteln, stellt dies ebenfalls Werbung dar und erfordert eine vorherige Zustimmung des Kunden.

Sind andere Unternehmen die Adressaten einer Telefonwerbung, reicht bereits deren mutmaßliche Einwilligung aus (siehe hierzu und im Folgenden Schotthöfer 2005, S. 99 und die dort aufgeführte Literatur). In Übereinstimmung mit der Rechtsprechung muss in diesem Zusammenhang – also im B2B-Bereich – aufgrund konkreter Umstän-

Grundlagen und rechtliche Aspekte im Customer Relationship Management

de ein sachliches Interesse des angerufenen Unternehmens am Anruf des Werbenden bestehen. Dies ist bei einem Anruf im Rahmen einer bestehenden Geschäftsbeziehung i.d.R. anzunehmen (siehe hierzu ausführlich Harte-Bavendamm/Henning-Bodewig 2009, § 7 UWG, Rn. 169).

Zu erwähnen ist hier noch die geplante Änderung des § 7 Abs. 2 Nr. 2 UWG durch das neue **Gesetz zur „Bekämpfung unerlaubter Telefonwerbung"**, nach dem ein Anruf zu Werbezwecken seitens eines Unternehmens in Zukunft die vorherige **ausdrückliche Einwilligung** des Verbrauchers bedarf (vgl. BT-Drs. 16/10734 vom 31.10.2008, S. 5, 12 f.). Dies würde bedeuten, dass eine konkludente Einwilligung dann nicht mehr ausreicht. Bei einer ausdrücklichen Einwilligung bittet der Kunde konkret den Werbenden um einen Anruf oder erklärt sich bei der Aufnahme der Geschäftsbeziehung mit einer telefonischen Betreuung zu Werbezwecken einverstanden (vgl. Lettl 2009b, S. 366). Allerdings ist bereits nach aktueller Gesetzeslage die Einwilligung des Kunden zum Erhalt von Werbung im Vorfeld einzuholen, in Folge dessen ändert sich dadurch nicht viel.

3.1.3 Kundenansprache mittels Telefax oder elektronischer Post

Wie bereits oben erwähnt, wurden die gesetzlichen Regelungen bezüglich der Werbung in Form von **Telefax, E-Mail** oder **SMS** bzw. **MMS** (Elektronische Post) verschärft. Diese Formen bedürfen jetzt der vorherigen ausdrücklichen Einwilligung des Adressaten und beziehen sich auf Kunden und Unternehmen als Adressaten der Werbung gleichermaßen (§ 7 Abs. 2 Nr. 3 UWG).

Diese ausdrückliche Einwilligung kann in Form eines sog. **„Opt-In-Modells"** erfolgen (siehe hierzu und im Folgenden ausführlich Schotthöfer 2005, S. 103; auch Bruns 2007, S. 102). Hier muss der Empfänger ausdrücklich bestätigen, dass er bspw. Werbung via E-Mail erhalten möchte. Die Einwilligung des Kunden muss des Weiteren von dem werbenden Unternehmen „für den konkreten Fall" eingeholt werden (vgl. hierzu und im Folgenden ausführlich Hefermehl/Köhler/Bornkamm 2009, § 7 UWG, Rn. 186 f.). So stellt bspw. die Angabe einer E-Mail-Adresse von einem Verbraucher in einem öffentlichen Verzeichnis keine generelle Einwilligung gegenüber anderen für das Zusenden von Werbung dar. Hat das werbende Unternehmen im Zusammenhang mit dem Verkauf einer Ware oder Dienstleistung die E-Mail-Adresse eines Kunden erhalten, darf es die Adresse zur Direktwerbung für eigene ähnliche Waren oder Dienstleistungen ohne weitere Einwilligung verwenden (siehe hierzu und im Folgenden § 7 Abs. 3 UWG).

Ein Beispiel hierzu: Die Kundenbestellung eines rechtlichen Fachbuches in Form einer E-Mail legitimiert den Verkäufer, Werbung über weitere Bücher dieses Bereiches in Form von E-Mails an den Käufer zu versenden. Dies gilt allerdings nur für bestehende

Kundenbeziehungen und wenn der Kunde einer Verwendung nicht widersprochen hat. Ein vom Kunden geäußertes generelles Interesse an einem Produkt reicht hier nicht aus, um eine bestehende Kundenbeziehung anzunehmen (vgl. hierzu ausführlich Harte-Bavendamm/Henning-Bodewig 2009, § 7 UWG, Rn. 221).

Wurde die Vertragsbeziehung vom Kunden beendet, berechtigt dies den Verkäufer nicht, via E-Mails bspw. nach den Abwanderungsgründen zu fragen (vgl. auch Lettl 2009b, S. 377 f.). Zudem muss der Kunde in jeder Werbemail klar und deutlich darauf hingewiesen werden, dass dieser jederzeit widersprechen kann. Dem Kunden dürfen beim Widerspruch keine anderen als die Übermittlungskosten nach Basistarif entstehen. Wichtig ist in diesem Zusammenhang, dass das werbende Unternehmen die Adresse vom Kunden selbst bekommen hat und nicht über einen Adresshändler (vgl. hierzu und im Folgenden Hefermehl/Köhler/Bornkamm 2009, § 7 UWG, Rn. 204 f.). Die Weitergabe der Adresse an andere Unternehmen und die Werbung im Namen anderer Unternehmen sind ebenfalls untersagt. Zu erwähnen ist hier noch, dass nach § 7 Abs. 2 Nr. 4 UWG und § 6 Abs. 2 Telemediengesetz (TMG) Werbeemails bereits vor dem Öffnen als solche erkennbar sein müssen.

3.2 Datenschutzrechtliche Aspekte im CRM

Nachdem in den vorherigen Kapiteln der Aufbau und die Elemente einer Kundendatenbank dargestellt und die Frage, wann ein Kunde angesprochen werden darf, behandelt wurden, soll jetzt die Frage, zu welchem Zweck ein Unternehmen **Kundendaten speichern bzw. verwenden** darf, beantwortet werden. Das Interesse des Unternehmens, den Kunden möglichst genau zu modellieren, wird durch rechtliche Grenzen eingeschränkt, die es zu beachten gilt. Die Bildung umfangreicher Kundenprofile ist die Grundlage für ein funktionierendes Kündigungspräventions- und Rückgewinnungsmanagement.

3.2.1 Grundgedanken

Die wesentliche Aufgabe des Datenschutzes besteht darin, das Recht des Einzelnen zu schützen und somit selbst über die Preisgabe und Verwendung persönlicher Daten bestimmen zu können (**Recht auf informationelle Selbstbestimmung**) (siehe hierzu Bundesverfassungsgericht 1983, S. 1 ff.; auch Gola/Schomerus 2007, S. 77 f.). Der zentrale Gedanke der Selbstbestimmung liegt darin, dass jeder Einzelne grundsätzlich selbst dazu befugt ist zu entscheiden, „wann und innerhalb welcher Grenzen persönliche Lebenssachverhalte offenbart werden" (Bundesverfassungsgericht 1983, S. 42).

Im deutschen Recht wird der Umgang mit personenbezogenen Daten im Wesentlichen im **Bundesdatenschutzgesetz** (BDSG) geregelt. Bereichsspezifische Sonderregelungen finden sich im Telekommunikations- und Multimediarecht mit dem Telekommunikationsgesetz (TKG) und dem **Telemediengesetz**[7]. Zu beachten ist hier, dass diesen bereichsspezifischen Sonderregelungen ein Anwendungsvorrang vor den allgemeinen Regelungen des BDSG eingeräumt wird (§ 1 Abs. 3 Satz 1 BDSG). Im vorliegenden Beitrag sollen vor allem das BDSG und auszugsweise das TMG näher betrachtet werden. Das TMG wird umgangssprachlich auch als „Internetgesetz" (vgl. Iraschko-Luscher 2007, S. 608) bezeichnet und ist besonders im Bereich des Online-Marketing von Bedeutung (vgl. Eckhardt 2007, S. 759). Beispiele für Telemedien sind Webshops, Web-Auftritte sowie Such- und Informationsdienste im Internet (vgl. Iraschko-Luscher 2007, S. 608).

3.2.2 Rechtmäßige Verwendung personenbezogener Daten

Entscheidend für die Anwendung des Datenschutzrechtes ist die Frage, ob es sich um **personenbezogene Daten** handelt. Beantwortet wird die Frage in § 3 Abs. 1 BDSG. Demnach handelt es sich bei personenbezogenen Daten um Einzelangaben (siehe hierzu Roßnagel 2007, S. 11) über persönliche oder sachliche Verhältnisse einer bestimmten oder bestimmbaren natürlichen Person[8]. Bestimmbar ist die Person, wenn sie identifizierbar ist (vgl. hierzu und im Folgenden ausführlich Gola/Schomerus 2007, S. 106 ff.; auch Simitis 2006, S. 265 ff.). Bei Einzelangaben handelt es sich um Informationen, die sich auf eine einzelne Person beziehen lassen. Unter den Begriff „Einzelangaben über persönliche oder sachliche Verhältnisse" fallen Angaben wie z.B. Name, Adresse, Telefonnummer, E-Mail, Geburtsdatum, Ausweisnummer, Versicherungsnummer, Staatsangehörigkeit, Familienstand, Beruf, Überzeugungen, Wünsche, Sozialleistungen, finanzielle Aktivitäten und Internetbesuche (vgl. auch Roßnagel 2007, S. 11). Da im Rahmen des CRM und besonders bei der Früherkennung abwanderungsgefährdeter Kunden die personenbezogene Erhebung dieser Daten von enormer Bedeutung ist, sollten dabei die Regelungen des Datenschutzrechtes im Vorfeld beachtet werden. Ebenfalls zu beachten ist, dass in den Schutzbereich des BDSG nur personenbezogene Daten von natürlichen Personen fallen.

Für **anonyme und pseudonyme Daten** greifen keine datenschutzrechtlichen Regeln (vgl. hierzu und im Folgenden auch Scholz 2003, S. 1849 ff.). Diese dürfen zu statistischen Zwecken bspw. im Rahmen eines Data Warehouse oder Data Mining Verfahrens

---

[7] Telemedien sind nach § 1 Abs. 1 TMG definiert als alle elektronischen Informations- und Kommunikationsdienste, soweit sie nicht ausschließlich Telekommunikationsdienste oder Rundfunk sind. Telekommunikationsdienste sind wiederum in § 3 Nr. 24 TKG definiert als Dienste, die ganz oder überwiegend in der Übertragung von Signalen über Netze bestehen.

[8] Im BDSG werden Personen oder Kunden auch als Betroffene bezeichnet.

verarbeitet werden. Wie bereits erwähnt, sind diese Verfahren besonders im CRM von Bedeutung.

Im Falle der **anonymisierten Daten** müssen die Daten derartig verändert worden sein, dass diese sich nur mit einem unverhältnismäßig großen Aufwand an Zeit, Kosten und Arbeitskraft wieder auf eine bestimmte Person beziehen lassen (§ 3 Abs. 6 BDSG). Dabei sollten bereits im Rahmen einer Erhebung in jedem Fall solche Daten gelöscht werden wie bspw. Name, Anschrift, Personenkennzeichen, Kontonummern usw. (vgl. Simitis 2006, S. 312).

Um **pseudonyme Daten** handelt es sich nach § 3 Abs. 6a BDSG, wenn dem Kunden ein Kennzeichen zugeordnet wird, welches die Zuordnung von Daten zu seiner Person ausschließt oder wesentlich erschwert. Lediglich für den Kenner der Zuordnungsregel sind pseudonyme Daten personenbeziehbar. Ein Beispiel für ein Pseudonym ist ein fiktiver Name, mit dem sich eine Person in sozialen Netzwerken im Internet bewegen kann. Wichtig im Sinne des Gesetzes ist, dass auch andere Identifikationsmerkmale wie Beruf, Adresse oder Alter nicht auf die einzelne Person schließen lassen (vgl. hierzu Simitis 2006, S. 314). Im Bereich der Telemedien dürfen Nutzungsprofile, unter Vorbehalt des Widerspruchs des Kunden (Nutzers), bspw. für Zwecke der Werbung oder Marktforschung nur unter Verwendung von Pseudonymen erstellt und nicht mit Angaben zur Identifikation des Kunden (Trägers) zusammengeführt werden (§§ 15 Abs. 3 und 13 Abs. 4 Nr. 6 TMG).

Im Ergebnis fallen dementsprechend nur personenbezogene Daten unter den Schutzbereich des BDSG. Daten, bei denen der Personenbezug fehlt, sind z.B. Unternehmensdaten (keine natürliche Person), aggregierte Daten (es liegen keine Einzelangaben vor) und anonyme und pseudonyme Daten (hier fehlt die Bestimmbarkeit) (vgl. auch Koch/Arndt 2004, S. 201 ff.). Abzuleiten ist hier für die Verfahren des Data Warehouse und Data Mining, dass das Datenschutzrecht nur greift, wenn diese auch personenbezogene Daten verwenden (vgl. Scholz 2003, S. 1849 ff.). Allerdings sind gerade personenbezogene Daten elementar für ein gezieltes Kundenabwanderungspräventions- oder Kundenrückgewinnungsmanagement. Im Folgenden wird deswegen die rechtmäßige Verwendung personenbezogener Daten näher behandelt.

Die **rechtmäßige Verwendung personenbezogener Daten**, d.h. die Erhebung[9], Verarbeitung[10] und Nutzung, ist nach § 4 Abs. 1 BDSG nur erlaubt, wenn die **Einwilligung des Betroffenen** (bspw. des Kunden) vorliegt oder eine andere Rechtsvorschrift dies ausdrücklich legitimiert. Ähnlich wird dies im Bereich der Telemedien mit dem § 12 TMG geregelt. Mögliche **gesetzliche Erlaubnistatbestände** für die Verwendung personenbezogener Daten zeigt Abbildung 3-2.

---

9 Die Datenerhebung sollte nach § 4 Abs. 2 direkt bei dem Betroffenen (Kunden) erfolgen.

10 Die Verarbeitung umfasst nach § 3 Abs. 4 BDSG das Speichern, Verändern, Übermitteln, Sperren und Löschen personenbezogener Daten.

Abbildung 3-2: Erlaubnistatbestände zur Verwendung personenbezogener Daten

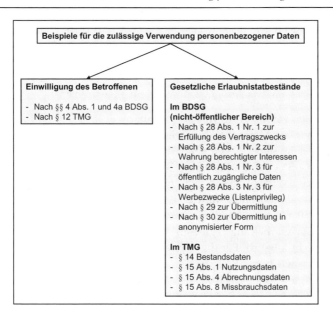

Im folgenden Kapitel 3.2.2.1 werden neben der Einwilligung des Kunden besonders die Erlaubnistatbestände der Datenverwendung im nicht-öffentlichen Bereich und zu eigenen Zwecken näher betrachtet (§ 28 BDSG). Des Weiteren werden die Erlaubnistatbestände zur Verwendung personenbezogener Daten im Bereich der Telemedien (Kapitel 3.2.2.2) kurz dargestellt.

3.2.2.1 Rechtmäßige Verwendung personenbezogener Daten im Bundesdatenschutzgesetz

Da für die Verwendung von personenbezogenen Daten stets eine Interessenabwägung im Einzelfall erforderlich ist und einige Anwendungen im Rahmen einer Kundendatenbank datenschutzrechtlich bedenklich sind, stellt die **Einwilligung des Kunden** (Siehe § 4 Abs. 1 BDSG) ein sicheres Mittel dar, die Datenverwendung zu legitimieren (vgl. Scholz 2003, S. 1869). Die folgenden wesentlichen Anforderungen sind bei der Einwilligung des Kunden nach **§4a BDSG** zu beachten (vgl. hierzu und im Folgenden Simitis 2006, S. 364 ff.; auch Breinlinger 2003, S. 1200 und die dort aufgeführte Literatur):

- Der Zweck der Datenverwendung ist zu beschreiben.
- Die Einwilligung muss auf der freien Entscheidung des Kunden beruhen.

- Auf die Folgen einer Verweigerung ist der Kunde hinzuweisen.
- Die Einwilligung muss schriftlich erfolgen (§ 126 BGB), ist aber unter bestimmten Voraussetzungen auch in elektronischer Form (§ 126a BGB) erlaubt (siehe § 13 Abs. 2 TMG).
- Zusammen mit anderen Erklärungen ist die Einwilligung hervorzuheben.
- Es genügt nicht, eine nachträgliche Einwilligung einzuholen.

Besonders bei der Verarbeitung von personenbezogenen Daten im Rahmen des Data Warehouse oder Data Mining ist der Kunde im Vorfeld darauf hinzuweisen, zu welchem Zweck welche seiner Daten verarbeitet werden (vgl. hierzu und im Folgenden Büllesbach 2000, S. 11 ff.). Allgemeine Beschreibungen wie „die Verwendung von Daten erfolgt zu Werbezwecken" sind nicht ausreichend (siehe hierzu Breinlinger 2003, S. 1200 und die dort aufgeführte Literatur). Allerdings kann der Zweck bei diesen Verfahren oft nicht im Vorhinein bestimmt werden, weil dieser sich erst als Ergebnis der Datenverarbeitung ergibt. In diesem Fall ist die Erlaubnis in Form einer Einwilligung nicht möglich. Für die Verwendung von besonders sensitiven personenbezogenen Daten wie bspw. Religion, Gesundheit oder Sexualleben (siehe ausführlich § 3 Abs. 9 BDSG) muss eine ausdrückliche Einwilligung des Kunden bezogen auf diese Daten vorliegen (§ 4a Abs. 3 BDSG) (vgl. auch Gola/Schomerus 2007, S. 182). Grundsätzlich ist eine nachträgliche Einwilligung des Kunden nicht ausreichend (vgl. Gola/Schomerus 2007, S. 169).

Eine Verwendung personenbezogener Daten für **eigene Geschäftszwecke** kann trotz fehlender Einwilligung rechtmäßig sein, wenn diese Daten zur **Erfüllung des Vertragsverhältnisses** erforderlich sind (**§ 28 Abs. 1 Nr. 1 BDSG**) (vgl. hierzu und im Folgenden ausführlich Gola/Schomerus 2007, S. 585 ff.). So ist die Verwendung von Kundendaten wie z.B. Name, Adresse und Bankverbindung (Grunddaten) für die Vertragserfüllung notwendig und damit datenschutzrechtlich unbedenklich. Eine Speicherung der Daten kann auf dieser Rechtsgrundlage bspw. bei Käufen beweglicher Sachen mindestens bis zum Ablauf der gesetzlichen Gewährleistungspflichten erfolgen. Ist der Vertragszweck erfüllt, sind die Daten zu löschen (§ 35 Abs. 2 Satz 2 Nr. 3 BDSG) oder zu sperren (§ 35 Abs. 3 BDSG). Sollen die Daten zu Marketingzwecken verwendet werden, stellt dies eine Zweckänderung dar und setzt die ausdrückliche Erlaubnis des Kunden voraus (vgl. Koch/Arndt 2004, S. 205). Nicht mehr vom Vertragszweck gedeckt ist die Verwendung von Daten in einem Data Warehouse zu Zwecken der Kundenprofilbildung und späterer Marketingmaßnahmen (vgl. Scholz 2003, S. 1861 f.; auch Jacob/Jost 2003, S. 622). Eine Vorratsdatenspeicherung von personenbezogenen Daten zu unbestimmten Zwecken ist generell nicht zulässig (vgl. Koch/Arndt 2004, S. 220).

Eine weitere rechtmäßige Verwendung personenbezogener Daten kann nach **§ 28 Abs. 1 Nr. 2 BDSG** erfolgen, solange ein **berechtigtes Interesse** des Unternehmens an der Verwendung dieser Daten nachgewiesen werden kann und nicht das **schutzwürdige**

Interesse des Kunden überwiegt (vgl. hierzu und im Folgenden ausführlich Scholz 2003, S. 1846, 1862 ff.; auch Lewinski 2003, S. 125 ff.). So stellt die Auswertung von Kundendaten im Rahmen des CRM zur Verbesserung der Kundenbeziehung und der Kundenabwanderungsprävention unter wirtschaftlichen Gesichtspunkten ein berechtigtes Interesse des Unternehmens dar. Allerdings kann durch eine zu detaillierte Darstellung der Kundeninteressen (Profilbildung) das schutzwürdige Interesse des Kunden überwiegen. Dies wäre der Fall, wenn der Kunde selbst nicht mehr überblicken kann, was mit seinen Daten geschieht. Problematisch ist in diesem Zusammenhang das Erstellen von umfangreichen Persönlichkeitsprofilen mit Hilfe von Data Mining Verfahren. Hat der Kunde aber ein Interesse an individualisierten Angeboten und besteht die Möglichkeit, dass er an der Bildung „seiner Kundendatenbank" aktiv mitwirken kann, also stets über den Zweck der Verwendung seiner Daten Bescheid weiß, kann er seine Schutzwürdigkeit selbst beurteilen und dementsprechend seine Interessen wahrnehmen. Wichtig ist in diesem Zusammenhang ebenfalls, dass eine Entscheidung, die sich rechtlich negativ auf den Kunden auswirken kann (möglich bei der Vergabe von Krediten anhand von Scoring-Werten), nicht alleine auf Grundlage automatisierter Verfahren getroffen werden darf (§ 6a BDSG). Der § 28 Abs. 1 Nr. 2 BDSG ist einer der wichtigsten Erlaubnistatbestände zur Verwendung personenbezogener Daten zu Zwecken der Eigenwerbung im Rahmen des CRM.

Sind personenbezogene Daten **allgemein zugänglich** oder **veröffentlicht,** können diese nach **§ 28 Abs. 1 Nr. 3 BDSG** verwendet werden. Allgemein zugängliche Quellen sind Telefon- und Adressbücher, Presseveröffentlichungen und Internetseiten (siehe hierzu ausführlich Simitis 2006 S. 1036 ff.; auch Koch/Arndt 2004, S. 211 f.). Ein gutes Beispiel ist in diesem Zusammenhang das Netzwerkportal „StudiVZ". Alle hier veröffentlichten Daten können für die Gewinnung von Kundeninformationen herangezogen werden. Die aufgeführten Daten reichen von einfachen Grunddaten wie Name, Adresse und E-Mail bis hin zu Potenzialdaten wie die einzelnen Interessen der jeweiligen Person, Art des belegten Studiengangs und besuchte Veranstaltungen – diese sind besonders interessant für bspw. individuelle Angebote von Fachbüchern. Ebenfalls lassen sich hier interessante Informationen für das Kundenabwanderungspräventions- und Rückgewinnungsmanagement generieren. Sofern es sich nicht um besonders sensible Daten handelt und damit das schutzwürdige Interesse des Einzelnen nicht überwiegt, ist eine Verwendung der Daten generell zulässig.

Die Verwendung von personenbezogenen Daten **zu Zwecken der Werbung, Markt- oder Meinungsforschung** ist nach **§ 28 Abs. 3 Nr. 3 BDSG** erlaubt, wenn es sich um listenmäßig oder sonst zusammengefasste Daten über Angehörige einer Personengruppe handelt (**Listenprivileg**) (vgl. Gola/Schomerus 2007, S. 619 ff.). Die Listen müssen sich auf die Angehörigen einer Personengruppe (z.B. Liste der Zahnärzte in einer Stadt) und des Weiteren auf eine Angabe über die Zugehörigkeit des Betroffenen zu dieser Personengruppe, Berufs-, Branchen- oder Geschäftsbezeichnungen, Namen, Titel, akademische Grade, Anschrift und Geburtsjahr beschränken. Zudem ist hier wieder das schutzwürdige Interesse des Kunden zu beachten. Eine Verwendung der

Daten ist ausgeschlossen, wenn der Kunde der Verwendung seiner Daten widersprochen hat (§ 28 Abs. 4 BDSG). Eine Selektierung von Kundenzielgruppen nach mehreren Kriterien unter Berücksichtigung von Daten wie Kaufkraft, Sozialstruktur und Zahlungsverhalten ist nicht durch das Listenprivileg legitimiert (vgl. Scholz 2003, S. 1865).

3.2.2.2 Rechtmäßige Verwendung personenbezogener Daten im Telemediengesetz

Die Zulässigkeit zur rechtmäßigen Verwendung personenbezogener Daten kann sich im Bereich der Telemedien, neben der **Einwilligung** nach **§ 12 TMG**, noch aus den folgenden gesetzlichen Grundlagen ergeben. Demnach darf das Unternehmen (der Diensteanbieter) personenbezogene Daten verwenden, sofern diese

- für die Begründung, inhaltliche Ausgestaltung oder Änderung des Vertragsverhältnisses zwischen Anbieter und Nutzer erforderlich sind (**Bestandsdaten** nach **§ 14 TMG**). Der Name und die postalische Adresse des Nutzers sind hierfür Beispiele (vgl. hierzu und im Folgenden auch Kahler/Werner 2008, S. 215).

- zur Nutzung von Telemedien notwendig sind (**Nutzungsdaten** nach **§ 15 Abs. 1 TMG**). Hier handelt es sich bspw. um Identifikationsmerkmale des Nutzers, Beginn und Ende der Nutzung und in Anspruch genommene Dienste.

- über das Ende des Nutzungsvorgangs für Abrechnungszwecke von Telemedien erforderlich sind (**Abrechnungsdaten** nach **§ 15 Abs. 4 TMG**).

- zur Rechtsverfolgung benötigt werden (**Missbrauchsdaten** nach **§ 15 Abs. 8 TMG**).

3.2.3 Rechte des Kunden

Der Verwendung personenbezogener Daten in einem Unternehmen stehen entsprechende Rechte der Kunden gegenüber. Im Folgenden sind die grundlegenden Rechte des Kunden nach dem BDSG kurz aufgelistet:

- Informationsrecht nach § 4 Abs. 3 BDSG,

- Widerspruchsrecht nach § 28 Abs. 4 BDSG,

- Benachrichtigungsrecht nach § 33 BDSG,

- Auskunftsrecht nach § 34 BDSG,

- Korrekturrechte (Berichtigung, Löschung oder Sperrung) nach § 35 BDSG.

3.2.4 Aktuelle Entwicklungen im Datenschutz

Im Folgenden soll ein kurzer Ausblick auf die geplanten wesentlichen Neuerungen des BDSG gegeben werden (vgl. hierzu und Folgenden Entwurf zur Änderung des BDSG und zur Regelung des Datenschutzaudits vom 22.10.2008, abrufbar unter Datenschutzbeauftragter-Online, o. S.).

Im Rahmen der Novellierung des BDSG schlägt die Bundesregierung die Abschaffung des sog. Listenprivilegs (siehe auch Kapitel 3.2.2.1) vor. Demnach dürfen personenbezogene Daten für Zwecke des Adresshandels, der Werbung oder der Markt- und Meinungsforschung nur noch verarbeitet oder genutzt werden, wenn der Betroffene bzw. der Kunde vorher dieser Verwendung zugestimmt hat. Dadurch wird der Handel mit Adressdaten wesentlich eingeschränkt und von der Einwilligung des Kunden abhängig gemacht, die zudem schriftlich erfolgen muss. Die Verwendung personenbezogener Daten für **Zwecke der Werbung eigener Angebote** oder der eigenen Markt- oder Meinungsforschung ist hingegen zulässig, wenn diese Daten von der Person bzw. dem Kunden im Rahmen eines Vertragsverhältnisses oder vertragsähnlichen Vertrauensverhältnisses erhoben wurden. Nach diesen Regelungen wird die Verwendung von weiteren Kundendaten, die über die Vertragsdaten hinaus gehen, für eigene Werbung des Unternehmens wesentlich eingeschränkt (vgl. hierzu und im Folgenden auch Klinger 2008, S. 64 f.).

Im Rahmen bestehender Kundenbeziehungen ist demnach eine ausdrückliche Einwilligung des Kunden für die Verwendung weiterer, über das Vertragsverhältnis hinausgehender, personenbezogener Daten notwendig. So sollte für Daten, die zur Bildung eines umfassenden Kundenprofils notwendig sind, immer im Vorfeld die Einwilligung des Kunden eingeholt werden. Besonders zu beachten sind hier alle personenbezogenen Daten in den Kategorien der Grund-, Aktions-, Reaktions- und Potenzialdaten, die zur Kundenabwanderungsprävention und Kundenrückgewinnung benötigt werden (siehe hierzu auch Kapitel 2.3.1). Für die Verwendung personenbezogener Daten bei der Neukundengewinnung ist ebenfalls die ausdrückliche Einwilligung erforderlich. Eine Weitergabe der Daten an Dritte zur Fremdwerbung ist nicht erlaubt. Der Präsident des Bundesverbandes des Deutschen Versandhandels kritisiert die geplante Ersetzung des Listenprivilegs durch eine **Opt-In-Lösung**, weil dadurch die Neukundenwerbung für den Versandhandel nicht mehr rentabel ist und einem faktischen Verbot gleichkommt (vgl. Präsident des Bundesverbandes des Deutschen Versandhandels (bvh) e.V. 2009, S. 2).

Etwas fraglich erscheint die Verwendung personenbezogener Daten aus öffentlich zugänglichen Quellen bspw. zu eigenen Werbezwecken (siehe auch Kapitel 3.2.2.1). Hier sind ebenfalls die bereits behandelten Einschränkungen des § 7 UWG zu beachten (siehe Kapitel 3.1). Im Endeffekt bleibt allerdings abzuwarten, wie sich die Ausgestaltung des neuen BDSG diesbezüglich entwickelt.

4 Ausblick: Permission-Marketing

Die Einhaltung wettbewerbs- und datenschutzrechtlicher Gesetze und der damit einhergehende sorgsame Umgang mit personenbezogenen Daten – auch bezüglich der hier behandelten Werbemaßnahmen – spielen bei den Verbrauchern eine immer größere Rolle (vgl. auch Koch/Arndt 2004, S. 200 ff.).

Die Fähigkeit des Unternehmens, der vorhandenen Unsicherheit der Kunden vor Datenmissbrauch durch die Schaffung von **Vertrauen** entgegenzuwirken, bestimmt auf Dauer die Geschäftsbeziehung zwischen Kunden und Unternehmen und stellt somit einen wesentlichen **Wettbewerbsvorteil** für das jeweilige Unternehmen dar (vgl. hierzu ausführlich Link/Weiser 2006, S. 3 f.; auch Link 2007, S. 40). Am besten kann dieses Vertrauen durch eine transparente Informationspolitik des Unternehmens gegenüber den Kunden gewonnen werden. Neben den rechtlichen Folgen sind ebenfalls eventuelle Imageverluste des Unternehmens durch den sorglosen Umgang mit personenbezogenen Daten nicht zu vernachlässigen (vgl. auch Koch/Arndt 2004, S. 208; Lewinski 2003, S. 122).

Im **Permission-Marketing** (siehe hierzu ausführlich Schwarz 2002, S. 383 ff.) wird eben dieser Gedanke aufgenommen: Zum einen werden die datenschutzrechtlichen Forderungen auf informationelle Selbstbestimmung beachtet und zum anderen das notwendige Vertrauen des Kunden geschaffen, Daten preiszugeben. Zudem vergewissert sich das werbende Unternehmen durch eine Einwilligung des Kunden, dass dieser Werbung bzw. die Kundenansprache überhaupt wünscht. Dadurch kommt das Unternehmen dem Ziel näher, auf Grundlage einer detaillierten Kundendatenbank dem „richtigen" Kunden zum „richtigen" Zeitpunkt mit den „richtigen" Argumenten ein individuelles Angebot zu unterbreiten.

Voraussetzung für einen wechselseitigen Dialog zwischen Unternehmen und Kunden ist ein geeignetes Anreizsystem (vgl. hierzu und im Folgenden Link/Weiser 2006, S. 93 f.). Welche **Anreize** liefert das Unternehmen dem **Kunden** für einen wechselseitigen Dialog mit beiderseitigem Informationsaustausch? Welche Gründe sollten den Kunden insbesondere dazu bewegen, z.B. E-Mail- oder Fax-Botschaften des Unternehmens anzufordern oder umgekehrt persönliche Daten dem Unternehmen zur Verfügung zu stellen? Hierfür ist sowohl der Aufbau eines wirklichen Vertrauensverhältnisses als auch das Aufzeigen eines konkreten Kundennutzens notwendig.

Der Kunde wird im Rahmen des Permission-Marketing **im Vorfeld** gefragt, ob und in welcher Form er Daten weitergeben und welche Informationen er vom Unternehmen erhalten möchte. Die **Einwilligung** des Kunden ist hierbei die wesentliche Voraussetzung. Mit dem Verfahren der **elektronischen Einwilligung** in Form des Confirmed-Opt-In werden ebenfalls die datenschutzrechtlichen Anforderungen des § 13 Abs. 2 TMG (Einwilligung des Kunden in elektronischer Form) erfüllt. Der Kunde fordert hier selbst die Kommunikation mit dem Unternehmen an, indem er sich z.B. für einen

Newsletter anmeldet und bekommt die Registrierung vom Anbieter bestätigt (vgl. hierzu und im Folgenden auch Bruns 2007, S. 102). Zudem wird der Kunde bei diesem Verfahren von dem Anbieter darauf hingewiesen wie er die Einwilligung wieder abbestellen kann. Diese Verfahren stärken das Vertrauen in den Anbieter und beugen einer evtl. drohenden Kundenabwanderung vor.

Neben der Einwilligung übernimmt die **Transparenz** im Permission-Marketing eine entscheidende Rolle. Der Kunde sollte stets einen Überblick über die Verwendung seiner Daten im Unternehmen haben. Durch die Gestaltungsmöglichkeit des Kunden, sein Kundenprofil selbst zu pflegen (Customer Self Service), wird zusätzlich der Selbstbestimmung Rechnung getragen. Die Vorteile der Unternehmen liegen in höheren Response-Raten auf Kommunikationsmaßnahmen, Möglichkeiten der automatisierten Erfolgskontrolle durch Instrumente des Marketing-Controlling, Kosteneinsparungen in der Datenpflege, Abschätzung des Kundenpotenzials und natürlich in dem Erhalt von aktuellen und relevanten Kundendaten. Ebenfalls dient das zusätzlich geschaffene Kundenvertrauen durch Transparenz der Vorbeugung von Kündigungen seitens der Kunden und stellt damit ein wichtiges Element im Kündigungspräventionsmanagement dar.

Das Permission-Marketing ist daher als eine sinnvolle und notwendige Ergänzung des CRM anzusehen.

Literaturverzeichnis

BREINLINGER, A., Datenschutz im Marketing, in: ROßNAGEL, A. (Hrsg.): Handbuch Datenschutzrecht. Die neuen Grundlagen für Wirtschaft und Verwaltung, München 2003, S. 1186-1209.

BRUNS, J., Direktmarketing, 2., vollkommen überarb. Aufl., Ludwigshafen (Rhein) 2007.

BUNDESVERFASSUNGSGERICHT (1983): Entscheidungssammlung, Band 65, 1 (Volkszählungsurteil).

BÜLLESBACH, A., Datenschutz bei Data Warehouse und Data Mining, in: Computer und Recht, Ausgabe 1, 2000, S. 11-17.

DATENSCHUTZBEAUFTRAGTER-ONLINE, Entwurf eines Gesetzes zur Änderung des Bundesdatenschutzgesetzes und zur Regelung des Datenschutzaudits, http://www.datenschutzbeauftragter-online.de/wp-content/uploads/2008/10/bdsg-entwurf.pdf vom 22.10.2008, zuletzt geprüft am 4.6.2009.

DDV (2008): www.ddv.de – http://tinyurl.com/6mjuad, zuletzt geprüft am 31.5.2009.

DEUTSCHER BUNDESTAG, Gesetzentwurf der Bundesregierung zur Bekämpfung unerlaubter Telefonwerbung und zur Verbesserung des Verbraucherschutzes bei besonderen Vertriebsformen, BT-Dr 16/10734 vom 31.10.2008.

ECKHARDT, J., Datenschutz. Was ist beim Online-Marketing zu beachten? In: SCHWARZ, T. (Hrsg.), Leitfaden Online Marketing [das kompakte Wissen der Branche], Waghäusel 2007, S. 755-770.

GOLA, P./SCHOMERUS, R./KLUG, Chr., Bundesdatenschutzgesetz. BDSG. Kommentar, 9. überarb. und erg. Aufl., München 2007.

HARTE-BAVENDAMM, H./HENNING-BODEWIG, F., Gesetz gegen den unlauteren Wettbewerb (UWG). Kommentar, 2. Aufl., München 2009.

HEFERMEHL, W./KÖHLER, H./BORNKAMM, J., Gesetz gegen den unlauteren Wettbewerb. Kommentar, 27. neu bearb. Aufl., München 2009.

HIPPNER, H./WILDE, K.-D., CRM. Ein Überblick, in: HELMKE, St./DANGELMAIER, W. (Hrsg.): Effektives Customer Relationship Management. Instrumente, Einführungskonzepte, Organisation, 1. Aufl., Wiesbaden 2001, S. 3-38.

IRASCHKO-LUSCHER, St., Das neue Telemediengesetz, in: IT-Sicherheit & Datenschutz, Ausgabe 8, 2007, S. 608-610.

JACOB, J./JOST, T., Marketingnutzung von Kundendaten und Datenschutz – ein Widerspruch? Die Bildung von Konsumentenprofilen auf dem datenschutzrechtlichen Prüfstand, in: Datenschutz und Datensicherheit, Jg. 27, Ausgabe 10, 2003, S. 621-624.

KAHLER, Th./WERNER, St., Electronic Banking und Datenschutz. Rechtsfragen und Praxis, Berlin, Heidelberg 2008.

KLINGER, M., BDSG gefährdet den Dialog per Post, in: direkt marketing, Jg. 44, Ausgabe 12-2008/01-2009, S. 64-65.

KOCH, D./ARNDT, D., Rechtliche Aspekte bei CRM-Projekten, in: HIPPNER, H./WILDE, K.-D. (Hrsg.): Management von CRM-Projekten. Handlungsempfehlungen und Branchenkonzepte, 1. Aufl., Wiesbaden 2004, S. 197-222.

LETTL, T., Das neue UWG, in: Gewerblicher Rechtsschutz und Urheberrecht / Rechtsprechungs-Report (GRUR-RR), Jg. 2009a, Ausgabe 2, S. 41-45.

LETTL, T., Wettbewerbsrecht. [mit neuem Wettbewerbsrecht], München 2009b.

LEWINSKI, K., Persönlichkeitsprofile und Datenschutz bei CRM, in: RDV, Jg. 2003, Ausgabe 3, S. 122-132.

LINK, J., Grundlagen und Perspektiven des Customer Relationship Management, in: LINK, J. (Hrsg.): Customer Relationship Management. Erfolgreiche Kundenbeziehungen durch integrierte Informationssysteme, Berlin 2001, S. 1-34.

LINK, J., Führungssysteme. Strategische Herausforderung für Organisation, Controlling und Personalwesen, 3. überarb. u. erw. Aufl., München 2007.

LINK, J./Gary, A., Grundlagen und rechtliche Aspekte von Kundendatenbanken, in: SCHWARZ, T. (Hrsg.): Leitfaden Dialog Marketing. Das kompakte Wissen der Branche, Waghäusel 2008, S. 307-320.

LINK, J./SCHLEUNING, Chr., Das neue interaktive Direktmarketing. Die neuen elektronischen Möglichkeiten der Kundenanalyse und Kundenbindung, Ettlingen 1999.

LINK, J./SEIDL, F., Der Situationsansatz als Erfolgsfaktor des Mobile Marketing, in: BAUER, H./BYRANT, M./DIRKS, T. (Hrsg.): Erfolgsfaktoren des Mobile Marketing, Berlin/Heidelberg 2008, S. 51-70.

LINK, J./TIEDTKE, D., Von der Corporate Site zum Databased Online Marketing. Grundlagen und Entwicklungsperspektiven, in: LINK, J./TIEDTKE, D. (Hrsg.): Erfolgreiche Praxisbeispiele im Online-Marketing. Strategien und Erfahrungen aus unterschiedlichen Branchen, 2. überarb. und erw. Aufl., Berlin 2001, S. 1-25.

LINK, J./WEISER, Chr., Marketing-Controlling. Systeme und Methoden für mehr Markt- und Unternehmenserfolg, 2. vollst. überarb. und erw. Aufl., München 2006.

MICHAELI, R., Competitive Intelligence. Strategische Wettbewerbsvorteile erzielen durch systematische Konkurrenz-, Markt- und Technologieanalysen, Berlin 2006.

MICHALSKI, S., Kündigungspräventionsmanagement, in: HIPPNER, H./WILDE, K. D. (Hrsg.): Grundlagen des CRM. Konzepte und Gestaltung, 1. Aufl., Wiesbaden 2004, S. 495-516.

PRÄSIDENT DES BUNDESVERBANDES DES DEUTSCHEN VERSANDHANDELS (bvh) e.V., Stellungnahme zum Entwurf eines Gesetzes zur Regelung des Datenschutzaudits und zur Änderung datenschutzrechtlicher Vorschriften (BT-Drs. 16/12011 vom 18. Februar 2009), abrufbar unter http://www.versandhandel.org/uploads/media/2009-03-17__Stellungnahme_BuTa_Innenausschuss_bvh_Praesident_Schaefer.pdf, zuletzt geprüft am 23.6.2009.

ROßNAGEL, A., Personalisierung in der E-Welt. Aus dem Blickwinkel der informationellen Selbstbestimmung gesehen, in: Wirtschaftsinformatik, Jg. 49, Ausgabe 1, 2007, S. 8-15.

SCHOLZ, P., Datenschutz bei Data Warehousing und Data Mining, in: ROßNAGEL, A. (Hrsg.): Handbuch Datenschutzrecht. Die neuen Grundlagen für Wirtschaft und Verwaltung, München 2003, S. 1833-1875.

SCHOTTHÖFER, P., Rechtspraxis im Direktmarketing. Grundlagen, Fallstricke, Beispiele, 1. Aufl., Wiesbaden 2005.

SCHWARZ, T., Permission Marketing. Voraussetzung für ein erfolgreiches E-CRM, in: SCHÖGEL, M./SCHMIDT, I. (Hrsg.): eCRM. Mit Informationstechnologien Kundenpotentiale nutzen, Düsseldorf 2002, S. 383-414.

SIMITIS, S., Bundesdatenschutzgesetz, 6. neu bearb. Aufl., Baden-Baden 2006.

TAPELLA, F., Rechtslage in Österreich und der Schweiz, in: SCHWARZ, T. (Hrsg.): Leitfaden Dialog-Marketing [das kompakte Wissen der Branche], Waghäusel 2008, S. 379-396.

TYSON, K.-W., Business intelligence. putting it all together, 1. print., Lombard Ill, 1986.

ULLMANN, E., Juris Praxiskommentar. UWG - Gesetz gegen den unlauteren Wettbewerb, Kommentar, 2. Aufl., Saarbrücken 2009.

ZIPSER, A., Business Intelligence im CRM. Die Relevanz von Daten und deren Analyse für profitable Kundenbeziehungen, in: LINK, J. (Hrsg.): Customer Relationship Management. Erfolgreiche Kundenbeziehungen durch integrierte Informationssysteme, Berlin 2001, S. 35-58.

Teil 5

Praxisbeispiele aus verschiedenen Branchen

Alexandra Rambold

Effizientes Kundenmanagement über den gesamten Lebenszyklus
Am Anfang war das Risikomanagement – Praktische Erfahrungen aus dem Versand- und Onlinehandel

1	Effizientes Kundenmanagement – ein ganzheitlicher Ansatz	215
2	Erstkontakt – Der unbekannte Kunde im Fokus	216
3	Betrug – Der Bestellvorgang im Blickwinkel	218
4	Bestandskundenmanagement – Beständigkeit als zentrales Ziel	220
5	Scorekartenmodellierung mit SAS – SAS/STAT und SAS Enterprise Miner 5.2	221

1 Effizientes Kundenmanagement – ein ganzheitlicher Ansatz

Mit gezieltem **Risikomanagement** gerade zu Beginn des Kundenlebenszyklus werden die Weichen für eine beidseitig erfolgreiche Kundenbeziehung gestellt. Dies setzt sich im Idealfall über den gesamten Kundenlebenszyklus fort. Ein effizientes Kundenmanagement durchläuft im Risikobereich zahlreiche Schritte fachlicher und analytischer Art, die von Anfang an ihren Beitrag zur **Vermeidung von Kundenverlusten** leisten können. Im folgenden Beitrag wird dies am Beispiel des Versand- und Onlinehandels ausgeführt.

Versand- und Onlinehandel sind Geschäft auf Distanz, bei dem der Händler mit seinen unbekannten Kunden ein großes Risiko eingeht. Gerade die anonyme Kundenbeziehung birgt Zahlungsstörungen oder im Extremfall einen kompletten Zahlungsausfall. Dies muss aufgrund der knapp kalkulierten Margen frühzeitig Beachtung finden. Ohne fundiertes Risiko- und Kundenbeziehungsmanagement-Wissen sowie umfassendes IT- und Analyse-Know-how können drohende Zahlungsausfälle sehr schnell zu einem jähen Ende der Geschäftsidee führen, liegt doch das Ausfallrisiko bei Online-Shops je nach Sortiment und Produkt schnell über 3%. Die Ware wird häufig auf Rechnung mit einem Maximum an Vertrauensvorschuss verschickt. Dazu brauchen Shopanbieter und klassische Versandhändler verlässliche Informationen, wie es um die Kundenbonität bestellt ist. Zeitgleich mit dem Antragsprozess beginnen Investitionen in die Kundenbeziehung, die sich langfristig für den Händler lohnen sollen. Einem drohenden Kundenverlust muss sofort entgegen gewirkt werden.

Kaum ist die Hürde des Erstkontakts geschafft, drohen bereits weitere Risiken. Bestellbetrug findet im Handel in der Regel innerhalb der ersten Monate der heranreifenden Kundenbeziehung statt. Der vermeintliche Kunde lässt sich hochwertige Ware mit der betrügerischen Absicht liefern, diese nie zu bezahlen. Auch ein unerkannter Bestellbetrug kann so manche pfiffige Geschäftsidee zum Scheitern bringen. Mit Abschluss der Betrugsprävention sind bereits die Weichen zur Vorbeugung von vermeidbaren Kundenverlusten gestellt.

Erst nach erfolgreicher Bewältigung dieses Phänomens kann dem Aufbau einer dauerhaften Kundenbeziehung volle Aufmerksamkeit gewidmet werden. Gerade die Dauerhaftigkeit stellt heutzutage eine besondere Herausforderung dar, nimmt doch das Kundenbindungsverhalten insbesondere in der virtuellen Welt stetig ab.

Die zentralen Fragestellungen **vor Kundenabwanderung** – Erstkontakt, Bestellbetrug und Bestandskundenmanagement – werden im Folgenden am Beispiel des Versand- und Onlinehandels mit Schwerpunkt Risikomanagement und Scoring ausgeführt, wobei eine praktische Scorekartenmodellierung mit dem Programmpaket SAS diese theoretischen Ausführungen abrunden soll.

Insofern behandelt dieser Beitrag vorbeugende Überlegungen und Maßnahmen gegenüber Kundenabwanderungen, die sonst wegen bestimmter Kundenmerkmale eines Tages eintreten könnten. Da dies aus Anbietersicht beurteilt wird, liegt eine gewisse Nähe zum Exit Management vor.

2 Erstkontakt - Der unbekannte Kunde im Fokus

Bestellt ein **Neukunde** erstmals im Versandhandel, klassisch über das Internet oder per Telefon bzw. Fax, gibt dieser Antragsprozess den Startschuss für den Beginn des Kundenlebenszyklus. Der Erstkontakt läuft in der Regel – abgesehen von einer Call Center Bestellung – komplett anonym ab. Mit einem enormen Vertrauensvorschuss und dem damit verbundenen Risiko des Zahlungsausfalls verlässt unbezahlte Ware das Haus auf dem Weg zum unbekannten Kunden. Ganz besonders riskant ist, wenn es sich um die Zahlungsart Rechnung oder Lastschrift handelt. Um das Risiko eines drohenden Zahlungsausfalls so niedrig wie möglich zu halten, sollte bereits der Erstkontakt den Einsatz von Risikomanagement-Instrumenten auslösen. Hier werden erfahrungsgemäß die Weichen für die gesamte Laufzeit der Kundenbeziehung – schwerpunktmäßig zur Bonität – gestellt. Der rechtzeitige Einsatz von Erkennungsmethoden für drohende Zahlungsausfälle in Form von **Bonitätsstrategien** und **Antragsscoring** sichert angesichts knapper Margen das Überleben des Geschäftsmodells.

Anhand von Informationen zu Person und Bestellvorgang wird nach einer möglichst verlässlichen Antwort auf die Frage gesucht, ob der Neukunde seinen Zahlungsverpflichtungen nachkommt. Kaum ein Unternehmen ist zu diesem Zeitpunkt daran interessiert, einen Neukunden durch Ablehnung des Kaufvertrages zu verprellen. Vielmehr geht es zentral um eine geeignete Vorsichtsstrategie bei der Vergabe der Zahlungsmodalitäten im Erstkontakt.

Eine einfache, komplett risikoaverse Strategie, die direkt umsetzbar ist und ohne den Einsatz von Risikomanagement-Instrumenten auskommt, ist, sämtliche Erstkäufe nur per Vorkasse auf die Reise zu schicken. Diese Vorgehensweise steht allerdings im direkten Widerspruch zur bescheinigten Beliebtheit des Kaufs auf Rechnung in Deutschland. Der eine oder andere Kunde fühlt sich mangels Möglichkeit der Zahlung auf Rechnung persönlich ungerecht behandelt und bricht im Extremfall den Kaufvorgang im anonymen Online-Bestellprozess komplett ab. Interessanterweise wird gerade den riskanten Zahlungsarten Rechnung und Lastschrift immer wieder eine für bestimmte Kundengruppen umsatzgenerierende Wirkung bescheinigt. Wie sollen es also die Unternehmen schaffen, den Spagat zwischen Risikominimierung auf der einen und Umsatzgenerierung auf der anderen Seite realistisch umzusetzen? Diesbezüglich muss für die Einsatzstrategie von Risikomanagement-Ansätzen zwischen einem Start-Up und einem etablierten Unternehmen differenziert werden. Während ein Start-Up mit seinem Sortiment ohne jeglichen Kundenstamm völlig neu den Markt betritt, weist ein etabliertes Unternehmen bereits eine gewisse Stammkundschaft auf, der entweder ein neuer Vertriebskanal eröffnet oder eine Sortimentserweiterung zur Ausweitung der Kundenbeziehung angeboten werden soll.

Neue Internetauftritte fangen mit ihrer Risikostrategie bei Null an. Es liegen keinerlei Eigendaten zur Modellierung des Antragsprozesses vor. Infolgedessen weisen diese einen enormen Beratungsbedarf hinsichtlich ihrer Bonitätsstrategie auf, die sich mangels Kundenstammhistorie komplett auf Informationen von externen Auskunfteien verlassen muss. Eine gängige Vorgehensweise bietet hier die Analyse von Personeninformationen mehrerer Auskunfteien, um entsprechend dem Sortiment die passende Strategie zu erarbeiten. Nach erfolgreicher Adressbestätigung werden zu Bestelladresse und Person Informationen gezogen. Je nach Auskunftei-Rückmeldung bekommt der Neukunde ein entsprechendes Angebot an Zahlungsmodalitäten. Je nach Bonität stehen Vorkasse, Kreditkarte, Lastschrift oder Rechnung zur Auswahl, differenziert nach dem Grad der Negativinformation, die zu dem entsprechenden Namen an der bestätigten Adresse gespeichert ist.

Insbesondere beim ersten Einsatz von solchen Bonitätsstrategien stehen Branchenerfahrungen, kosten-optimale Ansätze, Vergleichs- und Machbarkeitsstudien im Fokus des Beratungsbedarfs. Bis ein eigener Datenbestand mit den entsprechenden Zahlungserfahrungen für die Entwicklung von maßgeschneiderten Scoringmodellen aufgebaut ist, vergeht in der Regel mindestens 1 Jahr.

Im Gegensatz zu Start-Ups können etablierte Unternehmen auf Erfahrungen aus bisherigen Geschäftsbeziehungen aufsetzen, die eine individuelle Risikostrategie von Anfang an ermöglichen. Hier liegen bereits umfassende Informationen vor, die einen Rückschluss auf die Bonität für das neue Geschäft erlauben. Auf Basis eines ausreichenden Datenstamms kann dann mit einem mathematisch-statistischen Punktbewertungsverfahren, dem Antragsscoring, für jeden Neukunden individuell prognostiziert werden, wie es um seine Zahlungsmoral bestellt ist. Dabei werden Merkmale aus der Bestellung mit Auskunftei-Informationen verknüpft. Diese Verknüpfung erfolgt auf Basis von umfassenden Datenanalysen und anschließender Scorekartenmodellierung, sollen doch möglichst verlässliche Handlungsempfehlungen generiert werden. Die Modelle sind im Idealfall individuell und trennscharf auf das Kundenportfolio zugeschnitten, dessen Zahlungsbereitschaft bzw. Bonität prognostiziert werden soll. Selbst für neue, bisher unbekannte Kundengruppen ist damit eine erste Risikostrategie vorhanden, die leicht ausgebaut werden kann. In der Praxis lässt sich dabei immer wieder beobachten, dass sich beim Einsatz von Scoringmodellen die Gewichtung von Auskunftei-Informationen zu Bestellinformationen verschiebt, was zu Einsparungen in den Auskunftei-Anfragen führen kann, bei allzeit knappen Handelsmargen ein eindeutiger Vorteil dieses Ansatzes.

Mit dieser Bonitätsstrategie für den Erstkontakt, sei es auf Basis der Verarbeitung von Auskunftei-Informationen oder unter Einsatz von Antragsscoringmodellen, ist der Grundstein der Kundenbeziehung gelegt. Der Verlust von kreditwürdigen Kunden sollte im Folgenden tunlichst vermieden werden.

3 Betrug – Der Bestellvorgang im Blickwinkel

Eine der größten Herausforderungen der Online- und Versandhändler ist der Kampf gegen den **Bestellbetrug**. Mit betrügerischer Absicht lassen sich Kunden, welche die erste Hürde der Bonitätsprüfung erfolgreich erklommen haben, hochpreisige Ware liefern, die nie bezahlt werden wird. In Anbetracht steigender Betrugsverluste und der daraus resultierenden versteckten Kosten, wie z.B. die manuelle Nachprüfung einzelner Bestellungen, Verzögerungen in der Versendung etc., bleibt den Händlern nichts anderes übrig, als ihre Datenquellen auch hinsichtlich dieser Thematik zu optimieren und intelligente Systeme zur Betrugserkennung einzuführen. Nach wie vor ist die Elektronikbranche besonders betrugsanfällig, aber auch unverdächtige Sortimente wie Kinderbekleidung oder Spielwaren bleiben nicht verschont. Betrugsfälle treten gehäuft kurz nach erfolgreicher Erstbestellung auf, d.h. Betrüger verfügen auf den ersten Blick meist über eine gute Kreditwürdigkeit.

In der Regel sind im Versand- und Onlinehandel die ersten Monate einer neuen Kundenbeziehung entscheidend. Während im vorangegangenen Antragsprozess der Besteller im Fokus der Analyse stand, wechselt bei Betrugsverdacht der Blickwinkel auf den Bestellvorgang. Allerdings reicht es nicht aus, einzelne Bestellinformationen zu analysieren. Der Antrag in seiner Gesamtheit muss unter die Lupe genommen und analysiert werden. Versand- bzw. Online-Betrüger weisen bei ihrer Betrugsbestellung häufig ein ganz besonderes Verhaltensmuster auf. Zur Betrugserkennung stehen generell Bestellinformationen wie Name, Rechnungs- und Lieferadresse sowie interne Blacklists mit historischen Betrugserfahrungen zur Verfügung. Zusätzlich zu diesen Informationen müssen auch externe Daten in die Betrugserkennung integriert werden. Um Betrüger beim Antragsverfahren zu erkennen, ist es allgemeine Praxis, die Informationen des Antragstellers durch mehrere Datenquellen zu bestätigen. Analog zur Vorgehensweise beim Erstkontakt werden die Adressangaben im Bestellprozess mit vorhandenen Auskunftei-Informationen verglichen. Fehlen Teile der Informationen, bestehen Abweichungen oder sind sie unkorrekt, besteht eine höhere Wahrscheinlichkeit, dass die Transaktion betrugsverdächtig ist.

Bei der **Betrugserkennung** werden unter anderem Antworten auf die folgenden Fragen gesucht:

Existiert eine gültige Kombination zwischen Name, Telefonnummer und Adresse? Wurden gültige Kreditkartendaten angegeben? Passen diese Daten zum Namen und zur Adresse des Kunden? Sind die Kreditkartendaten in einer Liste der gestohlenen Kreditkarten enthalten? Passt die IP-Adresse, die beim Internetkauf verwendet wurde, zur Rechnungsadresse? Wurde ein IP-Anonymisierer verwendet? Zusätzlich können noch die Betrugsdaten von anderen Branchen geprüft werden.

Mit einer Adressverifizierung lassen sich erste drohende Schäden abwenden. Aber auch grundsätzlich unverdächtige Adressen wurden in der Vergangenheit bereits betrügerisch genutzt – so verwendete ein Betrüger eine Seniorenwohnheim-Adresse für den Empfang von Elektronikware, die nie bezahlt wurde. Bis man einem solchen Betrugsfall auf die Schliche kommt, ist der Schaden meist schon sehr hoch. Wenn auch die Anzahl der Betrugsfälle in Relation zu erfolgreichen Käufen noch sehr gering ausfällt, ist der Ärger regelmäßig ein großer. Insbesondere der anonyme Vertriebskanal Internet provoziert mit seinem reichhaltigen Warenangebot solche Handlungen, die so manchem Shopbetreiber die Existenz genommen haben.

Auch für die Betrugserkennung lassen sich geeignete Scoringmodelle entwickeln, die bereits bei vielen Distanzhändlern erfolgreich im Einsatz sind. Sucht man im Antragsprozess eine Antwort auf die Frage „Bezahlt mein Kunde seine Rechnung?", wird hier eine Betrugsabsicht prognostiziert. Bestätigt sich ein solcher Verdacht, sollte wiederum sehr vorsichtig mit der Vergabe eines Kaufs auf Rechnung umgegangen werden. Betrugsscoringansätze sind allerdings nur dann valide modellierbar, wenn ausreichend historisches Datenmaterial verfügbar ist. Hier beginnt die buchstäblich aufwändige Suche nach der Nadel im Heuhafen, ist doch die Anzahl der in der Vergangenheit bereits identifizierten Betrugsfälle meist noch sehr gering. Für einen validen Prognoseansatz ist bei der Betrugsmodellierung sehr viel Markt- und Branchenerfahrung sowie erstklassiges Analyse-Know-how erforderlich. Aus der Kombination von Bestell- und Auskunftei-Informationen lässt sich so mancher Betrugsfall und in Konsequenz Forderungsverlust vermeiden. Um ertragreichen Kundenverlusten vorzubeugen, kann sich der Händler nach Abschluss der Betrugsprognose auf die wirklich wichtigen Kundengruppen konzentrieren. Die additive Betrachtung von Merkmalen wie bestellte Warengruppe, Höhe des Bestellwertes, Bestellfrequenz und Zahlungswunsch kann wertvolle Betrugsindizien liefern. Betrüger bestellen interessanterweise verdächtig oft auf Rate, wenn diese Zahlungsart im Angebot ist.

Auch die Entwicklung und Umsetzung von Betrugserkennungsmodellen produziert zunächst einmal Kosten, die erwirtschaftet werden müssen, sich aber in der Regel sehr schnell rechnen. Den Kosten für das Scoringmodell sowie dem entgangenen Bestellwert stehen die Senkung von Forderungsverlusten und von Prozesskosten bei der Bearbeitung und Abwicklung von Betrugsfällen gegenüber.

Alexandra Rambold

Durch den Einsatz von Antragsmodellen zur Kreditwürdigkeitsprüfung sowie Betrugspräventionsmodellen werden in einem frühen Stadium bereits solche Kunden herausgefiltert, die ohnehin als stark abwanderungsgefährdet auffallen und infolgedessen lediglich hohe Kosten mit wenig Ertragsaussicht produzieren.

Sind die potenziellen Betrüger erfolgreich identifiziert und von den übrigen Kunden getrennt, steht dem Aufbau einer dauerhaften Kundenbeziehung nichts mehr im Wege, das Bestandskundenmanagement kann beginnen.

4 Bestandskundenmanagement - Beständigkeit als zentrales Ziel

Der Aufbau einer **dauerhaften** Kundenbeziehung stellt für das anonyme Medium Internet eine besondere Herausforderung dar, nimmt doch das Kundenbindungsverhalten durch die Fülle an Informationen z.B. zur Vergleichbarkeit von Waren und Anbietern im Web immer stärker ab. Vermeintlich treue Stammkunden lassen sich von einem Shop zum nächsten locken. Spätestens zu diesem Zeitpunkt gewinnen Marketingmaßnahmen mit ihren Kundenbindungs- und Loyalitätsprogrammen zunehmend an Bedeutung und lösen den Schwerpunkt Risikovermeidung deutlich ab. Hier hat das Risikomanagement bereits seinen bestmöglichen Beitrag zur Prävention von Kundenabwanderungen geleistet. Nichtsdestotrotz arbeiten auch in dieser Phase des Kundenverhaltens Risikomanagement-Prozesse im Hintergrund, die auf die Steuerung der Rentabilität fokussiert sind. Auch Bestandskunden brauchen ihren regelmäßigen Risikocheck, werden doch genau hier die Zahlungsmodalitäten angepasst, die Limitvergabe überprüft und vieles mehr. Wird ein treuer Kunde von „Vorkasse" auf „Rechnungskauf möglich" gesetzt oder wird aufgrund des Ausschöpfungsgrades sein Limit erhöht, bleibt stets ein gewisses Restrisiko für einen potenziellen Forderungsverlust. Fragen wie „Befindet sich der Kunde nur vorübergehend in Zahlungsverzug oder hat die gesamte Kundenbeziehung mangels Liquidität keine Basis mehr?" müssen geklärt werden.

Bei der **Analyse des Kundenverhaltens** wird der Zukauf von externen Auskunftei-Informationen tendenziell geringer. Merkmale aus den Stammdaten, der Fälligkeitsstruktur, Mahnhistorie sowie aus den Bestellungen selbst gewinnen mehr und mehr an Bedeutung und werden monats- bzw. quartalsweise analysiert. Auch hier unterstützen statistische Modelle und Frühwarnsysteme das Management der Kundenbeziehung. Besonderes erwähnenswert ist in diesem Zusammenhang die Entwicklung eines auftragsbezogenen Bestandskundenscorings. Hier werden Personen-, Konten- und Auftragsinformationen mit dem Ziel analysiert und modelliert, den Umsatz bei quantifizierbarem und begrenztem Risiko zu erhöhen. Dies ist nur ein Beispiel von vielen, wie sich Bestandskundeninformation auf dem Gebiet des Risikomanagements modellieren lässt.

In diesem Stadium lassen sich Abwanderungstendenzen genauso erkennen und vermeiden wie drohende Privatinsolvenzen, die aufgefangen werden müssen. Hier wird dem Versandgeschäft gerne die Rolle eines Frühwarnindikators attestiert. Solche Rechnungen bleiben im Falle drohender Privatinsolvenzen oftmals als erste liegen. Die produktive Zusammenarbeit von Risiko- und Marketingseite ist gerade zu diesem Zeitpunkt unumgänglich. Während die einen sich um die Minimierung der Abwanderungsabsichten umsatzstarker Kundensegmente kümmern, versuchen die anderen auch in diesem Stadium die Forderungsverluste so gering wie möglich zu halten.

5 Scorekartenmodellierung mit SAS - SAS/STAT und SAS Enterprise Miner 5.2

Die theoretische Erörterung der zahlreichen Optionen für den praktischen Einsatz von Scoringmodellen stellt lediglich einen Aspekt der Dienstleistung Risikomanagement dar. Mindestens genauso wichtig ist die praktische Umsetzung eines Scoringmodells mit einer geeigneten Software. Im Hintergrund einer jeden solchen Dienstleistung ist ein verlässliches statistisches Analysepaket ein absolutes Muss. Eine geeignete Scoring Software muss grundsätzlich 2 zentralen Anforderungen genügen: sie muss hochgradig flexibel sein, um kundenindividuelle Scorekarten entwickeln zu können, zudem muss die Analyse von großen Datenmengen, seien es Beobachtungen oder Variablen, so zeiteffizient wie möglich durchführbar sein.

Ein **Scoringprojekt** lässt sich grundsätzlich auf 4 Schritte verdichten (siehe Abbildung 5-1).

Scoringmodelle können, je nach Anforderungen und Datenmenge, 6 Wochen, aber auch sehr schnell 3 bis 4 Monate Zeit beanspruchen. Dabei besteht ein solches Scoringprojekt aus 60–70% Pre- und Post-Datenanalysen, lediglich 30–40% des Zeitaufwands fließen in die reine Scorekartenentwicklung. Eine Software, die sowohl in der Datenanalyse als auch in der Scorekartenentwicklung die obigen Anforderungen der Zeiteffizienz und Flexibilität gewährleisten kann, bietet das SAS Institute mit Sitz in Heidelberg mit verschiedenen Modulen seines Statistischen Analysesystems. Während die Module SAS/BASE und SAS/STAT die flexible Analyse von großen Datenmengen erlauben, sogar eine relativ unkomplizierte Eigen-Programmierung von bspw. charakteristischen Analysen bis hin zum Modell selbst ermöglichen, bietet der SAS Enterprise Miner mit seinem Credit Scoring Modul eine mehr oder weniger automatisierte Möglichkeit zur zeiteffizienten Entwicklung und Validierung von Scorekarten, ebenfalls ausgerichtet auf die Verarbeitung von großen Stichprobenumfängen.

Abbildung 5-1: Die 4 Schritte eines Scoringprojektes

1. Datenbankabzüge
- Verfügbare Informationen zum Bestellvorgang
- Auftragsdaten
- Retouren
- Auskunftei
- Mahnstufen
- Inkasso
- etc.

2. Datenanalyse
- Generierung von Informationen
- Festlegung der Performance Variablen/Zielgröße der Modellierung
- Untersuchung der Trennschärfe der Variablen
- Festlegung des Stichprobenfensters
- Erstellung der Entwicklungsstichprobe

3. Scorecard Modellierung
- Anwendung fundierter mathematisch-statistischer Methoden
- Ziel: Steuerung des Antragsprozesses
- Vorbereitung des Monitoring auf Basis der Scorekarten und ihrer Merkmale
- Ergebnisüberprüfung (Validierungschecks)

4. Ergebnis
- Maßgeschneiderte Scorecards für sämtliche Segmente der Auftragsbearbeitung
- Berechnung von Vergleichsgrößen/DB Ansätze zur kosteneffizienten Cut-Off Festlegung

DANACH:
- Produktivsetzung mit Reporting und Monitoring

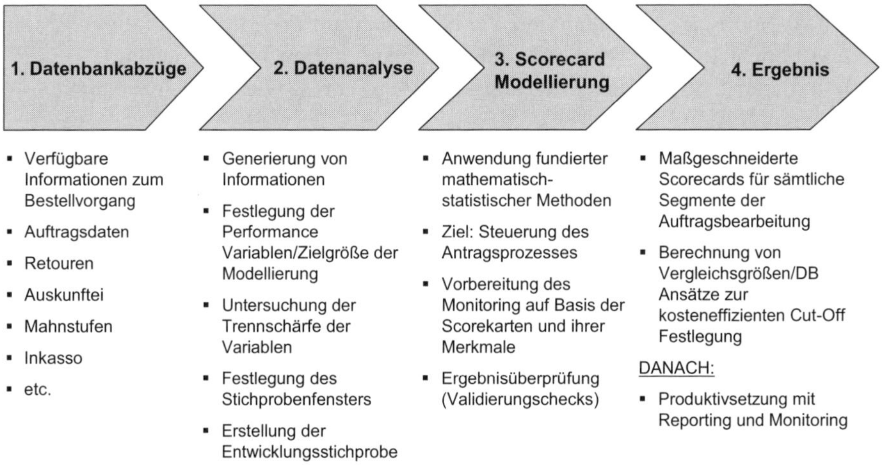

Im Folgenden sollen anhand eines fiktiven Beispiels aus dem Versandhandel die einzelnen Datenanalyseschritte für ein Antragsscoring unter Einsatz der SAS Software erläutert werden. Dazu wird ein künstlicher Datensatz mit minimalem Stichprobenumfang verwendet. Die einzelnen Analyseschritte können lediglich angesprochen werden, die ausführliche Erläuterung eines Scoringprojektes würde ein eigenes Buch füllen.

Die folgende **Ausgangssituation** kann Anlass zum Auftrag eines Antragsscoring geben:

Ein Versandhändler kämpft aktuell mit einem vermehrten Forderungsausfall seiner Internetbestellungen. Insbesondere bei den Erstbestellern lässt die im Einsatz befindliche Risikostrategie zu wünschen übrig, die Inkassoquote steigt weit über einen intern gesetzten Grenzwert an. Handlungsbedarf ist definitiv gegeben. Ziel des Scoringprojektes soll es sein, die Antragsprozesse für Neukunden so zu steuern und zu optimieren, dass insbesondere die Ausfallquote signifikant gesenkt werden kann. Historische Daten von Erstbestellern der vorangegangenen Jahre sind in Hülle und Fülle vorhanden, handelt es sich doch um ein am Markt fest etabliertes Unternehmen.

Datenanalyse

Vor der eigentlichen Entwicklung der Scorekarte erfolgen zahlreiche Schritte der Datenanalyse, Qualitätssicherung und -beurteilung der Daten. In diesem Schritt zentral relevant ist das „Verstehen" der historischen Daten über die Erstellung eines Datenverzeichnisses. Sämtliche verfügbaren Informationen, Merkmale wie Bestellwerte, Warengruppen, Mahnstufen, Kundeninformationen etc. werden im Zeitablauf hinsichtlich der Zahlungsarten und Ausfallquoten – hauptsächlich mit Hilfe von Häufigkeits- und Kreuztabellen – analysiert. Gegebenenfalls müssen in diesem Stadium auch neue Merkmale aus den verfügbaren Daten generiert werden. SAS/BASE und SAS/STAT stellen dabei mit den Prozeduren PROC FREQ und PROC TABULATE das notwendige Handwerkszeug zur Verfügung. Ergänzend können mit Hilfe von SAS/GRAPH die Informationen visualisiert werden. Insbesondere Ausfallquoten im Zeitablauf lassen sich sehr anschaulich grafisch aufbereiten.

Beispielsweise lassen sich die Bestellwerte der Internet-Erstbesteller des fiktiven Versandhändlers wie folgt darstellen (Tabelle 5-1):

Tabelle 5-1: Häufigkeitsverteilung der Bestellwerte

Bestellwerte	Häufigkeitsverteilung	
	absolut	prozentual
bis 50 EUR	441	8,81%
50 EUR - 75 EUR	549	10,97%
75 EUR - 100 EUR	589	11,77%
100 EUR - 150 EUR	973	19,44%
150 EUR - 250 EUR	1.165	23,28%
über 250 EUR	1.288	25,73%
Summe	5005	

Knapp 50 % der Bestellungen liegen in einem Preisbereich über 150 EUR.

Wichtig ist dabei eine geeignete Festlegung des Zeitfensters der Betrachtung, damit Saisonschwankungen und Marketingaktionen, beispielsweise neue Katalog- oder Null-Prozent-Finanzierungs-Angebote, im Bestellverhalten und damit in den Daten ausreichend Berücksichtigung finden.

Festlegung des Zielkriteriums im Scoringmodell

Sind die zur Verfügung stehenden Daten ausreichend analysiert und deren Richtigkeit gewährleistet, kommt es zum zentral relevanten ersten Schritt der Scorekartenentwicklung: der Festlegung des Zielkriteriums oder Performance. Für einen festen Zeitpunkt in der Vergangenheit werden „gute" bzw. „schlechte" Kunden definiert. Diese sollen helfen, den zukünftigen Zahlungsausfall neuer Kunden zu prognostizieren und damit in den Griff zu bekommen. Ausschlaggebend dafür ist eine geeignete Definition von guten und schlechten Kunden auf Basis des jeweiligen Zahlungsverhaltens, die nur in Zusammenarbeit mit dem Auftraggeber ideal erstellt werden kann. In der Regel wird mehrstufig vorgegangen. Zunächst erfolgt eine Einteilung in abgelehnte und akzeptierte Kunden. „Abgelehnt" sind solche Kunden, mit denen auf Basis der existierenden Risikostrategie keine Kundenbeziehung zustande kam. Alle übrigen Kunden sind „akzeptierte" Kunden, die aufgrund ihrer vorliegenden Zahlungsinformationen feiner klassifiziert werden können. Bei der Erstbestellung sind „schlechte" Kunden bspw. solche, deren Forderungen innerhalb eines bestimmten Zeitrahmens ausfallen und dementsprechend an ein Inkassoinstitut abgegeben werden. „Unbestimmte" Kunden bilden das Segment, für das hinsichtlich des Zahlungsverhaltens keinerlei Aussagen getroffen werden können. Zur Festlegung wird häufig auf Mahnstufen zurückgegriffen. Unbestimmtes Zahlungsverhalten weisen erfahrungsgemäß solche Kunden auf, denen eine erste Mahnung zugegangen ist. Zu diesem Zeitpunkt lassen sich – je nach Mahnverhalten des Versenders – noch keinerlei Aussagen treffen, ob die Rechnung lediglich urlaubsbedingt liegen blieb oder tatsächlich nicht gezahlt wird. Auch inaktive Kunden müssen separat berücksichtigt werden. „Inaktive" Kunden sind solche, die ihre Erstbestellung komplett retourniert und danach nie wieder bestellt haben. Auch hier stehen hinsichtlich des Zahlungsverhaltens keinerlei verwendbare Informationen zur Verfügung. Sind oben aufgeführte Gruppen erst einmal abschließend definiert, bleiben nur noch solche Kunden übrig, die ihren Zahlungsverpflichtungen nachgekommen sind: per definitionem die „guten" Kunden. Ergebnis ist für dieses Beispiel die folgende Kategorisierung der zur Verfügung gestellten Beobachtungen (Tabelle 5-2):

Tabelle 5-2: Häufigkeitsverteilung der Bestellperformance

Bestellperformance	Häufigkeitsverteilung	
	absolut	prozentual
Abgelehnt	350	6,99%
Schlecht	192	3,84%
Unbestimmt	268	5,35%
Inaktiv	467	9,33%
Gut	3.728	74,49%
Summe	5005	

Mit knapp 7% der Erstanfragen kommt keine Geschäftsbeziehung zustande. Für die angenommen Bestellungen liegt die Gesamtausfallquote bei 3,84%.

Alle weiteren Datenanalysen und auch die Scorekartenentwicklung selbst erfolgen auf Basis dieses Zielkriteriums, weshalb nochmals die Wichtigkeit dieser Festlegung betont werden soll.

Charakteristische Analyse der Merkmale

In diesem Schritt lassen sich mit Hilfe von SAS/BASE Programmen sämtliche Merkmale auf ihre eindimensionale Eignung für das Scoringmodell untersuchen. Durch die Trennschärfe eines Merkmals hinsichtlich guter und schlechter Performance wird die Basis zur Auswahl von qualitativ hochwertigen Variablen für das Scoringmodell gelegt. Als Ergebnis verzeichnet man eine Ordnung der Merkmale je nach Stärke ihrer Trennkraft, gemessen am Informationswert oder dem Evidenzgewicht (Weight of Evidence, WoE), zwei relevanten Scoringkriterien.

In der Tabelle 5-3 lässt sich veranschaulichen, dass mit der Dauer der Kundenbeziehung die Schlechtquote (Spalte „Quote") stetig abnimmt.

Erst nach diesem Schritt empfiehlt sich der Wechsel in der Scorekartenentwicklung zum SAS Tool Enterprise Miner. Dieser führt durch die einzelnen Entwicklungsschritte einer Scorekarte. Ergebnis der vorangegangenen Analysen ist eine Scoring-Stichprobe mit definiertem Zielkriterium, eingeteilt in abgelehnte und angenommene Bestellungen sowie einer Vielzahl möglicher erklärender Variablen. Diese Stichprobe fließt in den Credit-Scoring-Knoten des Enterprise Miners zur eigentlichen Scorekartenentwicklung ein.

Tabelle 5-3: Charakteristische Analyse der Kundenbeziehung in Tagen

Dauer der Kundenbeziehung in Tagen - Charakteristische Analyse						
	Gut	% Gut	Schlecht	% Schlecht	Quote	WoE
30 bis 60 Tage	1494	40,08%	123	64,06%	7,61%	-0,4691
60 bis 120 Tage	909	24,38%	30	15,63%	3,19%	0,4450
120 bis 360 Tage	798	21,41%	24	12,50%	2,92%	0,5379
über 360 Tage	527	14,14%	15	7,81%	2,77%	0,5930
Summe	3728		192			

Modellierung der Scorekarte mit dem Credit-Scoring-Knoten des SAS Enterprise Miner 5.2

Der erste Schritt im Enterprise Miner gilt dem Einlesen des Scoring Datensatzes. Idealerweise speichert der Analyst die angenommenen und abgelehnten Beobachtungen in separaten Datensätzen ab, werden diese beiden Gruppen im Rahmen der Scorekartenentwicklung ohnehin separat analysiert. SAS Enterprise Miner 5.2 erleichtert diesen Schritt durch geführtes Einlesen des Scoring Datensatzes mit Hilfe des Data Source Wizard. Sämtlichen Variablen werden Rollen zugewiesen, d.h. stellen diese Input in das Scoring Modell dar, handelt es sich um die Zielvariable oder soll die Variable keine Berücksichtigung finden. In ein Scoringmodell können sowohl intervallskalierte Merkmale wie Bestellwert oder Dauer der Kundenbeziehung als auch nominale Merkmale wie Telefonangaben und Postleitzahlengebiete einfließen. Wichtig in diesem Einleseschritt ist, dass die Zielvariable binär sein muss. Hier zeigt die folgende Abbildung 5-2 einen Ausschnitt des Einleseprozesses der Stichprobe mit sämtlichen angenommenen Erstbestellungen innerhalb eines Jahres. Nach erfolgreichem Einlesen kann direkt mit dem Aufbau der Scorekartenentwicklung begonnen werden.

Abbildung 5-2: SAS Data Source Wizard: Datensatz-Informationen

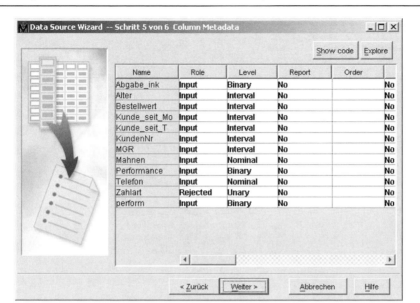

Im zweiten Schritt bietet der Enterprise Miner einen interaktiven Gruppierungsknoten für alle Variablen, die möglicherweise in das Scoringmodell einfließen, an. In diesem Schritt müssen sämtliche Merkmale, die das Zielkriterium erklären sollen, geeignet gruppiert werden. Steigt beispielsweise mit steigendem Bestellwert die Schlechtquote im Internet, sollte die Gruppierung entsprechend gewählt werden, um die Monotonie widerzuspiegeln. Analog muss hinsichtlich des Trennverhaltens der Kundendauer eine geeignete Segmentierung der Variablen gefunden werden. Auch die interaktive Gruppierung dient der Vorbereitung der eigentlichen Scorekartenentwicklung. Eine geeignete Gruppierung für alle möglichen erklärenden Variablen nimmt dabei sehr viel Zeit in Anspruch. Gegebenenfalls muss nach einer ersten Modellierung die Gruppierung nochmals angepasst werden. Dieser Schritt entspricht im Großen und Ganzen der bereits vorgestellten charakteristischen Analyse aller möglichen scoring-relevanten Merkmale. Innerhalb des Knotens besteht die Möglichkeit, externe Gruppierungen zu importieren. Da für dieses Beispiel bereits eine charakteristische Analyse außerhalb des Enterprise Miner 5.2 stattfand, wird hier auf diese Funktionalität zurückgegriffen. Die Ergebnisse der charakteristischen Analyse, die Gruppierung der Merkmale hinsichtlich des Zielkriteriums, werden in den Enterprise Miner importiert. Damit beschränkt sich die Nutzung des interaktiven Gruppierungsknotens auf eine grafische Veranschaulichung der Gruppierungsergebnisse im Hinblick auf das interessierende Ereignis, den Zahlungsausfall (Abbildung 5-3).

Alexandra Rambold

Abbildung 5-3: Outputfenster der interaktiven Gruppierung

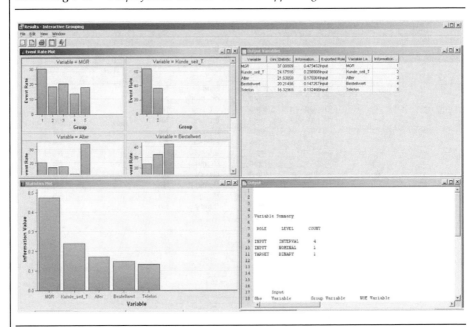

In den SAS Outputfenstern werden sowohl Grafiken als auch Statistiken zur Unterstützung bei der Gruppierung angeboten. SAS stellt hier als Entscheidungskriterien Gini-Statistiken sowie den Informationswert zur Verfügung. Je höher diese Werte ausfallen, umso größer ist der Beitrag einer Variablen zur Trennung zwischen guten und schlechten Bestellungen. Eine Grafik visualisiert diese Ergebnisse, indem die Input-Variablen hinsichtlich ihres Zielbeitrags, gemessen am Informationswert sortiert werden.

Ist durch die interaktive Gruppierung der Input in die Scorekartenmodellierung vorbereitet, kann es mit der Bekannt-Gut-Schlecht Scorekartenmodellierung weitergehen. Dieser Modellierungsschritt arbeitet mit den angenommenen Fällen, die auf Basis ihres Zahlungsverhaltens in gute bzw. schlechte Kunden segmentiert wurden. Nur für die angenommenen Erstbestellungen standen die ausführlichen Informationen zur Definition des Zielkriteriums zur Verfügung.

Innerhalb des Scoring-Knotens stellt SAS zahlreiche Optionen wie die Auswahl der Analysestatistiken für die Trennschärfe – hier das Evidenzgewicht, WoE – sowie Skalierungseinstellungen zur Verfügung. Das Chancenverhältnis, die maximal zu vergebende Anzahl an Scoringpunkten, die Anzahl der Punkte zur Verdopplung des Chancenverhältnisses und vieles mehr werden ebenfalls in diesem Schritt festgelegt. Grundsätzlich bietet der SAS Enterprise Miner 5.2 hier höchste Flexibilität zur Modellierung von individuellen Scoringansätzen. Für jede Scorekarte lassen sich individuelle

Werte erfassen. Die Eingabe der Modellierungsoptionen ist dabei keineswegs trivial, nur mit fortgeschrittenem Analyse- und Modellierungs-Know-how lassen sich die entsprechenden Einstellungen vornehmen.

Für dieses Beispiel wurden – unter anderem – 20 Punkte zur Verdopplung des Chancenverhältnisses Gut/Schlecht angesetzt, die maximal zu erreichende Scoringpunktzahl soll 200 betragen (vgl. Abbildung 5-4).

Abbildung 5-4: Eigenschaften des Scoring-Knotens

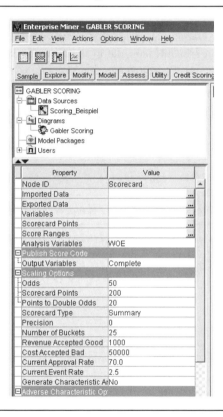

Ablehnungsinferenz

Im ersten Modellierungsschritt der bekannt guten und schlechten Kunden wird die Realität nicht abgebildet, besteht doch die Menge aller Erstanträge aus angenommenen und abgelehnten Fällen. Deshalb müssen auch die abgelehnten Bestellanträge in die Modellierung einfließen, um beim Live-Einsatz des Scorings den Antragsprozess so realistisch wie möglich abbilden zu können. Mangels verfügbarer Informationen zum Zahlungsverhalten der abgelehnten Antragssteller wird jetzt mithilfe der Gut-Schlecht-Modellierung versucht, eine Antwort auf die Frage zu finden, mit welcher Wahrscheinlichkeit die abgelehnten Fälle als gut oder schlecht auf Basis der bekannten Zahlungsinformationen kategorisiert werden können. Mit anderen Worten: welche Ausfall- oder Zahlungswahrscheinlichkeit weisen die abgelehnten Fälle auf. Diese Wahrscheinlichkeit wird mithilfe der Ablehnungsinferenz modelliert.

SAS bietet auch hier wieder eine Vielzahl von Ansätzen für die Ablehnungsinferenz an. Im vorliegenden Beispiel findet die Fuzzy-Methode Anwendung, die den abgelehnten Fällen jeweils eine Wahrscheinlichkeit, gut bzw. schlecht zu sein, zuweist. Die abgelehnten und angenommenen Fälle werden kombiniert. Bei dieser Kombination wird zum einen gemäß der Annahmerate adjustiert, des Weiteren erfolgt eine zweite Gewichtung gemäß dem Verhältnis von angenommen zu inferentiellen Fällen. Daraus leitet sich dann die Wahrscheinlichkeit dafür ab, dass ein abgelehnter Bestellantrag durchaus seinen Zahlungsverpflichtungen nachgekommen wäre oder auch nicht.

Im Enterprise Miner 5.2 wird dazu ein separater Datensatz mit den abgelehnten Fällen eingelesen (Abbildung 5-5). Wichtig ist, dass diesem Datensatz die Rolle „Score" zugewiesen wird. SAS „weiß" dadurch, dass die abgelehnten Fälle mit der ersten Scorekarte, der bekannt Gut-Schlecht-Scorekarte, auf Basis der angenommenen Fälle bewertet werden sollen.

Abbildung 5-5: SAS Data Source Wizard: Einlesen der abgelehnten Fälle

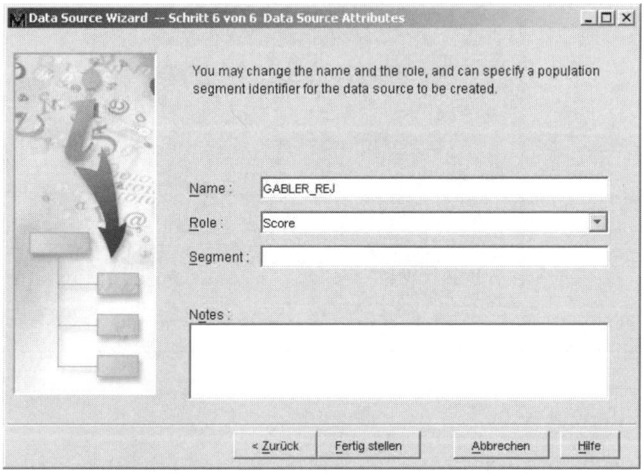

Innerhalb des Ablehnungsinferenz-Knotens lassen sich die Einstellungen äußerst flexibel steuern. Wichtig ist, die Inferenzmethode festzulegen sowie – falls bekannt – die

Ablehnungsquote anzugeben, ansonsten verwendet SAS eine voreingestellte Ablehnungsquote von 30%. Des Weiteren lassen sich hier noch minimaler und maximaler Score und die Anzahl der Scoreklassen für die spätere Analyse definieren. Abbildung 5-6 zeigt einen Ausschnitt der Einstellungen für den Ablehnungsinferenz-Knoten.

Abbildung 5-6: Eigenschaften der Ablehnungsinferenz

Property	Value
Node ID	RejInf
Imported Data	
Exported Data	
Variables	
General	
Inference Method	Fuzzy
Rejection Rate	0.07
Hard Cutoff	
Cutoff Score	200
Parceling	
Score Range Method	Accepts
Min Score	0
Max Score	250
Score Buckets	25
Event Rate Increase	1.0
Status	

Ist die Ablehnungsinferenz erfolgreich durchlaufen, wiederholen sich die beiden Schritte „Interaktive Gruppierung" und „Scorekartenmodellierung" für den kompletten Datensatz, der aus angenommenen und abgelehnten Fällen besteht.

Über das Prozessflussfenster lassen sich die einzelnen Schritte in SAS sehr anschaulich darstellen (Abbildung 5-7).

Abbildung 5-7: Ausschnitt aus dem Prozessflussfenster des Enterprise Miners

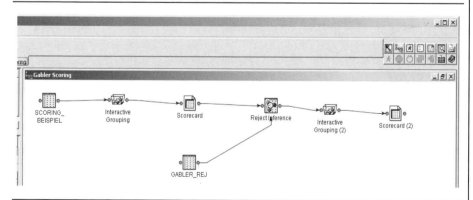

Bis die finale Scorekarte vorliegt, werden die 2. interaktive Gruppierung und der 2. Modellierungsschritt mehrfach durchlaufen.

Das Ergebnis der finalen Scorekartenmodellierung muss selbstverständlich kritisch untersucht werden. SAS stellt dazu eine Vielzahl von Grafiken und Statistiken zur Verfügung. Fragen wie Trennschärfe, Eignung der Stufen der Scoringmerkmale etc. müssen in diesem Analyseschritt kompetent beantwortet werden.

Das Outputfenster des Scoringmodells (Abbildung 5-8) besteht aus mehreren Komponenten grafischer und statistischer Art, welche die Beantwortung der oben aufgeführten Fragen ermöglichen.

Abbildung 5-8: Outputfenster des Scoringmodells

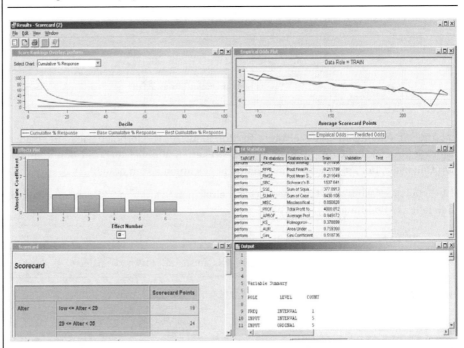

Insbesondere die Anpassungsstatistiken helfen bei der Analyse der Eignung einer Scorekarte sowie beim Vergleich zwischen 2 Scorekarten, die – je nach Auswahl der erklärenden Variablen – möglicherweise Unterschiede in der Trennschärfe aufweisen. Ein Markenzeichen der SAS Software ist dabei die ausführliche Berechnung zahlreicher verfügbarer Anpassungsstatistiken.

Trotz vielzähliger Anpassungsstatistiken kann es insbesondere für erste Vergleiche vollkommen ausreichen, sich auf die Analyse der Variablen _AUR_, der Fläche unter der ROC–Kurve, zu beschränken. Je weiter sich diese Statistik von 0,5 entfernt, umso trennschärfer ist die berechnete Scorekarte, unter der Voraussetzung, dass die Input-Variablen auch in Zukunft zur Verfügung stehen, die Scorepunkte Sinn machen etc. Der fachliche Aufwand, der trotz dieser Software-Unterstützung anfällt, lässt sich nicht umfassend darstellen. Statistisches Fachwissen mit der entsprechenden Portion Erfahrung ist hier ebenso gefragt wie Markt- und Branchen-Know-how.

Abbildung 5-9: Ergebnisse der Anpassungsstatistiken

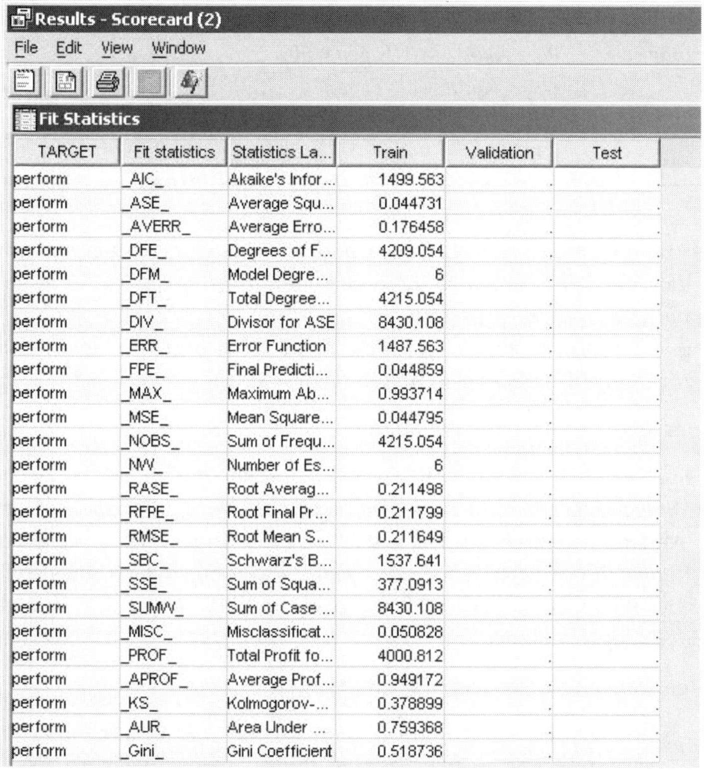

TARGET	Fit statistics	Statistics La...	Train	Validation	Test
perform	_AIC_	Akaike's Infor...	1499.563		
perform	_ASE_	Average Squ...	0.044731		
perform	_AVERR_	Average Erro...	0.176458		
perform	_DFE_	Degrees of F...	4209.054		
perform	_DFM_	Model Degre...	6		
perform	_DFT_	Total Degree...	4215.054		
perform	_DIV_	Divisor for ASE	8430.108		
perform	_ERR_	Error Function	1487.563		
perform	_FPE_	Final Predicti...	0.044859		
perform	_MAX_	Maximum Ab...	0.993714		
perform	_MSE_	Mean Square...	0.044795		
perform	_NOBS_	Sum of Frequ...	4215.054		
perform	_NW_	Number of Es...	6		
perform	_RASE_	Root Averag...	0.211498		
perform	_RFPE_	Root Final Pr...	0.211799		
perform	_RMSE_	Root Mean S...	0.211649		
perform	_SBC_	Schwarz's B...	1537.641		
perform	_SSE_	Sum of Squa...	377.0913		
perform	_SUMW_	Sum of Case ...	8430.108		
perform	_MISC_	Misclassificat...	0.050828		
perform	_PROF_	Total Profit fo...	4000.812		
perform	_APROF_	Average Prof...	0.949172		
perform	_KS_	Kolmogorov-...	0.378899		
perform	_AUR_	Area Under ...	0.759368		
perform	_Gini_	Gini Coefficient	0.518736		

Auch die finale Scorekarte und deren Punkteverteilung auf die einzelnen Variablen ist Bestandteil des Ergebnisfensters. Jeder Ausprägung der jeweiligen Scoringvariablen wird ein entsprechender Punktewert zugeordnet. Hier sind erfahrene Analysten gefragt, die sich die Spannweite der Punkteverteilung pro Variable anschauen, die Punkteverteilung auf Konsistenz checken etc. Im Folgenden werden beispielhaft die Ergebnisse für die Scoringvariablen Bestellwert und Dauer der Kundenbeziehung in Tagen gezeigt, die mit weiteren Variablen Bestandteil der finalen Scorekarte sind (Tabelle 5-4).

Tabelle 5-4:   *Variablen des Scoringmodells*

Bestellwert	0 <= Bestellwert < 120 EUR	50
	120 EUR <= Bestellwert < 220 EUR	32
	220 EUR <= Bestellwert	23
Kunde seit	0 <= Kunde seit Tagen < 60	24
	60 <= Kunde seit Tagen	46

Stehen die trennscharfen Input-Variablen und deren Ausprägungen erst einmal fest, muss die Validität der Scorekarte für den Live-Einsatz unter die Lupe genommen werden. Innerhalb des Enterprise Miners 5.2 lässt sich der Scorekartenknoten mit einer Validierungsstichprobe nochmals durchlaufen. Zusätzlich gibt es noch weitere Möglichkeiten zur Überprüfung der Validität und Reliabilität einer Scorekarte.

Validierungschecks durch Stabilitätsreports

Mit Hilfe einer möglichst zeitaktuellen Validierungsstichprobe, deren Beobachtungen nicht in die Scorekartenentwicklung eingeflossen sind, wird das Entwicklungsergebnis überprüft. Anhand zahlreicher Checks, wie z. B. ein Vergleich der Scoreverteilungen sowie ein Vergleich der Verteilungen der Scoring Merkmale kann abgeleitet werden, ob die entwickelten Scorekarten zukünftig mit großer Wahrscheinlichkeit stabile und verlässliche Aussagen zulassen.

Schlussfolgerungen und Strategie-Empfehlungen

Im letzten Schritt treffen analytische Ergebnisse mit den unternehmerischen Zielsetzungen und Ansprüchen an das Scoringmodell aufeinander. Die Ableitung von Strategie-Empfehlungen erfolgt i.d.R. auf Basis von Deckungsbeitragsrechnungen. Ziele wie die Senkung der Ausfallquote bzw. die Ausweitung der Akzeptanzquote von Neukunden lassen sich nur mit den entsprechenden Auswirkungen auf den Deckungsbeitrag erfolgreich realisieren. Zusätzlich muss eine ergänzende Absicherung der Strategie durch Auskunftei-Anfragen geklärt werden. Grob skizziert kommen meistens mehrstufige Strategien zum Einsatz. Hier könnte sich die Geschäftsführung des fiktiven Versandhauses für folgende Internetstrategie entscheiden: Untere Scorebänder mit hohem Ausfallrisiko werden auf die Zahlungsart „Vorkasse" gesetzt. Im mittleren Scorebereich werden grundsätzlich die Zahlungsarten „Vorkasse" und „Kreditkarte" angeboten. Ein Kauf auf Rechnung ist nur dann möglich, wenn eine zusätzlich ausgelöste Auskunftei-Anfrage zu einem positiven Ergebnis führt. Die oberen Scorebänder werden generell für den Kauf auf Rechnung freigegeben. So kann die Scorekarte mit ihrer entsprechenden Strategie implementiert werden.

Monitoring

Mit der Implementierung einer Scorekarte ist das Risikomanagement Projekt keineswegs abgeschlossen. Es handelt sich um ein live geschaltetes System, das permanent überprüft und gegebenenfalls weiter entwickelt werden muss. Die Haltbarkeit von solchen Modellen liegt durchschnittlich bei 2 bis 3 Jahren. Die Stabilität des Scores und seiner Merkmale muss in diesem Zeitraum regelmäßig überwacht werden. Neue unbekannte Kundensegmente können den Scorewert genauso beeinflussen wie eine Verschiebung innerhalb der Merkmale. Ein Beispiel stellt der Gebrauch von Mobiltelefonen dar. Früher als unseriös gebrandmarkt, verfügt heute fast jeder Haushalt über mindestens einen Mobilfunkanschluss. Eine verlässliche Analyse – und Entwicklungssoftware wie SAS – ist auch in diesem Stadium ein absolutes Muss, gerade wenn eine zeitnahe Aktualisierung der Scorekarten ansteht.

Matthias Meyer

Vorbereitung eines Churn-Warnsystems bei einer Direktbank
Churn-Definitionen, -Hypothesen und -Analysen

1	Hintergrund	239
2	Herangehensweise	240
	2.1 Zielsetzung	240
	2.2 Churn-Definitionen	241
	2.3 Prognosezeiträume	241
	2.4 Abgrenzung zwischen Churn-Definitionen, -Hypothesen und -Prädiktoren	242
	2.5 Churn-Hypothesen	243
3	Datenanalyse	244
	3.1 Vorgehen	244
	3.2 Datenbeschaffung	244
	3.3 Datenaufbereitung	245
	3.3.1 Zeitliche Aggregation	245
	3.3.2 Aggregation auf Personenebene	246
	3.3.3 Berechnung abgeleiteter Kennzahlen	246
	3.4 Datenauswertung und ausgewählte Ergebnisse	247
	3.4.1 Überprüfung der Hypothesen	247
	3.4.2 Entscheidungsbaumverfahren	249
	3.5 Aspekte für die Umsetzung	251
4	Abschließende Anmerkungen	252

1 Hintergrund

Im Dienstleistungsbereich bestehen zwischen Kunde und Dienstleister unterschiedliche Geschäftsbeziehungsformen, die sich bezüglich der Vertragsform, der Leistungsentgelte, der zeitlichen Bindung und des Vertragsendes unterscheiden. Eine typische Geschäftsbeziehung im Direktbankbereich besteht aus einem Onlinedepot in Kombination mit einem Geldkonto. Eine derartige Geschäftsbeziehung ist in der Regel zeitlich unlimitiert, endet also nicht mit Ablauf einer bestimmten Frist. In Kombination mit zeitlich befristeten Produkten, wie z. B. Festgeldanlagen oder Kreditprodukten, gibt es aber durchaus Elemente in der Kundenbeziehung mit einer absehbaren Bindungsfrist. Bei dem hier betrachteten Unternehmen wird die Nutzung eines Depots in Kombination mit anderen Produkten unter einer sog. Kontogruppe zusammengefasst; ein Kunde muss dabei mindestens einer Kontogruppe zugeordnet sein (unter Berücksichtigung der Rolle, die er dabei einnimmt, z.B. als Inhaber oder Bevollmächtigter).

Im Allgemeinen kann die Geschäftsbeziehung entweder durch die Direktbank (z. B. bei wiederholten Verzögerungen bei der Rückzahlung eines Kredits) oder durch den Kunden beendet werden. Der Beitrag fokussiert ausschließlich die kundenseitige Beendigung der Geschäftsbeziehung, wobei sich die Betrachtung auf den Privatkundenbereich beschränkt.

Bedingt durch kostenfreie Depotführung gibt es bei dem betrachteten Unternehmen durchaus Kunden, die formal zwar noch in einer vertraglichen Geschäftsbeziehung zu dem Unternehmen stehen, jedoch kaum oder kein Anlagevolumen haben und/oder kaum oder keine Transaktionen mehr durchführen. Diese Kunden haben somit trotz formalem Fortbestehen der Beziehung innerlich gekündigt und werden als „Churner" bezeichnet (churn = change and turn).

Es gilt folgende Unterscheidung:

- **Kündigung**: Beendigung der vertraglichen Beziehungen, indem die letzte Kontogruppe geschlossen wird, bei der der Kunde eine definierte Rolle einnimmt (siehe Kapitel 3.3.2).

- **Churn**: Ein Kunde stellt sein Engagement ein bzw. wendet sich von dem Unternehmen ab. Dies kann, muss aber nicht, einhergehen mit der Kündigung. Churn ist somit der weiter gefasste Begriff und deckt Kündigung mit ab.

Im Weiteren wird die Vorbereitung eines Systems beschrieben, welches ermöglichen soll, mittels Informationen zum Kundenprofil (z. B. Höhe des Depot- und Kontovolumens, Festgeldanleger etc.) und zum Kundenverhalten (Veränderung des Depot- und Kontovolumens, Durchführung von Transaktionen, Kampagnenresponses, Beschwerden, Abschluss von weiteren Produkten etc.) Vorhersagen über die Churn-Gefährdung von Kunden zu machen.

Matthias Meyer

2 Herangehensweise

2.1 Zielsetzung

Ziel ist es, Regeln zu ermitteln und nach Möglichkeit statistisch zu validieren, die Churn-Prognosen auf Einzelkundenebene ermöglichen. Dabei wird zwischen Ad hoc-Prognosen und mittelfristigen Prognosen unterschieden:

- **Ad hoc-Prognosen**: Auf Basis fachlich definierter Ereignisse wird eine unmittelbar vorhandene oder anstehende Churn-Gefährdung abgeleitet; eine statistische Validierung derartiger Regeln erfolgt nicht. Beispiel: Anforderung von Depotlöschungsunterlagen.

- **Mittelfristige Prognosen**: Ausgehend von fachlich aufgestellten Hypothesen in Kombination mit datengetriebenen Analysen werden Indikatoren abgeleitet, die zum Zeitpunkt t eine Prognose der Churn-Gefährdung für einen definierten Folgezeitraum unterstützen.

Der Anspruch eines Prognosemodells ist es in erster Linie, den Eintritt eines Churn-Ereignisses bestmöglich vorherzusagen und geeignete Indikatoren zu ermitteln. Erst in zweiter Linie geht es darum, kausale Ursachen zu ermitteln; beispielsweise mag ein verändertes Beschwerdeverhalten ein geeigneter Indikator für den Churn-Eintritt sein; warum Personen sich beschweren und inwieweit dies ursächlich für Churn ist, wird damit aber nicht herausgefunden. Somit lassen sich mit Hilfe eines Prognosemodells auch nur bedingt konkrete Maßnahmen ableiten. Auch die Bewertung des Effekts von Maßnahmen, um ein Churn-Ereignis zu vermeiden, gelingt nicht mit Hilfe eines Prognosemodells.

Ein weiterer Aspekt für die Zielsetzung ist die Festlegung, für welche Kunden(gruppen) ein Churn-Ereignis überhaupt prognostiziert werden soll bzw. kann. Typischerweise werden aus fachlichen und methodischen Gründen bestimmte Kundengruppen nicht in die Modellbildung und -anwendung einbezogen:

- Neukunden, d. h. Kunden mit einer Vertragsbeziehung von bis zu drei Monaten,

- Kunden, die bereits gekündigt haben (i. e. S. sind dies keine Kunden mehr) und/oder inaktive Kunden.

Darüber hinaus kann es weitere Kunden(gruppen) geben, die nicht in die Modellierung einbezogen werden.

2.2 Churn-Definitionen

Churn bezeichnet im Weiteren sinngemäß die explizite und implizite Kundenabwanderung. Neben der Kündigung sämtlicher Vertragsverhältnisse (explizite Abwanderung, **„harte" Churn-Definition**) sollen verschiedene Formen der impliziten Kundenabwanderung (**„weiche" Churn-Definition**) berücksichtigt werden, bei denen formal zwar eine Geschäftsbeziehung besteht, faktisch der Kunde aber abgewandert ist, indem er z. B. seine Papiere (Aktien, Fonds etc.) zu einem Wettbewerber überträgt und seine Depottransaktionen einstellt (siehe dazu Kapitel 1). Weiche Churn-Definitionen konzentrieren sich demnach auf das Kundenverhalten. Ein Beispiel ist die deutliche Reduzierung der aktiven Depotnutzung innerhalb eines definierten Zeitraums.

Für die konkrete Umsetzung, d. h. die Feststellung, ob bei einem Kunden ein solches Churn-Ereignis zutrifft, müssen eine Reihe von Bedingungen spezifiziert werden, wie z. B.:

- **Zeitraum**, in dem eine deutliche Veränderung festgestellt werden soll, wobei je nach Kundentyp unterschiedliche Werte angesetzt werden können;
- **Höhe der Veränderung** („deutlich"), wobei je nach Kundentyp unterschiedliche Werte angesetzt werden sollten;
- Festlegung, woran die **aktive Depotnutzung** festgemacht wird.

2.3 Prognosezeiträume

Unter dem Prognosezeitraum wird der Zeitraum verstanden, auf den sich die Prognose bezieht.

Speziell für die mittelfristige Vorhersage (siehe Kapitel 2.1) wurden drei Zeiträume unterschieden (siehe Abbildung 2-1):

- **2-Monats-Vorhersage**: Prognose des Eintritts des Churn-Ereignisses innerhalb der nächsten zwei Monate ab Betrachtungszeitpunkt (Stichtag).
- **3-Monats-Vorhersage**: Prognose des Eintritts des Churn-Ereignisses innerhalb des dritten Monats ab Betrachtungszeitpunkt (Stichtag).
- **4-Monats-Vorhersage**: Prognose des Eintritts des Churn-Ereignisses innerhalb des vierten Monats ab Betrachtungszeitpunkt (Stichtag).

Abbildung 2-1: Prognosezeiträume

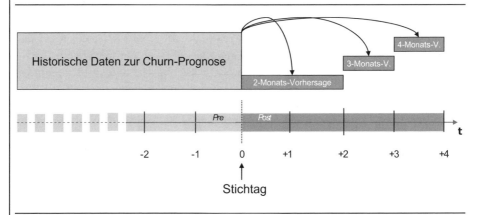

Für jeden der Prognosezeiträume wurden fachlich definierte Hypothesen (siehe Kapitel 2.5) auf Basis von Datenabzügen mit Hilfe statistischer Methoden überprüft (im Weiteren wird ausschließlich der 2-Monats-Zeitraum betrachtet).

Die darüber hinaus fachlich definierten Churn-Ereignisse, die mit Eintritt des Ereignisses umgehend Aktivitäten auslösen sollen (Ad hoc-Vorhersagen, siehe Kapitel 2.1), wurden dagegen nicht ausgewertet und entsprechend nicht statistisch abgesichert.

2.4 Abgrenzung zwischen Churn-Definitionen, -Hypothesen und -Prädiktoren

Grundsätzlich muss zwischen Churn-Definitionen, -Hypothesen und -Prädiktoren unterschieden werden:

- **Churn-Definitionen** beschreiben aus fachlicher Sicht den Eintritt des jeweils definierten Churn-Ereignisses. Beispiel: Kunde reduziert seine aktive Depotnutzung in erheblichem Maße und gilt damit als Churner gemäß Definition.

- **Churn-Hypothesen** beinhalten fachlich begründete Sachverhalte, die darauf hindeuten, dass innerhalb eines definierten Zeitraums (Prognosezeitraum) eines der definierten Churn-Ereignisse mit hoher Wahrscheinlichkeit (d. h. nicht mehr zufällig) eintreten wird. Beispiel: Bei einem Kunden mit stark verändertem Responseverhalten kann von einer erhöhten Churn-Wahrscheinlichkeit ausgegangen werden.

- **Churn-Prädiktoren** sind vorhandene oder abgeleitete Attribute, die für die Prognose eines Churn-Ereignisses verwendet werden; Churn-Prädiktoren repräsentieren konkret die in den Hypothesen beschriebenen Sachverhalte. Beispiel: Indikator =1, falls bei einem Kunden ein deutlich verändertes Beschwerdeverhalten festgestellt wird.

Die Unterscheidung ist speziell bei Ad hoc-Vorhersagen nur bedingt möglich, da Churn-Definition, -Prädiktor und -Hypothese ineinander übergehen. Z. B. wäre das telefonische Erfragen eines Kündigungsformulars gleichzeitig Definition und Prädiktor, d. h. mit dem Erfragen wird davon ausgegangen, dass der betreffende Kunde innerlich bereits gekündigt hat (=Churn-Definition), gleichzeitig handelt es sich um ein klares Signal für eine anstehende formale Kündigung (Churn-Prädiktor).

2.5 Churn-Hypothesen

Generell wurde in mehreren fachseitigen Workshops eine Vielzahl an Hypothesen diskutiert, qualifiziert und kategorisiert. Letztlich wurden folgende Kategorien unterschieden:

- Stammdatenänderung, z. B. Erreichen einer bestimmten Altersgrenze,
- Kundenbeziehung, z. B. Dauer der Kundenbeziehung,
- Beschwerdeverhalten, z. B. absolute oder veränderte Anzahl Beschwerden in einem definierten Zeitraum,
- Kontaktverhalten, z. B. Ablehnung von Direktkontakten,
- Responseverhalten, z. B. abnehmende Responsebereitschaft gegenüber einem Vergleichszeitraum,
- Produktnutzung, z. B. Reduktion des Produktbestands, Nutzung weiterer Produkte,
- Tradingverhalten, z. B. Veränderung des aktiven Kaufs und Verkaufs von Produkten,
- Portalnutzung, z. B. reduzierte oder eingestellte Nutzung des Online-Portals,
- Externe Faktoren, z. B. Wettbewerbsangebote.

Jede Kategorie umfasst mehrere Hypothesen, die in Workshops schrittweise formuliert und verfeinert wurden. Insbesondere für die Operationalisierung und letztlich für die statistische Überprüfung sind eindeutige und quasi programmierbare Formulierungen zwingend erforderlich.

3 Datenanalyse

3.1 Vorgehen

Die Datenanalyse lässt sich grob in folgende Schritte unterteilen:

1. **Datenbeschaffung**: Abzug definierter Daten aus verschiedenen Datenhaltungssystemen (hier: Siebel und Oracle DWH)
2. **Datenaufbereitung**:
   - Datenvorverarbeitung
   - Aggregation auf Ebene Person
   - Berechnung abgeleiteter Kennzahlen
   - Berechnung der definierten Churn-Indikatoren
   - Berechnung abgeleiteter Kennzahlen und Indikatoren auf Basis der Hypothesen
3. **Datenauswertung**:
   - Überprüfung der Hypothesen
   - Stichprobenkonstruktion und Erstellung Prognosemodelle.

Ein Teil der Datenaufbereitung (Kennzahlenberechnung, Churn-Indikatoren, abgeleitete Kennzahlen) und die statistische Datenanalyse wurden mit SPSS 17.0 durchgeführt. Für die Datenbeschaffung und -aufbereitung (Datenvorverarbeitung und -aggregation) wurde in erster Linie SQL verwendet.

3.2 Datenbeschaffung

Aus den Hypothesen ergab sich direkt ein konkreter Datenbedarf. Im hier betrachteten Anwendungsfall wurden personenbezogene Daten (Beschwerden, Kundenkontakte etc.) in einem Siebel-System gespeichert. Transaktionsdaten, Konto- und Depotsalden sowie Kreditkartendaten wurden dagegen in einem Oracle DWH gehalten.

Eine wesentliche Voraussetzung für die Erstellung eines Prognosemodells ist die Verwendung historischer Daten, um im Nachgang das Eintreten des relevanten Prognoseereignisses (hier: Churn) festzustellen. Zudem sollten nach Möglichkeit mehrere historische Datenstände in die Betrachtung aufgenommen werden:

- In einem definierten Zeitraum in der jüngsten Vergangenheit ist die Anzahl eingetretener Churn-Ereignisse unter Umständen zu gering, um multivariate Prognosemodelle ermitteln und statistisch absichern zu können.

- Ziel ist die Ermittlung von Prognosemodellen, die generell gültig sein sollten, d. h. nicht speziell nur für einen (in der Vergangenheit liegenden) Zeitraum gelten.

Aus diesen Gründen wurden aus den Quellsystemen mehrere historische Datenstände abgezogen. Dabei ist zu beachten, inwieweit Personen über mehrere Zeitpunkte mehrfach in den Datenbestand aufgenommen werden sollen. Im vorliegenden Fall wurde unterstellt, dass das Churn-Verhalten von Personen zeitlich unabhängig ist, d. h. dass es zu jedem Datenstand ohne Beachtung des vorangehenden Churn-Verhaltens darum geht, ob eine Person als Churner oder Nicht-Churner gilt. Alternativ wäre eine Zufallsauswahl möglich gewesen, sodass Personen, für die Daten über mehrere Datenstände vorliegen, insgesamt nur einmal in den Analysedatenbestand aufgenommen werden.

Aus dem Bedarf an historischen Daten ergibt sich die typische Herausforderung, dass Daten nicht über beliebige zurückliegende Zeiträume und/oder in beliebiger zeitlicher Granularität gespeichert werden. In dem hier betrachteten Anwendungsfall wurde festgelegt, dass Daten insgesamt für einen Zeitraum von zwei Jahren verwendet werden sollten, wobei Saldeninformationen für eine begrenzte zurückliegende Zeit als Wochenultimowerte und weiter zurückreichend ausschließlich als Monatsultimowerte verfügbar waren. Transaktionsdaten waren dagegen für einen größeren zurückliegenden Zeitraum verfügbar, allerdings nur auf Transaktionsebene, sodass eine adäquate Aggregation erforderlich war (siehe dazu Kapitel 3.3.1).

3.3 Datenaufbereitung

3.3.1 Zeitliche Aggregation

Üblicherweise werden Transaktionen zeitpunktgenau mit einem Transaktionsschlüssel gespeichert. Für die Churn-Prognose ist dieses Format ungeeignet. Daher bedarf es einer Aggregation mit einer definierten zeitlichen Granularität (z. B. Tag, Kalenderwoche oder Monat). Auf diese Weise lässt sich eine Historie aufbauen, beispielsweise die monatlichen Depotsalden über einen definierten Zeitraum. Anschließend können diese Informationen gemäß der Beschreibung im folgenden Kapitel auf Personenebene aggregiert und für die Berechnung geeigneter Kennzahlen verwendet werden.

3.3.2 Aggregation auf Personenebene

Aus fachlicher Sicht ist abzuwägen, inwieweit ein Churn-Ereignis einem Vertragsverhältnis oder einer Person zuzurechnen ist. Daraus ergeben sich weitreichende Konsequenzen für die Datenaufbereitung und die Ergebnisinterpretation. Im vorliegenden Fall wurde festgelegt, sämtliche Betrachtungen auf Personenebene durchzuführen.

Dadurch, dass die Betrachtungen auf Personenebene erfolgen sollten, war die rollenabhängige Zurechnung von Informationen festzulegen, beispielsweise inwieweit Transaktionen, Salden etc. einem Mitinhaber oder einem Bevollmächtigten eines Depots zugerechnet werden sollen. Dieser Überlegung liegt die Annahme zugrunde, dass z. B. die Transaktionen nicht eindeutig einer der beteiligten Personen zugerechnet werden können bzw. sollen und somit jeder an einem Vertragsverhältnis beteiligten Person zuzuordnen sind.

3.3.3 Berechnung abgeleiteter Kennzahlen

Sowohl für die Feststellung, ob eines der definierten Churn-Ereignisse zutrifft, als auch für die Bereitstellung geeigneter Prädiktoren zur Überprüfung der Hypothesen bedarf es der Berechnung geeigneter Kennzahlen.

Die Kennzahlen dienen der Verdichtung von beschreibenden, zeitlich konstanten Informationen sowie von Verhältnis- und Veränderungsgrößen. Aus den Kennzahlen lassen sich darüber hinaus Indikatoren (0/1-Variablen) bilden, da diese sich für bestimmte Auswertungsmethoden eignen und sich gut interpretieren lassen.

Von zentraler Bedeutung bei der Kennzahlenberechnung ist die Sicherstellung des zeitlichen Bezugs zum Churn-Ereignis. Wird beispielsweise für eine Person für einen Zeitraum ab $t+1$ ein Churn-/Nicht-Churn-Ereignis festgestellt, dann müssen sich die entsprechenden Kennzahlen und Indikatoren auf die Zeit bis maximal einschließlich t beziehen.

Beispiele für Kennzahlen und Indikatoren (t repräsentiert einen Monatszeitraum):

- Absolut- und Verhältniskennzahlen (jeweils in t und zeitlich davor liegenden Monatszeiträumen)
    - Alter (in Jahren) in t
    - Anz. Beschwerden t
    - Anz. Kampagnenkontakte in t
    - Anz. Kampagnenresponses in t
    - Responsequote in t (=Anz. Kampagnenresponses in t / zurechenbare Anz. Kampagnenkontakte)
    - Kontosaldo in t
    - Depotsaldo in t
    - Anz. Kauftransaktionen Depot in t

- Beträge Kauftransaktionen Depot in t
- Anz. Verkaufstransaktionen Depot in t
- Beträge Verkaufstransaktionen Depot in t
- Betrag in Festgeldprodukten in t
- Anz. Tage bis zum Ablauf der letzten Festgeldanlage in t

▪ Veränderungskennzahlen (Beispiele)

- Veränderung Kontosaldo proz. von t-1 bis t
- Veränderung Depotsaldo proz. von t-1 bis t
- Veränderung Transaktionen proz. t-1 auf t
- Veränderung Transaktionen proz. im 3-Monats-Vergleich.

Darüber hinaus lassen sich komplexere Kennzahlen ableiten, beispielsweise ob, in welcher Richtung und in welchem Ausmaß sich das Verhältnis von Kauf- und Verkaufstransaktionen zwischen zwei Vergleichszeiträumen verändert hat.

Analog lassen sich die definierten fachlichen Churn-Definitionen abbilden (siehe dazu Kapitel 2.2). Jeder der entsprechenden Churn-Indikatoren stellt verschiedene Bedingungen, die erfüllt sein müssen, damit von einem Churn-Ereignis bzw. anderenfalls einem Nicht-Churn-Ereignis ausgegangen wird. Jede der Bedingungen wird dabei durch eigens berechnete Kennzahlen abgebildet.

3.4 Datenauswertung und ausgewählte Ergebnisse

3.4.1 Überprüfung der Hypothesen

Je nach Komplexität der Hypothesen kommen verschiedene statistische Prüfungen in Betracht. Bei nominal skalierten Merkmalen bietet sich eine Überprüfung mit Hilfe von Kreuztabellierungen in Kombination mit dem Chi-Quadrat-Test an.

Im hier betrachteten Anwendungsfall bestätigten sich dabei beispielsweise die nachfolgend beschriebenen Zusammenhänge (die Absolutzahlen sind vertraulich und werden daher nicht aufgeführt).

Generell trifft bei ca. 10% der betrachteten Personen innerhalb eines 2-Monats-Zeitraums eines der definierten Churn-Ereignisse zu. Bei Personen mit verändertem Beschwerdeverhalten im Monat vor dem 2-Monats-Zeitraum liegt der Anteil der Churner dagegen bei über 23,2% (siehe Tabelle 3-1). Allerdings ist dieser Personenkreis vergleichsweise klein.

Die Abweichung der beobachteten von der erwarteten Häufigkeit ist gemäß Chi-Quadrat-Test signifikant, sodass die entsprechende Hypothese nicht verworfen wurde.

Tabelle 3-1: Zusammenhang zwischen Beschwerdeverhaltensänderung und Churn-Ereignis

			Churn innerhalb der nächsten 2 Monate	
			nein	ja
Veränderung des Beschwerdeverhaltens im letzten Monat vor Churn/Nicht-Churn	nein	% innerhalb Zeile	90,0%	10,0%
		% innerhalb Spalte	99,7%	99,2%
	ja	% innerhalb Zeile	76,8%	23,2%
		% innerhalb Spalte	,3%	,8%

Analog konnten auch folgende Hypothesen bestätigt werden (siehe Tabelle 3-2):

- Bei Personen mit einer Reduktion der Produktnutzung im Depot im Monat vor dem 2-Monats-Zeitraum gegenüber dem Vormonat ist der Churn-Anteil höher.
- Bei Personen, die die Produktnutzung im Depot unter ein definiertes Limit reduzieren, ist der Churn-Anteil höher. Auch hier trifft die Aussage nur für einen kleinen Personenkreis zu.

Tabelle 3-2: Zusammenhang zwischen Reduktion der Produktnutzung und Churn-Ereignis

			Churn innerhalb der nächsten 2 Monate	
			nein	ja
Reduktion der Produktnutzung vom vorletzten auf den letzten Monat vor Churn/Nicht-Churn	nein	% innerhalb Zeile	91,7%	8,3%
		% innerhalb Spalte	89,4%	72,7%
	ja	% innerhalb Zeile	77,6%	22,4%
		% innerhalb Spalte	10,6%	27,3%
Reduktion der Produktnutzung vom vorletzten auf den letzten Monat vor Churn/Nicht-Churn unter ein definiertes Limit	nein	% innerhalb Zeile	90,1%	9,9%
		% innerhalb Spalte	99,6%	97,9%
	ja	% innerhalb Zeile	63,8%	36,2%
		% innerhalb Spalte	,4%	2,1%

In ähnlicher Weise, allerdings mit – gemäß Annahme – umgekehrter Wirkungsrichtung, ließen sich folgende Hypothesen bestätigen (siehe Tabelle 3-3):

- Bei Personen, die im Monat vor dem 2-Monats-Zeitraum Geld befristet angelegt haben, ist die Churn-Quote niedriger.

- Bei Personen, deren Geldanlagen erst nach dem Betrachtungsmonat fällig sind, ist die Churn-Quote niedriger.

Tabelle 3-3: Zusammenhang zwischen befristeter Geldanlage und Churn-Ereignis

			Churn innerhalb der nächsten 2 Monate	
			nein	ja
Befristete Geldanlage im letzten Monat vor Churn/Nicht-Churn	nein	% innerhalb Zeile	89,8%	10,2%
		% innerhalb Spalte	96,6%	97,7%
	ja	% innerhalb Zeile	93,1%	6,9%
		% innerhalb Spalte	3,4%	2,3%
Geldanlage mit Fälligkeit nach Betrachtungszeitraum im letzten Monat vor Churn/Nicht-Churn	nein	% innerhalb Zeile	89,9%	10,1%
		% innerhalb Spalte	99,0%	99,5%
	ja	% innerhalb Zeile	94,6%	5,4%
		% innerhalb Spalte	1,0%	,5%

3.4.2 Entscheidungsbaumverfahren

Die Hypothesenprüfung liefert Hinweise auf den Zusammenhang einzelner Variablen mit dem Churn-Ereignis. Für eine Churn-Prognose, die sich auf eine Kombination verschiedener Variablen stützt und die für möglichst viele Personen anwendbar ist, ist der Ansatz nur bedingt geeignet.

Die Churn-Prognose lässt sich als Klassifikationsaufgabe interpretieren, bei der Kunden bestmöglich der richtigen Klasse Churner/Nicht-Churner zugeordnet werden sollen. Entscheidend ist dabei die möglichst korrekte Zuordnung in die Klasse Churner.

In Kapitel 3.4.1 wurde angegeben, dass ca. 10% der Beobachtungen innerhalb der 2 Monate nach t mindestens eine der Churn-Definitionen (siehe Kapitel 2.2) erfüllen und somit als Churner angesehen werden. Würde man also ohne Hinzunahme weiterer Informationen eine Beobachtung zufällig auswählen, dann handelte es sich mit 10%iger Wahrscheinlichkeit um einen künftigen Churner.

Ziel ist es, durch Hinzunahme von Informationen (=Prädiktoren) die Prognosegüte zu erhöhen. Als Prädiktoren werden dabei durchweg Kennzahlen und Indikatoren verwendet, die sich auf die Zeit vor bis einschließlich t beziehen.

Als **Klassifikationsverfahren** kamen in diesem Anwendungsfall Entscheidungsbaumverfahren zum Einsatz (verwendete Methode: C&RT bzw. CART). Entscheidungsbaumverfahren generieren Klassifikationsregeln, indem per Aufteilung einer Datenmenge anhand geeigneter Attributeausprägungen Untermengen gebildet werden, die hinsichtlich der Zielgröße eine günstigere Verteilung (=höhere Trefferquote) haben. Die Klassifikationsregeln lassen sich relativ einfach „ablesen" und interpretieren sowie direkt in einer Datenbankumgebung implementieren (in der Regel als SQL-Code).

Entscheidungsbaumverfahren benötigen für den Aufbau eines Entscheidungsbaums (=Klassifikator) eine sog. Trainingsdatenmenge und zur Validierung der Klassifikationsgüte eine sog. Testmenge.

Für das Training des Entscheidungsbaums wurde eine Datenbasis mit 50/50-Verteilung bezüglich der Zielgröße generiert (50% Churner, 50% Nicht-Churner). Als Aufteilung zwischen Trainings- und Testmenge wurde ein Verhältnis von 60/40 gewählt.

Im vorliegenden Fall wurde ein Entscheidungsbaum mit mehr als 60 Klassifikationsregeln erzeugt. Die Klassifikationsgüte lässt sich Tabelle 3-4 entnehmen. Im Vergleich zu der künstlich erzeugten 50/50-Verteilung bezüglich der Zielgröße wird demnach ein recht hoher Anteil korrekt klassifiziert.

Tabelle 3-4: *Klassifikationsgüte (Absolutzahlen entsprechen nicht Realwerten)*

Beispiel	Beobachtet	Vorhergesagt		
		Nicht-Churner	Churner	Prozent korrekt
Training	Nicht-Churner	31.671	13.936	69,4%
	Churner	8.464	36.772	81,3%
	Gesamtprozentsatz	44,2%	55,8%	75,3%
Test	Nicht-Churner	20.712	9.410	68,8%
	Churner	5.775	24.573	81,0%
	Gesamtprozentsatz	43,8%	56,2%	74,9%

Aufbaumethode: CRT
Abhängige Variable: Churn innerhalb der nächsten 2 Monate

Ein wichtiger Schritt ist die Bestimmung der Regeln mit hohen sog. Lift-Werten, diese Regeln klassifizieren bezogen auf die Zielkategorie überdurchschnittlich hoch. Im hier beschriebenen Anwendungsfall traf dies auf 15 Regeln zu.

Beispiel für eine Klassifikationsregel (t, t-1, t-2 und t-3 bezeichnen Monatszeiträume):

Falls

- die prozentuale Veränderung der Anzahl Kauf-/Verkaufstransaktionen zwischen t-3 bis t-2 und t-1 bis t weniger als -66% beträgt UND
- die prozentuale Veränderung des Depotsaldos von t-1 auf t weniger als -25% beträgt UND
- die prozentuale Veränderung des Kontosaldos von t-1 auf t weniger als -13% beträgt,

dann wird der Kunde als Churner klassifiziert.

Bei dieser Regel liegt die Trefferquote (nach einer sog. Rekalibrierung auf die ursprüngliche Verteilung des Zielmerkmals) bei 39,2%, d. h. wenn eine Person die Bedingungen erfüllt, dann handelt es sich mit 39,2%iger Wahrscheinlichkeit um einen Churner. Durch die Hinzunahme dieser Bedingungen wird somit die zufällige Trefferquote von ca. 10% auf ca. 40% gesteigert.

Die so ermittelten Prognoseregeln können mit einigen Anpassungen in ein Churn-Prognosesystem integriert werden und liefern je Kunde, sofern er zum relevanten Kundenkreis zählt, eine Churn-Prognose und ggf. eine Churn-Wahrscheinlichkeit.

3.5 Aspekte für die Umsetzung

Auch wenn der Beitrag in erster Linie die Vorbereitung und erst in zweiter Linie die konkrete Realisierung eines Churn-Prognosesystems behandelt, sollen hier ein paar Umsetzungsaspekte angesprochen werden.

Nach Erstellung eines Berechnungsmodells ergeben sich eine Reihe fachlicher Anforderungen hinsichtlich der wiederholten Berechnung von Prognosewerten und des rückblickenden Vergleichs mit realen Werten:

- Die **Berechnungsfrequenz**, d. h. die Häufigkeit der Neuberechnung von Prognosewerten, sollte sich daran orientieren, wie oft und wie stark sich Eingangsgrößen ändern können.
- Bei der Festlegung des **Berechnungszeitpunkts**, z. B. innerhalb eines Monats oder Quartals, ist zu beachten, zu welchen Zeitpunkten in einem DWH Berechnungsläufe stattfinden und welche Aktualität einzelne Informationen haben.

- Für die **Vorhaltung berechneter Kennzahlen** sind Datenquellsysteme und das führende System festzulegen. Insbesondere für Kennzahlen, die zeitliche Veränderungen beschreiben, sind unter Umständen aufwändige Aggregationsschritte und temporäre sowie dauerhafte Speichermöglichkeiten erforderlich.

- Bezüglich der **Speicherung berechneter Werte** ist zu definieren, welche Größen gespeichert und historisiert werden sollen, welche Personen(kreise) Zugriff darauf erhalten und in welcher Form die Werte z. B. für Front-End-Systeme im Service-Bereich oder Back-End-Prozesse bereitgestellt werden.

- Für einen dauerhaften Betrieb bedarf es einer fachlichen Anforderung, inwieweit die **Überprüfbarkeit, Wartung und Adaptierbarkeit der Prognoseregeln** sichergestellt werden soll.

- Für das **Reporting** ist festzulegen, ob neben prognostizierten Ereignissen auch rückblickend der Ereigniseintritt ermittelt werden soll, um letztlich die Prognosegüte zu ermitteln (siehe dazu den nachfolgenden Aspekt).

- Bei der **Erfolgsmessung** von Churn-Präventionsmaßnahmen ist zu beachten, dass eine gesunkene Churn-Wahrscheinlichkeit nicht gleichbedeutend mit einem Erfolg ist, da auch bei einem faktischen Churner die Wahrscheinlichkeit gegen Null geht. Daher muss der Erfolg an Größen festgemacht werden, die das Gegenereignis eines Churn beschreiben (z. B. zunehmende Aktivität).

4 Abschließende Anmerkungen

Der Beitrag beschreibt wesentliche Schritte zur Vorbereitung eines Churn-Prognosesystems. Neben fachlichen Definitionen wurden insbesondere analytische Themen behandelt. Typischerweise wird die Vorbereitung eines Churn-Prognosesystems fachseitig angestoßen und durchgeführt. Die daraus resultierenden fachlichen Anforderungen werden zunächst in einem Fachkonzept dokumentiert und anschließend nach einer Aufwandsschätzung und Projekt-/Budgetfreigabe schrittweise in eine technische Umsetzung überführt.

Ein Churn-Prognosesystem, das die Abwendung eines Kunden vom Unternehmen im Sinne der Eingangsdefinition (siehe Kapitel 1) verhindert, liefert, sofern werthaltige Kunden gebunden werden, umgehend einen positiven Ergebnisbeitrag. Ein grundlegendes Problem im Zusammenhang von Churn-Prognose und -Prävention wird durch ein solches System jedoch nicht behoben: Die Prävention beeinflusst – sofern die ergriffenen Maßnahmen hoffentlich wirksam sind – den Eintritt des prognostizierten Ereignisses; es kann dann nicht ohne Weiteres unterschieden werden, ob der Nichteintritt entweder auf einer falschen Prognose oder auf der Wirksamkeit der ergriffenen Maßnahmen beruht. Diese Problematik kann z. B. durch die Verwendung von Test- und Kontrollgruppen gelöst werden, woraus sich zusätzliche fachliche und technische Anforderungen ergeben, um systematisch die Prognosegüte und den Maßnahmenerfolg bewerten zu können.

Die Inhalte des Beitrags basieren im Wesentlichen auf Ergebnissen eines Auftragsprojekts, das im wahrsten Sinne des Wortes mit (einem) Auftrag beginnt. Daher möchte ich an dieser Stelle dem Auftraggeber und seinem Team ausdrücklich für die kooperative und konstruktive Zusammenarbeit danken sowie für die Möglichkeit zur Veröffentlichung ausgewählter Ergebnisse.

Bernhard Braunmüller/Thomas Hamele

Kundenloyalitätsmanagement bei Banken

1 Vom „Kaufen-Sollen" zum „Haben-Wollen" – Die neue Kundenstrategie in der Bankenwelt 257

2 Der Wandel vom CRM zum CMR.. 259

3 Ausgewählte Elemente des Kundenloyalitätsmanagements bei Banken 260

4 Aufbau und Integration von Churn Management bei Finanzdienstleistern 262
    4.1   Komponenten von Churn Management 263
    4.2   Integration von Churn Management in die Organisation eines Finanzdienstleisters 266

5 Weiterentwicklung von Churn Management bei Finanzdienstleistern 267

1 Vom „Kaufen-Sollen" zum „Haben-Wollen" - Die neue Kundenstrategie in der Bankenwelt

„Was wollen unsere Kunden?" Diese Frage wird zukünftig über den Erfolg oder Misserfolg von Unternehmen und auch von Banken entscheiden.

Die Fragestellung klingt banal, die Beantwortung und Umsetzung ist alles andere als trivial. Der Unterschied zwischen „Wollen" und „Sollen" liegt darin, dass das „Wollen" eine ureigene intrinsische Motivation der Menschen darstellt, das „Sollen" hingegen laufend extrinsisch angestoßen werden muss, da es gegen das menschliche Naturell verstößt.

Der Mensch ist ständig auf der Suche nach einem „emotionalen Mehrwert". Freude, Stolz, Spaß aktivieren das neuronale Belohnungssystem des menschlichen Gehirns. Die Lust, die bei der Befriedigung des „Haben-Wollen"-Gefühls entsteht, treibt den Menschen an, mehr davon erreichen zu wollen.

Kurz gesagt, Emotionen wie „Freude", „Begeisterung" und „Leidenschaft" aktivieren Menschen, das zu tun, was uns zu nachhaltigem Unternehmenserfolg führt – vorausgesetzt, wir wissen, was unsere Kunden wollen. Das Kundenverhalten und die Möglichkeiten der Unternehmen, aktiv und initiativ den Einkaufsprozess des Kunden mitzubestimmen, haben sich in den letzten zehn Jahren gravierend geändert. Manche Unternehmen jedoch haben sich bisher immer noch nicht aus der Schockstarre befreit, die sie angesichts der beobachtbaren zunehmenden Mündigkeit ihrer Kunden eingenommen haben.

Denn bisher waren wir doch als Konsumenten alle dankbar über persönliche Verkaufsberatungen und Hochglanzbroschüren zu den auserkorenen Produkten, was wir wiederum mit nahezu blindem Vertrauen und Kauf des angepriesenen Produktes erwiderten. Bis zu dem Tag, als mehr oder weniger plötzlich ein neues Zeitalter anbrach. Zum einen wurden wir darauf konditioniert, zu konsumieren und gleichzeitig geizig sein zu können, zum anderen lernten Bankkunden, wie einfach es ihnen gemacht wird, wegen wenigen Prozentpunkten hin oder her den Finanzdienstleister ihres Vertrauens zu wechseln bzw. eine Zweit-, Dritt- oder sogar Viertbankverbindung einzugehen.

Die Komplexität in unserem Alltag stieg drastisch an. Dem errungenen Vorteil, an der einen oder anderen Stelle ein Schnäppchen gemacht zu haben, stand für Viele der Nachteil von einer Vielzahl neuer oder zusätzlicher Geschäftsverbindungen gegenüber.

Bernhard Braunmüller / Thomas Hamele

In den letzten ein bis zwei Jahren haben sich Verhaltensmuster der Kunden zum beschriebenen Evolutionsstand noch weiterentwickelt. Weitere Erklärungen für die beschriebenen Entwicklungen findet man auch bei Betrachtung des informationstechnologischen Fortschritts.

Der Erfolg des Internets macht die Märkte für den Kunden immer transparenter. Kunden können Produkte immer besser vergleichen. Dies macht sich insbesondere auch im Banken- und Finanzdienstleistungssektor bemerkbar. War es noch vor zehn Jahren für einen Kunden ein immenser Aufwand, die einzelnen Produkte, wie z.B. Geldanlagen, zu vergleichen, lassen sich die wichtigsten Fakten, wie beispielsweise Zinssatz und Gebühren, heute sehr schnell vergleichen. Wir leben in einer **Multioptionsgesellschaft** mit einer unüberschaubaren Informationsflut, in der Kunden fast unbegrenzte Wahl- und Vergleichsmöglichkeiten haben. Durch technische Neuerungen, wie z.B. Web 2.0, werden die Möglichkeiten der Meinungsbildung noch vielfältiger.

Der bereits erwähnte harte Zinswettbewerb der letzten 12 bis 18 Monate verleitet den Kunden zum Beispiel zum schnellen Wechseln zwischen unterschiedlichen Finanzdienstleistern. Manche Banken bezeichnen dies mittlerweile mit dem Begriff **Zinshopping**. Gerade aus diesem Grund benötigen Unternehmen zunehmend mehr Informationen über ihre Kunden, um sich den **Herausforderungen der Re-Loyalisierung** stellen zu können. Customer Relationship Management (CRM) in seiner bisherigen Ausrichtung ist hier oftmals nicht umfassend genug. Auf dem schnelllebigen Markt reicht es nicht mehr aus, den Kunden auf Basis seiner bisherigen abgeschlossenen Aufträge zu analysieren.

Das starke Bindeglied der Beziehung zwischen Kunde und Unternehmen degenerierte innerhalb vergleichsweise kurzer Zeit zum seidenen Faden. Die über Jahre hinweg entwickelte Kundenbindung und Loyalität des Kunden zum Unternehmen wird durch die zunehmende Mündigkeit des Kunden derzeit auf die Probe gestellt. Bisher gut funktionierende Instrumente der Kundenloyalisierung müssen durch alt bekannte und zugleich innovative Ansätze, die das „Wollen" der Kunden zentrieren, ersetzt werden.

Bekanntermaßen bietet jede Krise sowohl Gefahren als auch mehr denn je substanzielle Chancen, über neue Wege und den Einsatz innovativer Methoden gestärkt in die Zukunft zu starten. Einzige Voraussetzung – Sie entscheiden sich für das, was der Kunde von Ihnen will!

Es stellt sich die Frage, wie innovativ das CRM der Zukunft sein muss, um Preiskämpfen erfolgreich zu begegnen, Kundenabwanderung zu verhindern und dem Verlust von Marge und Profitabilität entgegenzuwirken. Das CRM der Zukunft erfordert einen Paradigmenwechsel bei der Ausrichtung der Unternehmensstrategie.

2 Der Wandel vom CRM zum CMR

Das Customer Relationship Management hat in den letzten 10 Jahren einige Höhen und Tiefen erlebt. Getrieben von der ökonomischen Rezession, fallenden Margen und härterem Wettbewerb, standen Kosteneinsparungen und die Optimierung bestehender Geschäftsprozesse im Mittelpunkt der CRM-Strategie von Unternehmen. Diese besteht traditionell aus den Komponenten analytisches und strategisches CRM (Analyse von Kundendaten, Verkaufskennzahlen), operatives CRM (vertriebsunterstützende Maßnahmen) sowie dem kollaborativen CRM (kanalübergreifende Interaktion mit dem Kunden). Die Komponenten greifen ineinander und werden kontinuierlich durchgeführt, so dass ein geschlossener Kreislauf entsteht („Closed Loop").

Aus der CRM-Strategie leiteten Unternehmen Maßnahmen ab, mit denen Kunden scheinbar optimal und zielgerichtet angesprochen werden sollten. Nicht selten wurde CRM mit der Zielsetzung der Prozessoptimierung und Effizienzsteigerung vorangetrieben. Die Sicht des Kunden wurde dabei teilweise stark vernachlässigt. Damit standen viele CRM-Implementierungen der eigentlichen Zielsetzung, die Bedürfnisse des Kunden an die erste Stelle zu setzen, entgegen. In der Praxis bedeutete dies, dass Kundenbedürfnisse nicht oder nur teilweise erkannt und das vorhandene Produktportfolio ohne eine tiefe Kenntnis der Person an den Kunden gebracht werden sollte.

Innovative Ansätze wie der Wandel vom bisher bekannten CRM zum **CMR (Customer Managed Relations)** bieten eine einzigartige Chance, eine absolute Kundenorientierung zu erreichen, und schaffen eine Win-Win-Situation für Kunden und Unternehmen.

Die Erweiterung von CRM zu CMR bietet Methoden und Instrumente, die den Kunden in den Mittelpunkt des unternehmerischen Denkens und Handelns stellen. Lern- und Anpassungsprozesse gewährleisten, dass sich der Dialog mit dem Kunden jederzeit an dessen aktuelle Bedürfnisse und die Marktsituation anpasst.

Zukünftig beschäftigen sich Vertrieb und Marketing nicht mehr ausschließlich mit der eigenen abgeschotteten Planung, sondern der Kunde nimmt mit seinen **impulsgesteuerten Signalen** Einfluss auf die Interaktion mit ihm. Der charakteristische CRM Closed Loop erweitert sich um die „Dimension" Kunde zum erweiterten CMR Closed Loop.

Die Herausforderung in der Interaktion mit dem Kunden liegt zukünftig darin, über den „Verkauf" von Problemlösungen, die dem Kunden zusätzlich ein gutes Gefühl vermitteln, eine nachhaltige Kundenloyalisierung zu erreichen. Die Kombination aus klassischen und innovativen Marketing- und CMR-Instrumenten stellt eine verlässliche Ausgangsbasis für das neue Zeitalter der Neugestaltung von Geschäftsbeziehungen mit den Konsumenten dar.

Der Weg von einem in der Vergangenheit eher operativ adressierten bzw. retrospektivisch identifizierten Kundenbedarfs hin zu innovativen Marketingkampagnen, die dynamisch und zeitnah durch Kundenimpulse ausgelöst und gesteuert werden, geht einher mit organisatorischen und prozessualen Änderungen im Unternehmen. Etablierte CRM-Geschäftsprozesse müssen um CMR-Aspekte erweitert bzw. modifiziert werden. Zentraler Punkt bei der Ausrichtung der Marketing- und Vertriebsorganisation auf den weiterführenden CMR-Ansatz ist die Erkenntnis, dass es sich bei CMR wie auch bei CRM in erster Linie um eine **Unternehmensphilsophie** handelt. Sie muss also Top down gelebt und vorgelebt werden, Mitarbeiter müssen „abgeholt" und begeistert werden. Veränderungsbereitschaft und die Fähigkeit, sich auf veränderte Markt- und insbesondere Kundenbedürfnisse einstellen zu können, sind dabei die entscheidenden Erfolgsfaktoren.

3 Ausgewählte Elemente des Kundenloyalitätsmanagements bei Banken

Das chinesische Schriftzeichen für „Krise" (vgl. Abbildung 3-1), bestehend aus dem Symbol für „Gefahr" kombiniert mit dem für „Chance", zeigt, dass sich Marktteilnehmer in der Bankenwelt der Herausforderung der Kundenloyalisierung auf Basis von gefahrenfokussierten Elementen, chancenorientierten Strategien oder aber einer Kombination aus beiden Ansätzen stellen können.

Abbildung 3-1: Chinesisches Schriftzeichen für „Krise" – Gefahr und Chance

Risikofokussierte Unternehmen werden sich des dauerhaft drohenden Verlustes ihrer profitabelsten Kunden bewusst sein und versuchen, diesen sowohl frühzeitig zu erkennen als auch präventiv zu verhindern. **Churn Management Systeme** (Frühwarnsysteme) helfen, den bestehenden Kundenstamm gegen Angriffe und Verlockungen von außen zu verteidigen. In den heute gesättigten Märkten wird die Gewinnung von Neukunden immer schwieriger und kostspieliger. Es ist deshalb nicht verwunderlich, dass viele Manager ihr stark reduziertes Budget in umfangreiche Investitionen für die individuelle Konzeption und Installation eines Frühwarnsystems allokieren.

Erfahrungen aus der Praxis zeigen, dass sich die Investition in ein ausgereiftes, durchdachtes und individualisiertes Frühwarnsystem meist bereits im ersten Jahr amortisiert. Die dedizierte frühzeitige und bedarfsorientierte Ansprache identifizierter abwanderungsgefährdeter Kunden zeigt sehr positive Auswirkungen auf die Stabilisierung der Kundenbindung und zieht meist sogar eine Ausweitung des bereits bestehenden Finanzengagements nach sich.

Kombiniert man die risikoreduzierenden Aktivitäten des Churn Managements mit einer Auswahl von chancenorientierten prospektivischen Maßnahmen des Kundenloyalitätsmanagements, kann man auch als Finanzdienstleistungsunternehmen die schwierigen Zeiten der Krise überstehen und gleichzeitig Aufbauarbeit im Kundenmanagement betreiben.

Um sich aus der Krise ergebende Chancen identifizieren zu können, muss zunächst analysiert werden, wie der Vertrauensverlust der Bankkunden zustande kam. Die Frage der **Re-Emotionalisierung** der Kundeninteraktion spielt beim Wiederaufbau des Vertrauens eine wesentliche Rolle. Kunden haben das Bedürfnis, Problemlösungen für ihre finanziellen Angelegenheiten zu erhalten, die ihnen ein gutes Gefühl vermitteln.

Die stetige Durchführung von Marktforschungsaktivitäten bietet Banken die Möglichkeit, die Stimmungslage der Kunden sehr konkret abfragen zu können. Im Wellenvergleich der Kundenbefragungen erkennt man sehr schnell, wie Kunden analog zu Märkten ihr Verhalten ändern. Erhobene Umfrageergebnisse in Bezug auf die Kundenzufriedenheit sowie den Grad der Weiterempfehlung und die Wiederwahl des Unternehmens geben klare Indikationen dafür, an welchen Stellen die Kundenbindung und Loyalisierung krankt.

Ein emotionales Aufladen der Kundeninteraktion muss schließlich nach der Durchführung und Auswertung der Marktforschungsaktivitäten an den identifizierten Handlungsfeldern geschehen. Die Erweiterung klassischer Marketinginstrumente im One-to-One-Bereich wird hier als zielführend erachtet. Ein **Aufbau der Vertrauensbeziehung** kann beispielsweise in einem sehr günstigen Kosten-Nutzen-Verhältnis über die Einbindung des Kunden in sogenannte Kundenboards erreicht werden. Bindet man Kunden z.B. in die Konzeption neuer Bankapplikationen oder Prozessoptimierungen mit ein, versteht man zum einen die Kundenbedürfnisse wesentlich besser und trägt zum anderen auch zur nachhaltigen Bedürfnisdeckung der Kunden bei.

Die Einbindung in Kundenboards ist ein Beispiel, das aufgrund der Neuartigkeit der Idee zum einen zur stärkeren Bindung an das Unternehmen führt, zum anderen bei einigen Kunden sicher eine Art „Wow-Effekt" auslöst. Studien haben gezeigt, dass langfristig nur die Unternehmen erfolgreich sein werden, die es schaffen, ihre Kunden nicht nur zufrieden zu stellen, sondern auch begeistern zu können.

Die Kundenzufriedenheit wird mehr denn je als Hygiene-Faktor betrachtet, ist jedoch für eine nachhaltige Kundenloyalisierung nicht mehr ausreichend. Dafür braucht das Unternehmen Faktoren, die **Kundenbegeisterung** erzeugen. Dabei ist jedoch darauf zu achten, dass die gewählten Elemente, die zur Kundenbegeisterung führen, nie im Übermaß, sondern wohl dosiert angewendet werden müssen. Eine Überdosis beim Versuch, den Kunden zu begeistern, erzeugt eine inflationäre Wirkung der Kundenbegeisterungsmaßnahmen und führt zum signifikanten Rückgang der Kundenzufriedenheit. Übermäßige Aufmerksamkeit und Freundlichkeit bewirkt beim Kunden also das Gegenteil, wie sich am sogenannten Espresso-Syndrom erkennen lässt. Denn es steht fest: Ein kostenloser Espresso beim Italiener nach dem Essen ist toll, ein zweiter ist fein, und ein dritter macht einen verrückt.

Unternehmen bzw. Banken, die es schaffen, ihre Kunden nachhaltig zu begeistern, werden letztendlich bei aufkommendem Neubedarf als „das erste Unternehmen im Kopf des Kunden" erscheinen. Wird anschließend bei der Wiederwahl des Unternehmens der Kundenbedarf durch zielführende Problemlösungen kombiniert mit einem guten „Bauchgefühl" befriedigt, ist bereits ein solider Grundstein für eine dauerhafte Kundenbindung gelegt.

4 Aufbau und Integration von Churn Management bei Finanzdienstleistern

Sowohl praktische Erfahrungen aus dem Finanzdienstleistungssektor als auch konzeptionelle Überlegungen lassen grundsätzlich erkennen, dass Churn Management weder ein singulärer Baustein ist, noch als isoliertes Instrument einer Organisation dauerhaft erfolgreich wirken kann.

Einem Finanzdienstleister stellt sich somit die Frage, aus welchen Komponenten Churn Management besteht und wie diese in die eigene Organisation effektiv und effizient eingebettet werden können. Diese beiden zentralen Fragen werden im Folgenden betrachtet.

4.1 Komponenten von Churn Management

Will man ein **einheitliches Verständnis** des Begriffs „Churn" erarbeiten, so kann das Wort als Nukleus von Churn Management verstanden werden. Die Bedeutung, aber auch die Komplexität der Fragestellung „Unter welchen Bedingungen ist ein Kunde als abgewandert zu betrachten?", wird in der Praxis leider oftmals unterschätzt.

Betrachtet man konkrete Ansätze aus der Finanzdienstleistungsbranche, lassen sich folgende typische Begriffsaspekte herauskristallisieren:

- „**Harte Kundenabwanderung**": Dieses Ereignis ist eingetreten, wenn ein Kunde z.B. seine Konten und Depots schließt und damit die formale Geschäftsbeziehung mit dem Finanzinstitut beendet. Hieraus ergeben sich sofort weitreichende Implikationen: Der zukünftige Umsatz und Deckungsbeitrag des Kunden ist (zumindest vorerst) verloren, etwaige Cross- und Up-Selling-Möglichkeiten brechen weg, auch das Referenzpotenzial zur Gewinnung von Neukunden aus dem persönlichen Netzwerk des Kündigers ist nicht mehr greifbar.

- „**Weiche Kundenabwanderung**": Dieser Fall tritt ein, wenn ein Kunde sein finanzielles Engagement über einen gewissen Zeitraum schrittweise aktiv (d.h. durch eigenes Handeln, wie z.B. Verkäufe von Wertpapieren, und nicht durch Kursverluste am Finanzmarkt) reduziert und vermutlich auf eine harte Kundenabwanderung zusteuert bzw. auf niedrigem Niveau dauerhaft verharrt. Hier ist durch das Finanzinstitut pro Produktgattung zu definieren, ab welchen Schwellwerten diese Bedingung faktisch erfüllt ist und der Kunde als „quasi abgewandert" anzusehen ist.

- „**Sichtbare Kundenabwanderung**": Diese Begrifflichkeit beschreibt Situationen, in denen eine Kundenabwanderung z.B. durch persönliche Gespräche mit dem Kunden oder durch regelmäßige Datenanalysen auf einem Kunden-Datawarehouse wahrgenommen werden kann. Harte Kundenabwanderungen sind aufgrund ihres formalen Charakters stets sichtbar. Die Fähigkeit, weiche Kundenabwanderungen wahrnehmen zu können, steigt im Allgemeinen mit dem prozessualen und technischen Reifegrad der Kundendatenverarbeitung und -analyse.

- „**Unsichtbare Kundenabwanderung**": Dieser Fall tritt immer dann ein, wenn ein Kunde sein bisheriges Engagement aufrecht erhält, Neugeschäfte allerdings bei einem anderen Finanzdienstleister tätigt. Im Ergebnis sinkt damit der „Share-of-Wallet", ohne dass diese Entwicklung von dem Finanzinstitut erkannt wird.

- „**Kundenseitige Kundenabwanderung**": Hiermit wird das Ereignis beschrieben, dass ein Kunde – aus Sicht des Finanzdienstleisters ungewollt – hart oder weich abwandert. Dies impliziert also, dass das Finanzinstitut die jeweilige Kundenbeziehung positiv bewertet und aufrecht erhalten will.

- **„Unternehmensseitige Kundenabwanderung"**: Natürlich gibt es auch Fälle, in denen sich das Finanzinstitut aktiv von einem Kunden trennen will, z.B. wenn ein Kunde vertragliche Kreditzinsen mehrfach nicht begleicht.

Eine auf das Finanzinstitut zugeschnittene **Zieldefinition** ist als zweite Komponente des Churn Managements zu sehen.

Als Oberziel wird oftmals definiert, die Churn Rate dauerhaft auf einem möglichst niedrigen Niveau zu halten, aber auch hier muss zuerst die Frage beantwortet werden, wie der Begriff „Churn Rate" zu definieren ist. Die Churn Rate kann beispielsweise hierarchisch auf Basis von Churn Raten pro Kundensegment aufgebaut sein, welche sich aus der Summe der harten Kundenabwanderungen geteilt durch den mittleren Kundenbestand pro Kundensegment errechnen.

Da Kundenbindungsmaßnahmen Kosten erzeugen, ist der Aspekt „Return on Invest" bei der Churn-Zieldefinition ebenfalls zu berücksichtigen. Das Ziel ist also selten, jeden Kunden um jeden Preis zu halten, sondern vielmehr die werthaltigen Kunden mit Maßnahmen zu halten, deren Kosten immer noch eine „Bindungsrendite" zulassen. Eine Zieldefinition kann somit legitimieren, dass man selbst A-Kunden bei drohender Abwanderung nur dann zu halten versucht, wenn die Kosten der notwendigen Maßnahmen in einem sinnvollen Verhältnis zu dem jeweiligen Kundenpotenzial stehen.

Ein ganz anderer Aspekt der Churn-Zieldefinition kann die Minimierung von schlechter Mund-zu-Mund-Propaganda sein. In der Praxis ist es für Finanzdienstleister sehr schwierig, das Referenzpotenzial eines Kunden belastbar zu bewerten, im Zeitverlauf aktuell zu halten und bei drohender Kundenabwanderung in die Ermittlung der „Bindungsrendite" einfließen zu lassen. Dennoch zeigen Studien, dass Kunden schlechte Erfahrungen mit einem Finanzdienstleister durchschnittlich zehn weiteren Personen im eigenen Umfeld (z.B. Familie, Freunde und Arbeitskollegen) mitteilen. Die Churn-Zieldefinition kann einem solchen „Flächenbrand" beispielsweise zuvorkommen, indem die Legitimation von Maßnahmen nicht nur durch finanzielle Betrachtungen, sondern auch durch den Grad der Kundenverärgerung erfolgt.

Schließlich kann ein Ziel sein, ungeachtet einer jeweiligen Entscheidung zur Bindungsmaßnahme möglichst viel Feedback vom Kunden über die Hintergründe der drohenden oder eingetretenen Kundenabwanderung zu erfahren. Die so gewonnenen Informationen sollen helfen, die Organisation als Ganzes zu verbessern und damit insbesondere zukünftigen Abwanderungen von anderen Kunden im Vorfeld den Nährboden zu entziehen.

Der **Prozesscharakter** bildet eine dritte Komponente des Churn Managements. Auch wenn es punktuell zu kundenseitigen „Kurzschlusshandlungen" kommt, ist dennoch festzustellen, dass einer harten bzw. weichen Kundenabwanderung mehrheitlich ein längerer Entwicklungsprozess von mehreren Monaten unterliegt. Dieser Prozesscharakter bringt einige herausfordernde Aspekte mit sich:

- In vielen Fällen zeigen entsprechende Kundenbefragungen, dass dem finalen Auslöser zur Kundenabwanderung eine Reihe weiterer negativ wahrgenommener Ereignisse vorangegangen sind. Es ist also davor zu warnen, eine verhältnismäßig ruhige Reaktion (ohne Kündigung) eines Kunden in einer negativ wahrgenommenen Situation als unkritisch einzustufen, da ein solches Erlebnis dennoch der initiale Auslöser bzw. ein weiterer „Meilenstein" im Abwanderungsprozess sein könnte.

- Das Profil eines Kunden – z.B. das Gesamtvolumen aus Girokonto und Wertpapierdepot – kann zum Zeitpunkt einer Beschwerde bzw. einer Kündigung (harte Kundenabwanderung) unattraktiv aussehen und dazu führen, dass das Finanzinstitut keine bzw. nur eine geringe Bindungsmaßnahme durchführt. Da sich Kunden aber meist über einen längeren Zeitraum verabschieden, kann sich das Profil in den letzten Monaten deswegen verschlechtert haben, weil der Kunde schrittweise seine finanziellen Engagements reduziert hat. Es ist also unbedingt erforderlich, das Kundenprofil durch historische Daten anzureichern bzw. eine Kundenwertkennzahl hinsichtlich vergangener Werte balanciert auszurichten.

- Der zeitlich gestreckte Verlauf einer Abwanderung impliziert, dass ein gefährdeter Kunde in diesem Zeitraum mit unterschiedlichen Bereichen, Personen oder Systemen (wie z.B. Webportale) des Finanzinstituts in Kontakt tritt. Hieraus generiert sich für alle Kundenkontaktpunkte („Customer Touch Points") die Herausforderung, die Gefährdung eines Kunden im vergleichbaren Ausmaß wahrzunehmen und zudem durch z.B. analoge Kommunikationsmuster in die gleiche Richtung (Kundenbindung) zu arbeiten. Dies erfordert offensichtlich sowohl einen hohen Reifegrad in der Organisation als auch einen hohen Integrationsgrad bei den Geschäftsprozessen und IT-Systemen.

Neben diesen Herausforderungen ermöglicht der Prozessverlauf aber auch die Etablierung von Frühwarnsystemen, die sich auf die frühzeitige Erkennung von weichen Kundenabwanderungen bzw. kritisch einzustufenden Signalen konzentrieren.

Schließlich ist das **Churn Controlling** (z.B. auf Basis von Kontrollgruppen oder Ex-ante-/Ex-post-Verfahren) als vierte Komponente zu nennen.

Die Praxis zeigt eindrucksvoll, dass Churn Management innerhalb eines Finanzdienstleisters trotz aller Begriffsklärungen und Optimierungspotenziale oftmals sehr unterschiedlich verstanden und bewertet wird. Hier ist also dauerhaft Überzeugungsarbeit zu leisten, um die nötige Akzeptanz der Organisation zur Investition und vor allem zur Zusammenarbeit an den Kundenkontaktpunkten sicherzustellen. Das Aufzeigen einer abnehmenden Churn Rate ist diesbezüglich ein wertvoller Ankerpunkt.

4.2 Integration von Churn Management in die Organisation eines Finanzdienstleisters

Die Integration von Churn Management hat zahlreiche Facetten und ist in Abhängigkeit der bisherigen Ausrichtung des Unternehmens ein anspruchsvoller **Veränderungsprozess**, den es i.S.v. Change Management zu planen und zu steuern gilt.

Ein sehr bedeutsamer Integrationsaspekt ist die Unternehmenskultur. Erfolgreiches Churn Management erfordert die Bereitschaft der Organisation, sich auf allen Ebenen mit eigenen Schwächen und Fehlern auseinanderzusetzen und eine Kultur des Lernens zu etablieren. Die besten Churn-Prozesse und Frühwarnsysteme werden ihr Potenzial kaum entfalten können, wenn ein Unternehmen eine von Vorwürfen geprägte Unternehmenskultur („Blame Culture") pflegt, in der die Mitarbeiter Angst haben, für kundenwirksame Fehler bestraft zu werden. In diesem Fall ist also kaum zu erwarten, dass z.B. ein Call Center Mitarbeiter – der glaubt, einen schlechten Service bei einer Orderannahme erbracht zu haben – die mündlich zum Ausdruck gebrachte Verärgerung eines Kunden in ein CRM-System einträgt. Werden hingegen Warnsignale und eingeleitete Problemlösungen gelobt und belohnt, treten solche Widerstände so gut wie nicht auf.

Einen naheliegenden weiteren Integrationsaspekt stellen die Mitarbeiter des Finanzinstituts sowie die Ablauforganisation generell dar. Mitarbeiter am Kundenkontaktpunkt sollten hinsichtlich Kundenabwanderung ausreichendes Bewusstsein haben, den spezifischen Churn Management Prozess beherrschen und entsprechendes Einfühlungsvermögen (z.B. im Umgang mit emotional aufgebrachten Kunden) besitzen. Diese Notwendigkeit zielt also in Richtung Personalauswahl und Personalentwicklung (z.B. Schulungen hinsichtlich der Gründe für und Signale von Kundenabwanderung sowie Kommunikationsstrategien bzw. -schablonen für Dialoge mit verärgerten Kunden). Hinsichtlich der Ablauforganisation ist die Zuweisung der Verantwortung für Kundenabwanderung ein wesentlicher Punkt. Solange es niemanden in einem Finanzinstitut gibt, der sich für eine Churn Rate übergreifend verantwortlich fühlt, wird es schwer sein, Churn Management übergreifend zu verankern, da lokale Interessen bzw. unterschiedliche Einschätzungen der Gefährdungslage das „Ziehen an einem Strang" verhindern bzw. dem Zufall überlassen.

Im Falle einer großen Kundenbasis bildet die professionelle IT-Unterstützung einen weiteren Integrationsaspekt. Ziel sollte hierbei sein, alle relevanten Kundenkontaktpunkte über alle relevanten Kanäle technisch so zu integrieren, dass aktuelle Kundendaten, zyklisch ermittelte Churn Scores (bzw. Warnsignale) sowie die Kundenkontakthistorie zur Verfügung stehen. Die beteiligten IT-Applikationen sollten zudem erlauben, dass Mitarbeiter Informationen eingeben können, die sich steigernd oder reduzierend auf den Churn Score auswirken. Erzählt ein Bankkunde beispielsweise seinem Berater von einem mehrmonatigen Rucksackurlaub im Ausland, sollte diese

Information in die Bewertung der Kundengefährdung einfließen, damit keine falschen Alarmsignale und unnötigen Maßnahmen generiert werden.

5 Weiterentwicklung von Churn Management bei Finanzdienstleistern

Betrachtet man den typischen Entwicklungsstand von Churn Management bei Finanzdienstleistern, so lassen sich diverse **Entwicklungspotenziale** feststellen.

Ein grundlegendes Potenzial ergibt sich aus der konsequenten Steigerung der Kundenorientierung. Finanzdienstleister sind oftmals noch zu produktorientiert und nach innen blickend, was es ihnen schwer macht, eine Kundenbeziehung in ihrer Gesamtheit zu planen und zu steuern. Der beste Weg ist natürlich, einen Kundenabwanderungsprozess gar nicht erst entstehen zu lassen und die Wahrscheinlichkeit hierfür steigt erfahrungsgemäß mit der Kundenorientierung. Da sich die Finanzdienstleistungsbranche zunehmend in einem „Commodity-Sog" – also einer verstärkten Ausrichtung auf die angebotenen Produkte – befindet, ist damit zu rechnen, dass mehr und mehr Unternehmen den Produktfokus reduzieren und sich auf den Kunden ausrichten.

Ein weiteres Potenzialfeld bieten Software-Anbieter im Umfeld von CRM-Lösungen, die in den letzten Jahren gezielte Investitionen getätigt haben, so dass heute leistungsstarke Applikationen zur Unterstützung von Churn Management auf dem Markt erhältlich sind. Obwohl zahlreiche Finanzinstitute eine CRM-Lösung bereits implementiert sowie Kundendaten über verschiedene Kanäle integriert und konsolidiert haben, ist hier dennoch eine spürbare Lücke identifizierbar. Viele der heute eingesetzten CRM -Lösungen sind operativ und retrospektiv geprägt und unterstützen prospektive Anwendungsszenarien wie Frühwarnung bzw. Vorhersagen von Kundenabwanderung nur wenig bis gar nicht. Somit ist davon auszugehen, dass diverse Finanzdienstleister ihre IT-Landschaften in diesem Bereich gezielt ausbauen und damit die Fähigkeiten im Umfeld von Churn Management optimieren werden.

Ein drittes Potenzial eröffnet sich aus der derzeitig schnell fortschreitenden Entwicklung im Bereich soziale Netzwerke (z.B. MySpace.com, Xing.com und Studivz.net). Hier tauschen sich zahlreiche sogenannte „Community Member" auch über Produkte und Dienstleistungen aus. Diese Plattformen bieten Finanzinstituten somit die Chance, wertvolle Informationen über Kunden(un)zufriedenheit einzuholen und die Wahrnehmung des eigenen Brands zu recherchieren. Mit diesen Erkenntnissen können dann wiederum Finanzprodukte, Kundenprozesse und Kommunikationsstrategien optimiert werden, die sich mittelbar positiv auf die Kundenbindung auswirken.

Alexander T. Rauchut

Churn Management bei der Deutschen Telekom
Kundenlektionen für den Turnaround

1 Vorbemerkung: die Welt eines Ex-Monopolisten 271
2 Das Problem verstehen – wodurch entsteht Churn in der Telekommunikation?.. 272
3 Das Churn Programm bei T-Home – Ursachen erkennen und bekämpfen 274
4 Case Study 1: systematische Abwanderungsprävention bei T-Home 277
    4.1 Voraussetzungen 277
    4.2 Durchführung 278
        4.2.1 Einfluss der Zeitregel zur Vertragsverlängerung (VVL) 280
        4.2.2 Intelligente Angebotsstaffelung in der Churn Prevention 282
        4.2.3 Einsatz vor Kunde und Orchestrierung der Vertriebskanäle 283
    4.3 Effekte / Resultate systematischer Kündigerprävention bei T-Home 284
5 Case Study 2: Kündigerrückgewinnung bei T-Home 285
    5.1 Abgrenzung des Diskussionsgegenstandes 285
    5.2 Voraussetzungen / Vorbereitungen 287
    5.3 Durchführung 288
    5.4 Effekte / Resultate systematischer Kündigerrückgewinnung bei T-Home ... 290

1 Vorbemerkung: die Welt eines Ex-Monopolisten

Denkt und redet man an über Kundenbindung, so muss einem der Fall Deutsche Telekom aus den Jahren 2005/2006 wie das perfekte Gegenbeispiel vorkommen. Zweifelhaft, ob noch ein anderes deutsches Unternehmen in der Öffentlichkeit je mehr mit dem Abwandern von Kunden (in unserem Fall: Festnetzkunden) assoziiert wurde als die DTAG. Was immer die Gründe wohl waren – die Telekom und Kundenverluste waren (fast) synonym. Die Gründe dafür durchzugehen wäre müßig und langatmig. Wichtig zu verstehen ist aber, dass neben den unbestritten existierenden Markteinflüssen[1] vor allem auch hausgemachte Gründe anzuführen sind. Schaut man spezifisch auf das hier interessierende Themengebiet, so sind dies vor allem:

- **Fehlende Churn-Strategie und -kompetenz:** keine gebündelte Verantwortung und Geschäftssteuerung zur Verhinderung von Kundenverlusten;
- **Prozessdefizite**: historisch gesehen nur auf Abwicklung von Transaktionen ausgelegt, nie auf übergreifende Kundenperspektive ausgelegt.

Szenenwechsel: Schaut man heute auf die Deutsche Telekom, ergibt sich ein vollkommen anderes Bild. Dort, wo es darauf ankommt, der Wettbewerb besonders hart ausgefochten wird und die Zukunftsmärkte verteilt werden – im Markt der DSL-Anschlüsse –, steht T-Home heute als einer der besten Anbieter in Deutschland da; die Churn Rate zum Wettbewerb pro Jahr liegt signifikant unterhalb 10%, trotz Preispremium und der einen oder anderen Sonderbelastung[2].

Das ist signifikant weniger als die meisten Wettbewerber und ca. dreimal weniger als vor 3 Jahren (Abbildung 1-1). Wie konnte dieser Turnaround bei T-Home gelingen? Dieser Beitrag versucht, darauf eine Antwort zu geben – in aller gebotenen Kürze und fokussiert auf die wesentlichsten Einflussfaktoren.

---

[1] U.a.: unzureichendes Preis-/Leistungsverhältnis, niedrige Servicewahrnehmung, starker Wettbewerb, eine die Telekom tendenziell benachteiligende Regulierung, schwaches Neugeschäft und insgesamt negatives Momentum im Markt.

[2] Zwar gibt es die Kundenverluste im analogen Telefongeschäft immer noch, doch sind diese aufgrund der speziellen regulatorischen Situation (keine freie Preissetzung) und des Monopolerbes der Telekom (Neugeschäft DSL stets zu Lasten der herkömmlichen PSTN-Analoganschlüsse) kein wahrer Gradmesser für die Leistungsfähigkeit und Performance bei Kundenbindung.

Alexander T. Rauchut

Abbildung 1-1: *Entwicklung der DSL- Churn Rate bei T-Home*

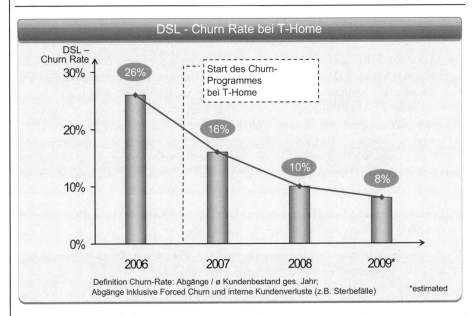

2 Das Problem verstehen - wodurch entsteht Churn in der Telekommunikation?

Churn ist eine Sphinx; schwer greifbar sind all die möglichen Erklärungsansätze und Einflussfaktoren, noch schwieriger die Abschätzung ihrer Wirkung auf den Endkunden. Dieser lebt in seiner ganz eigenen Realität und kümmert sich nicht um unsere Kategorisierungsversuche. Oft genug narrt er durch irrationales Verhalten und erratische Sprünge gleichsam Forscher und Manager. Und trotzdem und gerade deshalb: Es führt kein Weg vorbei am Eintauchen in eine komplexe und gleichsam faszinierende Materie. Nur wer den Versuch macht, die **Fundamente von Kundenabwanderungsmotiven und -auslösern zu verstehen,** kann erfolgreich die einzelnen Treiber bekämpfen, kann Lösungen für die verschiedenen Gründe entwickeln und wird seine Kundenbasis langfristig halten können.

Um Churn zu verstehen, muss man sich einem abstrakten Experiment unterziehen: In einem **ersten Schritt** ganz nah ran an den (einen individuellen) **Endkunden**; ihn beobachten, ihm zusehen, ihn verstehen. Selbstverständlich zu allererst bei den naheliegenden Fragen von Produktnutzung oder -kauf. Aber damit fängt die Reise erst an; wir müssen verstehen, welche Rolle die von uns offerierten Produkte und Services im Leben von Menschen spielen. Beschäftigen sich Verbraucher gerne mit dem Produkt/Service oder ist es ein notwendiges Übel? Erhöht oder verringert sich damit die Lebenskomplexität? Spart oder investiert man Zeit? Und welche Anforderungen an Produkt/Service hat unser Verbraucher in kritischen Situationen, den vielbeschworenen „Moments of Truth"?

Die ernüchternde und einfache Wahrheit ist, dass es für den Kunden viele spezifische Ursachen für seine Abwanderung gibt; zu vielfältig sind ihre Ausprägungen, ihr Timing und ihre individuelle Gewichtung, als dass sich als Lösung ein System von Gleichungen aufstellen ließe, die eine gleichsam vollständige Beschreibung der Handlungen und Lösungsansätze ausspucken würden. Und trotzdem gilt es, all diese Details zu kennen und zu verstehen; dieses Verständnis ist der entscheidende Hebel bei dem später einsetzenden „Relevanzfilter" von neuen Ideen, Problemen und Optionen.

In einem **zweiten Schritt** müssen wir die ernüchternde **Menge der möglichen Abwanderungsgründe und Zeitpunkte intelligent zu einer handvoll Optionen verdichten** und kategorisieren; die Kunst hierbei ist es, ein Muster zu finden, welches gleichzeitig genug Tiefenschärfe im Sinne der oberen Ausführungen beibehält als auch pragmatisch und einfach verwertbar ist.

Für die Telekommunikationsindustrie sind nach Ansicht des Verfassers folgende Kategorien gut geeignet:

1. **Relative Preiswahrnehmung zu den Hauptwettbewerbern:** Wie hoch darf das Preisdelta maximal sein (bei Leistungsführern) bzw. wie hoch muss es mindestens sein (bei preisaggressiven Anbietern)? Es gibt hier ein virtuelles „Band"; also ein Delta, welches nicht über- bzw. unterschritten werden darf.

2. **Eignung des gegenwärtigen Produktes** für die individuelle Lebenssituation des Kunden: ist das genutzte Produkt passgenau oder würde z.B. ein anderer Tarif mehr Sinn machen?

3. **Beachtung spezieller vertraglicher Fixpunkte** wie: Ablauf Stornofrist, erste Rechnung, Kündigungsfristen, Auslaufen der Vertragslaufzeit. An diesen Punkten überprüfen Kunden typischerweise ihre Kaufentscheidung, unterziehen ihre Vertragsbeziehung zum Anbieter also einem Stresstest.

4. **Änderung der Lebensverhältnisse beim Kunden** wie: Umzug, Jobwechsel/-verlust, Partnerschaftsbeginn/-ende. In solchen einschneidenden Situationen überprüfen Menschen ganz generell viel stärker bestehende Lösungen; die Veränderungsneigung steigt.

Im **dritten Schritt** nun muss die geistige Rolle rückwärts gemacht werden: die **Aufteilung der Kundenbasis** nach diesen Filtern; also die Abstraktion vom Individuum hin zu Kundengruppen mit kritischer Masse. Unter intensivem Einsatz von Data Warehouse-Analytik und den gewonnenen Erkenntnissen über die Einzelkundensituation lässt sich u.a. nachvollziehen,

- welcher Prozentsatz der Kunden mit hohen Preispunkten in welchem Monat aus der Vertragslaufzeit läuft,
- wie viele Umzüge man nächstes Jahr in der Kundenbasis erwarten darf
- und bei welchen Kunden man einen vermuteten Preisdruck mit welchem verbesserten Nachfolgeprodukt heilen kann.

3 Das Churn Programm bei T-Home - Ursachen erkennen und bekämpfen

Churn Management – vereinfacht gesagt also das **Verhindern von Kundenverlusten** – hat es sicher bereits immer bei der Telekom gegeben. Kein Unternehmen der Welt, welches monatliche Zahlungsströme von seinen Kunden erhält, kann es sich leisten, sich nicht um seine Kundenbasis zu kümmern. Die Frage ist allerdings, ob mit den damaligen Ansätzen den spezifischen Anforderungen an die moderne Churnbekämpfung – Kundenprimat im Top-Management, unbedingte Crossfunktionalität im täglichen Management, Langlebigkeit und Nachhaltigkeit der Entscheidungen und Programme, Investitionen in Kundenbindung, Managementressourcen und IT-Funktionalitäten – Rechnung getragen wurde.

Mit dem Wechsel an der Unternehmensspitze im Jahre 2006 wurde diese Frage neu beantwortet; den Worten „Wir kämpfen um jeden einzelnen Kunden"[3] folgten sehr konkrete Taten:

- Es wurde ein neues Team aufgebaut, welches dediziert nur für Verhinderung von Kundenverlusten zuständig war.
- Das Team wurde inhaltlich cross-funktional aufgestellt, mit einem direkten Top-Managementauftrag ausgestattet und de facto kaum Partikularzielen unterworfen. Gleichzeitig war es verantwortlich für die inhaltliche Abstimmung mit sämtlichen betroffenen Bereichen im Unternehmen, stand somit in der Abstimmungsschuld, um Alleingänge zu vermeiden.

---

[3] Deutsche Telekom CEO René Obermann zur Situation des Kundenbestandes im Festnetz kurz nach Amtsantritt.

- Dieses Team wurde mit vollständiger Budgethoheit für Kundenbindung ausgestattet.

- Das Churn Team entwarf ein umfassendes und bereichsübergreifendes Programm zum Stoppen von Kundenverlusten. Es identifizierte einige neuralgische Punkte, an denen Churn entstand, drohte oder verhindert werden konnte.

- Nach diesen neuralgischen Churn Punkten wurden jeweils Module initiiert, die sich mit dem Problem beschäftigen sollten und die Aufgabe hatten, es zu lösen.

Dabei war von Anfang an klar, dass es sich hierbei nicht um eine Symptombehandlung handeln durfte; der Auftrag an die Module war, Ursachen zu identifizieren und eine Roadmap mit sehr pragmatisch konkreten Schritten auf- und umzusetzen. Die Kernmodule des Churn Programmes bei T-Home seien an dieser Stelle kurz vorgestellt (Abbildung 3-1):

Abbildung 3-1: Churn Module bei T-Home – systematische Abwanderungsprävention

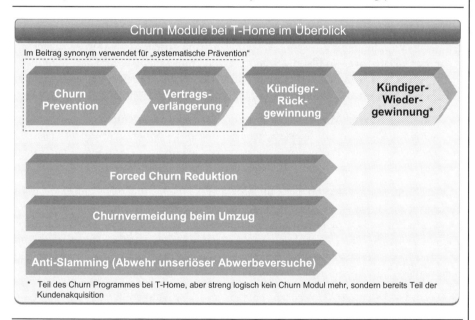

- **Churn Prevention/Vertragsverlängerung**: Module mit dem Ziel, Kunden in Vertragsbindungen mit Mindestvertragslaufzeiten zu führen bzw. zu halten. Beide Module ähneln sich in der Zielsetzung und werden daher in der nachfolgenden Case Study 1 auch als „systematische Prävention" bezeichnet. Der Unterschied ist, dass im Fall von Churn Prevention ein Kunde stets erstmalig in eine Vertragslaufzeit gebracht wird und dies stets auf den Impuls von T-Home ausgeht. Im Modul Vertragsverlängerungen hat der Kunde bereits einen gültigen Laufzeitvertrag; darüber hinaus kann der Impuls sowohl vom Unternehmen als auch vom Kunden ausgehen.

- **Kündigerrückgewinnung**: Bei Kunden, die ihre Kündigung bereits kund getan haben, aber noch eine Restlaufzeit bei T-Home haben, wird der Versuch unternommen, die Entscheidung rückgängig zu machen und den Kunden so zu halten.

- **Forced Churn Reduktion**: Modul zur Verringerung von Ausbuchungen aufgrund schlechter Zahlungsmoral. Dies kann z.B. durch intelligente Zahlungsmechanismen erfolgen (z.B. Prepay-Lösungen) oder durch Restrukturierungen offener Posten. Alle Ansätze haben das Ziel, es dem Kunden zu ermöglichen, seine Rechnungen begleichen zu können und ihn damit als Kunde zu halten.

- **Churnvermeidung beim Umzug**: Dieser besondere Moment of Truth funktioniert im Festnetzmarkt traditionell schlecht und ist daher ein erhebliches Risiko. Durch die Einrichtung von Sonderteams und spezieller kommerzieller Regelungen kann ein Großteil der Probleme vermieden und geheilt werden.

- **Anti-Slamming**: Ein nicht unerheblicher Anteil von Kundenverlusten bei T-Home war nicht zuletzt auf unseriöse Abwerbeversuche durch Wettbewerber zurückzuführen[4]. Daher war und ist die Schaffung von Transparenz dieser Fälle, Identifikation und Nachweis der Verursacher und gerichtliches Vorgehen dagegen wichtig, um verunsicherten Endkunden helfen und diese Praktiken eliminieren zu können.

Alle hier aufgeführten **Module** sind vorrangig **transaktionsorientiert**, d.h. sie greifen und wirken da, wo es um die Vertragsbeziehung des Kunden geht; sei es, diese zu erzeugen (z.B. Churn Prevention), diese zu verlängern (z.B. Vertragsverlängerung, Umzug) oder diese zu erhalten (z.B. Kündigerrückgewinnung, Forced Churn).

Natürlich sind diese Faktoren nicht alleinerklärend für eine gute oder schlechte Churn Performance. Churn ist in Ursache und Heilung jeweils hoch multidimensional und immer ein Zusammenspiel von weichen und harten Faktoren. So spielen z.B. Faktoren wie Marke/Image, Preiswahrnehmung und Kundenservicequalität sehr wichtige Rollen für Churn; genauso wie der Einsatz von Loyalitätsprogrammen langfristig ein dominantes Churn Instrument sein kann.

Trotzdem wird sich der Verfasser im Folgenden in der näheren Betrachtung auf zwei Module mit Transaktionscharakter konzentrieren; dieses aus 2 Gründen: Erstens kann man belastbare Aussagen über den Ursache-/Wirkungszusammenhang treffen und

---

[4] Slamming umfasst beispielsweise die typischen Gewinnspielstände in Baumärkten, bei denen Kunden im Kleingedruckten oftmals Verträge bei Wettbewerbern unterzeichnen. Zum Teil werden auch großflächige Mailingkampagnen durchgeführt, worin Kunden über die Umstellung ihrer Telekommunikationsleistungen „informiert" werden, sofern kein Widerruf erfolgt; d.h. sie werden oftmals gegen ihren Willen vor vollendete Tatsachen gestellt.

Effekte und Wirkungen wirklich quantifizieren; zweitens aber auch aus der Erfahrung heraus, mit diesen Modulen über 50% der Churnreduktion der vergangenen Jahre erreicht zu haben.

4 Case Study 1: systematische Abwanderungsprävention bei T-Home

Vorbeugen ist besser als Heilen – dieses Sprichwort hat im Churn Management eine ganz eigene, fundamentale Bedeutung. Über 50% der vermeidbaren (d.h. potenziell adressierbaren) Kundenabwanderungen können durch das Instrument der Prävention verhindert werden – es ist das wichtigste Werkzeug im Instrumentenkasten des Churn Managements.

4.1 Voraussetzungen

Um erfolgreich Kündigerprävention durchführen zu können, bedarf es einiger Werkzeuge. Die wichtigsten sind hierbei:

- **Customer Insight**: Jede Prävention baut auf der Kenntnis des Kunden und seines Nutzungsverhaltens auf. Daher müssen im Data Warehouse automatisiert folgende Daten auswertbar vorliegen:
    - **Nutzungsmerkmale**: Tarifwahl (aktuell + Historie); Kommunikationsverhalten (z.B. wie viele Gesprächsminuten in welche Netze?),
    - **Kaufverhalten**: Welchen Vertriebskanal nutzt der Kunde bevorzugt? Wo hat die Transaktion des derzeit aktuell genutzten Produktes stattgefunden (also hat der Kunde im Fachhandel oder im Internet gekauft?),
    - **Individueller Kundenwert**: automatisierte Berechnung auf Basis von Produktwahl/Nutzungsverhalten, zurechenbaren Vertriebs- und Marketingkosten etc.,
    - **Soziodemographische Faktoren**: Alter, Geschlecht, Wohnsituation, verfügbares Einkommen / Share of Wallet (falls erfassbar, sonst näherungsweise Bestimmung).

- **Prediction-Modelle**: Das wichtigste aller Modelle für die Kündigerprävention ist das Churn Prediction Modell. Hierbei handelt es sich um ein statistisches Modell, welches automatisiert für jeden Endkunden eine individuelle Abwanderungswahrscheinlichkeit berechnet, den sogenannten „Churn Score". Die Aussagefähigkeit eines solchen Modells steht und fällt mit zwei Faktoren:

- **Churn Prädiktoren**: welche Merkmale weisen auf eine baldige Abwanderung hin? Woran kann ich also analytisch feststellen, warum ich gewisse Kundengruppen verliere; wohlgemerkt stets vollkommen anonymisiert und ohne jede Kenntnis oder Möglichkeit, den Kunden wirklich zu befragen. Um diese Frage zu beantworten, analysiert man reale Kundenverluste und sucht aussagekräftige, statistisch auswertbare Merkmale, die diese Kunden gemeinsam hatten. Findet man diese Merkmale, bilden diese die Grundbausteine des Prediction Modells. Einige Beispiele für aussagekräftige Prädiktoren sind:
    - Anteil Fremdnetztelefonie,
    - Beschwerdehäufigkeit,
    - Passgenauigkeit bestehender Tarif vs. aktuelles Telefonieverhalten,
    - Regionaler Erschließungsfortschritt von alternativen Infrastrukturen (z.B. Kabelnetze).

- **Algorithmus**: Typischerweise findet man zahlreiche Prädiktoren, oftmals sind es sogar zu viele. Ein intelligentes Modell ist nun so konstruiert, wenige, aber trennscharfe Prädiktoren auszuwählen und diese mathematisch so zu kombinieren, dass sie ein Maximum an Erklärungswert generieren. Im Fall von T-Home wurden aus mehr als 600 möglichen Prädiktoren für den Einsatz im Churn Prediction Modell ca. 15 dominante ausgewählt.

4.2 Durchführung

Hat man diese Voraussetzungen erfüllt – in Realität oftmals schon eine veritable Herausforderung an sich –, so besitzt man die theoretischen Bausteine für den Erfolg. Mehr jedoch nicht. Wie immer wird der unternehmerische Erfolg daran gemessen, die Erkenntnisse über Kunden, Markt und Wettbewerb in die Realität umzusetzen; d.h. in unserem Fall ganz konkret, die annahmegemäß korrekt identifizierten abwanderungsgefährdeten Kunden auch wirklich zu erreichen und sie dann mit Marketing- und Vertriebsgeschick ans Unternehmen zu binden.

All dies muss geordnet geschehen, sämtliche Vertriebskanäle müssen orchestriert eingesetzt werden. Und man muss im Vorfeld eine Frage beantworten, die fundamental für jedes Unternehmen ist: Wie kann man mittelfristig ein Maximum an Kunden und Umsätzen halten (= churngefährdete Kunden präventiv binden) und dabei gleichzeitig die Kollateralschäden auf der Bilanz, speziell auf der Umsatzseite, minimieren (= Umsatzabsenkung pro Kunde minimieren, Mitnahmeeffekte reduzieren)? Dazu braucht es eine durchdachte Angebotsstaffelung und klare Regeln, die von allen Beteiligten verstanden und befolgt werden.

In der Praxis laufen folgende Schritte ab:

- Automatisiert berechnet das Churn Prediction Modell auf Basis der oben beschriebenen Faktoren eine **Abwanderungswahrscheinlichkeit** für jeden individuellen Kunden. Es ergibt sich **als Resultat eine Aufeinanderreihung des gesamten Kundenbestandes; abfallend nach Churn Score**.

- Das Unternehmen legt fest, ab welchem Churn Score ein Kunde als „gefährdet" (im Sinne des Unternehmens) gilt; nicht jede Gefährdung >0 verdient ein solche Einordnung, denn es müssen Streuverluste auf Umsatz- und Kostenseite minimiert werden. Wo genau die Grenze gezogen wird, ist letztlich eine unternehmenspolitische Entscheidung auf Basis vieler Faktoren – oft auch taktischer Natur. (Wie aggressiv schätzt man den Marktangang der Wettbewerber ein? Wie zufrieden/unzufrieden sind die eigenen Kunden im Allgemeinen? Wie wichtig ist das Ziel der Bestandssicherung für das Unternehmen im Vergleich zu anderen, ebenfalls investitionsintensiven Marktzielen? Ab welchem Churn Score könnte die Vorhersageungenauigkeit des Modells so groß werden, dass potenzielle Kollateralschäden die positiven Wirkungen überschreiten?)

  Bei T-Home werden zwei Gefährdungsgrenzen genutzt: eine „enge" Definition, in welcher ca. 15% aller Kunden als gefährdet gelten, sowie eine weitere Definition, bei der diese Grenze erst bei 30% gezogen wird (Abbildung 4-1). Die akute Anwendung dieser Grenzen erfolgt nach operativen Erfordernissen. **Als Resultat ergibt sich eine ausgewählte Menge an Kunden, die man gefährdet sieht und binden will.**

- Diese Kundenmenge wird nun nach ihrer Restvertragslaufzeit analysiert: Wie viele Kunden haben welche Restlaufzeiten ihrer Verträge? Stellt man diese Daten zusammen, so erhält man **als Resultat die zeitlich terminierte Menge an gefährdeten Kunden – z.B. in Monatskohorten.**

Abbildung 4-1: DSL-Kundenbestand nach Churn Score (schematisch)

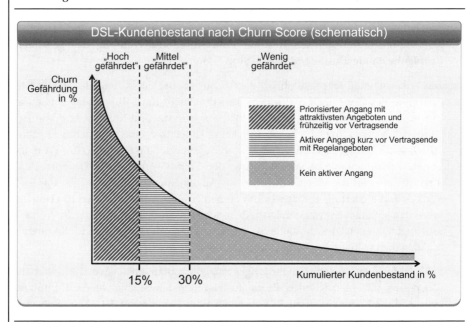

4.2.1 Einfluss der Zeitregel zur Vertragsverlängerung (VVL)

Wie und vor allem wann diese Kohorten angegangen werden, hängt maßgeblich von der im Unternehmen herrschenden (und von ihr frei festlegbaren) Policy ab; Bei T-Home ist diese Frage als **„x-y-Regel"** bekannt, wobei „x" das Ende eines Endkundenvertrages darstellt und „y" den Zeitraum in Monaten, ab dem dieser bestehende Vertrag verlängert werden darf. Eine Lösung x-1 würde bedeuten, dass man sich dazu entschlossen hat, alle auslaufenden Verträge erst 1 Monat vor deren Laufzeitende zu verlängern (und damit den Kunden auf einen potenziell neuen Preispunkt umstellt). Dieser Zeitpunkt definiert ebenfalls den frühest möglichen Laufzeitbeginn eines potenziellen Anschlussvertrages für den Endkunden. Die richtige Bestimmung dieses x-y-Zeitpunktes ist von großer Bedeutung für die vertriebliche Praxis; mit diesem Instrument erfolgt ein Großteil der operativen Steuerung bei der Kündigerprävention, da sich hiermit der Zielkonflikt/die Gefahrenabwehr zwischen Umsatzabsenkung und Kundenbestandssicherung managen lässt.

Abbildung 4-2: Anwendung der x-y-Regel im Rahmen auslaufender Verträge

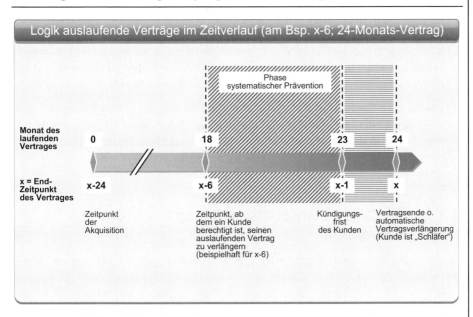

Ein Anwendungsbeispiel (Abbildung 4-2) soll dies verdeutlichen:

Legt man z.B. die Regel x-6 fest, so kann jeder Kunde ab dem 6. Monat vor Ende seiner Vertragslaufzeit in einen (potenziell billigeren) Anschlussvertrag wechseln. Es liegt auf der Hand, dass dies der „Löwenanteil" der gefährdeten Kunden tun würde – der angebotene Preisnachlass gegenüber dem Alternativszenario ist sehr hoch und heilt damit viele Unzufriedenheitsgründe; insbesondere natürlich die kommerziellen. Damit schrumpft die Menge der realen Kundenabwanderungen aus dieser Gruppe sehr stark; nur noch sehr verärgerte Kundengruppen (z.B. Service) oder solche aus nichtheilbaren Abwanderungsgründen (z.B. Umzug ins Ausland) verbleiben bei ihrer Kündigungsabsicht. Allerdings geht eine solche kundenorientierte Regel stark zu Kosten des Umsatzes, da sie für die besagte Kohorte gegenüber einer x-1-Regel schon 5 Monate vorher eine Preissenkung vornähme und damit den Umsatz/Kunde und Gesamtumsatz substanziell verwässern würde. (Immer unter der Prämisse, dass Nachfolgeangebote mit gleicher Leistung zu geringeren Preisen angeboten werden; was z.B. für den Fall des DSL-Marktes mit einem generell sinkenden Preisniveau zutreffend ist.)

Wie legt man sich also in dieser schwierigen Frage fest? Nun, es gibt keine Wahrheit, nur Leitplanken, die man sich vergegenwärtigen muss und die einen Korridor aufspannen:

- **Minimale Untergrenze: Kündigungsfrist des Kunden + 4 Wochen**; dem Kunden muss erlaubt werden, den Vertrag zu neuen Konditionen abzuschließen, bevor seine Kündigungsfrist abläuft. Wäre dies nicht der Fall, so würde der Kunde durch die Systematik in eine Situation gedrängt, wo er erst verlängern kann, wenn die aus seinen Augen „schärfste Waffe" – die Kündigungsandrohung – bereits zeitlich verfallen ist. In der Konsequenz wird er aus Vorsorge eher kündigen und dann nachverhandeln; eine für Anbieter nicht wünschenswerte Situation.

- **Obergrenze**: Diese ist nicht logisch herleitbar, aber als Faustregel darf gelten: Mit welchem zeitlichen Vorlauf beschäftigt sich der Hauptteil der Kunden geistig mit dem Thema Anbieterwechsel/Vertragsverlängerung? Die Antwort darauf determiniert die wirtschaftlich sinnvolle Obergrenze.

4.2.2 Intelligente Angebotsstaffelung in der Churn Prevention

Sind Kunden abwanderungsgefährdet, gibt es in aller Regel einen Grund im Unternehmen selbst dafür. Im Falle T-Home ist der meistgenannte Grund[5] der Preis (der vor einigen Jahren gleichrangig genannte Punkt „Service" existiert nur noch sehr abgeschwächt und hat sich vielmehr zu einem realen Grund zum Verbleib bei T-Home gewandelt).

Gleichzeitig befindet sich der DSL-Markt jedoch auch in einem Stadium ständiger Leistungserweiterung (z.B. mehr Bandbreite, Zusatzfunktionalitäten), die vom Kunden auch nachgefragt werden, während die Preise pro Leistungseinheit rasant fallen[6]. Grundsätzlich ist es also möglich, Produkte und Services bei Churn Prevention anzubieten, die entweder eine **deutliche Leistungsaufwertung oder eine signifikante Preisreduktion** bieten. Wenn möglich, werden Anbieter vermeiden, beide Effekte gleichzeitig anzuwenden, so dass sich vereinfachend folgende Angebotslogik für einen abwanderungsgefährdeten Kunden anbietet:

- **Erstes Angebot: deutliche Leistungsaufwertung zum gleichen Preis** (z.B. DSL Flatrate-Erweiterung von 6MB auf 16MB/Monat bei gleichem Preis) oder sogar weiteres Upselling mit starker Leistungserweiterung bei moderater Preisanhebung (z.B. Upselling von Double Play 6MB/Monat auf Triple Play inkl. Internet-TV auf z.B. 25MB), falls vorliegende Affinitätsmodelle eine Kaufneigung unterstellen.

---

[5] Zusätzlich existiert das Phänomen, dass große Kundenschichten keine Kenntnis über die derzeitigen T-Home Preispunkte besitzen und die angenommenen Preispunkte des Incumbents tendenziell überschätzt werden, während die der Konkurrenz tendenziell unterschätzt werden; eine Sichtweise, die aus der langjährigen Kundenbeziehung aus Monopolzeiten herrührt.

[6] Der Breitbandmarkt ähnelt damit in seiner Struktur der PC-Industrie, in der das Mantra der Leistungsverdoppelung innerhalb von 2 Jahren bzw. der Preisreduktion seit 2 Jahrzehnten relativ konsequent durchgespielt wird.

- **Fallback-Angebot: gleicher Leistungsumfang zum verringerten Preis**

Erfahrungen bei T-Home zeigen, dass mit dieser Systematik für den überwiegenden Teil kundengerechte Lösungen gefunden werden können.

4.2.3 Einsatz vor Kunde und Orchestrierung der Vertriebskanäle

Hat man all diese Bestandteile sauber durchgearbeitet, so verfügt man über eine klar definierte Menge abwanderungsgefährdeter Kunden, von denen man sich entschieden hat, sie halten zu wollen. Es existiert darüber hinaus Klarheit, was der optimale Ansprachezeitpunkt ist und eine umsatzoptimale Produktstaffelung steht zur Verfügung.

Alle Vorarbeiten sind fertig, es fehlt „nur noch" die Umsetzung im tagtäglichen Kontakt und Geschäft mit den Kunden. Das dies der entscheidende Hebel für Erfolg oder Misserfolg ist, ist genauso eine Binsenweisheit wie wahr. T-Home ist das Thema folgendermaßen angegangen:

1. **Direkte Ansprache soweit möglich**: Alle vorselektierten Kunden mit einer vorliegenden Einwilligungsklausel werden von Spezialteams telefonisch kontaktiert. Dieser Kontakt erfolgt aktiv und zum Zeitpunkt x-4 (d.h. 4 Monate vor Ablauf der Vertragsdauer des Endkunden). Liegt für einen Kunden nur eine Einwilligungsklausel für brieflichen Kontakt vor, wird der Kunde auf dem Postweg angesprochen.

2. **Passive CRM-Unterstützung**: In allen Vertriebskanälen mit direkter Anbindung ans Unternehmen (eigene Callcenter, Telekom Shops, t-home.de) kann darüber hinaus eine passive Identifizierung abwanderungsgefährdeter Kunden stattfinden, sobald der Kunde sich selbst meldet. Automatisiert gleicht das CRM-System eingehende Kundenkontakte (mittels Kunden- oder Rufnummer, die der Kunde selbst eingibt) mit der Liste der gefährdeten Kunden ab und reagiert im Positivfall, indem dem Mitarbeiter im Shop oder im Inbound-Callcenter eine spezielle Maske im PC erscheint, auf der die Abwanderungsgefährdung des Kunden dargestellt ist. Im Internet ist die Weiterleitung auf spezielle Seiten darstellbar. Übergeordnetes Ziel ist es stets, einen abwanderungsgefährdeten Kunden zu erkennen.

3. **Mehrstufigkeit der Angebote**: Jeder Churn Prevention Versuch startet in aller Regel mit einem Upselling-Angebot („more value for insignificant more or stable money"); schließlich zielen alle Versuche darauf ab, den Durchschnittsumsatz pro Kunde zu erhöhen.[7] Ein Teil der Kunden – je nach Angebot 5%-30% – wird dieses

---

[7] Allerdings kann ein Upsell-Angebot auch preislich auf dem gleichen Level sein, wie es das jetzige Produkt ist; dies hängt von der Preisdynamik im Markt und dem Alter des Produktes ab.

Angebot akzeptieren. Der wesentliche Trick von Churn Prevention besteht nun darin, der verbleibenden ablehnenden Mehrheit ein anderes, kommerziell besseres Angebot zu unterbreiten und den Kunden zum Abschluss zu bewegen („same value for less money"). Das ist deshalb nicht ohne Risiko, weil der Kunde erstens nach dem ersten „Nein" weniger bereitwillig ist, die Diskussion weiter fortzusetzen; zweitens aber auch der zweite Versuch in einem Gespräch mit einiger Sicherheit der letzte ist; d.h. dieser muss zum Erfolg führen.

4. **Qualität der Vertriebe** entscheidend für Durchsetzung der richtigen Strategie: Alle für Vertrieb und Service autorisierten Mitarbeiter – im Fall von T-Home ca. 20.000 Menschen – müssen verstanden haben, nach welchen Regeln welche Kundengruppen auf welche Zielprodukte beraten werden sollen. Primat hat aber trotzdem der Individualfall; Kunden dürfen nicht in Schablonenlösungen gepresst werden, Agenten dürfen im Zweifelsfall den Kundenwunsch über den Wunsch des Unternehmens stellen. Es muss sozusagen gleichsam eine **starke Disziplin und Flexibilität** herrschen. Um das zu bewerkstelligen, bedarf es erstklassiger Informations- und Kommunikationstools, einer starken kundenorientierten Servicekultur und einer Administration, die die Regelwerke einfach und am gesunden Menschenverstand ausrichtet.

4.3 Effekte / Resultate systematischer Kündigerprävention bei T-Home

Systematische Kündigerprävention existiert bei T-Home seit 2006 und ist der wichtigste Eckpfeiler eines nachhaltigen Churn Managements. Die wesentlichsten Ergebnisse sind:

- Identifikation von ca. 90% aller gefährdeten Kunden und aktive Prävention[8],

- Jährlich über 1 Million gesicherte Kunden mit Gefährdungsindikation,

- Dreistellige Millionenbeiträge an gesichertem Umsatz,

- Davon ca. 20% mit Upsell-Angeboten.

---

[8] Sofern wirtschaftlich darstellbar. Es mag durchaus kleinere gefährdete Kundensegmente gegeben haben, bei denen ein Bindungsversuch unwirtschaftlich gewesen wäre und dies daher bewusst unterblieb.

5 Case Study 2: Kündigerrückgewinnung bei T-Home

Keine noch so gute Kündigerprävention wird verhindern können, dass einige Kunden trotzdem kündigen werden. Glücklicherweise gibt es jedoch weitere Churn Instrumente, die zeitlich „weiter hinten" ihre Wirkung erzielen. Ist die Kündigung eines Kunden einmal eingegangen, kommt das Instrument der Kündigerrückgewinnung ins Spiel (Abbildung 5-1), von dem nachfolgend in seiner Anwendung bei T-Home die Rede sein soll.

Abbildung 5-1: Churn Module bei T-Home – Kündigerrückgewinnung

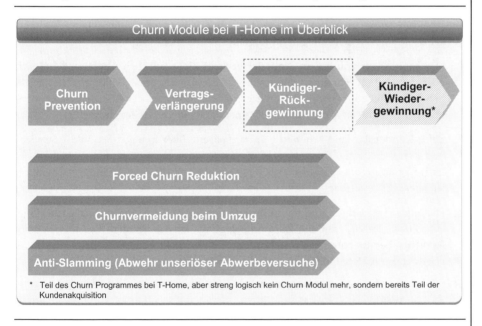

5.1 Abgrenzung des Diskussionsgegenstandes

Als Kündigerrückgewinnung versteht der Verfasser den Fall, dass eine Willensäußerung des Kunden beim Unternehmen eingegangen ist, die eigentliche Transaktion (z.B. Abschaltung des Anschlusses) aber noch nicht durchgeführt worden ist. Warum existiert hier keine Zeitgleichheit? Zwischen Willensbekundung und technisch/prozessualer Umsetzung verstreicht schon rein aus operativen Gründen Zeit, jedoch ist hier mehr die Rede von den Kündigungs-Willensäußerungen, die z.B. deutlich vor Ablauf von Vertragsfristen eingehen, also unter ganz normaler Beachtung von Kündigungsfristen eingehen.[9] Kündigerrückgewinnung bedeutet, einen aktuellen Kunden zu überzeugen, seine bereits getätigte Willensäußerung wieder zurückzunehmen – solange dies innerhalb des Vertragsrechts möglich und zulässig ist.[10]

Nähert man sich dem Thema, so kommt unweigerlich die Frage, ob und warum Kündigerrückgewinnung überhaupt erfolgreich eingesetzt werden kann. Schließlich widerspricht es rationalem Handeln, sich mit einem Wechselprozess solange auseinanderzusetzen, bis man sich zur Kündigung bei seinem aktuellen Anbieter durchringt, um sich dann schlussendlich trotzdem vom Gegenteil überzeugen zu lassen.

Netto-Erfolgsquoten um die 25% sprechen aber eine andere Sprache. Die Auflösung liegt oftmals in **Markt- und Informationsintransparenz**, z.T. gepaart mit irrationalen Entscheidungsmomenten des Kunden. Typischen Fällen von erfolgreichen Kündigerrückgewinnungsversuchen liegen oft folgende Sachverhalte zugrunde:

- Der Kunde war **von einem Anbieterwechsel nicht wirklich überzeugt**, hat sich aber von Dritten (Familie, Freunde) überreden lassen, ohne jedoch bei ihm bestehende Zweifel auszuräumen. Nun ergreift er im Rahmen der Kündigerrückgewinnung die Möglichkeit, die Sache aus seiner Perspektive „zu berichtigen".

- Beim Kunden bestand erhebliche **Intransparenz** über aktuelle Produkte, Services und Preise des aktuellen Anbieters. Bei der Kündigerrückgewinnung erhält er diese Transparenz und ist auf dieser Basis nun bereit, die Kündigungsentscheidung rückgängig zu machen.

- Die angezeigte Kündigung hat in ihrem materiellen Kern eine **andere Grundlage**, z.B. einen Umzug oder die Zusammenlegung von Haushalten. Diese wird vom Kunden aber in Form einer Kündigung ausgedrückt – oftmals aus Unkenntnis über den korrekten und für ihn vorteilhafteren Prozess.

- Leider basieren auch zahlreiche Fälle auf **unseriösem Wettbewerb**. In diesen Fällen reichen Wettbewerber im Namen des Kunden eine Kündigung bei dessen aktuellem Anbieter ein, ohne dass der Kunde dies explizit wusste bzw. wollte.[11] Oftmals werden diese Fälle erst im Rahmen von Kündigerrückgewinnungsaktivitäten sichtbar und können dann entsprechend adressiert werden.

---

[9] Im Standardfall liegen zwischen Kündigungseingang und Ausführung der Kündigung zwischen 1-3 Monate; je nach vereinbarter Kündigungsfrist.

[10] Davon zu unterscheiden ist der Fall, dass man einen ehemaligen Kunden wiedergewinnt, der in den vergangenen Jahren bei einem Wettbewerber unter Vertrag stand.

[11] Typische Fälle sind Gewinnspiele, die den Kunden im Kleingedruckten den Übergang ihrer Verträge auf einen neuen Anbieter „unterschieben".

5.2 Voraussetzungen / Vorbereitungen

Im Gegensatz zu den umfangreichen analytischen Voraussetzungen bei der Churn Prevention ist die Kündigerrückgewinnung ein **Instrument ohne großen intellektuellen Vorbau**; damit einhergehend benötigt man vergleichsweise wenig Voraussetzungen. Es kommt im Wesentlichen auf Schnelligkeit und Qualität der Umsetzung an. Dennoch müssen einige Schritte vorbereitend geklärt sein:

- **Form des Kündigungseingangs**: Zu wählen ist zwischen ausschließlicher Schriftform und dem (zusätzlichen) Zulassen von mündlichen Kündigungen. Beides hat Vor- und Nachteile; lässt man z.B. telefonische Kündigungen zu, so hat dies den Vorteil, dass man den Kunden automatisch im direkten Kontakt hat; den Kunden nicht mehr zu erreichen, ist damit keine Option. Allerdings senkt man auch die Hemmschwelle einer Kündigung. Natürlich ist es viel einfacher, telefonisch zu kündigen als dies schriftlich zu tun. Aber dafür ist die Meinungsbildung eventuell weniger stark ausgeprägt als bei einem Kunden, der die Schriftform nehmen musste und dies dann auch tat. Bei T-Home haben wir uns für die ausschließliche Schriftform entschieden. Diese Entscheidung basierte auf den Gründen der Eindeutigkeit (dokumentierte Unterschrift des Anschlussinhabers in unklaren Fällen) sowie ein antizipiertes Trägheitsmoment beim Kunden.[12]

- **Arbeitsvorbereitung**: Eine erfolgreiche Kündigerrückgewinnung steht und fällt mit einer schnellen und stabilen Arbeitsvorbereitung. Es gilt, einen möglichst großen Anteil der eingehenden Kündigungen in einem gut strukturierten Prozess schnell zu erfassen, mit hoher Güte zu qualifizieren, mit minimalem Abrieb IT-technisch aufzubereiten und dann an die eigentlichen Rückgewinnungs-Teams weiterzuleiten. Dafür sind folgende Elemente besonders wichtig:
    - **Zentrale Erfassung der Kündigungseingänge**: Es gilt, ein zentrales Eingangstor zu definieren und dies dem Kunden stringent zu kommunizieren. Kunden werden aber auch versuchen, ihre Kündigungsschreiben an vielen anderen Kontaktpunkten mit dem Unternehmen zu hinterlassen (z.B. Übergabe im Shop, postalische Adressierung an andere/weitere Niederlassungen, Nutzen von allgemeinen Email-Adressen und Faxnummern. Die Herausforderung des Unternehmens liegt darin, alle Eingänge zu kennen und funktionierende Prozesse so aufzusetzen, dass möglichst das gesamte Volumen an eine zentrale Stelle gebracht wird, die die Arbeitsvorbereitung durchführt.

---

[12] Der Kunde muss Transaktionskosten (Zeit, Geld) auf sich nehmen, um auf dem Postweg zu kündigen. Natürlich gibt es auch hier eine Kehrseite der Medaille: Wer einmal diese Transaktionskosten auf sich genommen hat, ist schwerer von seinem einmal gefassten Beschluss abzubringen; d.h. tendenziell sinken daher auch die Erfolgsquoten.

- **Professionelle Arbeitsvorbereitung**: Sind alle Kündigungseingänge zentral gesammelt worden, müssen diese so aufbereitet werden, dass ein effizienter Prozess mit potenziell hohen Mengen eingeleitet werden kann; konkret heißt das, Kündigungseingänge verschiedenster Art müssen in ein maschinell verarbeitbares Format überführt werden. Dazu bedarf es eines leistungsstarken Scanners, der ca. 80% der eingehenden Schreiben korrekt kategorisiert. Die verbleibenden 20% müssen in Handarbeit von Spezialteams nachgearbeitet werden. Schließlich wird das Ergebnis – eine Dialer-fähige Liste von Kündigungseingängen – an die eigentlichen Teams der Kündigerrückgewinnung übergeben.[13]

5.3 Durchführung

Die eigentliche Durchführung der Kündigerrückgewinnung besteht nun darin, eine möglichst hohe Zahl von Kunden zum Verbleiben zu überzeugen. Der Ablauf folgt im Grunde dem gesunden Menschenverstand und verläuft wie folgt:

- **Spezielle Kündigerrückgewinnungsteams** kontaktieren die Kunden telefonisch. Eine Erreichquote von ca. 75% gilt als Ziel, um den Mengenabrieb im Rahmen zu halten. Um diese Quote zu erreichen, sind mehrere **Parameter variabel** einsetzbar; z.B.: Zu welchen Zeiten/Tagen erreicht man welche Kundengruppe bzw. die Anschlussinhaber? Wann ist der Kunde tendenziell gesprächsbereit zu diesem Thema? Nutzt man Anrufbeantworter oder nicht?

- **Nach Kündigungsgründen fragen**: Der Einstieg ins Gespräch erfolgt immer über das Interesse am Kündigungsgrund. Erstens kann dann an dieser Stelle verstanden werden, ob es sich überhaupt um eine Kündigung handelt oder vielleicht um einen Umzug, Zusammenzug oder Sterbefall. Nicht selten hat der Kunde auch keine Kenntnis von seiner Kündigung und gibt vor, diese nie beauftragt zu haben.[14] In einem solchen Fall wird der Agent den Vorfall entsprechend abändern und die nötigen Schritte einleiten. Für den Fall einer realen Kündigung ist es von großem Wert zu verstehen, was Kunden zum Wettbewerb treibt. Welche Einflüsse und Vorfälle gab es, was war der entscheidende Faktor? Unter welchen Umständen hätten sie von ihrer Kündigung abgelassen? Steht der Entschluss unumstößlich fest? Auf diese Weise bekommen wir Anbieter ein ungeschminktes Bild von der Kundenrea-

---

[13] Es versteht sich von selbst, dass nicht alle Kündigungen so verarbeitet werden, sondern gewisse Sondergründe abschließend veranlasst werden müssen. Dazu zählen z.B. Sterbefälle, Umzug ins Ausland oder in Alters-Pflegeheime.

[14] Neben vereinzelten Irrtümern sind es vermehrt Transaktionen von im Haushalt lebenden Personen, die ohne Kenntnis und Zustimmung des Anschlussinhabers ausgeführt wurden (und damit ungültig sind).

lität, was direkter, besser und ehrlicher keine Marktforschung oder Managementmeinung der Welt generieren kann.[15]

- **Potenziell zugrunde liegende Probleme (z.B. Service-Themen) lösen**: Oftmals findet man heraus, dass der Kündigungsgrund darin besteht, dass wir Anbieter ein Versprechen nicht eingelöst haben, dem Kunden eine halbfertige technische Lösung angefertigt haben oder einfach seine Stimme bei anderen Themen nicht gehört haben; kurzum: die **Kündigung ist ein Signal, endlich verstanden und ernst genommen zu werden**. Versteht sich die Kündigerrückgewinnung als bedingungsloser Anwalt des Kunden (und das sollte sie tun), so kann sie ihn manchmal durch sehr einfache, menschliche Handlungen überzeugen: zuhören, Verständnis für die Situation zeigen, versuchen, das bestehende Problem final zu lösen, mit dem Kunden auf Augenhöhe kommunizieren. Ein substanzieller Teil der zurückgewonnenen Kunden kommt auf diesem Wege zustande.

- **Kommerzielle attraktive Gegenangebote machen**: Es verbleiben die Kunden, die aus kommerziellen Gründen kündigten; sie sind unzufrieden mit ihrem bisherig gezahlten Preis und versprechen sich eine hohe Entlastung bei einem Anbieterwechsel. Es ist klar, dass man dieser Gruppe ein preislich attraktives „Gegenangebot" machen muss; die Frage ist jedoch: bis zu welcher Grenze? Es folgt eine Art Verhandlungssituation: Man fängt im Kundengespräch damit an, das aktuell gültige Paket anzubieten (dieses ist meist bereits signifikant billiger als das bisherige Paket, welches der Kunde gerade gekündigt hat). Lehnt der Kunde dieses ab, wird der Agent eine weitere kommerzielle Stufe ziehen, z.B. einen einmaligen Extrabonus[16] oder sogar einen speziellen Kündiger-Tarif anbieten, der nur für diese Kundengruppe gilt. Die Logik ist klar: bei der Rückgewinnung gibt es **keine ökonomischen Streuverluste**; die Alternative ist immer der Totalverlust des Kunden und seines gesamten Umsatzes. Daher kann theoretisch ein wirtschaftlich sinnvolles Angebot solange im Preis reduziert werden, wie die variablen Produktionskosten nicht unterschritten werden. In der Realität aber wird dies nicht geschehen, im Wesentlichen aus Sorge um die Abstrahleffekte, die ein solches Angebot auf „normale" Kundengruppen haben könnte.[17] De facto wird es also eine vorher festgelegte Untergrenze geben, bis zu der ein Agent jedoch Verhandlungsfreiheit haben sollte. Flankiert werden muss das mit einem individuellen Incentive-System für einen

---

[15] Dieses ungeschminkte Feedback – gerade an einer für das Unternehmen unangenehmen Stelle – ist eine der aus Sicht des Verfassers wichtigsten Lektionen, die man vom Kunden lernen sollte. Der Verfasser empfiehlt jedem, der Kundenrealität erleben will, regelmäßig den Besuch im Kündigerrückgewinnungsteam.

[16] Z.B. ein attraktives, aber noch wirtschaftlich vertretbares Angebot wie ein iPod oder eine 100€-Rechnungsgutschrift.

[17] Zwar wären solche Angebote nur für die Kündiger eingesetzt, jedoch ergibt sich durch Kommunikation zwischen Freunden und Familien – und bald darauf in Foren – schnell, dass man auf diese Weise den besten Deal mit dem Unternehmen bekommt, wenn man kündigt und dann nachverhandelt.

Agenten, welches nicht die reine Menge oder Quote der zurückgewonnenen Kunden belohnt, sondern das eine intelligente Kombination von Anzahl zurückgewonnener Kunden und den damit eingesetzten finanziellen Zugeständnissen darstellt, wobei der Fokus hier weiterhin auf der Rückgewinnung liegt.

5.4 Effekte / Resultate systematischer Kündigerrückgewinnung bei T-Home

Systematische Kündigerrückgewinnung wurde bei T-Home 2007 eingeführt und trägt seither substanziell zum guten Churn Gesamtergebnis mit folgenden Eckwerten bei:

- Netto-Rückgewinnungsquote (d.h. Anteil der zurückgewonnenen Kunden an real erreichten Kunden): 20%-25%,

- Brutto-Rückgewinnungsquote (d.h. Anteil der zurückgewonnenen Kunden an allen Kündigungseingängen): ca. 10%,[18]

- Ca. 300.000 zurückgewonnene Kunden/Jahr,

- Gesicherte jährliche Umsätze in signifikant zweistelliger Millionenhöhe,

- Unschätzbare Lerneffekte und Einsichten in die Kundenrealität und -wahrnehmung.

---

[18] Der Versatz kommt durch die Abriebe im internen Arbeitsvorbereitungs-Prozess zustande. Zudem können nicht alle Kunden erreicht werden.

Thomas M. Zweigle

Kundenabwanderungsprävention durch ganzheitlich integratives Vertriebsinformationsmanagement
Managementaufgabe: umfassende Informationsqualität in allen Phasen der Kundenbeziehung

1 Bedeutung der Kundenabwanderung im Commodityvertrieb und Informationsqualität 293
2 Bedingungen im Energievertrieb 295
   2.1 Systemlandschaften mit CRM-Schnittstellen 296
   2.2 Faktoren Mitarbeiter(-motivation) und Entlohnungssysteme 298
   2.3 Ausgewählte Datenphänomene und Vertriebssteuerungspraxis 299
3 Kundenabwanderungsprävention mittels Vertriebsdatenmanagement 302
   3.1 Implementierungsprämissen 303
   3.2 VDM-Kennzahlen, Daten-/ Informationsqualität 305
   3.3 Erfolgsfaktoren bei VDM-Implementierung/-Weiterentwicklung 307
4 Implikationen für Praxis und Wissenschaft 309

1 Bedeutung der Kundenabwanderung im Commodityvertrieb und Informationsqualität

In energiewirtschaftlich regulierten und mittlerweile liberalisierten Zeiten sind zwei wesentliche Strömungen auf dem deutschen **Energiemarkt** prägend – speziell im Stromvertrieb. Einerseits entstehen manchmal kannibalisierende Effekte zwischen einzelnen konkurrierenden Energieversorgern, die zeitweise ihre Produkte deutlich unter Einkaufspreisen schreierisch vermarkten. Diese oftmals neuen Marktteilnehmer versuchen durch diese Preisstrategie, sich unter enormen Investitionsaufwendungen Marktanteile zu erkaufen. Dabei verknüpfen sie die Hoffnung, dass einmal gewonnene Kunden langfristig dem Unternehmen treu bleiben, sodass sich eine mittelfristige Rentabilität im Geschäftsmodell einstellen kann. Andererseits sind die im Vergleich zu anderen Branchen zunächst sehr wechselscheuen (Strom-) Kunden sehr rational getrieben in der Abwanderung, wenn gerade innerhalb ihrer Grundversorgung die Parameter Leistung, Service oder Preis sich nicht zu ihren Kundenerwartungen konform entwickeln. Der Rettungsversuch, bei solchen Enttäuschungen mittels klassischer Marketing- oder Kampagneninstrumente im Nachgang eingetretener kognitiver Dissonanzen oder Mängel in der Kundenbetreuung die Kundenbindung zu retten, bringt oft nicht die gewünschten Effekte.

Wenn nach langer (produkt-) werblichen oder persönlich akquisitorischen Durststrecke sehr viele gewonnene Neukunden kurzfristig wieder wechseln, kann das unter Umständen zu einem finanziellen Kollaps des neuen, preisaggressiven Marktteilnehmens führen bis hin zu dessen Aufgabe in diesem Kundensegment oder sogar Geschäftsfeld.

Das Wissen und die entsprechend vertriebliche Informationsqualität über alle diese verschiedenen Phasen der **Kunden(abwanderungs)entwicklungen** erfordert systemisch, prozessual- und managementbezogen entsprechend organisatorische oft unterschätzte Herausforderungen. In Anlehnung an Pfeifer stellt beispielsweise der ganzheitliche Anreicherungsprozess des Wissens pyramidale Qualitätsstufen dar, beginnend bei Zeichen, aus denen durch Syntax Daten werden, welche mittels Kontext zu Informationsqualität anwachsen (vgl. Pfeifer 2001). Auf der obersten Qualitätsebene entsteht durch Information mittels Vernetzung die Wissensqualität. Diese Einfachheit der Theorie zu transformieren bzw. in operational griffige Parameterreduktion der komplexen Praxis bereitzustellen, widmet sich u.a. die Deutsche Gesellschaft für Informations- und Datenqualität e.V. (DGIQ). Deren Grundlage der Informationsqualität-Definition fußt auf Forschungsergebnissen von Richard Wang und Diane Strong (vgl. Wang/Strong 1996), die 15 anwenderbezogene Dimensionen der Informationsqualität charakterisierten (vgl. Rohweder et al. 2008), wie Abbildung 1-1 zeigt.

Thomas M. Zweigle

Abbildung 1-1: Dimensionen und Kategorien der Informationsqualität
(Quelle: DGIQ – Informationsqualität-Definition 2007)

Für das **Vertriebsinformationsmanagement** werden die vielschichtigen Anforderungen erkennbar, sowohl in der vertrieblichen Innen- als auch externen Kundensicht. Alleine eine Meldung über eine Beschwerde oder ein Anzeichen, dass ein Energiekunde seine Unzufriedenheit mit seinem Produkt bzw. seinen zu entrichtenden Abrechnungspositionen oder seiner erfahrenen Betreuung äußert, ist kein ausschließlicher wirksamer Indikator für eine anstehende Kündigung, die es frühzeitig zu vermeiden gilt. Denn solche eindeutigen und inhärenten Informationen werden gerade in der Vertriebspraxis immer seltener. Darauf präventive Konzepte aufzusetzen, wäre folglich nicht nachhaltig erfolgversprechend.

Welche (system-) unterstützenden Bedingungen für Kundenabwanderungspräventionen vorherrschen müssen und welche Vorgehensweisen im täglichen Vertriebsgeschäft zu ergreifen sind, damit frühzeitig aus Daten entsprechende Transparenz und valide Informationen respektive effektive Maßnahmen gezogen werden können, veranschaulicht nachfolgender Diskurs.

2 Bedingungen im Energievertrieb

Die grundlegende Marktbeziehung zwischen Kunden und ihren Energieversorgern repräsentiert nicht nur wegen des nicht gerade griffigen Produktes Strom eine umfassende Aufgabe, wie die Abbildung 2-1 veranschaulicht.

Die meist unterjährig wenigen Interaktionsmöglichkeiten, die hohe Produktaustauschbarkeit oder das ehemals manchmal auf Energieabnahmeverhalten reduzierte Kundenwissen bedeuten heute wesentlich kundenspezifischere Kommunikation und Ansprachen respektive individuellere Betreuung.

Abbildung 2-1: Ausgangssituation und Herausforderungen für deutsche Energieversorger

Energiekunden	Energieversorger	allgem. Geschäftsfeld EVU
○ Zunehmende **Heterogenisierung** / Differenzierung des **Konsumverhaltens** ○ Tendenzen zur **Individualisierung** ○ Abnehmende **Markenloyalität**	○ Traditionsbedingt **unzureichender Kundenkontakt** des Energieversorgers ○ **Zu wenig qualitative Kenntnis** über (End-)Verbraucher und seine Bedarfe ○ **Zeitpunkt orientierter Dialog** mit dem Kunden	○ Zunehmende **Austauschbarkeit** von Energieprodukten ○ Dynam. steigende **Adaptionsgeschwindigkeit** der Konkurrenz ○ Verstärkter **Preisdruck** ○ Wachsende Bedeutung des emotionalen Erlebnisses & **Serviceprozesses** als Differenzierungsfaktor

KONTINUIERLICHER (CRM) DIALOG MIT ENDKUNDEN

- Speicherung & Verarbeitung von Endkundenprofilen in zentralem Vertriebsinformationssystem
- permanente Nutzung von Kundendaten an ALLEN Kontaktpunkten (Call-Center, Vertriebspartner, Mitarbeiter)
- Adaption von Kundenbedürfnissen und Integrierung dieser in (neue) Produkte/Services und Prozesse

Paradigmenwechsel in der Energiewirtschaft erfordert zwingend kontinuierlichen und bedarfsorientierten Dialog mit dem (End-) Kunden

Unter dem Gesichtspunkt der Kundenabwanderung sind besonders drei Faktoren von auffällig prägender Bedeutung: die vertriebssystemischen und personalbezogenen Bedingungen, welche anschließend in das Daten(qualitäts)management münden.

Thomas M. Zweigle

2.1 Systemlandschaften mit CRM-Schnittstellen

Vor allem für die etablierten und historisch gewachsenen Unternehmen mit ihren „individualisierten" Vertriebs-/Abrechnungssystemen bedeuten die oft komplexen Abläufe oder geforderten bzw. marktgetriebenen Informationsbedürfnisse unterschiedlichster Fachbereiche einen zunehmenden Wettbewerbsnachteil. Einst existierten drei bis vier Abrechnungssysteme für jeweilige Kundengruppen. Viele IT-fundierte Abrechnungsspezialisten programmierten selbst wie in einer Manufaktur vertrieblich geforderte Abrechnungs(sonder)wünsche in entsprechenden Abrechnungssystemen verlässlich abrechenbar. Mittlerweile zwingen Kostensenkungsdruck, Systemstandardisierungen und Personalabbau zu Verschlankungen und Standardisierungen. Vor zwei Dekaden gab es keine Marketing- oder Datamining-Tools und Eventdatenbanken in dieser Branche. Erste systemische Gehversuche im Themengebiet der Kundenprofilierungen (Customer Insights) oder wertbeitragsorientierten Produktportfolien basierten auf systemischen Insellösungen ohne ganzheitliche Bewertungsgrößen.

Der Trend zu systemischen Vernetzungen und Teilintegrationen setzte ein, die daraus evolutionierten IT-Landschaften glichen eher einem wilden Spinnennetz oder kreativen Bildnissen berühmter Maler, wie die Abbildung 2-2 schematisch verdeutlicht.

Abbildung 2-2: Beispielhafte, vereinfachte (auszughafte) Systemlandschaft eines etablierten Energieversorgungsunternehmens

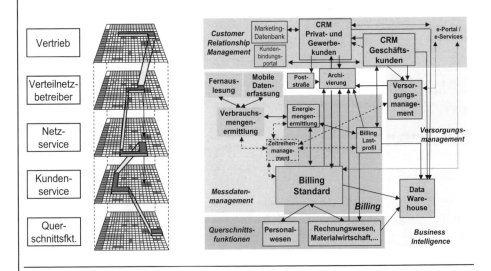

Energieversorger, welche erst in jüngerer Zeit dieses Geschäftsfeld betraten, hatten die Chance, ihre Prozesse, IT-Funktionalitäten oder Reportanforderungen wie auf einer grünen Wiese sofort durch effiziente und integrative IT-Infrastrukturen aufzubauen. Migrationen von zwei bis vier Altabrechnungssystemen auf eine Standardlösung bei gleichzeitiger Eliminierung von Zweidrittel liebgewonnener Abrechnungsregeln waren oder stellen aktuell immer noch für viele etablierte Energieversorger eine beachtliche Herausforderung dar – nicht nur investitions-, sondern auch vertriebsbezogen. Solche systemischen Rahmenanpassungen sind teilweise nicht ohne zusätzliche Kundenverluste abzuwickeln gewesen. Für gewisse Kundenbestandsgruppen waren die neuen Produktangebote und die jeweiligen standardisierten Abrechnungsvorschriften weder bedarfsgerecht noch wirtschaftlich tragbar und so zogen sie ihre Konsequenzen.

Ein letztes Beispiel aus dieser Branche sei unter dem Begriff „Mandantentrennung & Zweivertragsmodell" angeführt. Das Energieversorgungsunternehmen (EVU), welches heute seine vertriebs- und netzseitigen Verträge und jeweiligen Abrechnungsvorschriften immer noch organisatorisch, systemisch respektive abrechnungsseitig in einer (System-) Einheit führt, muss ab dem kommenden Jahr 2010 mit harten finanziellen Sanktionen seitens des Gesetzes und dessen Aufsichtsorganen rechnen.

Es kann festgehalten werden, dass viele Vertriebsinformationssysteme sich erst in der Aufbaustufe befinden. Einen ganzheitlichen Anspruch mit integraler Vernetzung zu sämtlichen Abrechnungs-, Mahnungs-, Inkasso oder Insolvenzvorgängen und entsprechend anteiligen Betreuungs- oder Marketing(prozess)kosten haben derzeit die wenigsten Unternehmen in dieser Branche – Stichwort: **Schnittstellenperformance**. Daraus ableitbare ganzheitliche Betrachtungen oder Bewertungen entsprechender Kunden oder Zielgruppen sind aufgrund der vorhandenen Schnittstellenbrüche oder IT-Insellösungen mit geringen Anknüpfungspunkten zu erforderlichen Umsystemen in den seltensten Fällen per Knopfdruck oder halbautomatisch auf ein CRM-Reportingtool möglich.

In aller Regel finden situationsbezogen und reaktiv Sonderanalysen statt, in denen zunächst manuelle interdisziplinäre Datenbereitstellungsanforderungen gestellt werden. Nach späterem Eingang jeweiliger verschieden strukturierter Datenbanken muss über Verknüpfungsvorgänge jeweils geeigneter Attribute anhand bestenfalls eines gemeinsamen Datenfeldes in allen Datenquellen eine Ganzheitlichkeit des Kundenstatus erzeugt werden. Präventiv kundenbindende oder reakquisebezogene Analysen mit nachgelagerten Marketingkampagnen oder Produktentwicklungsmaßnahmen finden dabei oft nur mit entsprechend einmaligen adhoc-Anstrengungen (weil unterschiedliche Kundenstammdaten in ihren Datenbanken unterschiedlich gepflegt oder synchronisiert) zunehmenden Einsatz vor dem Hintergrund steigender Kundenwanderungsvorgänge.

Als weitere systemische Randbedingung sei erwähnt, dass innerhalb der jeweiligen IT-Landschaftsmodule oder Systembausteine adäquate und userfreundliche Tools zur

Konsistenzprüfung oder zu Plausibilitätsprüfungen von Datenzuständen in voneinander unabhängigen Systemen selten gegeben sind.

Zu den Informationssystemen und deren entsprechenden Schnittstellenperformance kann resümiert werden, dass bisher meistens per Knopfdruck die ganzheitliche Kundensicht über EINE (System-) Plattform bei den wenigsten Energieversorgern möglich ist, weil:

- in jeweiligen Subsystemen zeitweise oder systemimmanent vertriebsbezogen unterschiedliche Informationsqualitäten vorherrschen können,
- Geschäftsprozesse oder Anlagetypen in vertriebsrelevanten Systemen unterschiedlich inhaltlich bzw. zeitlich synchronisiert geführt werden und
- oftmals die Vollständigkeit, Aktualität und Validität aller vertriebsrelevanten Daten in einem übergeordneten Vertriebsinformationssystem nicht aufgebaut und qualitätsseitig hochwertig nachgehalten sind.

2.2 Faktoren Mitarbeiter(-motivation) und Entlohnungssysteme

Ein besonderes Spannungsfeld ist die (systemische) Offenlegung oder organisatorische Teilhabe der kundenspezifischen Charakteristika oder deren eindeutige Äußerungen gegenüber dem Kundenbetreuer, der Vertriebseinheit oder dem Unternehmen (-simage). Vorausgesetzt, es gibt (CRM) systemisch die Gelegenheit, auch kritische Kundenrückmeldungen einzupflegen, existieren bei Abgleichen von vertriebsinternen Kennzeichnungen von Kundenbeschwerden mit zeitgleich erfolgten repräsentativen Zufriedenheitsabfragen eigener Kunden manchmal erstaunliche Gefälle: intern geringe „talruhige" Beschwerdewahrnehmung, extern hohe „Gipfelausschläge" in diversen Themenbereichen. Die Unternehmens- und Kommunikationskultur, etwas preis zu geben und dafür von anderer aggregierter Flugebene signifikante Gesamtzusammenhänge zurückzubekommen, ist bei etablierten (Energieversorgungs-) Unternehmen noch nicht ins vorteilhafte Licht gerückt oder die Vorteile den potenziellen Zielgruppen bzw. datenbereitstellenden Einheiten praktisch vermittelt worden. Vereinzelte Motivationen des versuchten Wegdefinierens einer Beschwerde können auch in der Position begründet sein, dass die betreuereigene fachliche Leistung oder Kompetenz in Frage gestellt werden könnte, wenn nicht positive Kundenmeldungen systemisch in Stein gemeißelt würden.

Incentives, leistungsorientierte Vergütung oder Bonusminderung bei häufig vernachlässigter Pflege und systematisch-permanente Aktualisierung von Datenpflichtfeldern interner (CRM) Kundeninformationssysteme sind Führungs- oder Erfolgssteuerungsinstrumente, wie sie eher in neuen wettbewerbsorientierten Geschäftsfeldern oder Märkten eingeführt oder umsetzbar sind. Oft einzige Ansätze, in denen Vertriebseinheiten innerhalb der Energiebranche auf mitarbeiterzentrierte Umsetzungschancen mit differenzierten Entlohnungsstaffelungen treffen, sind Innovationswettbewerbe. Hierzu zählen beispielsweise die Themenfelder Produktideen, -entwicklungen, kontinuierliche Verbesserungsprozesse (KVP) oder Changemanagement.

Bedingt durch häufige Anpassungen an die sich verändernden Marktverhältnisse können die Versorgungsunternehmen sich auch organisatorischem Wandel oder nachhaltigen Änderungen nicht final entziehen. In diesem Bezugspunkt können MitarbeiterInnen größerer Unternehmenseinheiten in Fachbereiche reorganisiert werden, in denen ihre fachlichen Qualifikationen, Fertigkeiten oder Erfahrungen nicht in einer adäquaten Aufgabenpassung oder angemessenem Dienstleistungsverständnis gegenüber ihren (externen) neuen Kunden münden können. Dieser Umstand kann im weiteren Diskurs um das **Vertriebsdatenmanagement** (VDM) unter Umständen eine beachtliche Ressourcen- und Arbeitsprozesskette auslösen. Spürbar treten diese Effekte zutage, wenn beispielsweise sachliche Vorgänge oder Fakten bereits zu Beginn nicht adäquat aufgenommen oder systemisch angemessen dokumentiert werden und am Ende der Kette zu falschen Konsequenzen oder Maßnahmen führen. In der Praxis kann das dann auftreten, wenn ehemalige MitarbeiterInnen aus einer mittlerweile restrukturierten Abrechnungsabteilung nunmehr im Callcenterbereich für eine spezifische Gruppe von Geschäftskunden die eingehenden Rechnungsbeschwerden erfassen und dokumentieren, ggf. fallabschließend bearbeiten sollen.

2.3 Ausgewählte Datenphänomene und Vertriebssteuerungspraxis

Aus dem vorangegangenen Kapitel lässt sich nun unschwer ableiten, dass bedingt durch die nicht idealen **IT-Landschaften**, **Schnittstellenperformance** oder **Datenqualitätsmonitoring** sich entsprechend resultierende Ergebnisse einstellen, welche für weitergehende, aggregierte Analysen und Steuerungsimpulse von nachhaltiger Bedeutung sein können. Diese Schieflagen können durchaus dem direkt betroffenen Kundenbetreuer, der jene in sein Vertriebsinformationssystem nach bestem Wissen oder IT-/CRM-Vorgabe eingepflegt hat, nicht sofort auffallen. Die Praxis lehrt zudem, dass der unplausible Bereich an (CRM) systemisch hinterlegten kunden- oder vertriebs-/ergebnisrelevanten Informationen sich bei weitem nicht nur auf die Kundenstammdaten beschränkt.

Wie beispielsweise die Abbildung 2-3 verdeutlicht, beginnt die Erklärungssuche bereits in der Kontrahierungsphase. Beachtet man, dass im Vertriebssegment der Geschäfts- bzw. Industriekunden auch mehrere (komplexe) Lieferstellen ggf. an verschiedenen Standorten grundsätzlich zulässig sind, so sind nachfolgende Plausibilitätsprüfungen umso differenzierter anzulegen, damit die nachgelagerten Qualitätsverbesserungsmaßnahmen nicht Blindleistungen mit sich führen. Im besten Fall sind geeignete Vergleichsgrößen bei der Verifikation vorhanden oder anhand weiterer Indizes respektive abgestimmter **Schlüsselkennzahlen** (KPI) oder Benchmarks vorab bereitzustellen.

Abbildung 2-3: Exemplarische CRM-Auswertung einer vertriebssegmentbezogenen Verteilung von Bewegungsdaten
(Quelle: Zweigle 2006, in Anlehnung an einen EVU-Datenqualitätsreport)

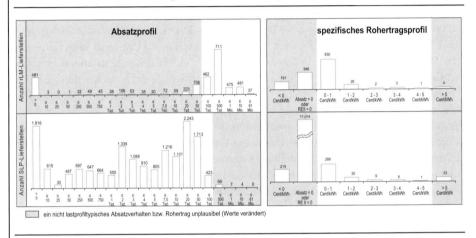

Die Kette möglicher kurzfristiger Abweichungen kann weiterhin folgende Prozesse oder Themen umfassen, die im Einzelfall für jedes Unternehmen unterschiedlich schwerpunktbezogen gelagert sein können – je nach entsprechender IT-Schnittstellenanzahl und -performance:

- Zählerspezifikationen (Zählpunktbezeichnungen) in Gerätemanager- vs. Vertriebsinformations- vs. Versorgungsmanagementsystemen,

- Kundenversorgungsstatus in Vertriebsinformations- vs. Versorgungsmanagementsystemen,

- bestellte vs. beschaffte Energiemengen in jeweiligen IT-Systemen,

- verbrauchte vs. abgerechnete Energiemengen in jeweiligen IT-Systemen,

- abgerechnete vs. (sub-) bilanzkontospezifisch zugeordnete Energiemengen,

Kundenabwanderungsprävention durch integratives Vertriebsinformationsmanagement

- (Rechnungs-) Beschwerde(erledigungs)status in Vertriebsinformations- vs. Abrechnungssystemen.

Bei allen Pareto ausgerichteten unternehmensinternen Vorgängen bzw. Prozessschritten ist folglich der interne Abstimmungs- oder Abgleichaufwand umso schlanker, je determinierter die Qualitätsanforderung und das Einhaltungsmonitoring zumindest prioritärer Steuerungsbasisdaten als **Frühwarnindikatoren** fixiert sind. Ein permanentes und systematisch praktiziertes Datenqualitätsreporting auf angemessenem Managementlevel fördert zudem entsprechendes Informationsniveau und entlastet als Nebenwirkung die datenverarbeitenden bzw. ergebniszuständigen Fachbereiche.

Wenn zur besseren Vergleichbarkeit und Steuerung von Kontrahierungserfolgen unterschiedlicher regionaler Unternehmen einer Branche sich sogar innerhalb differenzierter Mengencluster auffällige Spannbreiten einstellen (siehe Abbildung 2-4), so ist ein visuell eindeutiges Indiz gegeben, die Kennzahlendefinitionen oder Datenziehungsprozeduren einschließlich deren Filtereinstellungen zu hinterfragen (vgl. Zweigle 2008, S. 46 ff.).

Abbildung 2-4: Segmentspezifische, nach Verbrauchsgrößenklassen differenzierte Benchmarks je Vertriebsorganisation
(Quelle: Zweigle 2008, in Anlehnung an einen EVU-Vertriebsreport)

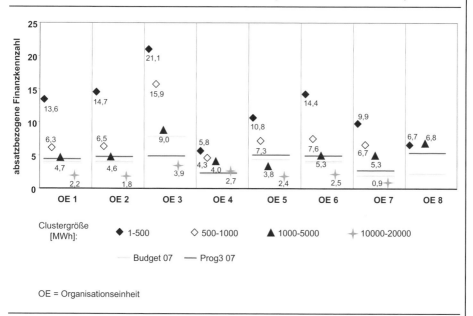

Thomas M. Zweigle

3 Kundenabwanderungsprävention mittels Vertriebsdatenmanagement

Aus den vorangegangenen Abhandlungen zur Ausgangssituation lassen sich operative, steuerungs- und strategisch relevante Zielsetzungen sowohl in Richtung Bestands- als auch Potenzialkunden unmittelbar erkennen, die nachfolgend zusammengefasst sind:

- **Valide informative Standortbestimmung**: automatische und verlässlich umfassende Informationsqualität über sämtliche Geschäftsprozesse des Geschäftskunden hinweg – von seiner Akquisechance über dessen Versorgungslage/-qualität, Abrechnungsabwicklung, Betreuungs-/Produktzufriedenheit bis hin zu seinem effektiven Bilanzierungs-/Ergebniszustand nach Berücksichtigung seiner Prozesskosten;

- **Performante Erkennung prozess-/schnittstellenbezogener (Norm-) Abweichungen**: kurzfristige, schnelle, belastbare und kunden-/daten-/empfängerbezogene Kommunikation von Informationsunterschieden oder Dateninkonsistenzen über den gesamten Wertschöpfungsprozess hinweg – z.B. Lokalisierung, Qualifizierung und Quantifizierung unplausibler, nicht korrespondierender oder faktisch falscher/ fehlender Verbrauchs- bzw. Ergebniswerte innerhalb originärer Datenquellen oder zwischen den jeweiligen IT-Systemen;

- **Pragmatisch zielgerichtete Informationsoptimierung, ggf. präventive Reaktionsmöglichkeit**: Initiierung und Nachhalten einfacher, betreuer-, verursachungsgerechter/-gerichteter Reaktionsmöglichkeiten unter Einsatz bestehender Basisinformationssysteme oder (webbasierter) Funktionalitäten – z.B. bei kurz-/mittelfristig vertriebsergebniswirksamen (Zufriedenheits-) Abweichungen oder anwachsenden Risiken in Beschaffung, Portfolio oder Bilanzierung.

Vor der eigentlichen Aufnahme einer solch ganzheitlichen Herausforderung, welche nahezu alle Fachbereiche des Unternehmens berücksichtigen, einbeziehen oder sich mit dem einen oder anderen intensiver auseinandersetzen muss, steht ein fast philosophischer Aspekt mentaler Art im Vordergrund.

Dieser entscheidet zumindest in Organisationsformen der mehrstufigen und geteilten Entscheidungsgewalten, wie jene eher in Konzernen und weniger in familiengeprägten Unternehmensstrukturen vorherrschen, über den grundsätzlich zu erwartenden Erfolg eines ganzheitlichen VDM: das dienstleistende, kooperative und integrative Grundverständnis des VDM-Treibers.

In nur wenigen Ausnahmefällen wird es gelingen, alleine per Handlungsanweisung oder Pönalisierungsandrohungen die vielen verteilten und produktiven Vertriebsmannschaften im Front- oder Backend darauf zu trimmen, nicht nur passiv zugetragene Botschaften, sondern auch aktiv vielschichtige Interessen und Empfindungen all ihrer möglichen, bestehenden oder ehemaligen Kunden (auch zu Reakquise- oder Kündigungspräventionszwecken) zu erkunden und unmittelbar ungefiltert, faktenbasiert und für weitere interne Fachbereiche empfängerorientiert in die jeweiligen Informationssysteme zeitnah einzupflegen.

Das besser geeignete, eher dienstleistungsorientierte Rollen- und Mehrwertverständnis setzt darauf, bestehende (Daten-) Ressourcen zu nutzen, den Betroffenen so wenig wie nötig mit zusätzlichen Aufgaben oder System(ertüchtigung)en zu belasten und vor allem diverse Nutzenprofile dieses Vorhabens für das tägliche Vertriebsgeschäft nachvollziehbar und überzeugend zu kommunizieren respektive belegbar zu dokumentieren.

3.1 Implementierungsprämissen

Auch im strategischen Sinne erfordern die zuletzt aufgeführten Aussagen als erste Prämisse die bottom-up-artigen **kommunikativen Herangehensweisen** – bereits in der allerersten Phase der geplanten VDM-Einführung.

Ein Großteil der (mitbestimmungspflichtigen) Belegschaft und Meinungsführer, sowohl auf der rein vertrieblich betroffenen als auch auf der entsprechenden IT- oder datenbereitstellenden Seite, muss frühzeitig (standhaft) von der Notwendigkeit und dem Nutzen überzeugt sein, um im Anschluss auf den weiteren Managementebenen auch parallel auf fachbereichsinterner Seite kritische Stimmen bzw. Vorurteile auszuräumen. Je besser die Anzahl an unterschiedlichen Vorteilsebenen der VDM-Implementierung in die Grundsatzentscheidung eingebracht werden kann, umso eher und größer sind die ressourcenseitigen Anstrengungsenergien bei allen betroffenen Organisationseinheiten mobilisierbar.

Zu diesen Ebenen zählen beispielsweise die Informationsqualität und -schnelligkeit, die valide und ganzheitliche Kundentransparenz, die operative Arbeits- oder Datenbereitstellungsentlastung, die Vermeidung von Systemparallelwelten oder -redundanzen sowie die (in-) direkte Steigerung von (Betriebs-/Finanz-) Ergebnissen bzw. die Risiko-(positions)minimierungen.

Weitere ausgewählt zentrale, ckecklistenartige Randbedingungen ohne Anspruch auf Vollständigkeit, welche in Abbildung 3-1 angeführt sind, müssen zwar i.e.S. nicht alle zusammen erfüllt sein. Je mehr jene in priorität absteigender Reihenfolge gegeben sind, umso effektiver und effizienter wird das VDM-Vorhaben realisierbar und verlässlich produktiv sein.

Abbildung 3-1: Relevante (EVU) Prämissen bei der geplanten VDM-Implementierung

Dimension	Aspekte
Organisation	- thematisch stringentes Commitment und „Management Intension" auf allen Führungsebenen in allen betroffenen Organisationseinheiten, - angemessene organisatorische Aufhängung der VDM-Aufgabe oder -Funktion, - Bereitstellung hinreichender finanzieller, (interdisziplinär/fachbereichsübergreifend) personeller und ggf. externer Know-how-Ressourcen, - hinreichende Budgetierung und technische Ausstattung (Rechnerleistung, Serverkapazitäten, analysemächtige Analyse-/Reporting-Software, erforderliche direkte und umfänglich rollenkonforme Laufwerkszugriffe, ggf. Administratorenrechte), - interdisziplinäre, fachbereichsübergreifende Teambildung/-working
Daten-(qualitäts-)management	- Sicherstellung interner und kundenspezifischer Informationsfelder in bestenfalls einem zentralen Vertriebsinformationssystem (CRM) zu (Re-) Akquisition, Vertrags-, Betreuungs-, Marketing-/Eventteilnahme-, Zufriedenheits-/Loyalitäts-, Versorgungs-, Verbrauchs-, Abrechnungs-, Mahnungs- und Bilanzierungsstatus, - Monitoring und ggf. automatische Eskalationsmechanismen der Datenvollständigkeit & Validität in zumindest kunden-/steuerungsrelevanten Schlüsselkennzahlen als Frühwarnindikatoren, - Gewährleistung bestenfalls eines eindeutigen (Meta) Informationsfeldes über alle betroffenen Systemmodule der vertrieblichen IT-Landschaft zu besseren Verknüpfungs- und Abgleichprozeduren, in EVU-Branche meistens die Zählpunktbezeichnung (ZP) des entsprechenden (physischen) Zählers der Lieferstelle zu Versorgungszwecken, - Spezifikation und Definition zulässiger Wertegrenzen zumindest prioritärer Daten und entsprechendes Monitoring/Reporting über deren operative Einhaltung – ggf. einschließlich eines Eskalationsprozesses bei längerfristiger Verletzung abgestimmter Werte-/Qualitätsgrenzen oder Schlüsselkennzahlen, - systematisch permanentes Qualitätsmanagement kunden-/ergebnisrelevanter Zielkennzahlen mit integrierter, betreuerscharfen Clearingfunktionalität für verantwortliche Abteilungen oder Ergebnisverantwortliche
(IT) System- & Schnittstellenperformance	- Reduzierung der jeweiligen Systemverantwortung in einem Fachbereich und am besten bei einer Person, - userfreundliche, schnell an Marktveränderungen innerbetrieblich anpassungsfähige CRM-Systeme oder webbasierte (intranet/extranet) Kommunikationsportale zu wirtschaftlich vertretbarem Aufwand, - an Kunden und Interessenten hinreichend ausgerichtete Informations-/Statusfelder, - überschneidungsfreie und eindeutige Kennzahlen(definitionen), steuerungsrelevante Pflichtfelder mit autom. Plausibilitätsfunktion vor Speicherung oder zulässiger Weiterverarbeitung, -leitung an folgende (IT) Schnittstellen, - minimierte Schnittstellenbrüche zwischen kommunizierenden oder erforderlichen Datenbanken und nachweislich hohe Schnittstellenperformance, - fachbereichsübergreifend konsistente Fixierung führender Systeme je Attribut (wichtig bei vorsätzlicher Attributsredundanz, speziell betreffend umsystemseitige Überschreibungsvorgänge bei Statusänderungen)

3.2 VDM-Kennzahlen, Daten-/ Informationsqualität

Nachdem die organisatorischen, technischen und daten(qualitäts)bezogenen Voraussetzungen und Datenbereitstellungen geschaffen und geprüft sind, können systemübergreifende bzw. fachbereichsbezogene ganzheitlich orientierte Abgleiche, **analytische CRM**-Prozeduren und entsprechende Profile erstellt werden. Diese erlauben, Rückschlüsse über praktizierte Dateneingaben, -pflegegewohnheiten oder Schwächen im Geschäftsprozess zu ziehen respektive mit harten Ergebnisdaten zu belegen für weitere faktenbasierte Optimierungsmaßnahmen.

Die Abbildung 3-2 zeigt eine erste exemplarische Übersicht an VDM-Kennzahlen, welche über den gesamten Kundenvertragszyklus unter dem Fokus ergebnis-, kunden- bzw. kündigungsrelevanter Auswirkungen sinnvoll und prioritär aufgesetzt werden können. Weitere Kennzahlen, wie die (Re) Akquise- oder Vertriebskostenausschöpfung, sind unter innerbetrieblichen Steuerungsaspekten durchaus sinnvoll, bleiben in nachfolgenden Erläuterungen jedoch außen vor.

Abbildung 3-2:   VDM-Kennzahlen

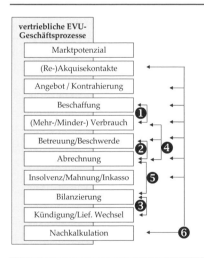

❶ „Beschaffungs-GAP (Shape-Monitor)"

❷ „Mahnungsquote"

❸ „Wechsel- / Pflichtversorgungsquote"

❹ „Abrechnungs(beschwerde)performance"

❺ „Bilanzierungsperformance"

❻ „ex ante Wirtschaftlichkeit / IST-Kundenportfolio"

Während energiemengenbezogene Abweichungsanalysen zwischen Beschaffung vs. Verbrauch (Kennzahl 1) oder Abrechnung vs. Bilanzierung (Kennzahl 5) innerhalb eines Versorgungsunternehmens eher einen prozessoptimierenden als einen kündigungspräventiven Charakter haben können, weisen andere meist mittels analytischer

CRM-Methoden ermittelte komplexere Kennzahlen einen hohen Bezug und Trennschärfe zu Kundenab-/-zuwanderungsbewegungen auf.

Diese Faktorkombinationen zeigen jedoch unternehmens- bzw. kundensegmentspezifisch starke Unterschiede in den erklärenden Variablen auf. Je nach Anzahl und Qualität vorhandener integrierbarer Informationen stabilisieren sich jedoch über längere Zeiträume diese statistisch diskriminierenden Attribute. An dieser Stelle wird deutlich, dass alleine ein gesundes Maß an individueller Intuition oder Erfahrung einen geringeren Wirkungsgrad hat als multidimensionale Analyseverfahren, welche die Komplexität der Kundenprofile innerhalb einzelner Teilmärkte oder Geschäftsfelder erkennen und ausweisen können.

Von besonders ambitionierter Herausforderung ist das Streben, die **Kundenwertorientierung** auch systemisch abgebildet zu bekommen. Die Anforderung aus diesem durchaus nachvollziehbaren und ergebnisorientierten Managementziel heißt: **ist-/prozesskostenbasierte Kundenbewertung**. Sie mündet in die „ex ante Wirtschaftlichkeit"-Kennzahl 6 der Abbildung 3-2 ein.

Diese (VDM) Kennziffer zeigt konkret auf, ob zu Beginn eines Energieliefervertrages die darin kalkulierten Vertriebskosten und -margen am Ende der Vertragslaufzeit erreicht, über- oder unterschritten wurden. Der besondere Schwierigkeitsgrad liegt besonders bei stark gegliederten und mit Standardsoftware geprägten Unternehmen darin, dass nicht alle unternehmensinternen Vorgänge personen-, tarif- und fallklassenspezifisch in jeweiligen – oder optimaler einem – Informationssystemen hinterlegt sind, geschweige per Knopfdruck in einem CRM-System ausweisbar sind. Eine kundenscharfe Ergebnisbetrachtung aller seiner Kontakte und vertriebsspezifischen Vorgänge ist in praxi nur mit fachbereichsabgestimmten Schlüsselungen möglich.

Beim Einsatz solcher Kennzahlen im Hinblick auf Kündigungspräventionskonzepte ist es zusätzlich von großer Bedeutung, die ablaufenden Vertriebsprozesse, Datenqualitäten und -verabeitungsregeln der nachfolgenden Fachbereiche oder Prozessverantwortlichen zu kennen. Ohne dieses Wissen oder Verifikationsmaßnahmen vor Reportaufnahme sind innerorganisatorische „Blindleistungen" vorhersehbar, die auch in der Ableitung geplanter Maßnahmen mit (in)direkter Kundenaußenwirkung folgenschwer und gravierend sein können. Zwei Beispiele aus der energiewirtschaftlichen Praxis verdeutlichen zuletzt genannte Fallstricke.

Im Segment des Geschäftskundenvertriebes kann ein Industrie- oder Handelskunde über mehrere Verbrauchsstellen (sogar an verschiedenen Standorten) zu unterschiedlichen Spannungsebenen – bspw. Nieder- (NS) und Mittelspannung (MS) – versorgt werden. Diese viertelstundenscharf gemessenen Leistungsdaten bzw. Verbrauchswerte werden mittels Datenfernübertragung über entsprechend marktrollenkonforme Datenübermittlungsprozesse lieferstellenscharf in die (jeweiligen) Abrechnungssysteme eingespielt. Im Anschluss erfolgt anhand der vertraglich vereinbarten Lieferantenverträge eine monatliche Abrechnung. Erfolgt mittels VDM-Analysen ein rein lieferstellenbasierter Vergleich, ob alle Verbrauchsmengen auch vollständig und dem richtigen Energieversorger mengenbilanziell verrechnet wurden, werden je nach spannungsunterschiedlichen Kundenverbrauchsgrößen signifikante Mengenabweichungen zwischen Abrechnung und Bilanzierung auftreten. Alle Maßnahmen oder berichtliche Eskalationsvorgänge seitens der VDM-Verantwortlichen in Richtung Bilanzierungsverantwortliche oder sogar über vertriebliche Ankündigungen in Richtung Kunden-Nachforderungen wären unsachgerecht und damit unberechtigt, wenn zuvor für diese Abweichungskonstellationen ein wesentlicher Prüfvorgang nicht vorgenommen wurde. Erfolgt nämlich bei einem Versorgungsunternehmen die Mengenbilanzierung für solche Geschäftspartner mit NS- und MS-Lieferstellen nur auf der höchsten gemessenen Spannungsebene (hier: MS), werden alle vorgenommenen Abrechnungsmengen niederer Spannungsebenen (hier: NS) nicht mehr spannungsscharf bilanziell geführt und diese NS-Mengen auf Ebene der MS-Mengenbilanzen gezeigt.

Im zweiten Beispiel können vermeintlich als vertrieblich unkritisch wahrgenommene Kundenrückmeldungen oder -andeutungen zu deren eigenen Preisstellungen, Tarifunzufriedenheiten oder besseren wettbewerblichen Preisstellungen nachhaltige Marktbearbeitungsdefizite implizieren. Wenn keine oder nicht zeitnah vollständige Rückkopplungen im jeweiligen Vertriebsinformationssystem hinterlegt sind, werden im Rahmen von anschließenden analytischen CRM-Berechungen der Kündigerprofile weder die Qualität der Marktaktivitäten noch die korrespondieren Zuordnungen zum jeweiligen Geschäftskunden oder dessen Kundensegmentierung erfasst. Finden in einer späteren Kundenbindungsphase nochmalige Potenzialanalysen mit aktuellen Bestandskunden statt, können diese wertvollen zurückliegenden Rückmeldungsparameter als solche und zu dieser Kundengruppe in das Modell nicht anteilig gewichtet einfließen. In weiterer Konsequenz beinhalten die (nicht hinreichend valide) markierten Kündigerpotenzialgruppen im Kundenbestand sowohl gewisse Streuverluste – **nicht beabsichtigte Kündigungstreffer** und **nicht erfasste Kündigungswillige**. Diese basieren auf unscharfen bzw. unvollständigen Analysemodellen als auch ineffektiven Präventionsfolgeaktivitäten mit nicht unerheblichen finanziellen, prozessualen und personellen Ausmaßen.

3.3 Erfolgsfaktoren bei VDM-Implementierung/ -Weiterentwicklung

Grundsätzlich und verkürzt vollzieht sich der Aufbau und eine professionelle Weiterentwicklung eines unternehmensindividuellen VDM zur finanziellen Ergebnis- und organisatorischen Effizienzoptimierung am wirkungsvollsten, wenn die in Kapitel 3.1 aufgelisteten Prämissen „von oben nach unten" beachtet, umgesetzt und permanent (qualitäts-)berichtend nachgehalten werden.

Thomas M. Zweigle

Als VDM-Erfolgsfaktoren sind aber auch zwei Dimensionen determinierbar, welche teilweise auf subjektiveren, weicheren Faktoren und nicht direkt auf skalierbaren Messniveaus erfassbar sind. Mit den Begrifflichkeiten Informationskompetenz und Systemmächtigkeiten sollen das personelle Wollen und das technische Können charakterisiert sein.

Mit der **Informationskompetenz** im Zusammenhang mit VDM sind vor allem die operationalisierbaren Faktoren Unternehmenskultur, Kommunikationsqualität der Unternehmensleitung und die individuellen Fähigkeiten, analytische CRM-Excellence aufzubauen, gemeint.

Das VDM lebt und dynamisiert sich mit der Akzeptanzbreite und der (intrinsischen) Motivation aller betroffenen oder beteiligten Personen bzw. Fachbereiche für diese Sache. Je mehr und eindeutiger sich die Notwendigkeit und Wertigkeit von Informationsqualität und deren systemische Verarbeitungsveredelung in Unternehmensleitlinien, regelmäßigen Kommunikationsplattformen oder sogar in persönlichen Zielerreichungen als Gradmaß letztendlicher ökonomischen Gratifikation wiederfinden, umso eher leistet die breite Mitarbeiterbasis ihren vielleicht nicht direkt oder immer einsehbaren Aufwand der informativ werthaltigen Datengenerierung und -bereitstellungen zu VDM-Zwecken. Die Sicherstellung dieser Informationswertschätzung ist folglich eine Forderung an oberste Führungsebenen des Unternehmens und der Fachbereiche. Es bleibt auf dieser Ebene noch festzuhalten, dass für die VDM-Entwicklung speziell geeignete Persönlichkeitsprofile unter den potenziellen VDM-Treibern identifiziert und durch entsprechende Fördermaßnahmen ausgebaut werden müssen.

Mit der **Systemmächtigkeit** sind bezogen auf die VDM-Landschaft die Performances zu verstehen, entsprechende elektronische Systeme oder Werkzeuge bereitzustellen (für Zielanwender mit nicht immer optimalen zeitlich und software-fundierten Rahmen-/Kenntnisbedingungen), welche:

- keine redundanten Informationen an verschiedenen Stellen diverser Tools vorhalten oder einfordern,

- userfreundlich mit wenigen Systemschritten zum eingabeoptimierten Ergebnis führen, damit dicke Handbücher oder Train-the-Trainer-Konzepte zu Mitarbeitertüchtigungen der jeweiligen Software-Version überflüssig sind,

- eine Weiterentwicklung bereitgestellter Systeme schnell, aufwandsminimiert und an Useranforderungen so gestalten, dass (Eingabe-, Verarbeitungs-) Prozesse oder neue Informationsfelder die vertrieblichen und kundenorientierten Bedarfe optimal bedienen.

4 Implikationen für Praxis und Wissenschaft

Die Rahmenbedingungen in der Energiewirtschaft haben sich innerhalb der letzten zehn Jahre nachhaltig gewandelt. Die Anzahl und Bedeutung an Anbietern sind vor allem in den letzten vier Jahren sprunghaft gestiegen. Damit einher veränderten sich die Produktvielfalt und das Preisgefüge innerhalb der einzelnen Energieversorger selbst und zwischen ihnen. Die Kunden haben ihre ersten Wechselerfahrungen gesammelt und weiterkommuniziert. Vergleichsportale für Stromprodukte sind entstanden und mit dieser Option auf Transparenz auch zunehmend die Wechselwilligkeit. Aktuell spiegelt sich der Transfer von Bereitschaft in Marktentscheidungen entsprechend mit harten Fakten wider: Wechselquoten von bis zu 10 % monatlich im Privat- und Gewerbekundenbereich, bis zu 40 % im Geschäfts- bzw. Industriekundensegment und bis zu zeitweise 50 % bei den Vorlieferanten bei Stadtwerkekunden sprechen eine klare (Liberalisierungs-) Sprache.

Um in diesem sich immer stärker dynamisierten Markt seine Marktposition zu behaupten oder auszubauen, werden auch innovative Leistungsangebote an gezielte Kundengruppen entwickelt mit teilweise sehr hohen Abschlussquoten. Diese Erfolge sind hauptsächlich dem Umstand geschuldet, dass der Wille zur Kundenorientierung und entsprechend thematische Ausrichtungen zu Umweltbewusstsein, langfristigen Preisstabilitäten oder Einsparpotenzialen strategisch und operativ stärker in den Vordergrund gestellt werden. Flankiert werden diese durch kommunikative oder öffentlich-kommunale Eventmaßnahmen. Die Kampagnen-/Produktlauncherfolge sind in der Energiewirtschaft – abgesehen von Randerscheinungen kleiner paradigmatischer Anbieterpositionierungen – größtenteils auf diese gezielten, an Kundenbedürfnissen orientierten Changemanagemententwicklungen zurückzuführen.

Für die energiewirtschaftliche Praxis bedeutet das ein Überdenken bisheriger Werte, Grundhaltungen und Vorgaben zu Kunden, Informationspolitik, Wissensmanagement, Vertriebssystemen und Prozessen sowie Serviceperformance. Je mehr und besser das Kundenwissen (analytisch) verknüpfbar und transponiert werden kann, bspw. für die einzelnen Disziplinen Produkt(-leistungen, -entgelte), Vertriebskanal oder Abrechnung, umso gezielter, effektiver und folglich größer ist die Kundenresonanz oder -bindung. Derzeitige Pressemitteilungen über entsprechende (Re-) Akquiseerfolge belegen diesen eingeschlagenen Weg.

Das VDM kann hierzu nicht die zentrale (Kundengewinnungs-/-verlustpräventions-) Lösung bieten, sondern lediglich als mächtiges Instrument dienen, Transparenz über alle kunden- und unternehmensinternen Prozesse zu erzielen und ggf. interne oder externe Schieflagen schnell, gezielt und verursachungsgerecht mittels systematisch-permanenter Reports zu erkennen und koordinierend zu beheben.

Alleinig der Ansatz: „Wir schaffen uns ein VDM an, die entsprechenden Kundenabwanderungsbewegungen, Ergebnisverbesserungs- oder Risikominimierungspositionen kommen konsequenter Weise (fast von selbst) auf dem Fuß" wird in den seltensten Fällen eintreten. Es bleibt grundsätzlich die Kernaufgabe des (Top) Managements, über systemische, führungsbezogene bzw. informatorische Steuerungshebel die initialen Rahmenbedingungen zu schaffen und den Wert einer permanent hohen Informationsqualität ggf. auch monetär zu honorieren.

Unter wissenschaftlichen Aspekten ist mit diesem Praxisimpuls der Nährboden gelegt. Sind Unternehmen, die ein ganzheitliches VDM mit ihren optionalen Kennzahlen einsetzen, Benchmarkführer in Potenzialkundenakquise, Betreuungskosten oder Beschwerdeaufwendungen pro Kunde, Kundenzufriedenheits-/-loyalitätssindizes sowie Kündigerprävention?

In diesem Beitrag konnte zumindest der erste Grundstein dafür gelegt werden, dass dies innerhalb desselben Unternehmens mittels entsprechender analytischer CRM-Maßnahmen in einem „Vorher-Nachher-Vergleich" nachweisbar ist.

Weitere empirische Überprüfung mit richtungsweisenden Hypothesenverifikationen können aufgesetzt werden, um allgemeingültig signifikante Methodiken oder Einflussparameter auf die Kündigerprävention und ihre informationsqualitäts- oder systemseitigen Erklärungsbeiträge aufzuzeigen.

Referenzierend auf das Kapitel 3.1 lassen sich alle formulierten Einzelprämissen zu Forschungsthesen heranziehen, inwieweit und mit welchem anteiligen Erklärungsbeitrag jene in die Variable „Kündigungsprävention" eingehen.

Als Nebenziel kann die Generierung und Formulierung von branchenspezifisch brauchbaren theoretischen Aussagen Empfehlungen für die Ausgestaltung von Informationsqualität und deren Übermittlung ermöglichen. Jene Thesen können dann weiter mit der Realität konfrontiert werden, um mit zunehmender Bewährung in Praxis und Literatur als verallgemeinerungswürdig und gesichert einzugehen.

Literaturverzeichnis

DEUTSCHE GESELLSCHAFT FÜR INFORMATIONS- UND DATENQUALITÄT E.V. (DGIQ), http://www.dgiq.de/home/index.php.

PFEIFER, T., Qualitätsmanagement. Strategien, Methoden, Techniken, 3. Auflage, München u. a. 2001.

ROHWEDER, J.P./KASTEN, G./MALZAHN, D./PIRO, A./SCHMID, J., Informationsqualität – Definition, Dimension und Begriffe, in: HILDEBRAND, K./GEBAUER, M./HINRICHS, H./MIELKE, M. (Hrsg.): Daten- und Informationsqualität – Auf dem Weg zur Information Excellence, Wiesbaden 2008, S. 25-45.

WANG, R. Y./STRONG, D. M., Beyond Accuracy: What Data Quality Means to Data Consumers, in: Journal of Management Information Systems, 12. Jg., Heft 4, 1996, S. 5-34.

ZWEIGLE, T. M., Optimierung von Informationsqualität für Berichtskennzahlen, in: IS Report, 12. Jg., Heft 12/08, Special IQ report No. 5, 2008, S. 46-50.

Thorsten Köhler

Präventionsmaßnahmen des Beschwerdemanagements gegen Kundenabwanderung
Die Beschwerdeabteilung als wirksames Churn-Management

1 Die zentrale Bedeutung des Beschwerdemanagements für die Prävention von Kundenabwanderungen 315
   1.1 Die Wirkung auf den Kunden 316
   1.2 Die Beschwerdebearbeitung 318
   1.3 Die Beschwerdeauswertung 320
   1.4 Die Beschwerdestimulierung 321
2 Das Beschwerdemanagement als Sprachrohr des Unternehmens 323
3 Die Beschwerdeabteilung als zentrale Anlaufstelle für VIP-Kunden 323
4 Überrasche den Kunden 325
5 Die Zufriedenheitsbefragung als Messkriterium 328

1 Die zentrale Bedeutung des Beschwerdemanagements für die Prävention von Kundenabwanderungen

In den letzten Jahren gehört es zum Firmenalltag, aufgekündigte Geschäftsbeziehungen nicht einfach auf sich beruhen zu lassen. Es wird versucht, die Gründe zu erfahren und vor allem den Kunden zu einer Rücknahme der Kündigung zu bewegen. Dies kann z.B. durch kommunikatives Geschick seitens des Mitarbeiters erfolgen, oder es werden attraktivere Angebote offeriert. Meistens ist es eine Kombination von beidem.

Warum ist es für Unternehmen zu einer Selbstverständlichkeit geworden, diese so genannte Kundenrückgewinnung zu betreiben? In den vergangenen Jahren hat sich die Erkenntnis durchgesetzt, dass die Gewinnung eines Neukunden wesentlich mehr Ressourcen in Anspruch nimmt als ein Geschäft mit einem Altkunden weiter fortzuführen, selbst wenn unternehmensbedingte Einschnitte hingenommen werden müssen, um den Altkunden von der Kündigung abzuhalten.

Nun stellt sich die Realität aber so dar, dass nicht jeder Kunde von seiner Kündigung abzubringen ist, was eine Vielzahl von Gründen haben kann.

Der Klassiker ist natürlich: die Konkurrenz ist günstiger oder bietet mir eine Leistung, die mein alter Anbieter mir nicht offerieren kann. Hier handelt es sich um ein Kriterium, welches der Mitarbeiter, der sich um die Rücknahme der Kündigung bemüht, nicht entkräften kann.

Es gibt aber auch Gründe, die ein Unternehmen selbst zu vertreten hat, wie z.B. lange Bearbeitungszeiten, die Mitarbeiter sind schwer zu erreichen und womöglich dann, wenn man sie erreicht, unfreundlich. Der Kunden fühlt sich sozusagen durch seinen Vertragspartner schlecht behandelt, es gab Anlass zur Beschwerde und er möchte das Vertragsverhältnis aufkündigen, obwohl er ja gar nicht weiß, ob es ihm woanders besser ergehen wird. Auch hier wird nicht jedes Rückwerbungsgespräch erfolgreich sein.

Daher sollte sich ein Unternehmen die Frage stellen, inwiefern es dieser Situation präventiv beggenen kann. Denn so sinnvoll die Kundenrückgewinnung ist, bindet sie doch Ressourcen in einem Unternehmen und verursacht Kosten.

Warum also nicht im Vorfeld einen Pool von Mitarbeitern installieren, der aus einem unzufriedenen einen zufriedenen Kunden macht und daher verhindert, dass überhaupt ein Gedanke an eine Kündigung auftaucht? Es sollte also ein Beschwerdemanagement installiert werden, das in Funktion eines Churn-Managements jegliche Vertragskündigungen verhindern soll, die durch Unzufriedenheit und Beschwerden motiviert sind.

Thorsten Köhler

Natürlich bleibt niemandem heute verborgen, dass die Unternehmen mehr denn je unter Konkurrenzdruck stehen. Man denke doch nur daran, wie sich Warenhäuser z.B. für Elektroartikel in der Werbung mit ihren Angeboten übertrumpfen.

Und auch der Kunde versucht, sich diesen Umstand zu nutze zu machen. Wie schnell wird heute mit der Kündigung der Geschäftsbeziehung gedroht, wenn es zu Beanstandungen kommt? In manchen Geschäftsbereichen wird bewusst mit Kündigung gedroht, um bessere Konditionen auszuhandeln. Man kann also durchaus sagen, dass die Entwicklung der Märkte eine Verlagerung der Macht vom Verkäufer zum Käufer aufweist.

In der Regel ist es aber so, dass eine Kündigung auch für den Kunden ein gewisses Maß an Mehrarbeit nach sich zieht. Man denke nur an den Aufwand, der mit der Kündigung eines Girokontos verbunden ist.

Droht also ein Kunde mit der Geschäftsaufgabe, dann sollten durch geschultes Personal der Hintergrund erfragt und etwaige Beschwerden aus dem Weg geräumt werden. Denn wenn dies nicht passiert, dann kann das Kündigungsschreiben Realität werden. In diesem Fall hat sich der Kündiger bereits mit der Mehrarbeit, die mit der Kündigung verbunden ist, mindestens gedanklich arrangiert. Einen Kunden dann von der Rücknahme der Kündigung zu überzeugen, ist ein äußerst anspruchsvolles Unterfangen.

1.1 Die Wirkung auf den Kunden

In der Praxis sieht es aber leider so aus, dass der überwiegende Teil der Firmen dem Kunden zumindest keine direkte Anlaufstelle für ihre Beschwerden bietet, obwohl immer mehr Studien und Statistiken belegen, wie eng die Kundenunzufriedenheit mit deren Abwanderung zu anderen Firmen verknüpft ist. Viele Unternehmen lassen dabei einen Umstand außer Acht. Der moderne Kunde hat immer weniger persönlichen Kontakt zu seinen Geschäftspartnern. Vieles wird über das Internet abgewickelt oder über das Telefon. Kommt es nun zu Unstimmigkeiten auf der Kundenseite und es wird kein einfacher und verlässlicher Zugang zu einem verantwortlichen Mitarbeiter gewährt, kann man die Handlungsweise des Kunden kaum abschätzen. Die Situation kann also sehr schnell wenig vorhersehbar werden. Erfolgt eine Kündigung, oder ist der Kunde weniger verärgert als gedacht? Man weiß es eben nicht.

Genauso ist erwiesen, dass die Kundenneugewinnung wesentlich kostenintensiver ist als die Abwanderung eines Kunden zu verhindern und darüber hinaus mit dem Altkunden ein Neugeschäft zu generieren. Denn eines darf auch hier nicht vergessen werden. Mit dem bereits bestehenden Geschäftsverhältnis wurde bereits Geld verdient und man kann abschätzen, welches Folgegeschäft sich ergeben könnte. Über den heiß umworbenen Neukunden weiß man noch sehr wenig.

Auf der anderen Seite nimmt ein großer Teil der Firmen nicht ohne Grund jedes Jahr einen erheblichen Geldbetrag in die Hand, um externe Firmen mit Zufriedenheitsbefragungen zu betreuen.

Dabei wird sehr häufig die Frage gestellt, wie zufrieden man mit der Bearbeitung etwaiger Beschwerden war. Die Antwort fällt in der Regel negativ aus. Erheblich positiver fällt die Antwort jedoch aus, wenn die Kunden eine spezielle Anlaufstelle kontaktieren konnten.

Im Beschwerdemanagement einer Bank wurde nach einem abgeschlossenen Beschwerdefall etwa drei Wochen später ein Fragebogen an den Kunden verschickt mit der Anfrage, wie zufrieden stellend die Beschwerdebearbeitung verlief.

Nach diversen Modifikationen wurde dieser Bogen in mehrere Abschnitte unterteilt, nämlich nach Zufriedenheit mit der Beschwerdebearbeitung allgemein, mit der Bearbeitung in der Beschwerdeabteilung im Speziellen und der Kündigungsbereitschaft.

Mit Beschwerdebearbeitung im Allgemeinen war der Zeitraum vom ersten Kundenkontakt (in der Kundenbetreuung) bis zum Abschluss der Beschwerdebearbeitung gemeint. Denn nicht jede Unmutsäußerung des Kunden wurde automatisch in die Beschwerdeabteilung weiter geleitet. Vielmehr wurde oft durch die Fachabteilung versucht, das Problem erst einmal eigenständig aus der Welt zu schaffen, was mitunter auch zum Erfolg führte.

In der Regel stellte sich jedoch heraus, dass die Kunden mit der Bearbeitung der Beschwerden unzufrieden waren, bis das Beschwerdemanagement eingeschaltet wurde.

Dabei hat ein erheblicher Teil der Kunden angegeben, dass sie ohne die professionelle Bearbeitung, die in der Regel zu einem schnellen Ergebnis geführt hat, sich mit konkreten Kündigungsgedanken getragen hatten.

In der Praxis hat sich dies nirgendwo besser gezeigt als bei der Bearbeitung der schriftlichen Vorstandsbeschwerden. Deren Bearbeitung kann in einer Beschwerdeabteilung auf jeden Fall als Königsdisziplin bezeichnet werden. Der Kunde hat enorm viel Mühen auf sich genommen, um sein Anliegen schriftlich der Geschäftsleitung vorzubringen. Natürlich wurde bei der Gelegenheit auch von einer möglichen Kündigung gesprochen. Der Vorstandsbeschwerde gingen in der Regel endlose Versuche voraus, das Anliegen auf der Fachabteilungsebene voranzubringen. Die Anweisung durch die Vorstandsebene lautete, dass jede schriftliche Vorstandsbeschwerde zwingend an die Beschwerdeabteilung weiter zu leiten sei. Leider stellte sich auch hier heraus, dass trotz der vielen Kontakte zwischen Kunde und Sachbearbeiter die Beschwerde nie den Weg in die Beschwerdeabteilung fand, außer dann später als Vorstandsbeschwerde. Doch trotz der angespannten Beziehung war es hier durch eine schnelle und professionelle Bearbeitung möglich, den Kunden zufrieden zu stellen und von einer etwaigen Kündigung abzubringen.

Thorsten Köhler

Dabei stellt sich heraus, wo das Beschwerdemanagement innerhalb eines Unternehmens aufgehängt sein muss. Nämlich direkt unter dem Vorstand bzw. der Unternehmensleitung. Ist die Abteilung über andere Bereiche zwischengeschaltet, hindert dies die schnelle und korrekte Problemlösung. Oft und in den meisten Fällen wohlwollend gemeint werden Ergebnisse auf dem Weg in die Beschwerdeabteilung geschönt oder ausgeschmückt, die verfälschend wirken können. Dies gilt es in jedem Fall zu vermeiden.

Auf Grund von Kundenreaktionen bleibt im ersten Schritt auf jeden Fall festzuhalten, dass eine Beschwerdeabteilung und deren Arbeit von Kundenseite gewünscht sind.

1.2 Die Beschwerdebearbeitung

Die Aufgabe der Mitarbeiter einer Beschwerdeabteilung ist es, wenn möglich, die Beschwerde aus der Welt zu schaffen, also eine Problemlösung herbeizuführen.

Um dieser Aufgabe aber überhaupt gerecht zu werden, müssen zwei wesentliche Voraussetzungen erfüllt sein, die in der Praxis immer wieder zu Diskussionen führen. Zum einen muss das Kundenproblem den Weg in die Beschwerdeabteilung finden und des Weiteren müssen die Fakten vorliegen, die zu dem Problem geführt haben.

Die erste Voraussetzung mag auf den ersten Blick befremdlich wirken. Wieso sollte denn ein unzufriedener Kunde mit seinen Belangen nicht den Weg in die Beschwerdeabteilung finden?

In der Praxis ist dies aber keineswegs selbstverständlich. Denn in der Regel erreicht der Kunde seinen Vertragspartner über ein Call Center bzw. Kundenberaterteam. Können die Mitarbeiter in diesen Teams ein Kundenanliegen nicht sofort abschließend erledigen, erfolgt die Weiterleitung in die entsprechenden Fachabteilungen.

Worin besteht nun aber die Schwierigkeit für einen Kundenbetreuer, die Unzufriedenheit des Kunden zu erkennen und den entsprechenden Fachbereich für Beschwerden einzuschalten?

Im täglichen Leben ist es nun so, dass der Mensch in den seltensten Fällen seine Unzufriedenheit offen äußert. In der Regel tut er dies verhalten. Es gilt daher, die Mitarbeiter in den Kundeneingangskanälen dafür zu sensibilisieren. Der Mitarbeiter muss in die Lage versetzt werden, die „leisen Untertöne" herauszuhören. Hinzu kommt, dass die Mitarbeiter selbst völlig verschiedene Vorstellungen von einer Beschwerde haben. Es gibt zu dem Thema diverse Definitionen, die in der Praxis aber wenig hilfreich sind.

Möchte man alle unzufriedenen Kunden in die Beschwerdeabteilung leiten, dann empfiehlt es sich äußerst genau und sensibel dem Kundengespräch zu folgen.

Anhaltspunkte in der Kundenkommunikation können in den Aussagen „Ich rufe schon das x-te Mal an.", „Ich möchte mit einem Vorgesetzten sprechen." oder „Ich möchte sofort mit Herrn/Frau X sprechen." liegen. Auf jeden Fall sollte man hier als Mitarbeiter hellhörig werden und den Kunden sensibel fragen, ob alles seine Richtigkeit hat.

Eine weitere Schwierigkeit ist der Umstand, dass dem Kunden sehr oft die Existenz einer Beschwerdeabteilung nicht bekannt ist und der Mitarbeiter dies dem Kunden nicht ausreichend kommuniziert. Gerade in der Aufbauphase einer Beschwerdeabteilung kann man den Mitarbeitern in den Beraterteams nicht oft genug klar machen, dass Beschwerden in die dafür vorgesehene Abteilung gehören.

In den Kundenberaterteams konnte bei Coachings immer wieder folgende Situation erlebt werden. Der Kunde ruft an: „Ich habe einen Brief bekommen und bin damit nicht einverstanden. Verbinden Sie mich mit dem Fachbereich." Natürlich wurde dem Wunsch sofort entsprochen. Als der Mitarbeiter dann gefragt wurde, warum er das tat, hieß es, der Kunde wollte es so.

Hätte der Kunde es auch gewollt, wenn er von der Existenz einer Spezialabteilung erfahren hätte, die für solche Anliegen bereit steht?

Der Gegenbeweis war schnell erbracht. Saß der Coach neben den Kollegen, dann wurde diesem die Alternative angeboten. Was passierte? Alle Kunden nahmen dieses Angebot an.

Eine weitere Voraussetzung ist die Nachvollziehbarkeit des Kundenanliegens. Denn es sorgt bei einem Kundengespräch für einen sehr schlechten Einstieg, wenn man zugeben muss, sich über die letzten Kontakte nicht informiert zu haben bzw. sich mangels Informationen nicht informieren konnte. Dabei darf nicht vergessen werden, dass der Kunde auf Grund der technisierten Welt erwartet, dass sein Anliegen lückenlos dokumentiert ist.

Hilfreich sind hier, wie vielfach auch in der Fachliteratur angepriesen, die Customer Relationship Management (CRM) Systeme. Jeder telefonische Kundenkontakt wird dokumentiert. So kann der Mitarbeiter während des Beschwerdegesprächs schnell den Verlauf des Kundenanliegens nachvollziehen.

Absolut unverzichtbar ist die lückenlose Dokumentation für die Kundenrückgewinnung. Denn das Gespräch scheitert sofort, wenn man die Motivation hinterfragt und der Kunde sagt, er habe es doch mehrmals in den Gesprächen mit den Kollegen erläutert.

Noch ärgerlicher wird es, wenn man durch die lückenlose Dokumentation im Rückholversuch durch die Einträge und den Kunden erfahren hatte, dass leider im Vorfeld nie ein Kontakt mit der Beschwerdeabteilung statt fand. Der Kunde wurde wieder und wieder in Fachabteilungen verbunden, um dann in seinem Vorhaben zu scheitern. Als Konsequenz wird die Kündigung eingereicht. Wie oft zeigte sich, dass der Kunde

Thorsten Köhler

höchstwahrscheinlich von einer Kündigung abgesehen hätte, wenn ein Kontakt mit der Beschwerdeabteilung zu Stande gekommen wäre. Durch diese Negativsituation wird immer wieder deutlich, wie eine Kündigung hätte vermieden werden können, wäre das Kundenanliegen durch das Beschwerdemanagement fachgerecht bearbeitet worden.

1.3 Die Beschwerdeauswertung

Neben der Aufgabe, Kundenbeschwerden zu bearbeiten kommt dem Beschwerdemanagement eine weitere wichtige Aufgabe zu, nämlich die Auswertung der Beschwerden. Diese Aufgabe hat zentrale Bedeutung für die Vermeidung weiterer Beschwerden. Zudem ist sie für das Unternehmen äußerst wertvoll, denn auf Grund der Negativmeldungen der Kunden ist es möglich, das Angebot zu optimieren.

Um eine umfassende und einheitliche Bewertung vornehmen zu können, empfiehlt es sich, eine zentrale Beschwerdestelle zu installieren. Muss man die Ergebnisse von kleinen Beschwerdestellen zusammen tragen, kann es zu unterschiedlichen Ergebnissen durch die vielen Bearbeiter kommen, die das Ergebnis verzerren.

Die Ergebnisse sind in der Regel fast selbsterklärend. Interessant ist zuerst einmal die Anzahl der eingehenden Beschwerden. Ist die Zahl hoch, so steht es um die betreffende Firma nicht zum Besten. Empirisch nachgewiesen sollte die Summe der sich beschwerenden Kunden statistisch nicht mehr als 0,5% des Kundenstamms überschreiten. Eine gewisse Dunkelziffer muss dem sowieso noch hinzugerechnet werden, denn nicht jeder Kunde beschwert sich bei Unzufriedenheit, er wechselt einfach den Anbieter.

Es müssen die Ergebnisse auch analysiert werden. Dabei stellt sich nach einiger Zeit in der Regel heraus, dass die Gründe sich wiederholen. Hier gilt es nun zu unterscheiden, welche Beschwerden auch auf Grund der Geschäftspolitik aus der Welt zu schaffen wären und welche nicht.

Je nach Branche variieren die Ursachen. Einige dieser Gründe sind aber unabhängig von der Branche immer identisch. So wabert durch alle Zufriedenheitsbefragungen der berühmte Ausdruck „Servicewüste Deutschland". Auffällig sind dabei die Beschwerden über die Unfreundlichkeit der Mitarbeiter. Im beruflichen Umfeld zeigt sich leider oft, dass es sich dabei in der Regel um dieselben Mitarbeiter handelt, über die sich die Kunden beschweren.

Hier gilt es, dass die Beschwerdeabteilung diese Fakten an die jeweiligen Führungskräfte weiter gibt, damit entsprechende Maßnahmen eingeleitet werden können.

Ein immer wiederkehrender Stein des Anstoßes ist die lange Bearbeitungszeit. Auch hier empfiehlt sich eine Analyse, um Schwachstellen auszumerzen. Ganz entscheidend ist die Behebung dieser Fehlerquellen für Unternehmen, die z.B. keinen Vorteil über das Preisgefüge an den Kunden weiter geben können. Man denke hier an z.B. gesetzliche Krankenkassen. Beiträge und Leistungen sind nahezu identisch. Wie kann der Versicherte davon überzeugt werden, nicht den Anbieter zu wechseln?

Ein heikles Thema gerade im Banken- und Versicherungsbereich ist die persönliche Kundenberatung. Nach der anfänglichen Begeisterung der Firmen und ebenso auch der Kunden, alle geschäftlichen Transaktionen über das Telefon und/oder Internet abzuwickeln, geht die Tendenz ganz klar wieder zur persönlichen Betreuung vor Ort zurück.

Der Hauptgrund dürfte wohl darin liegen, dass viele Abläufe gewissen Kundengruppen zu unverständlich und kompliziert geworden sind und sie daher Unterstützung von Experten benötigen. Ein anderer ist durch fehlende Transparenz motiviert.

Geht etwas schief, klappt etwas nicht - an wen kann man sich dann wenden? Sehr viele Unternehmen bieten an dieser Stelle leider nur eine kostenpflichtige Hotline an, die oft doch nicht weiterhelfen kann. Meist verzweifelt wird dann der direkte Kontakt bei einer Filiale vor Ort gesucht.

Auf der anderen Seite sind Unternehmen vielfach die Hände gebunden. Filialen erhöhen erheblich den Kostendruck, die Firmen sind nicht konkurrenzfähig. Es ist bedeutend kostengünstiger, wenn der Kunde Internet bzw. Telefon als Kommunikationsweg nutzt.

Wandert ein Kunde daher zu einem anderen Unternehmen ab, da dieses vor Ort des Kunden ein ähnliches bzw. identisches Produktangebot stellen kann, dann wird sich die Kündigung wohl nicht verhindern lassen. Es ist also ein gewisser Teufelskreislauf. Der Unternehmer verzichtet auf Filialen, um konkurrenzfähig zu bleiben und muss auf Grund mangelnder Ansprechpartner vor Ort einen gewissen Kundenschwund in Kauf nehmen.

Dies ließe sich zumindest zum Teil durch ein professionelles Beschwerdemanagement verhindern.

Wenn der Kunde weiß, wie er die Beschwerdeabteilung erreichen kann und die Mitarbeiter dort sein Problem kompetent lösen, dann wird eine Beratung vor Ort weniger wichtig erscheinen.

1.4 Die Beschwerdestimulierung

Obiges Beispiel aufgreifend: Ein unzufriedener Kunde wird an die Beschwerdeabteilung geleitet und moniert das Fehlen von Filialen vor Ort und will deshalb zur Konkurrenz wechseln.

„Hier kann man doch nichts tun und muss den Kunden ziehen lassen."

Es zeigt sich aber oft, dass hinter diesem einen unerfüllbaren Kundenwunsch mehr stecken kann.

Diese Kunden sind unzufrieden, beschweren sich einmalig und wechseln. Dabei geben sie als Grund immer ein absolutes K.O.-Kriterium an. Sehr beliebt ist die Ansage „zu teuer". Dieser Punkt ist ja auch leicht nachzuvollziehen. Die Konkurrenz ist für eine ähnliche Leistung günstiger. Ansonsten werden gerne Gründe angegeben, von denen der Kunde weiß, dass sein gegenwärtiger Anbieter ihm dies nicht offerieren kann.

Dieses Beschwerdeverhalten hat zwei Vorteile. Zum einen auf der Seite des Kunden. Er drückt seinen Unmut aus, lässt Dampf ab und tritt erleichtert von der Bühne.

Auf Seiten des Unternehmens aber auch. Kein Mitarbeiter muss sich einen Vorwurf machen. Schließlich verlässt der Kunde den Anbieter ja nur, weil seinem Wunsch gar nicht entsprochen werden kann.

Vielleicht ist es aber nun so, dass der Kunde diesen Grund vorschiebt. Unter Umständen hatte er im Vorfeld über andere Dinge Grund zur Klage und fühlt sich schlecht behandelt.

Daher darf man sich nicht mit diesem einen Grund zufrieden geben und sollte vielmehr mit Beschwerdestimulation arbeiten.

Es hat sich in der Praxis gezeigt, dass dieser Typus Kunde erst einmal eine extreme Einsilbigkeit an den Tag legt. Im Hintergrund brodelt es aber gewaltig. Daher darf man sich von der Einsilbigkeit nicht abschrecken lassen und sollte ruhig und gelassen hinterfragen. Der Kunde soll zu weiterführenden Aussagen stimuliert werden, auch wenn dies weitere Beschwerden bedeutet.

Mit folgenden Redewendungen trifft man fast immer ins Schwarze: „Gibt es sonst gar nichts, was sie gestört/was nicht so toll war/geärgert hat?"

Meist nutzt der Kunde dies zum Anlass, sich über sämtliche Unpässlichkeiten und Fehler auszulassen.

Der unzufriedene Kunde muss daher bei Notwendigkeit zu Beschwerden angeregt werden.

Fakt ist, dass es im Vorfeld diverse Anlässe zur Beschwerde gab, die dann endlich durch das aktuelle Gespräch ausgeräumt werden konnten.

In vielen Fällen kann damit der Kunde von seinem Kündigungsvorhaben abgebracht werden.

2 Das Beschwerdemanagement als Sprachrohr des Unternehmens

Während eines Work-Shops zum Thema Beschwerdemanagement sollte die Funktion in einem Satz definiert werden.

Man einigte sich auf den Tenor „Das Beschwerdemanagement soll als Mittler zwischen den Interessen des Unternehmens und denen der Kunden fungieren."

Klingt einfach, ist es in der Praxis aber keinesfalls. Denn jeder Mitarbeiter muss das Wohl der Firma eine Nuance mehr im Fokus haben als die des Kunden. Es gilt immer abzuwägen. Man möchte ja schließlich nicht zum Konkurs seines Arbeitgebers beitragen und arbeitslos werden.

Man denke da an das gute alte Sparbuch. Die Bank muss, aus was für Gründen auch immer, die Zinsen senken. Diese Information wird dann auf dem Bankauszug ganz klein irgendwo unten vermerkt. Der Kunde wird in der Regel erst stutzig, wenn er sich dann nach Abschluss des Quartals wundert, warum er weniger Zinsen bekommen hat. Es muss wohl sicher nicht erläutert werden, zu wie vielen Beschwerdeanrufen dies führt.

In diesen Fällen sollte die Gelegenheit genutzt werden, dem Kunden auf Basis einheitlicher Informationen die Beweggründe zu erläutern.

Es erstaunt dann doch immer wieder, wie verständnisvoll ein Kunde sein kann, wenn man ihm, mit gewissen Hintergründen versehen, die Geschäftspolitik in aller Ruhe erläutert hat. Sehr oft ist zu hören: „Warum haben Sie das nicht gleich gesagt?"

Es gilt also, die Beschwerdeabteilung zu autorisieren, abwanderungswilligen Kunden in einem vernünftigen Maße die Hintergründe der aktuellen Geschäftspolitik zu erläutern, wenn dies notwendig erscheinen sollte.

3 Die Beschwerdeabteilung als zentrale Anlaufstelle für VIP-Kunden

Der überwiegende Anteil der Unternehmen kann dem Kunden keine Vor-Ort-Betreuung in unmittelbarer Nähe anbieten. Wohnt man nicht durch Zufall in der Nähe, so muss man die modernen Kommunikationsmittel bemühen. In der Regel ist die Firma dann so aufgestellt, dass es keinen bestimmten Kundenberater gibt. Der berühmte Sachbearbeiter, dem ein Kunde zugeordnet wurde, ist in der Regel passé. Man erreicht telefonisch die Abteilung Kundenbetreuung, der ein ganzer Pool von Kollegen zugeordnet ist. Kann dort das Anliegen nicht sofort geklärt werden, dann kann es schon mal heikel werden. Auf für den Kunden undurchsichtige Weise wird sein Anliegen an spezielle Abteilungen weiter geleitet. Erfolgt dann eine akzeptable Bearbeitung, dann hat alles seine Richtigkeit. Problematisch wird es, wenn es eben nicht klappt. In der Regel muss der Kunde wieder über die Kundenberatung sein Anliegen schildern, und die ganze Maschinerie beginnt von vorne. Denn in der Regel ist es natürlich nicht möglich, den speziellen Bearbeiter direkt zu kontaktieren. Daher erklären sich auch unter anderem die extrem langen Bearbeitungszeiten. Die Problematik der nicht vorhandenen direkten Durchwahl stellt sich natürlich auch für die Beschwerdeabteilung.

Grundsätzlich ist es sinnvoll, einen direkten Kontaktweg nicht zu kommunizieren. Es soll schlichtweg der Überlastung vorgebeugt werden. Denn die meisten kleineren Probleme sind ja bei den Kundenberatern gut aufgehoben und müssen nicht zwingend von Spezialisten bearbeitet werden.

Schwierig wird dies nun bei den „guten Kunden". Denn verdient ein Unternehmen an einem Kunden dauerhaft und regelmäßig, so sind damit auch Geschäftsabläufe verbunden. Und diese Abläufe können mitunter schief laufen und somit Beschwerden generieren. So sollte nach und nach dazu übergegangen werden, diesen Kunden einen direkten Weg in die Beschwerdeabteilung zu öffnen, sei es über Telefon oder E-Mail, um möglichen Beschwerden durch eine professionelle Bearbeitung vorzubeugen.

Von der Geschäftsleitung könnte die Befürchtung geäußert werden, dass es zu einer Überlastung kommen könnte. Dem entgegen stellt sich vielmehr folgende Entwicklung ein, die durchaus etwas überraschend ist. Am Anfang nimmt diese Kundengruppe diesen Service relativ oft in Anspruch, so auch für sehr unbedeutende Anliegen. Der Grund dafür ist darin zu sehen, dass diese Kunden die Kompetenz und Servicebereitschaft testen wollen, waren sie ja über einen Beschwerdevorfall auf die Abteilung gestoßen. Nachdem sie sich aber von der Kompetenz überzeugt hatten, nehmen sie diesen Service nur noch bei heiklen Problemen in Anspruch. Sie wussten ja nun, da ist eine Abteilung, die schnell hilft, wenn es schwierig wird, man muss sie aber nicht bei gängigen Geschäftsabläufen in Anspruch nehmen. So führt die Betreuung dieser Kunden letzten Endes zu keinem nennenswerten Mehraufwand.

Es gibt einen weiteren Kundenkreis, der konstant von der Beschwerdeabteilung betreut werden sollte. Es handelt sich hierbei um Kunden, die sehr betreuungsintensiv sind, weil ihre Anliegen in der Bearbeitung z.B. mehrere Abteilungen tangieren und so eine Steuerung durch die Beschwerdeabteilung notwendig macht.

Denn die Strukturen der heutigen Unternehmen werden immer vielschichtiger und für den Kunden unmöglich zu überblicken. Müssen für die Bearbeitung eines Kundenanliegens mehrere Abteilungen eingeschaltet werden, so kann es auf Grund mangelnder Koordination zu Fehlern führen, und diese lösen dann Beschwerden aus, die womöglich zu einer Kündigung führen könnten. Wird also von Mitarbeitern in der Kundenbetreuung erkannt, dass so ein Fall vorliegt, wird dieser direkt in die Beschwerdeabteilung geleitet mit dem Hinweis an den Kunden, dass die Bearbeitung im Beschwerdemanagement erfolgt. Diesen Kunden gegenüber wird die Beschwerdeabteilung als Servicemanagement kommuniziert. Denn nur, weil ein Kundenanliegen komplexer zu bearbeiten ist, sollte man ja nicht sofort dem Kunden suggerieren, sein Anliegen könnte sich zu einer Beschwerde auswachsen.

Wieso, kann man sich fragen, ist gerade ein Beschwerdemanagement für die Bearbeitung dieser Fälle besonders geeignet? Eine zentrale Beschwerdestelle muss durch die Vielzahl und Verschiedenheit der Kunden immer den Überblick über alle relevanten Geschäftsabläufe behalten. In der Realität ist es geradezu so, dass man als Mitarbeiter dazu gezwungen wird. Man muss im Grunde genommen über alles informiert sein, was wichtig ist bzw. wichtig werden könnte. Das kann auch bedeuten, dass man sogar über den Urlaubs- und Krankenstand anderer Abteilungen informiert ist, die einem zuarbeiten.

Denn es kann keinem Kunden eine zeitnahe Bearbeitung zugesagt werden, wenn in den entsprechenden Fachabteilungen die Personaldecke zur Zeit so dünn ist, dass eine zeitnahe Zuarbeitung nicht erfolgen kann.

Kurz gesagt: Die Beschwerdeabteilung muss alles wissen, denn sonst klappt es nicht mit dem verärgerten Kunden.

4 Überrasche den Kunden

Welche weiteren Präventivmaßnahmen stehen einem Mitarbeiter zur Verfügung, um einen verärgerten Kunden in einen zufriedenen zu verwandeln? Denn nur, weil eine Beschwerde aus der Welt geschafft ist, heißt es nicht, dass der Kunde von der Fortführung der Geschäftsbeziehung überzeugt ist. Vor allem dann nicht, wenn es nicht das erste Mal ist, dass etwas schief gelaufen ist.

Was kann man also tun? Jörg Neumann hat in seinem wöchentlichen Newsletter Weekly Empowerment (Neumann, Zanetti & Partner, Zürich) den Ausdruck geprägt:

„Überrasche den Kunden. Biete dem Kunden etwas, was ihn in positiver Hinsicht beeindruckt."

Der eine oder andere Leser wird sich jetzt denken, wie das heute in unserer globalen und vernetzten Welt überhaupt noch möglich ist? Es ist aber sehr wohl möglich. Denn anscheinend leidet unter dem Globalismus auch die Kreativität. Die Unternehmenswelt arbeitet mit Preissenkungen, immer mehr für weniger Geld. Gerne wird man am

Jahresende mit Kalendern überhäuft. Für spezielle Anlässe gibt es dann den etwas geschmackvolleren Kugelschreiber.

Alles Überraschungen, die nicht wirklich überraschen.

Wie wäre es, dem Kunden mit ehrlicher Freundlichkeit zu begegnen? Mit ihm so sprechen, dass er Lust an dem Gespräch hat. Geh auf den Kunden ein, zeige Verständnis. Ist der Kunde mit seiner Beschwerde nicht zum Ziel gekommen, dann erkläre sensibel die Hintergründe. Weise andere Wege auf, damit es beim nächsten Mal besser klappt. Mache klar, dass bei zukünftigen Problemen ein Fürsprecher für ihn da ist. Eine wirklich schöne Überraschung stellt sich dann ein, wenn einem vom Kunden gesagt wird, dass er gerne mit dir spricht, auch wenn der Anlass auf einem Ärgernis fußt.

Nun werden sich viele fragen, was daran so überraschend ist. „So muss es doch laufen". Das stimmt. Tut es aber nicht. Es zeigt sich tagtäglich, wie unsensibel, verständnislos und mitunter geradezu aggressiv Kollegen auf Kritik und Beschwerden der Kunden reagieren. „Es ist nun mal so, es geht nicht anders, da kann man nichts machen." sind dabei beliebte Totschläger in der Kommunikation. Es erfolgt eine Rechtfertigungstirade seitens des Mitarbeiters, die einem das Gefühl vermitteln kann, als ob der Kunde der Fehlerverursacher ist.

Überrasche den Kunden damit, dass man seine Beschwerde ernst nimmt. Moniert er die undurchsichtige und lange Bearbeitungszeit, dann arbeite die Beschwerde zügig ab und halte ihn über alle Schritte auf dem Laufenden, mache ihm die Bearbeitung spürbar.

Natürlich gibt es Unternehmen, wie z.B. gesetzliche Krankenkassen, die auf Grund der gesetzlichen Vorgaben nur sehr wenig Spielraum haben, individuellen Kundenwünschen zu entsprechen. Aber was hindert den Mitarbeiter denn daran, sensibel mit dem Kunden darüber zu sprechen, Hintergründe zu erläutern und auf seine evtl. schwierige Situation einzugehen?

In einer Bank wurde der schöne Satz geprägt: „Beraten heißt manchmal auch abraten." Wieso nicht auch auf den Kündigungswunsch offen und soweit möglich objektiv eingehen? Vielleicht ergibt sich alleine durch ein Gespräch, dass eine Kündigung und damit verbunden der Wechsel zu einem neuen tollen Anbieter im Moment gar keinen Sinn macht? Dass vielleicht der neue Anbieter den Wünschen des Kunden gar nicht so optimal entspricht, wie es auf den ersten Blick den Anschein hat?

Es wird doch immer so gerne von der „Servicewüste Deutschland" gesprochen. Aber was ist denn so „wüstig"? Wenn ein Produkt bestellt wird und die Lieferung sich hinauszögert, z.B. auf Grund von Produktionsengpässen, dann ist das zwar unangenehm, aber nicht zu ändern. Die Wüste stellt sich ja erst dadurch ein, dass der Ansprechpartner bei dem Unternehmen sich dem Kunden gegenüber nicht so verhält, wie dieser es sich wünscht. Warum ruft er nicht von sich aus an, um den Kunden zu informieren? Der Kunde muss hinterherlaufen! Und dann ruft der Kunde an und der

Anbieter zeigt kein Verständnis für dessen Verärgerung. Die Wüste bezieht sich doch in aller Regel auf das Kommunikationsverhalten des Mitarbeiters und nicht nur darauf, dass der Kunde auf seine Bestellung warten muss. Mit anderen Worten: Sehr oft verschlimmert der Mitarbeiter die Situation und entschärft sie nicht, wie der Kunde es erwartet.

Ein einfühlsamer und verständnisvoller Mitarbeiter wird im Umkehrschluss auf jeden Fall bei dem Kunden für einen Überraschungseffekt sorgen.

Kleine Geschenke erhalten die Freundschaft. Den Mitarbeitern muss die Möglichkeit an die Hand gegeben werden, sog. Incentives an Kunden „zu verschenken".

Das kann z.B. in Form von Geldbeträgen erfolgen, die dem Kundenkonto gutgeschrieben werden können. Wie oft kommt es vor, dass der Kunde ewig am Telefon sitzt, um sein Anliegen voranzubringen? So richten viele Firmen hohe kostenpflichtige Telefonanschlüsse ein, wenn der Kunde sich beschweren möchte. Die Firma macht einen Fehler und der Kunde muss über die hohen Telefongebühren auch noch die Kosten für die Beseitigung zahlen. Hier macht es Sinn, dem Kunden einen finanziellen Ausgleich zu schaffen, der aber etwas über den tatsächlichen Kosten liegen sollte. Denn man darf nicht vergessen, dass der Kunde auch Arbeit in die Fehlerbeseitigung stecken musste.

Sehr zu empfehlen in diesem Zusammenhang wären Geschenke. Sie sollten dabei so gestaltet sein, dass sie beim Kunden einen gewissen Wohlfühlwert generieren. Das Geschenk muss das Gefühl hervorrufen, dass dem Unternehmen etwas an seinen Kunden liegt. Von den obligatorischen Schreibsets sollte man daher lieber absehen. Als Versicherung Bücher über Gesundheit als Wiedergutmachung zu verschicken, ist ebenfalls wenig originell.

Ganz anders kommt z.B. der Geschenkkarton mit zwei Flaschen Champagner bei den Kunden an. Das bekommt man nicht jeden Tag und dann noch ausgeliefert von einem Delikatessengeschäft.

Unbedingt zu beachten ist dabei aber, dass der Mitarbeiter diese Geschenke auch „richtig verkauft". Kein Kunde will das Gefühl haben, er wäre ein Kulanzjäger oder man wolle ihn damit ruhig stellen, also sein Wohlwollen erkaufen. Es muss vielmehr das Gefühl vermittelt werden, dass die Firma einen Fehler zu verantworten hat und als Wiedergutmachung für das Ungemach den „Champagner spendiert", da man an einer langen Geschäftsbeziehung interessiert ist.

Sehr schön können die Präsente ins Spiel gebracht werden, wenn z.B. ein Feiertag ins Haus steht oder der Kunde bereits erzählt hat, dass er bald in den Urlaub fährt. Eine schöne Einleitung für den Geschenkkarton ist: „... und da jetzt Ihr Urlaub ansteht, schicken wir Ihnen zwei Flaschen Champagner. Damit können Sie dann in aller Ruhe mit Ihrer Frau / Ihrem Mann auf den Urlaub anstoßen."

Nicht unbedeutend sind der Wert und die Menge. Es darf nicht zu geizig, aber auch nicht zu teuer wirken.

Thorsten Köhler

5 Die Zufriedenheitsbefragung als Messkriterium

Wie bereits erläutert, ist ein unzufriedener Kunde nicht alleine deshalb wieder zufrieden, weil seine Beschwerde aus der Welt geschaffen worden ist. Die Unzufriedenheit besteht weiter fort. Man ist sozusagen auf dem Sprung. Passiert nun noch ein weiterer Fehler, dann ist man weg.

Wann und wie kann man also nun an diese Kunden herantreten und auf nette Art und Weise erfahren, wie sie dem Unternehmen gegenüber eingestellt sind?

Zu diesem Zweck bietet sich eine Zufriedenheitsbefragung an, die eine Problemprävention ermöglichen sollte. Diese Vorgehensweise ist unverfänglich, um die momentane Stimmung des Kunden herauszufiltern, ob also noch eine negative Tendenz vorherrscht oder ob der Kunde mit der laufenden Geschäftsbeziehung wieder zufrieden ist. Zudem hat diese Form der Befragung den großen Vorteil, dass in einer ruhigen und entspannten Atmosphäre über sich abzeichnende Unstimmigkeiten gesprochen werden kann.

Auf jeden Fall bleibt festzuhalten, dass angerufene Kunden dieser Zufriedenheitsbefragung positiv gegenüber stehen. Es kommt sogar vor, dass ein Kunde zurück ruft, wenn er bei diesem Anruf gerade keine Zeit hatte.

Diese Kundenliste sollte natürlich nach gewissen Kriterien erstellt werden. Zum einen sollte die letzte Beschwerdelösung mindestens drei Wochen her sein. Denn es mutet ein wenig merkwürdig an, wenn der letzte Kontakt mit der Beschwerdeabteilung erst einige Tage her ist und man dann zu seiner allgemeinen Kundenzufriedenheit interviewt wird.

Ein weiteres Kriterium ist die Häufigkeit, mit der ein Kunde mit der Beschwerdeabteilung in den letzten drei Monaten Kontakt hatte. So ergibt sich dann die Gelegenheit, die sozusagen schweren Fälle herauszufiltern und sich ggf. für diese Kunden eine andere Möglichkeit der Betreuung zu überlegen.

In jedem Fall geht es darum, bei den Kunden, die mit der Beschwerdeabteilung zu tun hatten, auszuloten, wie hoch der Zufriedenheitsgrad ist, ob es Indizien für eine mögliche Kündigung gibt. Ab und an kommt es auch vor, dass der Anruf gerade zur richtigen Zeit kommt. Denn mitunter gibt es schon wieder Anlass zu Kritik, der durch den Anruf gleich abgeholfen werden kann. Man schlägt also gleich mehrere Fliegen mit einer Klappe und so kann die Beschwerdeabteilung den einen oder anderen Kunden erfolgreich von einer Kündigung abhalten.

Diese Aktion zeigt, dass Kunden positiv reagieren, wenn man sie auf ihre gegenwärtige Einstellung zu ihrem Anbieter anspricht. Sie möchten das Gefühl haben, dass ihre Wünsche und Anregungen ernst genommen werden.

Natürlich wechselt ein Teil der Kunden den Anbieter, weil dieser einfach vorteilhafter erscheint. Ein Teil der Kündigungen ist aber mit Unzufriedenheit über den Anbieter verbunden.

Das deutsche Kundenbarometer hat hierzu eine Rangfolge aufgestellt. Interessant ist, dass 33% der Befragten die Gleichgültigkeit und 11% die Unhöflichkeit der Verkäufer monierten. 21% gaben die Wiederholung von Fehlern an und 13% ungenügende Auskünfte (vgl. www.Kundenbarometer.de).

Allein diese Angaben zeigen, wie wichtig für Kunden und Unternehmen ein qualifiziertes Beschwerdemanagement ist. Denn man stelle sich doch nur vor, was passiert, wenn ein Kunde mit seiner Beschwerde an die große Gruppe der gleichgültigen und unhöflichen Verkäufer gerät, die dann auch noch zu einer gewissen Fehlerwiederholung neigen?

Auf Unternehmensseite wird oft der Einwand ins Feld geführt, dass eine 100%ige Kundenzufriedenheit nicht zu erreichen und daher die Kosten für eine Beschwerdeabteilung nicht gerechtfertigt sind.

Dies entspringt einem gewissen Wunschdenken und die Kostenfrage soll hier nur ein Alibi liefern. Es ist doch auch so, dass die Führungsebene nicht immer wissen möchte, wie es um das Fehlerpotenzial bestellt ist. Diese Haltung ist ja auch verständlich. Wer möchte schon gerne hören, was er falsch gemacht hat. Niemand wird gerne kritisiert. Diese Einstellung darf aber nicht dazu führen, gute Kunden ziehen lassen zu müssen, weil man sie dauerhaft verärgert hat. Ein Beschwerdemanagement ist ja auch nicht dazu da, mit dem erhobenen Zeigefinger durch die Firma zu laufen und dauerhaft an allem und jeden Kritik zu üben. Vielmehr sollen die Mitarbeiter die Beschwerden und Reklamationen aus der Welt schaffen. Sie sollen für die Zufriedenheit des Kunden sorgen und durch die Beschwerdeauswertung Verbesserungsvorschläge machen.

Es wäre daher jedem Unternehmen anzuraten, herauszufinden, ob ein Beschwerdemanagement unnötig Kosten oder vielleicht doch einen Mehrwert für das Unternehmen produziert. Als Messkriterium kann z.B. die Anzahl der Kündigungen dienen. Man vergleicht die Anzahl der Kündigungen vor und nach der Implementierung einer Beschwerdeabteilung unter Berücksichtigung einer gewissen Einarbeitungszeit. Empirisch erwiesen ist, dass drei qualifizierte Vollzeitmitarbeiter die Beschwerden von ca. 100.000 Kunden betreuen können.

Es empfiehlt sich, die Mitarbeiter der Beschwerdeabteilung und des Rückgewinnungsteams zusammen zu legen. Aus vielen Rückgewinnungsgesprächen ergeben sich Beschwerden. Diese können dann zeitnah verarbeitet werden und gehen nicht auf firmeninternen Wegen verloren.

Bei diesem geringen Personalaufwand sollte jedes Unternehmen, welches noch keine Beschwerdeabteilung vorweisen kann, einen Versuch starten. Es wird sich mit Sicherheit lohnen.

Florian Kramm

Vermeidung von Kundenabwanderung mittels Kundenkartenprogrammen
am Beispiel des Lebensmitteleinzelhandels

1 Relevanz einer zielgerichteten Abwanderungsprävention für den Lebensmitteleinzelhandel 333
2 Die Bedeutung von Kundenkartenprogrammen für den deutschen Lebensmitteleinzelhandel 334
   2.1 Aktuelle Herausforderungen des deutschen Lebensmitteleinzelhandels 334
   2.2 Schaffung eines neuen Informationsniveaus durch den Einsatz von Kundenkarten 337
3 Der Weg zur erfolgreichen Vermeidung der Kundenabwanderung 340
   3.1 Ursachen der Kundenabwanderung im Lebensmitteleinzelhandel 340
   3.2 Die Herausforderungen der Datenanalyse und Segmentierung erfolgreich bewältigen 344
   3.3 Die richtige Interpretation der Daten und die Ableitung geeigneter Maßnahmen 346
4 Zusammenfassung 350

1 Relevanz einer zielgerichteten Abwanderungsprävention für den Lebensmitteleinzelhandel

Jeder zweite Kunde eines deutschen Lebensmitteleinzelhandelsunternehmens ist ein Stammkunde (vgl. Müller-Hagedorn 1999, S. 190).

Bei einem solch hohen Stammkundenanteil im Lebensmitteleinzelhandel (im Weiteren kurz LEH) erscheint ein weiterer Ausbau der Kundenloyalität auf diesem hohen Niveau von vornherein als eher unwahrscheinlich (vgl. Müller-Hagedorn 1999, S. 190) und die zielgerichtete Planung, Steuerung und Kontrolle der Maßnahmen zur Vermeidung der Kundenabwanderung und zur Kundenrückgewinnung als schlicht weg überflüssig. Auch die geringe Verbreitung des Kundenrückgewinnungsmanagements im Lebensmitteleinzelhandel ist ein weiteres Indiz dafür, dass die Kundenmigration in den zurückliegenden Jahrzehnten aus Sicht der Lebensmitteleinzelhandelsunternehmen ein zu vernachlässigendes Phänomen darstellte.

Insbesondere die in den vergangenen Jahren zu verzeichnende massive Verkaufsflächenausweitung der Discounter und Fachmarktanbieter haben jedoch zu einer erheblichen Verschärfung des Wettbewerbs im LEH und einer damit verbundenen spürbar sinkenden Kundenloyalität geführt.

Der sinkenden Kundenloyalität versuchen die Unternehmen des LEH primär über eine aggressive Preispolitik entgegen zu wirken. Dies hat für die nicht discountorientierten Vertriebsformen des LEH zur Folge, dass häufig, trotz gänzlich abweichender Kostenstrukturen, eine Preisanpassung der Preis-Einstiegssortimente an das Preisniveau der Discountunternehmen vorgenommen wird. Zusätzlich versucht man, durch Sonderangebotsaktionen in immer kürzer werdenden Abständen, kurzfristig hohe Kundenfrequenzen und damit verbundene Umsatzsteigerungen zu erreichen (vgl. EHI 2001, S. 32).

Für die Unternehmen des LEH ist es daher zunehmend von Interesse, Instrumente zu nutzen, die in der Lage sind, ein mögliches Abwandern des Kunden bereits frühzeitig aufzuzeigen. Nur so gelangt man in die Situation, rechtzeitig durch geeignete Maßnahmen den zunehmend instabiler werdenden Kundenbeziehungen entgegen wirken zu können.

Da sich Aussagen über das zukünftige Verhalten der Kunden aus den klassischen stark vergangenheitsorientierten Kennzahlen wie etwa dem Stammkundenanteil – wenn überhaupt – nur sehr eingeschränkt ableiten lassen (vgl. KPMG 2005, S. 7), könnte die systematische Sammlung, Aufbereitung und Interpretation der Daten aus Kundenkartenprogrammen eine sinnvolle Ergänzung zu den klassischen Instrumenten darstellen.

Dieser Artikel soll einen ersten Beitrag dazu leisten, die diesbezüglich bestehende Diskrepanz zwischen Idee und Realisierung sowie die weit verbreitete Unsicherheit darüber, welchen Beitrag die zielgerichtete Analyse der Daten von Kundenkartenprogrammen für die Prävention der Kundenabwanderung und Kundenrückgewinnung in der betrieblichen Praxis des LEH tatsächlich leisten kann, abzubauen.

Dazu ist es erforderlich, zunächst ein Verständnis für die besonderen Rahmenbedingungen des deutschen LEH und die aktuelle Verbreitung von Kundenkartenprogrammen zu schaffen. Im Anschluss daran erfolgt eine umfassende Analyse der Ursachen für die Kundenabwanderung im LEH sowie eine Erörterung der in der betrieblichen Praxis bestehenden Herausforderungen der Datenanalyse und der Ableitung von Handlungsmaßnahmen. Abschließend werden ausblickend die Entwicklungspotenziale der Prävention von Kundenabwanderung und der Kundenrückgewinnung auf der Basis der Daten von Kundenkartenprogrammen im LEH einer Einschätzung unterzogen.

2 Die Bedeutung von Kundenkartenprogrammen für den deutschen Lebensmitteleinzelhandel

2.1 Aktuelle Herausforderungen des deutschen Lebensmitteleinzelhandels

Der deutsche LEH gilt als einer der am härtesten umkämpften Teilmärkte der deutschen Volkswirtschaft und im internationalen Vergleich als der schwierigste Lebensmittelmarkt der Welt (vgl. Knuppen 2006, S. 1). In den zurückliegenden Jahren hat die aus der allgemeinen schwierigen Konjunkturentwicklung resultierende mäßige Konsumstimmung der Verbraucher sicherlich maßgeblich zur Stagnation des Gesamtlebensmittelmarktes beigetragen (vgl. GfK/Accenture 2008, S. 12). So konnte der Gesamtmarkt des LEH zuletzt lediglich einen moderaten realen Umsatzzuwachs erzielen. Erschwerend kommt hinzu, dass im gleichen Zeitraum eine massive Ausweitung des Verkaufsflächenangebots zu verzeichnen war. Dies führt unausweichlich zu einer stark rückläufigen Entwicklung der Flächenproduktivitäten im LEH (vgl. KPMG 2005, S. 6). Einen besonders starken Flächenzuwachs verzeichneten dabei vor allem die discountorientierten Vertriebstypen (vgl. GfK/Accenture 2008, S. 16), was in der Konsequenz dazu geführt hat, dass heute statistisch jeder deutsche Haushalt in der Lage ist, innerhalb von zehn Autominuten durchschnittlich 3 ½ unterschiedliche Discounter zu erreichen (vgl. GfK/Accenture 2008, S. 12).

Auf die zunehmend schwieriger werdenden Wettbewerbsbedingungen haben die Unternehmen des LEH in der Vergangenheit primär dadurch reagiert, dass man beinahe ausschließlich über eine aggressive Preispolitik versucht hat, den eigenen Marktanteil zu Lasten der Mitbewerber auszubauen. Dieser jahrzehntelange Preiskampf hat nicht nur zu einer enormen Preissensibilität der Verbraucher geführt, sondern darüber hinaus auch eine erhebliche Umsatzkonzentration im LEH bewirkt (vgl. EHI 2001, S. 32). So konzentrieren sich mittlerweile mehr als 90 Prozent der im LEH getätigten Umsätze auf die acht umsatzstärksten Unternehmen (vgl. Lebensmittelzeitung 2009).

Die sehr unterschiedliche Umsatz- und Marktanteilsentwicklung der verschiedenen Vertriebstypen im LEH macht eindrucksvoll deutlich, wer bislang als Sieger und wer als Verlierer aus dem harten Preiskampf hervorgegangen ist. So konnten die Discounter ihren hohen Marktanteil in den vergangenen Jahren um weitere 11 Prozent ausbauen und realisieren damit aktuell einen wertmäßigen Marktanteil von etwa 44 Prozent. Wohingegen die übrigen vollsortimentsorientierten Vertriebsschienen in den vergangenen Jahren mehr als 12 Prozent Marktanteil abgeben mussten (vgl. KPMG/EHI 2006, S. 6).

Die Grundversorgung mit Produkten des täglichen Bedarfs wird somit immer häufiger von den Discountern übernommen und lediglich die übrigen Produkte werden von den Konsumenten in einem Supermarkt oder Verbrauchermarkt erworben. Dabei versuchen die discountorientierten Vertriebsformate, diese Entwicklung durch die Ausweitung ihres Sortimentes insbesondere in den Frischebereichen weiter zu forcieren, um so die Notwendigkeit für den Verbraucher zu reduzieren, überhaupt ein weiteres Geschäft frequentieren zu müssen. Die Tatsache, dass mittlerweile 98 Prozent aller deutschen Haushalte bei Discountern einkaufen und beinahe 50 Prozent der Verbraucher einen Discounter als ihr Stammgeschäft bezeichnen (vgl. KPMG 2005, S. 13), zeigt eindrucksvoll, welch hohe Bedarfsdeckungsquote die Discounter mittlerweile erreicht haben (vgl. GfK/Accenture 2008, S. 12).

Die nachfolgende Abbildung 2-1 illustriert, dass insbesondere für die nicht discountorientierten Vertriebsformate des LEH vor diesem Hintergrund die dringende Notwendigkeit besteht, die Auswirkungen der zunehmend dynamischer werdenden Veränderungen in den Lebens- und Arbeitsbedingungen auf das Einkaufsverhalten der Konsumenten zu analysieren und den Versuch zu unternehmen, daraus unternehmensindividuelle strategische Wettbewerbsvorteile abzuleiten.

Abbildung 2-1: Ableitung von Wettbewerbsvorteilen für nicht discountorientierte Vertriebstypen aus dem Unternehmungskontext

Umfeld
- Unsicherheit der Zukunft
- Technologie
- Steigende Energiekosten
- Gesetzgebung u. Regeln insbes. Verbraucherschutz

Sozio-ökonomischer Kontext
- Alterung der Bevölkerung
- Mehr Single Haushalte
- Steigerung der Berufstätigkeit der Frauen
- Sinkende oder stagnierende Kaufkraft

Mögliche strategische Wettbewerbsvorteile nicht discountorientierter Vertriebstypen
- Vertrauen
- Kundennähe
- Preiswürdigkeit
- Convenience
- Frischefokussierung
- Qualitätsfokussierung
- Erlebnisfokussierung

Kundenerwartungen
- Steigende Preissensibilität
- Steigender Qualitätsanspruch
- Auswahl
- Bewusst Einkaufen (insbes. Bio / Wellness / Regionalität)
- Convenience

Wettbewerb
- Weitere Verschärfung der Konkurrenzintensität
- Weiterer Flächenzuwachs
- Weitere Expansion der Fachmärkte
- Weitere Discountorientierung der Verbraucher
- Zunahme Angebot und Nutzung des Online-Handels

Ein Ansatz könnte beispielsweise darin bestehen, dass die nicht discountorientierten Vertriebsformate des LEH ihrerseits daran arbeiten, den zusätzlichen Einkauf des Konsumenten bei einem Discounter dadurch unnötig erscheinen zu lassen, indem man das auf dem Preisniveau der führenden Discountunternehmen positionierte Eigenmarkensortiment sukzessive quantitativ und qualitativ weiter ausbaut. Um diese Gegenstrategie jedoch wirklich erfolgreich zu gestalten, müsste es den nicht discountorientierten Unternehmen vor allem gelingen, die Preiswahrnehmung der Verbraucher nachhaltig zu verändern (vgl. KPMG/EHI 2006, S. 7).

Selbst wenn dies durch aufwändige Kommunikationsmaßnahmen zunehmend besser gelingen würde, so wäre eine alleinige Forcierung eines discountorientierten Preiseinstieg-Eigenmarkensortimentes bei weitem nicht hinreichend. Vielmehr kommt es darauf an, die Trends im LEH frühzeitig zu erkennen und diese durch eine schnelle Anpassung der eigenen Handelskonzepte möglichst optimal umzusetzen. Konkret bedeutet dies **Frischesortimente** und **Trendsortimentsbereiche**, wie z.B. Convenience-, biologische oder regionale Sortimente, rechtzeitig wesentlich stärker zu forcieren und zunehmend schwieriger erfolgreich zu betreibende Sortimentsbereiche, wie z.B. das durch die Inflation des NonFood-Aktionsgeschäfts nicht nur bei den Discountern, sondern auch bei den Online- und Versandhandelsunternehmen zunehmend unter Druck geratene NonFood-Sortiment der großen Verbrauchermärkte und SB-Warenhäuser, auf ein angemessenes Maß zu reduzieren (vgl. GfK/Accenture 2008, S. 14).

Weitere strategische Wettbewerbsvorteile lassen sich aus der Tatsache ableiten, dass die Verbraucher den Kauf von Lebensmitteln in der Regel als notwendiges Übel und eher selten als ein Einkaufserlebnis empfinden. Diesbezüglich könnte eine strategische Handlungsoption beispielsweise darin bestehen, die gesamte Gestaltung des absatzpolitischen Instrumentariums, beginnend mit den Zufahrtsmöglichkeiten über die Gestaltung der Parkplätze, die Ganganordnung, die Sortimentsauswahl bis hin zur Anzahl und Ausgestaltung der Kassenplätze, primär an der **Maxime eines möglichst komfortablen Einkaufs** auszurichten. Eine weitere Handlungsoption könnte allerdings auch darin bestehen, den Einkauf von Lebensmitteln beispielsweise durch die Möglichkeit der Präsentation sichtbarer Lebensmittelproduktionsprozesse (z.B. gläserne Bäckereien oder Fleischereien) und durch die Integration von sortimentsspezifischen Verzehrsbereichen (Kaffeebars, Wein-Theken, etc.) zunehmend zu einem **Einkaufserlebnis** werden zu lassen.

Neben all den bereits genannten strategischen Aufgaben besteht eine der größten Herausforderungen für den LEH sicherlich darin, den Vertrauensverlust, welchen der LEH insbesondere durch die ruinösen Tiefstpreise und die zahlreichen Lebensmittelskandale herbeigeführt hat, entgegen zu wirken. Nie war die **Verunsicherung der Verbraucher** darüber, was man ohne Gefahr für die eigene Gesundheit konsumieren darf und bei welcher Einkaufsstätte man es kaufen sollte, größer als heute. Diese enorme Verunsicherung der Verbraucher stellt für die Handelsunternehmen dann eine Chance dar, wenn es gelingt, den Kunden Tag für Tag zu beweisen, dass man die Verantwortung für die Verbraucher, für die Umwelt und für die Gesellschaft sehr ernst nimmt. Unternehmerischer Erfolg und nachhaltiges Handeln dürfen, auch unter den harten Wettbewerbsbedingungen des LEH, keinen Widerspruch darstellen. Die erklärte Zielsetzung muss es sein, ökonomische, ökologische und soziale Kriterien immer wieder miteinander in Einklang zu bringen. Dies setzt bewusstes und verantwortliches Handeln in allen Unternehmensbereichen voraus.

2.2 Schaffung eines neuen Informationsniveaus durch den Einsatz von Kundenkarten

Seit dem 25. Juli 2001 gelten das Rabattgesetz von 1933 und die Zugabeverordnung von 1932 in Deutschland nicht mehr. Damit sind die Einschränkungen über Rabatte von über 3% bei Barzahlung und Zugaben von Waren oder Leistungen, die nur einen geringen Wert im Vergleich zum gekauften Warenwert haben durften, weggefallen.

Für das Marketing im LEH ergeben sich damit neue Möglichkeiten der Wettbewerbsprofilierung beispielsweise durch den Einsatz von Kundenkartenprogrammen.

Allerdings stehen einige Lebensmitteleinzelhändler diesen neuen Möglichkeiten mittlerweile etwas weniger euphorisch gegenüber, so hat z.B. die Globus Holding GmbH

& Co. KG von ihren Kundenkartenplänen nach einigen Tests bereits sehr früh im Jahre 2001 Abstand genommen (vgl. o.V. 2001, S. 20). Andere Unternehmen wie beispielsweise Rewe, Marktkauf und EDEKA haben zunächst eigene Kundenkartenprogramme eingeführt, diese dann jedoch später, zum Teil unter erheblichen Protesten der Verbraucher, eingestellt oder in ein Kooperationspartner-Programm überführt.

Wie Abbildung 2-2 zur aktuellen Verbreitung von Kundenkartenprogrammen im deutschen LEH zu entnehmen ist, betreiben derzeit von den 20 umsatzstärksten Unternehmen des LEH nur sieben ein Kundenkartenprogramm.

Abbildung 2-2: Akutelle Verbreitung von Bonuskarten im deutschen LEH

Rang	Firma	Gesamtumsatz 2008 in Mio €	Teilnahme am Bonuskartenprogramm
1	EDEKA-Gruppe	37.606	DeutschlandCard (nur i.d. EDEKA-Vertriebsschienen und Marktkauf)
2	Metro-Gruppe	31.575	Payback (nur i.d. SB-Warenhaus Vertriebsschiene real)
3	Rewe-Gruppe	29.580	./.
4	Lidl/Kaufland	26.500	./.
5	Aldi-Gruppe	24.500	./.
6	Tengelmann-Gruppe	13.991	happy digits (nur i.d. Vertriebsschienen Kaisers/Tengelmann)
7	Karstadt	8.800	happy digits
8	Leckerland	7.878	./.
9	Schlecker	5.115	webmiles (nur Schlecker-online)
10	Globus	3.942	./.
11	dm-Drogeriemarkt	3.361	Payback
12	Norma	3.000	./.
13	Rossmann	2.902	./.
14	Bartels-Langness	2.690	./.
15	Müller	2.018	./.
16	Bünting	1.600	./.
17	Coop	1.366	./.
18	Dohle	1.365	./.
19	Tegut	1.113	gute Karte
20	Netto Nord	1.069	./.

Der Marktführer unter den deutschen Multi-Partner-Kundenkartenprogrammen ist dabei die bereits im März 2000 von der Payback GmbH emittierte **Payback-Kundenkarte**. Einer von Payback beauftragten Untersuchung der GfK zufolge besitzen aktuell etwa 60 Prozent der deutschen Haushalte eine Payback-Karte (vgl. Schrack/Purtscher 2008, S. 8). Wird die Payback-Karte beim Bezahlvorgang in einer der ca. 8.000 Partnerfilialen oder bei einem der über 100 Online-Partner vom Kunden eingesetzt, so werden die Kundennummer, Datum des Kaufs, Filiale sowie Umsatz und teilweise auch die Warengruppenzuordnung an die Payback GmbH übermittelt. Der jeweils kartenausgebende Partner hat die Möglichkeit, zusätzlich die Information über die vom Kundenkarteninhaber erworbenen Produkte zu speichern. Auf die Kaufsumme erhält der Kunde in Form von Payback-Punkten einen unternehmensindividuellen Rabattbetrag von 0,5 bis 4 Prozent. Die gesammelten Punkte können später gegen Prämien, Warengutscheine oder Bargeld eingetauscht oder z.B. an UNICEF gespendet werden. Die aktuellen Partnerunternehmen der Payback-Karte sind neben real auch dm-drogerie markt, Galeria Kaufhof, Dänisches Bettenlager, Apollo-Optik, vodafone, u.v.m. (vgl. www.payback.de).

Nach Payback ist **HappyDigits** das zweitgrößte deutsche Kundenkartenprogramm. HappyDigits wird von der CAP Customer Advantage Programm GmbH, einer Tochter der Arcandor-Warenhaustochter Karstadt, betrieben (vgl. CAP 2007). Auch hier erhalten die Teilnehmer die Möglichkeit, bei ihren Einkäufen in den teilnehmenden Filialen der mehr als 70 Offline- und Onlinepartner umsatzabhängige Treuepunkte zu sammeln und diese später gegen Sachprämien oder Warengutscheine einzutauschen. Im Gegenzug erhalten die Partnerunternehmen, zu denen u.a. Kaiser-Tengelmann, Sixt-Autovermietung, Hertie und die Telekom gehören, die Möglichkeit, die Kauf- und personenbezogenen Daten unternehmensübergreifend für ihre Marketingzwecke zu benutzen (vgl. CAP 2009).

Das jüngste deutsche Multi-Partner-Kundenkartenprogramm ist die im März 2008 emittierte **DeutschlandCard** der DeutschlandCard GmbH, einem Tochterunternehmen des Bertelsmann-Konzerns. Die aktuell mehr als 4,5 Millionen aktiven Deutschland Card-Inhaber haben die Gelegenheit, bei allen am Programm teilnehmenden Unternehmen umsatzabhängig Punkte zu sammeln und später in wertvolle Prämien einzutauschen. In der Regel erhält der DeutschlandCard-Inhaber bei den teilnehmenden Unternehmen für je zwei Euro getätigten Umsatz einen DeutschlandCard-Punkt mit einem Gegenwert von einem Cent. Dies entspricht einem Rabatt in Höhe von 0,5 % des getätigten Umsatzes. Die aktuellen Partnerunternehmen der DeutschlandCard sind EDEKA, Marktkauf, Deutsche Bank, Gehe-Apotheken, L' Tur, Porta-Einrichtungshäuser, Abele-Optik und die Hertz-Autovermietung. Hinzu kommen mehr als 70 Onlinepartner sowie zahlreiche regionale/lokale Partner (vgl. DeutschlandCard 2009, S. 1).

Das zumindest bislang einzig verbliebene unternehmensindividuelle Kundenkartenprogramm ist die „**gute Karte**" der Firma tegut. Die Inhaber der von der tegut … Gutberlet Stiftung & Co herausgegebenen „guten karte" erhalten in allen tegut-Filialen einen Rabatt in Abhängigkeit von der Höhe des wöchentlich realisierten Einkaufswertes. So erhält der Kunden 0,5 Prozent Rabatt ab einem wöchentlichen Einkaufswert von 25 €, ab 100 € wird bereits 1 Prozent gewährt und ab 150 € erhält der Kunde sogar einen Einkaufsvorteil in Höhe von 2 Prozent. Der jeweilige Rabattbetrag wird dem Kunden in der Regel als Einkaufsgutschein erstattet. Darüber hinaus erhalten die Karteninhaber weitere Vergünstigungen, so z.B. wöchentlich wechselnde exklusive

Sonderrabatte für Markenartikel oder spezielle Obst- und Gemüseangebote (vgl. www.tegut.de).

Die Darstellung der aktuell im LEH existierenden Kundenkartenprogramme macht bereits deutlich, welche zentralen Vorteile sich für die Unternehmen ergeben, die ein solches Bonusprogramm in ihr Marketinginstrumentarium integrieren. Ein offensichtlicher Vorteil entsteht zunächst durch die zusätzliche **Wechselbarriere**, welche für die Kundenkarteninhaber durch die verschiedenen mit dem Einsatz der Karte verbundenen Vorteile entsteht. Einen weiteren zentralen Vorteil stellen die mit dem Einsatz der Karte verbundenen neuen Möglichkeiten der individuellen Datengewinnung als Grundlage für ein effizientes **Database Marketing** dar.

Durch die Individualisierung der Kundenbeziehung ergeben sich neue Möglichkeiten der Optimierung des Marketing-Mix beispielsweise durch eine Flexibilisierung der Preispolitik oder eine künstliche Glättung der Nachfrage. Darüber hinaus ermöglichen es die erfassten kundenindividuellen Daten aber vor allem, weitere erhebliche zusätzliche Umsatz- und Ertragspotenziale durch eine individuelle Prävention der Kundenabwanderung und der Kundenrückgewinnung zu realisieren.

3 Der Weg zur erfolgreichen Vermeidung der Kundenabwanderung

3.1 Ursachen der Kundenabwanderung im Lebensmitteleinzelhandel

Die Konzeption einer erfolgreichen Strategie zur Vermeidung der Kundenabwanderung mittels Kundenkartenprogrammen setzt zunächst eine gründliche Analyse der möglichen Ursachen für die Kundenabwanderung im LEH voraus.

In der nachfolgenden Abbildung 3-1 werden ausgewählte Gründe für eine mögliche Kundenabwanderung im LEH, in Anlehnung an das in der Psychologie entwickelte Anreizmodell für menschliches Verhalten, systematisiert in intrinsisch und extrinsisch motivierte Abwanderungsgründe dargestellt.

Abbildung 3-1: Potenzielle Kundenabwanderungsursachen im LEH
(Quelle: in Anlehnung an Rutsatz 2004, S. 27)

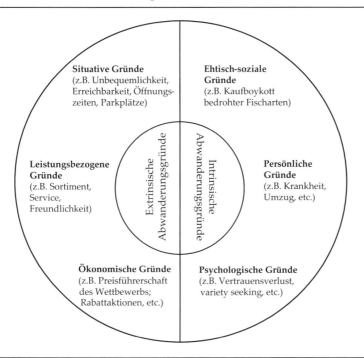

Unter den primär **extrinsischen Abwanderungsgründen** sind dabei ganz grundsätzlich all diejenigen Gründe zu subsumieren, die sich aus äußeren Einflüssen heraus ergeben. Charakteristisch für stärker extrinsisch motivierte Abwanderungsgründe ist dabei, dass sie in der Regel nicht spontan auftreten, sie werden häufig durch eine Aufforderung (z.B. eines Wettbewerbsunternehmens) angestoßen.

So kann man im LEH beispielsweise dann von einem **extrinsisch-ökonomisch** motivierten Abwanderungsgrund sprechen, wenn ein Konsument auf die Durchführung einer Treueaktion eines Wettbewerbers dadurch reagiert, dass er für den Zeitraum der Treueaktion seine Einkaufsaktivitäten stärker auf das Wettbewerbsunternehmen konzentriert.

Neben den ökonomisch motivierten Abwanderungsgründen finden sich im LEH sehr häufig auch Ursachen für eine Abwanderung, welche durch eine relativ zum Wettbewerb **unterlegene Dienstleistungsqualität** begründet sind. Dies könnte beispielsweise der Fall sein, wenn ein Kunde über die Handzettelwerbung eines Wettbewerbers darüber informiert wird, dass dieser sein Bio-Sortiment um weitere 1.000 Artikel erweitert hat und damit zum größten Bio-Anbieter in der Region geworden ist und der

Kunde daraufhin aufgrund seiner starken Bio-Affinität beschließt, diesen Markt zukünftig als seine neue Haupteinkaufsstätte vorzusehen.

Auch **situative Abwanderungsgründe** haben häufig einen extrinsischen Charakter, z.B. wenn die Zufahrt zur eigentlichen Haupteinkaufsstätte durch Straßenbauarbeiten für einen gewissen Zeitraum deutlich erschwert wird oder die im Vergleich zum Wettbewerb eingeschränkten Öffnungszeiten der bevorzugten Einkaufsstätte ein Einkaufen dort momentan nicht ermöglichen.

Unter den primär **intrinsischen Abwanderungsgründen** sind demgegenüber all diejenigen Ursachen zu subsumieren, denen eine interessenbestimmte Handlung des Konsumenten zu Grunde liegt, deren Aufrechterhaltung keine extrinsischen Anreize in Form von Belohnungen etc. bedarf. Charakteristisch für stärker intrinsisch motivierte Abwanderungsgründe ist dabei, dass sie häufig von Neugier, Spontanität und dem Interesse an der Entdeckung des unmittelbaren Lebensumfelds geprägt sind.

Ein **intrinsisch-psychologisch** motivierter Abwanderungsgrund liegt beispielsweise dann vor, wenn ein Konsument im Anschluss an eine Neueröffnung aus Neugier zunächst die neue Einkaufsstätte seiner ursprünglichen Einkaufsstätte vorzieht.

Von **intrinsisch-ethisch-sozialen** Abwanderungsursachen kann man immer dann sprechen, wenn der Konsument seine persönlichen Wertevorstellungen auf sein Konsumverhalten überträgt. Dies könnte z.B. dann der Fall sein, wenn ein Konsument zur Erhaltung bedrohter Fischarten seinen Einkauf zukünftig lediglich auf die Unternehmen des LEH konzentriert, die sich offen zum Verzicht des Verkaufs von bedrohten Fischarten erklärt haben.

Natürlich sind auch **persönliche Gründe**, die zu einer Abwanderung führen, wie etwa ein erforderlicher Umzug oder eine langwierige Erkrankung, als intrinsische Abwanderungsursachen zu betrachten.

Neben der gründlichen Analyse, aus welcher Motivation heraus es zur Kundenabwanderung im LEH kommt, ist es für die Konzeption einer erfolgreichen Strategie zur Vermeidung der Kundenabwanderung auf der Basis der Informationen aus Kundenkartenprogrammen ebenso erforderlich, sich zu vergegenwärtigen, auf welche Art und Weise die Abwanderung der Kunden in der Regel erfolgt. Betrachtet man unter diesem Aspekt die in der vorstehenden Abbildung 3-1 exemplarisch dargestellten Abwanderungsgründe, so wird deutlich, dass die Abwanderung der Kunden mit Ausnahme einer umzugs- oder krankheitsbedingten Beendigung der Kundenbeziehung in vielen Fällen nicht abrupt erfolgt, sondern vermutlich zumeist das Ende eines sukzessiv fortschreitenden Abwanderungsprozesses ist. Die nachstehende Abbildung 3-2 verdeutlicht, dass der abschließenden Entscheidung eines Konsumenten über den Wechsel des Anbieters eine Reihe vorgelagerter Prozessschritte vorausgehen.

Abbildung 3-2: *Typischer Kundenabwanderungsprozess im LEH (Quelle: in Anlehnung an Michalski 2002, S. 45)*

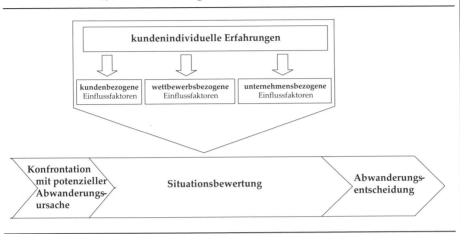

Zunächst wird der Verbraucher mit einer mangelhaften Dienstleistungsqualität konfrontiert. Dies führt unmittelbar zu einer häufig unbewussten Bewertung der erlebten Situation durch den Verbraucher. In die Situationsbewertung gehen dabei in der Regel zahlreiche kunden-, unternehmens- und wettbewerbsbezogene Faktoren ein, wodurch die Situationsbewertung häufig zu einem komplexen Vorgang wird, an deren Ende die Entscheidung für die Fortführung oder den Abbruch der Kundenbeziehung steht.

Die zentralen **kundenbezogen Faktoren**, welche in den Bewertungsprozess mit einfließen, sind sicherlich die Anzahl der bislang erlebten kritischen Ereignisse, die individuelle Toleranzzone, die akuten Emotionen (Wut/Enttäuschung usw.), ggf. bereits vorhandene Wechselabsichten sowie der Grad der Kundenbindung im Sinne einer emotionalen Verbundenheit oder einer Gebundenheit aufgrund eventuell bestehender Wechselbarrieren.

Neben den dargestellten kundenbezogenen Faktoren fließen u.a. die vorhandenen Wettbewerbsalternativen im Hinblick auf Anzahl, Aufmerksamkeitsstärke, Attraktivität und Aktivität als ausgewählte **wettbewerbsbezogene Faktoren** mit in die Situationsbewertung ein.

Abschließend gehen als **unternehmensbezogene Faktoren** beispielsweise die Reaktion des Unternehmens auf einen vom Konsumenten wahrgenommenen und kommunizierten Dienstleistungsmangel (Service Recovery) in die Situationsbewertung ein. Beschwert sich ein Kunde in einer Filiale beispielsweise über einen nicht mehr erhältlichen Sonderangebotsartikel, so hat das Unternehmen die Möglichkeit, durch eine angemessene Reaktion einen positiven Einfluss auf die Situationsbewertung zu nehmen. Dazu sind in diesem konkreten Fall prinzipiell zwei Handlungsweisen denkbar.

Entweder das Unternehmen reagiert **kompensierend** z.B. durch das Angebot eines mindestens gleichwertigen Alternativartikels oder sollte dies, z.B. weil es sich um einen nicht wiederbeschaffbaren Einmalkaufartikel handelt, nicht möglich sein, so besteht zumindest die Möglichkeit, **erklärend** auf den Kunden einzuwirken.

3.2 Die Herausforderungen der Datenanalyse und Segmentierung erfolgreich bewältigen

Seit Mitte der 80er Jahre des vorherigen Jahrhunderts werden im LEH zunehmend elektronische Kassen- und Warenwirtschaftssysteme eingesetzt. Damit ist es bereits seit langem möglich, sehr große Datenmengen über das Kaufverhalten zu erfassen, auszuwerten und Maßnahmen zur Optimierung des Marketing-Mix abzuleiten.

Durch die Ausgabe von Kundenkarten erhalten die Unternehmen darüber hinaus Zugang zu den individuellen Grund-, Potenzial-, Aktions- und Reaktionsdaten ihrer Kunden und erreichen damit im Hinblick auf Quantität und Qualität die Chance, ein noch nie da gewesenes **Informationsniveau** zu realisieren.

Eine kundenindividuelle rechtzeitige Identifikation und Prävention drohender Kundenabwanderungen wie auch die Rückgewinnung bereits abgewanderter Kunden auf der Basis der Daten von Kundenkartenprogrammen erfordert zwangsläufig eine Modellierung der nachfragerelevanten Merkmale jedes einzelnen Kunden. Bei der Definition der nachfragerelevanten Kundenmerkmale werden üblicherweise vier Datenkategorien unterschieden, welche auf speziellen Datenbanken abzulegen sind (vgl. hierzu und im Folgenden Link/Hildebrand 1993, S. 34 ff.):

Die im Rahmen des Kartenantrags anzugebenden **Grunddaten** sind auf lange Sicht relativ konstante Kundendaten, welche darüber hinaus in der Regel nicht von der Dienstleistung des Handelsunternehmens abhängig sind. Hierzu zählen Name, Adresse, Anrede, Bankverbindung, außerdem soziodemographische Merkmale von Kunden wie Alter, Geschlecht, Beruf usw.

Wohingegen die **Potenzialdaten** darüber Aufschluss geben, mit welchem kundenindividuellen Nachfragevolumen für bestimmte Produkte oder Dienstleistungen zu welchem Zeitpunkt gerechnet werden kann. Dieser Bedarf ist dem Handelsunternehmen in der Regel nicht a priori bekannt, lässt sich aber oftmals aus einer Kombination von Informationen rekonstruieren. So lassen sich beispielsweise aus der Erfassung und Speicherung der Geburtsdaten wertvolle Hinweise für den zukünftigen altersbedingten und damit „unausweichlichen" Bedarf an Babynahrung, Kinderkleidung, Schulbedarf usw. der jeweiligen Kunden ableiten.

Abbildung 3-3 verdeutlicht, welche Grund- und Potenzialdaten derzeit von den jeweiligen Anbietern von Bonuskartenprogrammen im LEH erhoben werden.

Abbildung 3-3: Unterschiede in der Erfassung der Grund- und Potenzialdaten ausgewählter Kundenkartenprogramme

Grunddaten		Payback	HappyDigits	DeutschlandCard	gute Karte
Anrede	*	x	x	x	x
Titel		x	x	x	x
Vorname	*	x	x	x	x
Nachname	*	x	x	x	x
Adresszusatz		x	x		
Straße	*	x	x	x	x
Ort	*	x	x	x	x
Land	*	x	x	x	x
Geburtsdatum	**	x	x	x	x
Telefonnummer (priv.)		x	x	x	
Telefonnummer (geschäftl.)			x		
Mobilfunknummer		x	x	x	
E-Mail-Adresse	**	x	x	x	
Stammmarkt					x

Potenzialdaten		Payback	HappyDigits	DeutschlandCard	gute Karte
Monatliches Haushaltseinkommen				x	
Familienstand				x	
Anzahl Personen im Haushalt				x	
Anzahl Kinder im Haushalt				x	
Alter der Kinder				x	

* Pflichtangaben
** bis auf tegut Pflichtangabe

Im Hinblick auf die **Erfassung der Grunddaten** im Rahmen des Kartenantrages existieren so gut wie keine Unterschiede. Die verschiedenen Kundenkartenanbieter erfassen jeweils lediglich die für die konventionelle Kundenkontaktierung erforderlichen Trivialdaten. Darüber hinaus werden mit Ausnahme des Alters keine Merkmale erfasst, die für ein segmentspezifisches Marketing von Bedeutung sein könnten.

Wohingegen eine **Erfassung von Potenzialdaten** bislang nur bei der Beantragung der DeutschlandCard – und auch da nur sehr rudimentär – erfolgt. Hier könnte durch eine zusätzliche Ausweitung der erfassten Potenzialdaten eine weitere erhebliche Verbesserung des theoretisch erzielbaren Informationsniveaus erreicht werden.

Auch im Hinblick auf die **Sicherstellung der Aktualität von Grund- und Potenzialdaten** als zentraler Erfolgsfaktor einer kundenindividuellen Ansprache zur Vermeidung der Kundenabwanderung finden sich bei verschiedenen Kundenkartenanbietern relativ einfach zu realisierende Verbesserungspotenziale. So könnten Kundenkarteninhaber beispielsweise durch die Vergabe von Sonderpunkten dazu motiviert werden, relevante Modifikationen ihrer Grund- und Potenzialdaten (z.B. Adressänderungen, Änderung der Personenanzahl im Haushalt, etc.) dem Unternehmen zeitnah mitzuteilen.

Die **Aktionsdaten** beinhalten alle Informationen über die geplanten und durchgeführten kundenspezifischen Aktivitäten des Handelsunternehmens. Hierzu zählen sämtliche vom Unternehmen an den Kunden gerichteten kundenindividuellen Maßnahmen, wie z.B. Couponzusendungen, Einladungen zu Weinverkostungen usw. Eine systematische Erfassung der von dem Handelsunternehmen durchgeführten kundenindividuellen Aktionen dient zum einen als Grundlage für die Erfolgskontrolle und zum anderen als wertvolle Basis für eine effizientere Planung zukünftiger Maßnahmen zur Vermeidung der Kundenabwanderung und zur Kundenrückgewinnung.

Mit Hilfe der **Reaktionsdaten** lässt sich die Wirksamkeit der Unternehmensaktivitäten überprüfen, indem man die individuellen Verhaltensweisen der Kunden erfasst und den Aktivitäten gegenüberstellt. Kundenreaktionsdaten können beispielsweise aus den getätigten Einkäufen, z.B. Warenkorbstruktur im Hinblick auf Sortimente, Umsätze, Roherträge oder aus den eingelösten Coupons resultieren (vgl. Link/Schleuning 1999, S. 83).

Erfolgt eine datenbankgestützte kontinuierliche Erfassung der verschiedenen nachfragerelevanten Informationen für die am Kundenkartenprogramm teilnehmenden Konsumenten, so bilden die auf der Datenbank hinterlegten kundenindividuellen Nachfragemodelle den Ausgangspunkt für die Identifikation und Prävention drohender Kundenabwanderungen.

3.3 Die richtige Interpretation der Daten und die Ableitung geeigneter Maßnahmen

Die in der Datenbank enthaltenen Kundenmodelle stellen ein realitätsnahes Abbild des bisherigen Einkaufsverhaltens dar, welches es ermöglicht, darauf aufbauend zukünftiges Verhalten zu antizipieren und die Marketingmaßnahmen gezielt darauf auszurichten. Durch den Zugang zu den individuellen Kundenmodellen wird es dem Unternehmen somit ermöglicht, die Abwanderung einzelner Kunden dadurch zu verhindern, dass man die abwanderungsgefährdeten Kunden rechtzeitig identifiziert und dem Kunden individuell „ ... zu dem für ihn optimalen Zeitpunkt, in der ihm gemäßen Diktion und mit den auf seine individuellen Verhältnisse zugeschnittenen Argumenten und Konditionen ein maßgeschneidertes Leistungsangebot" (Link/Schleuning 1999, S. 80) unterbreitet.

Die Umsetzung eines effizient gestalteten Database Marketing im LEH ist allerdings mit zwei zentralen Herausforderungen verbunden:

- Sicherstellung der Validität der Kundenmodelle

  Um ein möglichst realitätsnahes Kundenmodell erstellen zu können, müssen die Kartenprogramme im LEH so konzipiert werden, dass die Karten von den Kunden auch tatsächlich mitgeführt und eingesetzt werden. Dies gelingt nur dadurch, dass man den Kunden für den regelmäßigen Einsatz der Karte einen spürbaren Mehrwert bietet. In zahlreichen Branchen (wie z.B. dem Buchhandel) lässt sich dieser Kunden-Mehrwert beispielsweise über die Bereitstellung von kundenindividuellen Informationen sicherstellen. Im LEH hingegen stellen kundenindividuelle Informationen aufgrund des Low-Involvement-Charakters des Lebensmittelkaufs für die Konsumenten in der Regel keinen zentralen Mehrwert dar. Hier bleibt häufig trotz der ohnehin bereits stark angespannten Ertragssituation im LEH nur die Möglichkeit, dem Kunden durch die Gewährung von Rabatten einen pekuniären Mehrwert zu bieten.

- Vermeidung einer Informationsarmut im Informationsüberfluss

  Die Dimension der Herausforderung, aus einer wahren Flut von Kunden- und Scannerdateninformationen wertvolle in die Praxis umsetzbare Erkenntnisse zu gewinnen, wird deutlich, wenn man sich vor Augen hält, dass allein das führende deutsche Lebensmitteleinzelhandelsunternehmen derzeit etwa 12.000 Märkte betreibt und in diesen Märkten täglich mehr als 12 Millionen Kunden zwischen bis zu 50.000 unterschiedliche Artikel wählen können.

  Brandes gibt diesbezüglich Folgendes zu bedenken: „Fraglich ist, ob aus der totalen Analyse von Kundenbons mit Millionen von Daten wirklich praktisch umsetzbare Erkenntnisse abzuleiten sind. Letztlich müssen Menschen die durch Datentechnik konstruierten Verbindungen zur Kenntnis nehmen und Entscheidungen treffen. Die Analysemöglichkeiten gehen gegen unendlich. Aber Schlussfolgerungen müssen für Menschen, die in der täglichen Arbeit mit dem Kunden Leistungen bieten sollen, schnell fassbar und umsetzbar sein." (Brandes 1998, S. 161)

Beispielhaft soll nachfolgend anhand von zwei typischen Fallbeispielen verdeutlicht werden, wie durch eine zielgerichtete Analyse der Daten von Kundenkartenprogrammen praktisch umsetzbare Maßnahmen zur Prävention der Kundenabwanderung bzw. zur Kundenrückgewinnung durchgeführt werden können:

Fall 1: Kundenspezifischer Umsatzrückgang innerhalb einer Warengruppe

Die zunehmenden Expansionsbemühungen von Discountern und Fachmarktanbietern (insbesondere Drogeriefachmärkte) im LEH führen häufig zu dem beobachtbaren Phänomen, dass bisherige Stammkunden eines vollsortimentsorientierten Vertriebstyps zwar nicht die gesamte Kundenbeziehung zu ihrer ursprünglichen Einkaufsstätte beenden, jedoch den Bedarf aus einzelnen Warengruppen auf die neu hinzu gekommenen Einkaufsstätten verlagern.

Die Unternehmen des LEH reagieren heute auf solche Situationen in der Regel lediglich durch eine standortbezogene, aber ansonsten völlig undifferenzierte Verschärfung der Sonderangebotspolitik in dem betreffenden Sortimentsbereich.

Durch die Nutzung des neuen, auf Kundenkartendaten basierenden Informationsniveaus bieten sich jedoch wesentlich effizientere Möglichkeiten, geeignete Abwehrstrategien zu entwickeln. So wäre beispielsweise denkbar, dass bereits einige Wochen vor der Eröffnung eines neuen Drogeriefachmarktes alle Kunden aus der unternehmensinternen Datenbank selektiert werden, die im direkten Einzugsgebiet des neu entstehenden Drogeriefachmarktes liegen und bislang ihren Bedarf an Drogerieartikeln in der eigenen Filiale decken. Die in der nachfolgenden Abbildung 3-4 dargestellte Entwicklung der kundenindividuellen Drogerie-Umsatzentwicklung soll verdeutlichen, wie es gelingen kann, die Abwanderung der eigenen Kunden zu dem neuen Wettbewerber zu vermeiden oder zumindest abzuschwächen.

Abbildung 3-4:   *Entwicklung kundenindividueller Aktionsdaten nach Warengruppen*

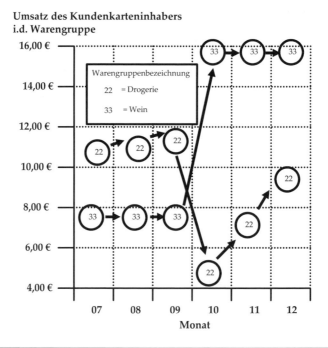

Die relativ konstante kundenindividuelle Umsatzentwicklung in der Drogerie-Warengruppe bricht mit der Eröffnung des neuen Drogeriefachmarktes im Oktober deutlich ein. Zwar lässt sich ein Umsatzeinbruch bei Eröffnung von neuen Wettbewerbern sicherlich zum einen aufgrund der massiven werblichen Anstrengungen der Wettbewerber und zum anderen wegen der natürlichen Neugier der Verbraucher nicht gänzlich vermeiden, jedoch durch geeignete Maßnahmen deutlich reduzieren.

So wäre es beispielsweise denkbar, dass man für die betroffene Kundengruppe ein Treueprogramm entwickelt, bei welchem die Kunden im Zeitraum von Juli bis Dezember für jeden Euro getätigten Drogerie-Umsatz einen Treuepunkt erhalten; wenn die Kunden im Aktionszeitraum mehr als 50 Treuepunkte gesammelt haben, wird deren Treue durch eine hochwertige Treueprämie belohnt.

Fall 2: Erhöhung der warengruppenspezifischen Kundenpotenzialausschöpfung

Es wurde bereits einleitend darauf hingewiesen, dass das Verhalten beim Kauf von Lebensmitteln einen stark habitualisierten Charakter aufweist. Ist ein Verbraucher mit dem Preis-Leistungsverhältnis eines Artikels im LEH grundsätzlich zufrieden, ist er immer seltener dazu bereit, das Risiko eines Produktwechsels einzugehen. Dies gilt natürlich umso mehr, wenn das neue Produkt preislich über dem bisherigen Produkt positioniert ist. Aus Sicht des LEH-Unternehmens wird dadurch eine Ausschöpfung der Kundenpotenziale deutlich erschwert.

Das in Abbildung 3-4 skizzierte Beispiel der kundenindividuellen Umsatzentwicklung in der Warengruppe Wein soll deutlich machen, wie es dennoch mit Hilfe von auf Kundenkarten basierenden kundenindividuellen Informationen gelingen kann, die warengruppenspezifische Kundenpotenzialausschöpfung zu erhöhen und somit die dringend benötigten zusätzlichen Umsatz- und Ertragspotenziale zu realisieren.

Zunächst ließen sich beispielsweise alle gut situierten Kunden aus der Datenbank selektieren, die zwar in regelmäßigen Abständen Wein kaufen, jedoch bislang nicht bereit sind, mehr als 3 Euro für eine Flasche Wein auszugeben.

Diese Kunden könnte man zu einer abendlichen Weinverkostung in den Markt einladen und dort Weine aus dem Sortiment über 3 Euro vom Winzer oder einem anderen Weinexperten verkosten lassen. Um schneller eine größere Zielgruppe zu erreichen, könnte die Versendung eines „Probier-Rabatt-Coupons" in Höhe von 1 Euro für eine Flasche Wein zum Normal-Verkaufspreis von 3,99 Euro ebenfalls eine interessante Option darstellen, um das Wechselrisiko für den Kunden zu minimieren.

Gelingt es, einzelne Kunden wie hier im Beispiel dargestellt durch solche Maßnahmen dazu zu bewegen, statt der Flasche Wein für 2,99 Euro zukünftig eine Flache Wein pro Woche zum Preis von 3,99 Euro zu erwerben, lassen sich somit wertvolle Umsatz- und Deckungsbeitragsreserven für das Unternehmen realisieren.

4 Zusammenfassung

Die immer schwieriger werdende Wettbewerbssituation im deutschen LEH führt zu spürbar sinkender Kundenloyalität. Eine möglichst zielgerichtete Planung, Steuerung und Kontrolle von Maßnahmen zur Vermeidung der Kundenabwanderung und zur Kundenrückgewinnung gewinnen vor diesem Hintergrund zunehmend an Bedeutung.

Die Umsetzung eines effizient gestalteten Database Marketing im LEH ist allerdings mit zwei zentralen Herausforderungen verbunden. Sofern es gelingt, die beiden zentralen Herausforderungen für ein Database Marketing zu bewältigen, d.h. gelingt es einerseits, die Validität der Kundenmodelle beispielsweise durch entsprechende Anreizsysteme zu gewährleisten und andererseits, reine „Datenfriedhöfe" möglichst zu vermeiden, so stellt die systematische Sammlung, Aufbereitung und Interpretation von Bon- und Scannerdaten sowie deren Verknüpfung mit kundenindividuellen Daten aus Kundenkartenprogrammen eine sinnvolle Ergänzung zu den klassischen Instrumenten des Handelsmarketing dar.

Auch wenn sich nicht alle Abwanderungsgründe mit Hilfe der Bon- und Scannerdaten bzw. der Kundenkartendaten ex ante antizipieren bzw. ex post erklären lassen, so besteht durch diese Form der rein quantitativen Marktforschung zumindest die Möglichkeit, erste wichtige Indizien festzustellen, welche dann im Bedarfsfall später durch qualitative Marktforschung weiter vertieft werden können.

Literaturverzeichnis

BRANDES, D., Konsequent einfach – Die Aldi-Erfolgsstory, Frankfurt am Main 1998.

CUSTOMER ADVANTAGE PROGRAMM GMBH (CAP) (Hrsg.), Jahresabschluss zum 31. Dezember 2007, URL https://www.ebundesanzeiger.de (abgerufen am 20.05.2009).

CUSTOMER ADVANTAGE PROGRAMM GMBH (CAP) (Hrsg.), URL: https://www.happydigits.de/hdmain/hd/startseite.jsf (abgerufen am 20.05.2009).

DEUTSCHLANDCARD (Hrsg.), DeutschlandCard auf Erfolgskurs, Pressemeldung 02.03.09, URL:http://www.deutschlandcard.de/Presse/Aktuelle-Pressemeldungen (abgerufen am 20.05.2009).

EUROHANDELSINSTITUT E.V. (Hrsg.), Status Quo und Perspektiven im deutschen Lebensmitteleinzelhandel, Köln 2001.

GFK/ACCENTURE (Hrsg.), Discounter am Scheideweg – Wie kaufen Kunden zukünftig ein?, München/Nürnberg 2008.

KNUPPEN, H., Schwerpunkte der neuen Berliner Agrarpolitik aus der Sicht der Bundesfachgruppe Obstbau, Vortrag anlässlich des 26. Bundesseminars Kernobst vom 14.-16.2.2006 in Oppenheim,
URL: http://www.dlr-rheinpfalz.rlp.de (abgerufen am 20.05.2009).

KPMG (Hrsg.), Der deutsche Lebensmitteleinzelhandel aus Verbrauchersicht, Köln 2005.

KPMG/EHI (Hrsg.), Status Quo und Perspektiven im deutschen Lebensmitteleinzelhandel, Köln 2006.

LEBENSMITTELZEITUNG (Hrsg.), www.lz-net.de (abgerufen am 20.05.2009).

LINK, J./HILDEBRAND, V., Database Marketing und Computer Aided Selling, München 1993.

LINK, J./SCHLEUNING, C., Das neue interaktive Direktmarketing, Ettlingen 1999.

MICHALSKI, S., Kundenabwanderungs- und Kundenrückgewinnungsprozesse, Wiesbaden 2002.

MÜLLER-HAGEDORN, L., Welchen Stellenwert haben Kundenbindungsprogramme im Handelsmarketing?, in: BBE (Hrsg.): Aufbruch durch Innovation, BBE Jahrbuch des Handels, Köln 1999, S. 189-210.

O.V., Der Einzelhandel spielt seine Trumpfkarte aus, in Lebensmittelzeitung Nr. 52, Frankfurt 2001, S. 20.

PAYBACK GMBH (Hrsg.), www.Payback.de (abgerufen am 20.05.2009).

RUTSATZ, U., Kundenrückgewinnung durch Direktmarketing, Dissertation, Wiesbaden 2004.

SCHRACK, C.-P./PURTSCHER, N., markenwelten, marken und ihre macher. Beilage in Werbung und Verkaufen Payback (Hrsg.), München 2008.

TEGUT (Hrsg.), www.tegut.de, (abgerufen am 20.05.2009).

Stichwortverzeichnis

A

Abwanderungsgründe 17 f., 97 ff., 146 f., 150 f., 288 f., 341
- extrinsisch 341 f.
- intrinsisch 341 f.
- kundenbezogen 17, 97 ff.
- unternehmensbezogen 17, 98
- wettbewerbsbezogen 17, 98 f.

Abwanderungsprävention (siehe Prävention)

Abwanderungsrate 5, 30, 145, 151, 264 ff., 271 f.

Abwanderungsverhalten 145, 147 ff., 150 f.

Abwanderungswahrscheinlichkeit 13 f., 27, 153, 171, 242, 249 ff., 278 f.

Abwerben 17, 27, 136

Aktionsdaten 10, 171, 191, 346

Angebotsstaffelung 282 f.

Anspracheeitpunkt 283

Anti-Slamming 276

Antragsscoring 216 ff.

Attributionstheorie 125

Audit 40, 205

Außendienstberichtssystem 192

B

Balanced Scorecard 19

Belästigung, unzumutbare 173, 194 f.

Beschwerde
- auswertung 320 f.
- bearbeitung 317 ff., 324 f.
- management 130, 157, 196, 315 ff.
- stimulierung 321 f.

Bestandskunde 122, 215, 220 f., 307

Bestellbetrug 215, 218

Beziehungsbeendigung 96 ff.
- partiell 96 f., 107 ff.
- vollständig 97, 104 ff.

Bonitätsstrategien 216 f.

Business-to-Business (B-to-B) 66 ff.

C

CD-Paradigma 67, 70 f.

Change Management 266 f., 299, 309

Churn 239 ff., 262 ff., 272 ff.
- Controlling 265
- Definition (harte, weiche) 241, 263
- Hypothese 242 ff., 247 f.
- Management 261 ff., 274 ff., 315 ff.
- Prädiktoren 242 f., 250, 278
- Prävention 252, 275, 277 ff.
- Prognose 240 ff.
- Prozess 264 f.
- Rate 5, 30, 145, 151, 264 ff., 271 f.
- Zieldefinition 264

Competitive Intelligence 192

Controlling 9 ff., 12, 20, 45 ff., 128 f., 133 f., 265

Corporate Blogs 177 f.

Critical Incident Technique 18, 80, 176

Customer Advisory Boards 177

Customer Equity 22, 27, 29, 53 f.

Customer Focus Groups 176 f.

Customer Insight 277, 296

Customer Lifetime Value 10, 16, 22, 53 f., 100

Customer Managed Relations 259 f.

Customer Recovery
- Controlling 9 ff.
- Kontrolle 8

- Kosten 20
- Management 5 ff.
- Management Prozess 7
- Nutzen 20
- Planung 8
- Risikoportfolio 14

Customer Recovery Scorecard 19 ff.
- Finanzperspektive 20
- Kundenperspektive 20 ff.
- Potenzialperspektive 24 ff.
- Prozessperspektive 23 f.
- Wettbewerbsperspektive 26 ff.

Customer Relationship Management (CRM) 5 f., 157, 187 ff., 193 ff., 258 ff., 283, 296, 319
- analytisches 13, 259, 305 ff.
- Softwareprogramme 13

D

Database 10, 13, 26, 157, 169 f., 188, 190
Database Marketing 189 ff., 340, 347, 350
Data Mining 13, 171, 187, 192, 199 f., 202 f.
Daten, personenbezogen 188, 193, 199 ff.
Datenanalyse 223
Datenbeschaffung 244 f.
Datenschutzrecht 193, 198 ff.
Dialogformen 137, 169, 177
Dialogmarketing 166 ff.
Dialogmedien 166 f.
Direct Mail 167, 173 f., 194 f.
Direktbank 239 ff.
Dissonanztheorie 123

E

E-Mailing 167, 173 ff., 197 f.
Einkaufserlebnis 337
Einwilligung, ausdrückliche 193 ff., 201 ff., 206 f.

Energievertrieb 295
Energiewirtschaft 293
Entlohnungssysteme 298 f.
Entscheidungsbaumverfahren 13, 249 f.
Entscheidungsfundierung 9, 47 f.
Entscheidungsreflexion 9, 47 f.
Equity-Theorie 124
Exit Management 93 ff.

F

Face-to-Face-Kommunikation 66 ff., 81 ff., 167, 172
Feedforward 9, 19, 37 ff.
Forced Churn 275 f.
Früherkennung 5, 9 f., 12 f., 19, 37 ff., 41 ff., 50 f., 192 f., 199
Früherkennungssysteme 9, 12, 41, 43, 45
Frühwarnindikatoren 12, 152, 301

G

Gesetz zur Kontrolle und Transparenz im Unternehmensbereich 12, 43 f.
Grunddaten 10, 171, 190 f., 344

I

Impulssteuerung 259 f.
Incentives 298, 327
Indirekte Wichtigkeit 77 f., 80
Individualisierung 15, 23, 67, 172, 174, 190, 340
Information overload 347
Informationsfunktionen 65 f.
Informationskompetenz 308
Informationsniveau 344
Informationsqualität 293 f., 304 ff.
Informationssysteme 12, 48, 298, 303, 306
- Kundenorientierte 10, 25, 189 ff.
Interaktivität 166, 168 f.

K

Kennzahlen 11, 19 ff., 244 ff., 246 ff., 300, 305 f.
Key Performance Indicators 19, 300
Kommunikationsqualität 64, 67, 69 ff., 74 ff., 83 ff.
Kommunikationszufriedenheit 67 ff., 72 ff.
Konkurrentenmodellierung 27
KonTraG 12, 43 f.
Kontributionsorientierter Ansatz des Controlling 9, 45 ff.
Koordinationsentlastung 9, 47 f.
Krankenkasse 321, 326
Kunden
- abgeworbene 146 f., 151
- verlorene 145 f., 154 f.
- vertriebene 146 f., 151

Kundenabwanderung 5 ff., 12 ff., 21, 26, 51, 53, 63 ff., 74 ff., 93 ff., 121, 127, 145 ff., 176, 188, 191, 193 ff., 207, 215, 241, 263 f., 277, 293, 295, 333, 341 ff.
Kundenabwanderungsprozess 11, 15, 27, 93, 267, 343
Kundenbegeisterung 262
Kundenbewertung 10, 53 f., 100, 187, 217, 267, 297, 306
Kundenbeziehungslebenszyklus 94, 102
Kundenbeziehungsmanagement (siehe Customer Relationship Management)
Kundendatenbank 10, 13, 25 f., 157, 188, 190 ff.
- Aktionsdaten 10, 171, 191, 346
- Grunddaten 10, 171, 190 f., 344
- Potenzialdaten 10, 171, 191, 344
- Reaktionsdaten 10, 171, 191, 346
Kundendialog 128, 168 f.
Kundenfluktuation 5
Kundenfluktuationsmodell 11

Kundenforen 177
Kundenkarten(programme) 337 ff.
Kunden-Migrationsanalyse 27
Kundenmodelle 10 f., 347
Kundenorientierte Informationssysteme 10, 25, 189 ff.
Kundenorientierung 267
Kundenrückgewinnung 9, 16 ff., 93, 121 ff., 134 ff., 145 ff., 165 f., 169 ff., 193, 198 ff., 205, 276, 285 ff., 315, 319, 333 f., 340, 346 f.
Kundenverluste 8, 15, 18, 23, 146 ff., 151, 154, 158, 215
Kundenwert 10, 12 ff., 16, 22, 27, 29, 53, 100, 127 f., 137, 265, 277, 306
Kundenwertflussrechnung 27
Kundenwertmodelle 10
Kundenwertorientierung 306
Kündigung 13, 23, 122, 127, 145, 148 ff., 165, 170, 173, 177, 196, 207, 239, 241, 265, 276, 285 ff., 307, 315 ff., 320 f.
- anbieterseitig 94 ff., 264

L

Lebensmitteleinzelhandel 333 ff.
Leistungs-Wichtigkeits-Vergleich 77 ff., 83
Lost-Customer-Analyse 16, 27, 170
Lost-Order-Daten 191 f.

M

Mailings 128, 174
Marketing-Audit 40
Mehrwert, emotional 257
Mitarbeiter 25, 46, 49, 82, 128, 131, 260, 266, 284, 298 f., 315 ff.
Mitnahmeeffekte 278
Monitoring 13, 235
Mund-zu-Mund-Kommunikation 5, 15, 100 f., 165, 264

Stichwortverzeichnis

N

NBD-/Pareto-Modell 127
Neukunde(ngewinnung) 5, 93, 107, 121, 126, 136, 187, 196, 205, 216 f., 222, 234, 240, 261, 263, 293, 315

O

Onlinehandel 215
Opt-in 174, 197, 205 f.
Organisation 18, 25, 266 f., 304

P

Partnerorientierung 104 f.
Performance Measurement 11, 19, 46
Permission Marketing 206 f.
Personalisierung 174
Phasenkonzept der Abwanderungs-
  präventionskommunikation 84 f.
Potenzialdaten 10, 171, 191, 344
Potenzialkunden 302, 310
Prävention 13 ff., 50, 63 ff., 176 ff., 188, 195 f., 203 ff., 252, 275, 277 ff., 302 ff., 315 ff., 333 f.
Präventionsstrategien 15
Prediction-Modelle 277 ff.
Preiskündiger 145, 147 f., 150 ff.
Preiszufriedenheit 156 f.

Q

Qualitätskündiger 147 f., 150 ff.

R

Reaktionsdaten 10, 171, 191, 346
Re-Emotionalisierung 261
Relationship-Qualität 65 f., 83 f.
Risikomanagement 215
Rückgewinnung (siehe Kundenrück-
  gewinnung)

Rückgewinnungs
  - angebot 123, 128 f., 132 f., 135 ff.
  - ansprache 17, 128, 132 f., 137
  - erwartungen 131 f., 136 f.
  - management 121 ff., 126 ff., 136 f.
  - timing 23, 128, 133, 175
  - wahrscheinlichkeit 14, 127 f., 135, 172, 175
  - wissen 129, 134, 136 f.
Rückwerbungsgespräch 315, 329

S

SAS Enterprise Miner 226 ff.
Schlüsselkennzahlen 19, 300
Schnittstellenperformance 297, 299, 304
Scorekartenmodellierung 221 ff.
Scoringmodell 224 ff.
Second (Customer) Lifetime Value 10, 16, 22, 29, 127
Segmentierung verlorener Kunden 131, 145 ff., 150 ff., 157 f.
Selbstorientierung 105
Servicewüste Deutschland 320, 326
Share of Wallet 22, 55, 263, 277
Social Web Applikationen 177 f.
Soziale Netzwerke 177 f., 203, 267
Strategien
  - partiell 107 f.
  - vollständig 104 ff.
Switching Path Analyse 18
Systemlandschaft 296
Systemmächtigkeit 308

T

Teilausgrenzung 102
Telefon 128, 131 f., 167, 173, 195 ff., 219, 226, 278, 287 f., 316, 321, 324, 327
Telekommunikation 272 ff.
Theorie der kognitiven Dissonanz 123
Timing 23, 128, 133, 175
Totalausgrenzung 102, 105

U

Unternehmenskultur 24, 266, 308
Unternehmensphilosophie 260
UWG (Gesetz gegen unlauteren Wettbewerb) 173, 187, 193 ff., 205

V

Verkehrsdienstleistungen 133
Verlagshaus 129 f., 132 f.
Versandhandel 215
Versicherung 195, 321
Verständigungsorientierung 168 f., 172
Vertragliche Geschäftsbeziehungen 122 ff., 126 f., 130 ff., 136 f.
Vertragsverlängerung 275 f., 280 ff.
Vertragszweck 202
Vertriebsdatenmanagement 299, 302 ff.
Vertriebsinformationsmanagement 294
Vertriebskanäle 283 f.
Vorsteuerung 9, 13, 19, 50 ff.
Vorsteuerungskette 52

W

Web-Foren 169, 171, 177
Weblogs 167, 177
Wechselabsicht 21, 343
Wechselangebot 17
Wechselbarriere 340
Werbung 17, 102, 174, 190, 193 ff., 341
Wettbewerbsrecht 193 ff.
Wettbewerbsvorteile 336
Wiederaufnahme 123, 125 f., 133 f., 137
Wiederaufnahmebereitschaft 134 ff.
- Einflussgrößen 135
- generelle 135
- spezifische 135 f.
Wiederaufnahmeverhalten 134 ff.
Wirtschaftlichkeit 17, 20 f., 25, 175, 306

Z

Zahlungsausfall 216
Zufriedenheitsbefragung 317, 320, 328

Mehr wissen – weiter kommen

Kunden professionell binden

„This excellent book provides rich ideas and perspectives on the art and science of building strong customer loyalty."   Prof. Dr. Philip Kotler

Die 6. Auflage wurde überarbeitet und um aktuelle Themen wie Kundenbindung in Dienstleistungsnetzwerken und Kundenbindung durch E-Services ergänzt. Darüber hinaus werden neue Beispiele aus dem Automobil- und Luftverkehrsbereich sowie aus der Pharmabranche vorgestellt.

Manfred Bruhn | Christian Homburg (Hrsg.)
Handbuch Kundenbindungsmanagement
Strategien und Instrumente
für ein erfolgreiches CRM
6., überarb. u. erw. Aufl.
2007. XVIII, 952 S.
Geb. EUR 149,00
ISBN 978-3-8349-0573-4

Der State of the Art der Kundenzufriedenheit

Die Autoren präsentieren praxisnah und wissenschaftlich fundiert den State-of-the-Art zum Thema Kundenzufriedenheit. In der 7. Auflage wurden alle Beiträge überarbeitet. Zwei neue Beispiele aus der Unternehmenspraxis kommen hinzu: Zum einen wird die Bedeutung zusätzlicher Dienstleistungen, so genannter Value Added Services, für das Management der Kundenzufriedenheit dargestellt. Zum anderen stellt ein weiterer neuer Beitrag einen systematischen Ansatz zur Messung und zum Management der Kundenzufriedenheit in der Finanzdienstleistungsbranche dar.

Christian Homburg (Hrsg.)
Kundenzufriedenheit
Konzepte – Methoden –
Erfahrungen
7., überarb. Aufl. 2008.
634 S. Geb.
EUR 84,90
ISBN 978-3-8349-0808-7

Kundenwertberechnung

Der Kundenwert als wichtige Determinante des Unternehmenserfolgs rückt mehr und mehr ins Zentrum der Aufmerksamkeit. Hier werden erstmals aus unterschiedlichen Perspektiven von renommierten und kompetenten Autoren Bausteine des Kundenwerts analysiert, Berechnungsmethoden diskutiert und um Erfahrungsberichte aus der Praxis ergänzt. Die 3. Auflage wurde um die Themenfelder der Kundenwertermittlung auf mehrstufigen Märkten, Was ist der Kunde des Kunden wert - ein Problem des Segment-Controlling sowie Customer Equity erweitert.

Bernd Günter | Sabrina Helm (Hrsg.)
Kundenwert
Grundlagen – Innovative Konzepte -
Praktische Umsetzungen
3., überarb. u. erw. Aufl. 2006.
XX, 830 S. Geb. EUR 62,00
ISBN 978-3-8349-0350-1

Änderungen vorbehalten. Stand: Februar 2009.
Erhältlich im Buchhandel oder beim Verlag
Gabler Verlag . Abraham-Lincoln-Str. 46 . 65189 Wiesbaden . www.gabler.de